lonely planet

COLOMBIE

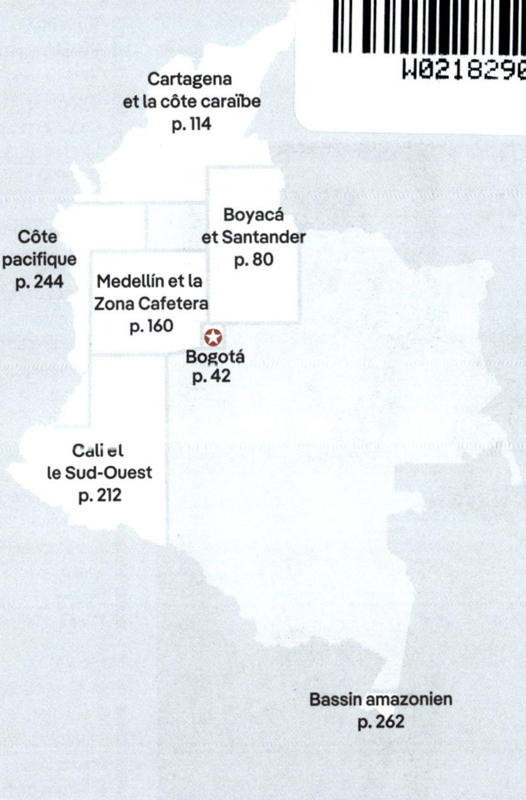

Édition écrite et actualisée par
Alex Egerton, Manuel Rueda, Brendan Sainsbury,
Laura Watilo Blake

SOMMAIRE

Préparer son voyage

Danseuses, Cartagena (p. 120)

Sur la route

Toucan, bassin amazonien (p. 262)

SARAPONSPHOTO/SHUTTERSTOCK ©

Côte caraïbe, près de Palomino (p. 142)

Carnet pratique

Comprendre la Colombie

Comuna 13 (p. 172), Medellín

COLOMBIE

LE VOYAGE COMMENCE ICI

La première fois que je suis venu en Colombie, je n'avais pas vingt ans. La beauté de ses paysages et le charisme de ses habitants m'ont stupéfié. Malgré ma fascination, les problèmes de sécurité qui semblaient compliquer en permanence l'exploration des campagnes m'ont assez vite poussé à aller ailleurs. Mais j'étais tombé sous le charme et, quelques années plus tard, en débarquant à Medellín, j'ai découvert une ville et un pays en pleine renaissance. Le pittoresque, l'animation et l'originalité que j'y avais trouvés la première fois étaient là, mais il régnait aussi, dans les *barrios* des grandes villes comme dans les villages de montagne isolés, un optimisme nouveau. Sans hésiter, j'y ai posé mon sac et j'ai commencé à visiter les splendides destinations qui s'offraient à mes yeux.

Alex Egerton

@alexetravel

Alex est journaliste et vit dans les montagnes du centre de la Colombie. Il s'est spécialé dans les voyages ainsi que dans la culture et l'histoire latino-américaines et caribéennes.

Ce que je préfère, c'est d'embarquer sur un des chariots à moteur bricolés qui traversent la jungle sur des rails jusqu'au petit village fluvial de San Cipriano. L'aventure est grisante et le décor, spectaculaire.

SUR LE TERRAIN

Nos auteurs présentent les lieux qui, pour eux, incarnent le mieux la Colombie.

EXPLORELIXIR/SHUTTERSTOCK ©

Le village de **Termales** (p. 256) est un camp de base idéal pour visiter la côte de Nuquí. Au nord, les plages, superbes, sont souvent désertes. À l'est, il y a la forêt pluviale. Et quand la fatigue est là, on se détend dans les sources chaudes du village, avant d'aller dîner dans un bon restaurant.

Manuel Rueda

@manuelsjournal

Journaliste indépendant, Manuel vit en Colombie depuis 2015.

EGT-1/SHUTTERSTOCK ©

Le désert de **La Guajira** (p. 146), à l'extrême nord du pays, est unique. Les pistes bosselées qui mènent au Cabo de la Vela semblent un vrai luxe au regard des conditions de vie dans la région. Ça m'a donné envie d'en apprendre plus sur les Wayúus.

Laura Watilo Blake

@farflungtravels

Laura est photojournaliste, écrivaine-voyageuse et cinéaste – son film Tripped Up *est diffusé sur Roku aux États-Unis.*

MATTHIEUCATTIN/SHUTTERSTOCK ©

Pour moi, **Puerto Nariño** (p. 275) est le mystère le plus intriguant de la Colombie. L'absence de voitures donne le ton, les maisons colorées alignées y ajoutent une touche de respectabilité et l'artisanat local, une note artistique. Avec, en arrière-plan, la jungle, vivante et intimidante.

Brendan Sainsbury

@sainsburyb

Brendan a écrit plus de 60 guides pour Lonely Planet.

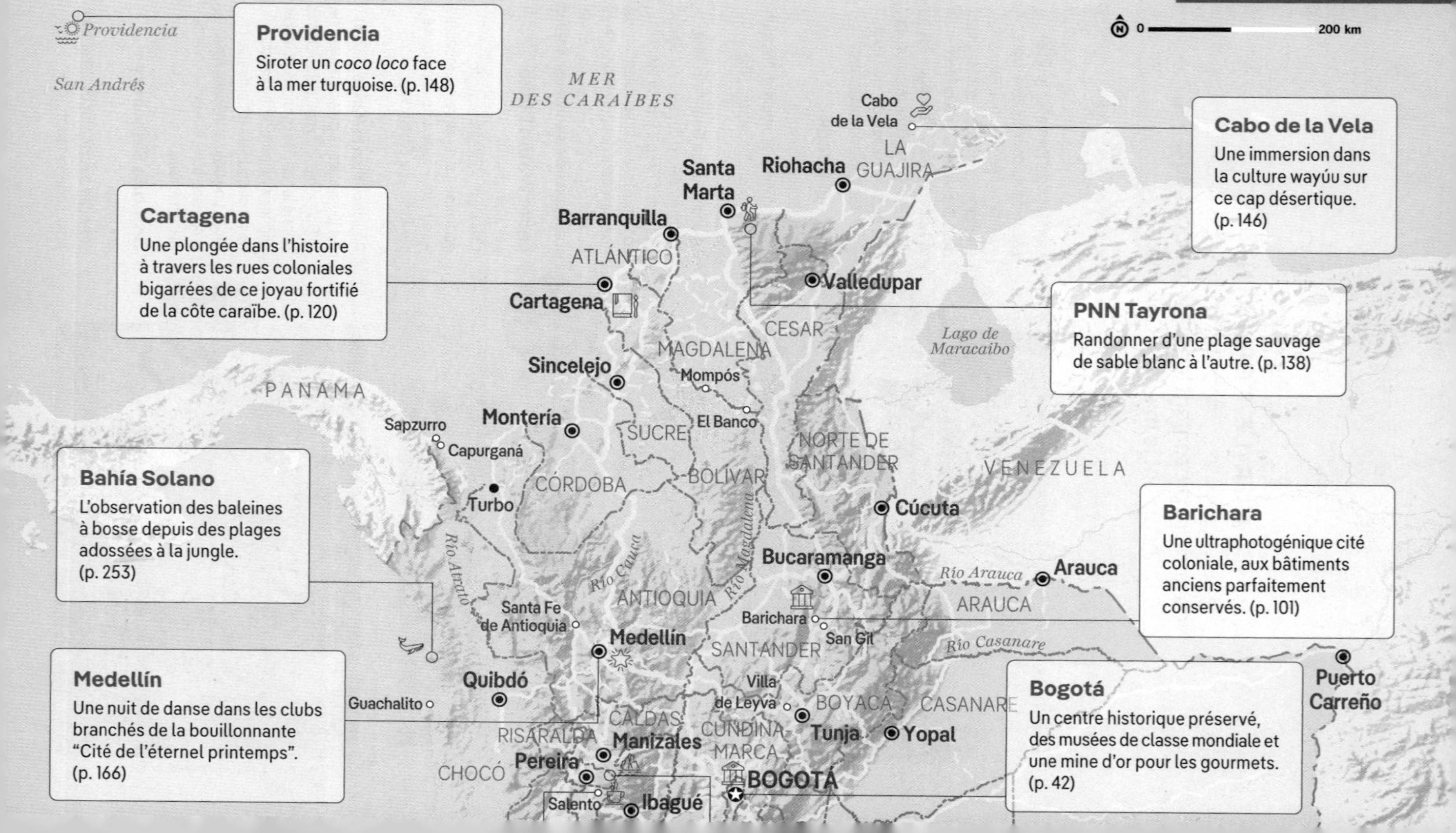
0
200 km
Providencia
San Andrés
Providencia
Siroter un *coco loco* face à la mer turquoise. (p. 148)
MER DES CARAÏBES
Cabo de la Vela
Cabo de la Vela
Une immersion dans la culture wayúu sur ce cap désertique. (p. 146)
LA GUAJIRA
Riohacha
Santa Marta
Barranquilla
Cartagena
Une plongée dans l'histoire à travers les rues coloniales bigarrées de ce joyau fortifié de la côte caraïbe. (p. 120)
ATLÁNTICO
Cartagena
Valledupar
PNN Tayrona
Randonner d'une plage sauvage de sable blanc à l'autre. (p. 138)
Lago de Maracaibo
CESAR
MAGDALENA
Sincelejo
Mompós
PANAMA
Sapzurro
Capurganá
Montería
SUCRE
El Banco
NORTE DE SANTANDER
VENEZUELA
Bahía Solano
L'observation des baleines à bosse depuis des plages adossées à la jungle. (p. 253)
CÓRDOBA
BOLÍVAR
Turbo
Cúcuta
Barichara
Une ultraphotogénique cité coloniale, aux bâtiments anciens parfaitement conservés. (p. 101)
Río Atrato
Río Cauca
Río Magdalena
Bucaramanga
Río Arauca
Arauca
ANTIOQUIA
ARAUCA
Santa Fe de Antioquia
Barichara
San Gil
Medellín
SANTANDER
Río Casanare
Medellín
Une nuit de danse dans les clubs branchés de la bouillonnante "Cité de l'éternel printemps". (p. 166)
Quibdó
Villa de Leyva
BOYACÁ
CASANARE
Bogotá
Un centre historique préservé, des musées de classe mondiale et une mine d'or pour les gourmets. (p. 42)
Puerto Carreño
Guachalito
CALDAS
CUNDINAMARCA
Tunja
Yopal
RISARALDA
Manizales
CHOCÓ
Pereira
BOGOTÁ
Salento
Ibagué

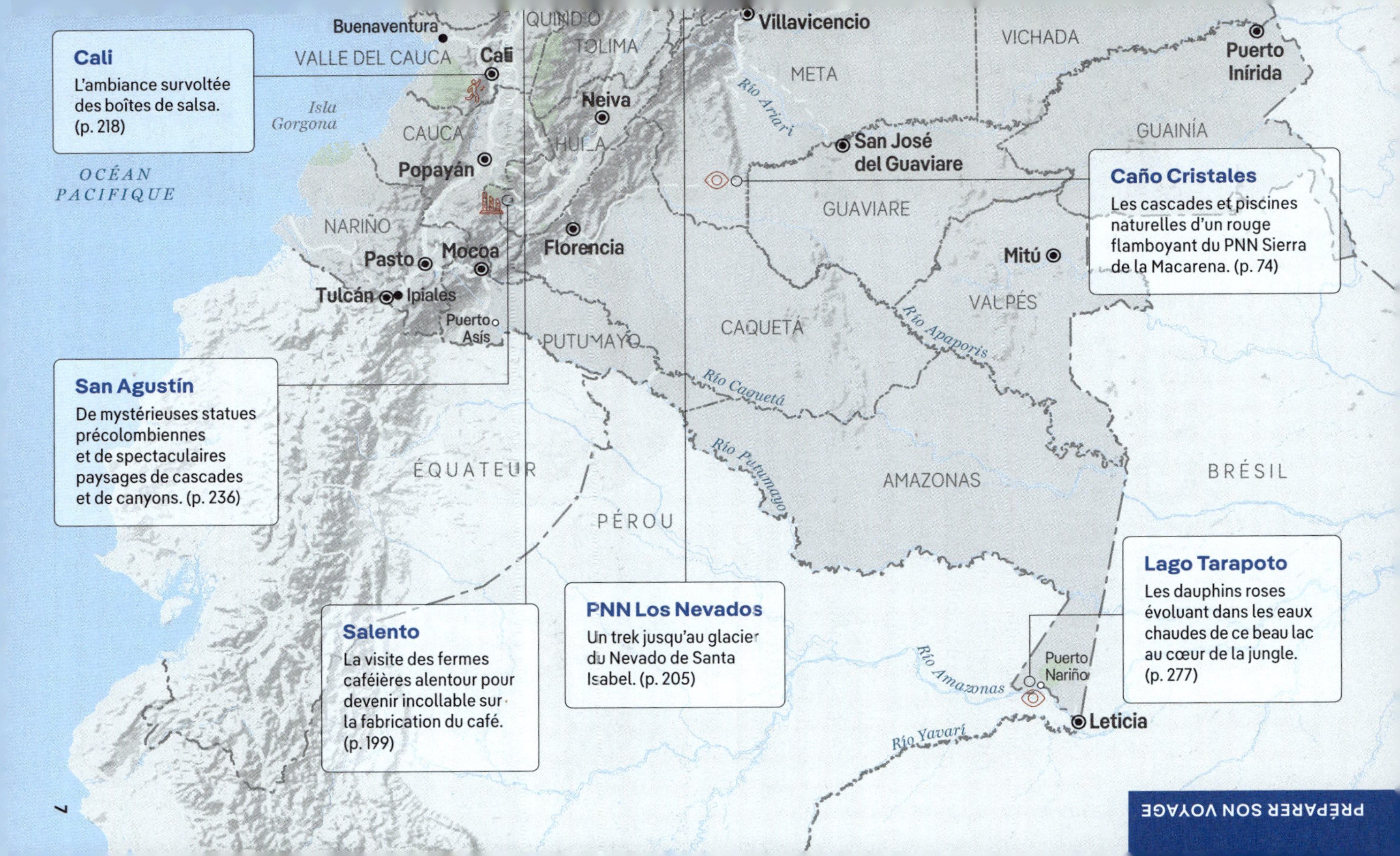

Cali
L'ambiance survoltée des boîtes de salsa. (p. 218)

San Agustín
De mystérieuses statues précolombiennes et de spectaculaires paysages de cascades et de canyons. (p. 236)

Salento
La visite des fermes caféières alentour pour devenir incollable sur la fabrication du café. (p. 199)

PNN Los Nevados
Un trek jusqu'au glacier du Nevado de Santa Isabel. (p. 205)

Caño Cristales
Les cascades et piscines naturelles d'un rouge flamboyant du PNN Sierra de la Macarena. (p. 74)

Lago Tarapoto
Les dauphins roses évoluant dans les eaux chaudes de ce beau lac au cœur de la jungle. (p. 277)

PLAGES ANIMÉES

Avec deux interminables littoraux radicalement différents et une foule d'îles féeriques, la Colombie possède une collection de plages qui comblera même les plus exigeants des amateurs de bronzette. La côte caraïbe est la plus courue : les touristes colombiens et étrangers se retrouvent sur des étendues de sable qui vibrent au son des enceintes, où ils peuvent commander des rafraîchissements sans quitter leur transat. Adossées à la jungle, les plages sauvages de la côte pacifique sont plus calmes : vous serez souvent seul sur le sable.

Conseils vestimentaires

Les Colombiens ne sont pas pudiques pour un sou : c'est le moment de sortir vos maillots les plus osés. En revanche, le topless et le naturisme sont très mal vus.

Rafraîchissements

La Cour constitutionnelle a annulé les projets de loi visant à interdire l'alcool sur les plages. Les vendeurs à la criée proposent donc un large choix de bières et de cocktails.

À la tête du client

Sur les plages fréquentées, on vous proposera du poisson frit, des massages et bien d'autres choses. Négociez le prix au préalable, pour ne pas vous voir réclamer des sommes exorbitantes.

DE GAUCHE À DROITE : ALEXANDRE LAPRISE/SHUTTERSTOCK © ; BENOIT DAOUST/SHUTTERSTOCK © ; LAURA WATILO BLAKE/LONELY PLANET ©

Providencia (p. 148)

PLAGES DE RÊVE

Allongez-vous sous les cocotiers d'une plage de sable blanc baignée d'eau turquoise sur les îles de ❶ **San Andrés et Providencia** (p. 148).

Traversez la forêt dense du ❷ **Parque Nacional Natural (PNN) Tayrona** jusqu'à de superbes plages parsemées de rochers (p. 138).

Glissez-vous sous l'eau douce des cascades tout près des magnifiques plages isolées de ❸ **Nuquí** (p. 254), adossées à la jungle.

Détendez-vous sur les minuscules îles de l'archipel ❹ **Islas del Rosario** (p. 129), dans les Caraïbes.

Passez un pied en Amérique centrale pour plonger dans l'eau fraîche à La Miel (Panamá), près de ❺ **Sapzurro** (p. 132).

FAUNE STUPÉFIANTE

La Colombie affiche la plus grande biodiversité au monde et sa topographie permet de passer facilement d'un écosystème à un autre. Ce pays est donc sans surprise le paradis de tous les amoureux de la nature. Même les plus chevronnés des amateurs de vie sauvage sont souvent ébahis par le nombre d'espèces différentes qu'ils peuvent observer en quelques jours. Célèbre pour son avifaune, la Colombie abrite aussi singes, dauphins d'eau douce (*botos*), tapirs, ours et félins furtifs.

Paradis des ornithologues

Au dernier recensement, la Colombie accueille près de 1954 espèces d'oiseaux, soit environ 20% de la biodiversité aviaire de la planète.

Réserves naturelles

Les zones protégées sont administrées par diverses entités. L'accès aux réserves régionales gérées par les autorités locales est plus encadré que celui aux parcs nationaux. Renseignez-vous en amont.

Excellents guides

De nombreux sites naturels ont vu fleurir une nouvelle génération de guides naturalistes dont l'expertise justifie amplement leurs tarifs un peu plus élevés.

Baleine à bosse, Nuquí (p. 254)

RENCONTRES AVEC LA VIE SAUVAGE

Embarquez sur le ❶ **Lago Tarapoto** (p. 277) avec un guide autochtone, sur la piste des *botos* (dauphins roses d'Amazonie) et des lamantins.

Admirez la parade nuptiale du *gallito de las rocas* (coq-de-roche péruvien) tous les soirs à ❷ **Jardín** (p. 187).

Observez les baleines à bosse et leurs petits lors d'une excursion en mer depuis ❸ **Bahía Solano** (p. 253).

Levez-vous à l'aube pour observer les oiseaux dans les réserves naturelles urbaines de ❹ **Manizales** (p. 189).

Installez-vous sur un banc dans le grand parc de ❺ **Leticia** (p. 268) et guettez l'arrivée en fanfare de milliers de perroquets.

TOURNÉE CAFÉINÉE

Si le commerce du café est depuis longtemps une importante source de richesse en Colombie, les meilleurs grains ont, pendant des années, été exportés et perdus au milieu de mélanges. Ce temps est révolu : la mondialisation a entraîné une hausse de la demande de cafés de qualité et l'apparition de canaux de vente directe. Aujourd'hui, les petits producteurs colombiens approvisionnent les cafés et les torréfacteurs du monde entier. Les plantations ouvrent même leurs portes aux touristes.

Types de grain

En Colombie, on ne cultive que de l'arabica, qui se décline en nombreuses variétés : bourbon, typica, maragogype, tabi, caturra et castillo, entre autres.

Périodes de récolte

Les périodes de croissance des caféiers varient selon les régions. Toutefois, le climat tropical permet généralement de faire deux récoltes : une grande cueillette au printemps et une moins importante en fin d'été, la *mitaca*.

Visites de plantations

Les plantations proposent souvent des visites. Au programme : cueillette de grains, explication de l'ensemble du processus et dégustation. Plus de détails p. 293.

Visite d'une plantation, Salento (p. 199)

EXPÉRIENCES FORT DE CAFÉ

Découvrez le processus de transformation du café – du grain à la tasse – dans l'une des plantations traditionnelles à la sortie de ❶ **Salento** (p. 199).

Dans la vieille ville de ❷ **Bogotá** (p. 42), passez d'un café à un autre et dégustez les nectars issus des meilleurs grains cultivés dans les environs.

Passez la nuit dans une hacienda traditionnelle tout près de ❸ **Manizales** et dégustez au réveil un bon café maison (p. 189).

Sirotez un café arabica tout chaud installé à une table en bois bancale devant les ravissantes résidences colorées de la grand-place de ❹ **Jardín** (p. 184).

Tressez un panier de récolte traditionnel à l'aide de plantes locales et partez pour une balade à cheval dans les plantations de ❺ **Filandia** (p. 204).

AVENTURES SAUVAGES

Des sommets coiffés de glace aux rivières multicolores au cœur de la jungle, la Colombie offre un cadre parfait pour les activités de plein air, des plus tranquilles aux plus éreintantes. Que vous exploriez les parcs nationaux des Andes ou les plaines couvertes de végétation, que vous descendiez le torrent d'un canyon étroit... les paysages sont à couper le souffle. Les Colombiens sont friands d'excursions en pleine nature ; vous trouverez sans problème des partenaires enthousiastes pour partir à l'aventure.

Atteindre les sommets

La randonnée en altitude demande beaucoup d'énergie, si bien que les plus petites distances peuvent être éprouvantes : prenez le temps de vous acclimater avant de partir.

Glaciers majestueux

Dans certains parcs nationaux, il est interdit de fouler les glaciers ; dans d'autres, on peut les gravir jusqu'au sommet. Renseignez-vous auprès des gestionnaires du parc.

Éviter la foule

Essayez d'éviter les sites touristiques et les sentiers populaires pendant les week-ends prolongés. Foule et file d'attente y sont monnaie courante.

DE GAUCHE À DROITE : GUILLERMO OSSA/SHUTTERSTOCK © ; DAVID ANTONIO LOPEZ MOYA/SHUTTERSTOCK © ; SUNSINGER/SHUTTERSTOCK ©

Caño Cristales (p. 74)

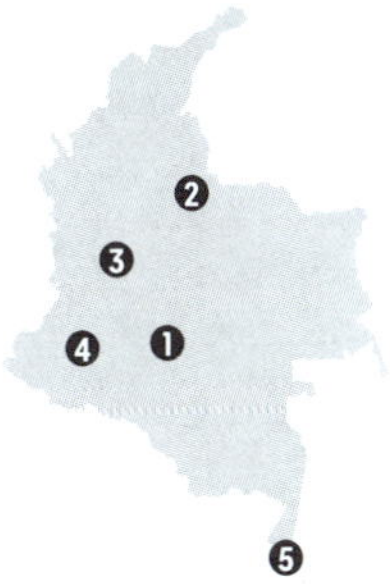

PLEIN AIR ÉBOURIFFANT

Plongez dans l'une des plus belles rivières du monde, ❶ **Caño Cristales** (p. 74) dont l'eau, teintée par les algues, arbore des couleurs psychédéliques.

Glissez sur les rapides de l'impressionnant ❷ **Cañon del Chicamocha**, au pied de majestueuses montagnes arides où ne poussent que des cactus (p. 99).

Randonnez plusieurs jours au cœur du ❸ **Parque Nacional Natural (PNN) Los Nevados** (p. 205), à la conquête du glacier Santa Isabel.

Dévalez à vélo les pentes fumantes d'un volcan, entre fumerolles, fleurs sauvages et *frailejónes*, dans le ❹ **Parque Nacional Natural (PNN) Puracé** (p. 230).

Bercé par la sérénade des oiseaux tropicaux, pagayez sur les affluents du ❺ **Río Yavarí** (p. 274), au cœur de la paisible forêt inondée.

L'une des 500 statues de San Agustín (p. 236)

RUINES LOINTAINES

Bien avant l'arrivée des conquistadors, la Colombie connut de nombreuses civilisations prospères, qui n'attendent que d'être mises en lumière. Les mystérieux monuments émergeant de la jungle et de la savane offrent un aperçu fascinant de ces mondes oubliés. Réveillez l'archéologue qui sommeille en vous : partez en excursion vers des cités perdues, explorer des tombeaux cachés et percer le mystère de statues monumentales.

Ne pas oublier

Certains sites sont isolés : prévoyez de bonnes chaussures de marche, une lampe torche (pour explorer les tombeaux souterrains), un répulsif à insectes et beaucoup d'eau.

Billets flexibles

L'entrée pour les plus grands parcs archéologiques gérés par le ministère de la Culture est généralement valable quelques jours. Prenez votre temps.

UNE ÂME D'INDIANA JONES

Découvrez à cheval les statues en pierre et les pétroglyphes aux alentours de ❶ **San Agustín** (p. 236).

Randonnez à travers la jungle jusqu'aux ruines de la ❷ **Ciudad Perdida**, dans la Sierra Nevada (p. 140).

Explorez d'obscurs tombeaux souterrains dans le parc archéologique de ❸ **Tierradentro** (p. 234).

Admirez le talent des artisans précolombiens au ❹ **Museo del Oro** (p. 61) de Bogotá.

Partez à la découverte des vestiges muiscas dans le ❺ **Parque Arqueológico Zaquencipa** (p. 90).

RYTHMES ENTRAÎNANTS

La musique et la danse sont si importantes aux yeux des Colombiens que le silence en angoisse plus d'un. Des sons typiquement colombiens aux rythmes importés des Antilles, la variété des styles est incroyable et accompagnera chacune de vos journées en Colombie. Et comme tout le monde danse, il faudra vous prêter au jeu – même si vous n'avez pas le rythme dans la peau.

Racines musicales

La musique typiquement colombienne vient principalement de la côte caraïbe, où les influences amérindiennes, africaines et européennes ont donné naissance, entre autres, à la cumbia, au porro et au vallenato.

Superstars

Oubliez les guitaristes et les batteurs déchaînés : en Colombie, certaines des plus grandes stars de la scène musicale nationale jouent de l'accordéon aux côtés de chanteurs de vallenato (p. 322).

Préférences régionales

À Bogotá, on entend un peu de tout, Medellín est l'épicentre du reggaeton et Cali ne vit que pour la salsa.

IMMERSION MUSICALE

Perfectionnez votre technique grâce aux excellents professeurs des écoles de salsa de ❶ **Cali** (p. 218).

Déhanchez-vous sur les chansons populaires des groupes résidents des clubs du Barrio Colombia, à ❷ **Medellín** (p. 166).

Laissez-vous entraîner par les rythmes afro-colombiens et les mélodies de la *marimba de chonta* du ❸ **Festival Petronio Álvarez** (p. 222) de Cali.

Faites la tournée des clubs pour découvrir toute la palette musicale du quartier de ❹ **Chapinero** (p. 64), à Bogotá.

Sirotez des cocktails au son de la salsa à l'ancienne au Portal de los Dulces, au cœur de la vieille ville de ❺ **Cartagena** (p. 120).

Femme ticuna (p. 272)

TRADITIONS SÉCULAIRES

De la péninsule désertique de La Guajira aux terres tribales du sud des Andes colombiennes, en passant par la jungle du Chocó, de nombreuses communautés autochtones et afro-colombiennes vivent en Colombie. Très actives, elles préservent le précieux savoir de leurs ancêtres, et les chefs sont souvent fiers d'expliquer aux visiteurs leur mode de vie singulier, au travers de passionnantes discussions, de randonnées et d'ateliers.

Diversité ethnique

La Colombie compte 87 peuples autochtones, qui représentent environ 3,5% de la population. Au total, 64 langues amérindiennes sont d'usage dans le pays.

Respect

Certaines communautés autochtones n'apprécient pas d'être prises en photo. Demandez toujours l'autorisation avant de sortir votre appareil.

RENCONTRES CULTURELLES

Apprenez à préparer un remède traditionnel avec un *taita* du peuple Misak, près de ❶ **Silvia** (p. 233).

Découvrez les riches traditions de la première ville libre des Amériques à ❷ **Palenque de San Basilio** (p. 130).

Passez une nuit à la belle étoile dans le village wayúu de ❸ **Cabo de la Vela** (p. 146).

Visitez un village ticuna avant de vous rendre au Museo Etnográfico Amazónico de ❹ **Leticia** (p. 272).

Filez sur la voie ferrée à bord d'un chariot recyclé jusqu'au village afro-colombien isolé de ❺ **San Cipriano** (p. 225).

ÉDIFICES REMARQUABLES

Entre demeures coloniales, églises imposantes ayant traversé les âges et bâtiments innovants pensés pour des villes soumises à des contraintes topographiques, la Colombie ravira les amateurs d'architecture et de design. Les grandes cités abritent des perles modernes, tandis que les villages cultivent une élégance désuète.

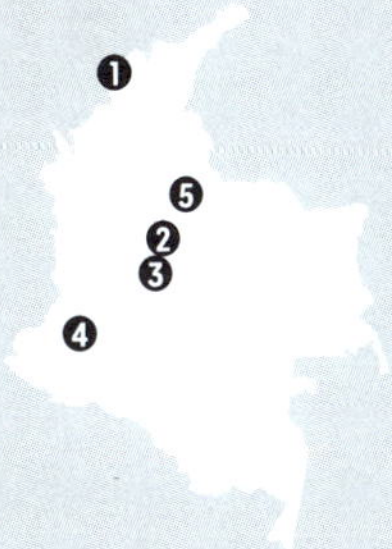

Matériaux bruts

De nombreux bâtiments anciens ont été en grande partie construits à l'aide de boue très argileuse, suivant diverses techniques de construction (adobe, *tapia pisada* et *bahareque*).

Palettes de couleurs

La plupart des cités coloniales colombiennes arborent des teintes terreuses et neutres, tandis que les villes de l'Antioquia affichent des couleurs vives.

Fossiles cachés

Dans les Andes occidentales, observez bien les maçonneries des bâtiments anciens : de minuscules fossiles sont parfois incrustés dans la pierre extraite dans la région.

PERLES ARCHITECTURALES

Promenez-vous dans les rues aux tons pastel, sous les balcons en bois et sur les places arborées de ❶ **Cartagena** (p. 120).

Descendez sous terre et visitez la Catedral de Sal excavée au cœur d'une montagne de sel près de ❷ **Zipaquirá** (p. 73).

Dégustez un bon chocolat chaud bogotanais avant d'aller flâner dans les rues intemporelles de ❸ **La Candelaria** (p. 50).

Visitez les intérieurs reconstitués des demeures coloniales, berceaux de personnages illustres, dans les maisons-musées de ❹ **Popayán** (p. 226).

Plongez dans l'ambiance de ❺ **Barichara**, joli village colonial figé dans le temps, en surplomb d'un canyon (p. 101).

VILLES ET RÉGIONS

Composez votre voyage selon vos envies.

Côte pacifique

NATURE, PLAGES ET AVENTURE

Bienvenue dans un monde perdu où la forêt luxuriante plonge dans l'océan, où des baleines à bosse batifolent près des côtes, où des cascades se déversent sur des plages de sable gris : la nature préservée de la côte pacifique promet des expériences mémorables. Découvrez la culture afro-colombienne et autochtone, dégustez du poisson ultrafrais et randonnez jusqu'à des chutes d'eau secrètes dans cette fabuleuse région encore intacte.

p. 244

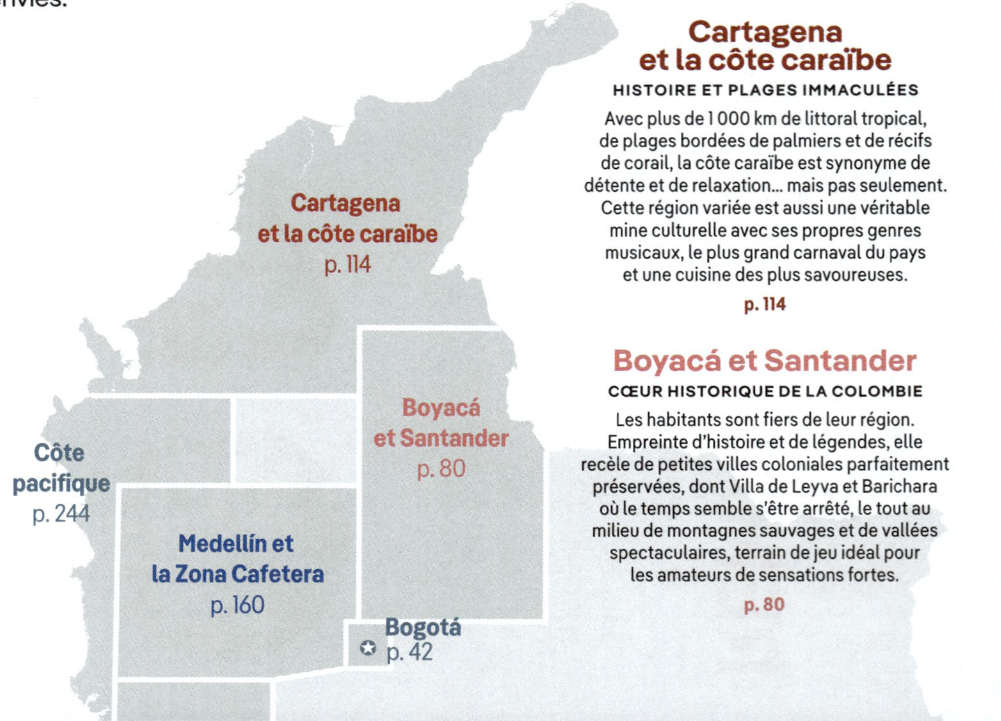

Cartagena et la côte caraïbe

HISTOIRE ET PLAGES IMMACULÉES

Avec plus de 1 000 km de littoral tropical, de plages bordées de palmiers et de récifs de corail, la côte caraïbe est synonyme de détente et de relaxation… mais pas seulement. Cette région variée est aussi une véritable mine culturelle avec ses propres genres musicaux, le plus grand carnaval du pays et une cuisine des plus savoureuses.

p. 114

Boyacá et Santander

CŒUR HISTORIQUE DE LA COLOMBIE

Les habitants sont fiers de leur région. Empreinte d'histoire et de légendes, elle recèle de petites villes coloniales parfaitement préservées, dont Villa de Leyva et Barichara où le temps semble s'être arrêté, le tout au milieu de montagnes sauvages et de vallées spectaculaires, terrain de jeu idéal pour les amateurs de sensations fortes.

p. 80

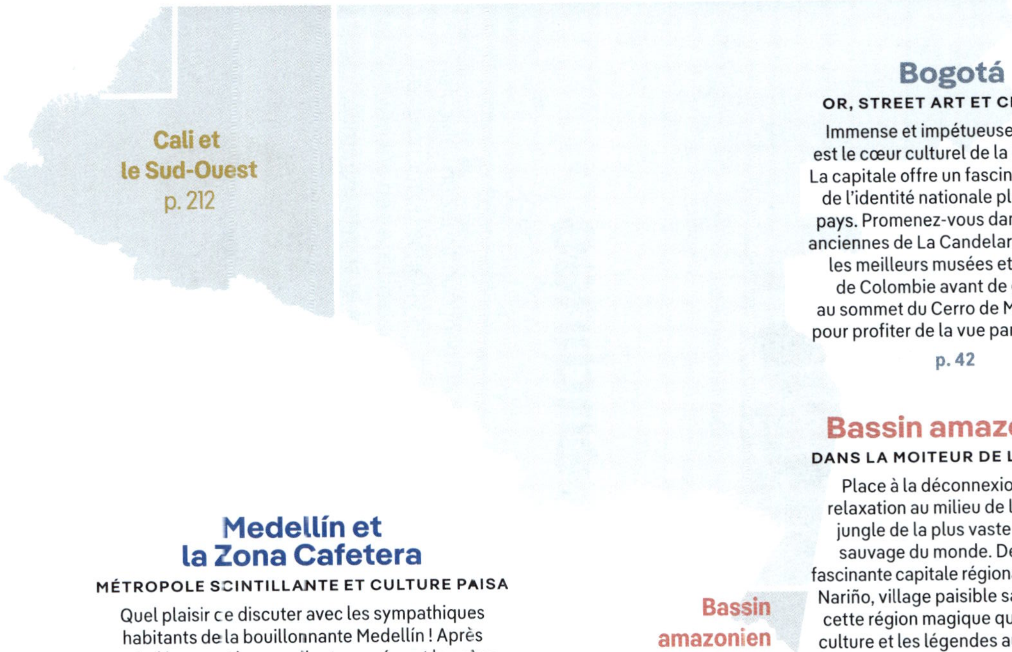

Bogotá

OR, STREET ART ET CICLOVÍA

Immense et impétueuse, Bogotá est le cœur culturel de la Colombie. La capitale offre un fascinant aperçu de l'identité nationale plurielle du pays. Promenez-vous dans les rues anciennes de La Candelaria et visitez les meilleurs musées et galeries de Colombie avant de grimper au sommet du Cerro de Monserrate pour profiter de la vue panoramique.

p. 42

Bassin amazonien

DANS LA MOITEUR DE LA JUNGLE

Place à la déconnexion et à la relaxation au milieu de l'immense jungle de la plus vaste étendue sauvage du monde. De Leticia, fascinante capitale régionale, à Puerto Nariño, village paisible sans voiture, cette région magique qui respire la culture et les légendes autochtones est une étape incontournable pour les amoureux de la nature.

p. 262

Medellín et la Zona Cafetera

MÉTROPOLE SCINTILLANTE ET CULTURE PAISA

Quel plaisir de discuter avec les sympathiques habitants de la bouillonnante Medellín ! Après avoir découvert les excellents musées et la scène artistique de cette cité moderne et branchée, cap vers le sud au cœur de la région du café, où vous pourrez affiner vos talents de *barista* dans une plantation et flâner à votre guise dans des villages colorés.

p. 160

Cali et le Sud-Ouest

RYTHMES INTEMPORELS ET MYSTÉRIEUX VESTIGES

Loin des sentiers battus, le sud-ouest du pays ajoutera une bonne dose de culture à votre voyage. Des bars à salsa bondés de Cali aux villages indiens des Andes du sud, en passant par les mystérieuses ruines de San Agustín, aucune région ne représente mieux l'incroyable diversité du pays.

p. 212

DEVASAHAYAM CHANDRA DHAS/GETTY IMAGES

Villa de Leyva (p. 86)

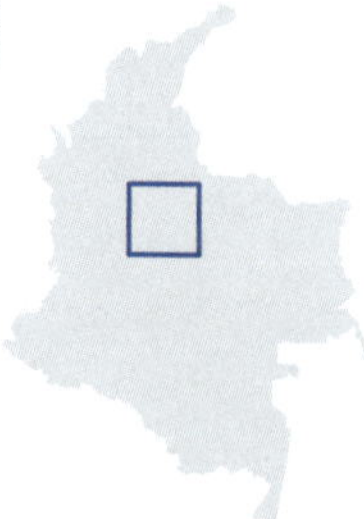

ITINÉRAIRES

Aventures andines

Durée : 6 jours **Distance :** 360 km

Pour goûter à la campagne colombienne authentique, louez un véhicule à Bogotá et mettez le cap au nord. Traversez les villages de montagne historiques hors du temps du Boyacá et du Santander, et, en chemin, découvrez ruines, fossiles, monastères, artisanat et sports extrêmes.

1

BOGOTÁ 2 JOURS

À **Bogotá** (p. 42), explorez les musées ainsi que les perles architecturales du *barrio* historique de La Candelaria (photo). Une fois acclimaté à l'altitude, grimpez jusqu'au sommet du **Cerro de Monserrate** (p. 59) pour admirer la vue panoramique sur la ville. Ensuite, profitez des restaurants et des bars branchés des quartiers nord, plus chics. Évitez de quitter la ville aux heures de pointe.

2

VILLA DE LEYVA 2 JOURS

Réservez un hôtel de campagne, en dehors de **Villa de Leyva** (photo, p. 86) et partez savourer l'atmosphère coloniale de la ville. Aux alentours, vous trouverez des **fossiles** (p. 89) et des **ruines précolombiennes** (p. 90), ainsi que le **Convento del Santo Ecce Homo** (p. 90), monastère dominicain du XVIIe siècle, et les spectaculaires triples chutes de **La Periquera** (p. 90).

Détour : *randonnez autour de la Laguna de Iguaque (p. 90), lac sacré des Muiscas.* *3 heures*

3

SAN GIL 1 JOUR

Votre véhicule vous permettra de rayonner dans les environs de **San Gil** (p. 96) : cascades, piscines naturelles et grottes spectaculaires se trouvent à quelques kilomètres du centre. Détendez-vous sous les arbres du paisible **Parque El Gallineral** (p. 97) ou dévalez en rafting le **Río Suárez** (p. 98) – avec un détour par la **Cascada de Juan Curí** (photo, p. 100), une des plus hautes chutes d'eau de Colombie.

DE GAUCHE À DROITE : STARCEVIC/GETTY IMAGES © ; MARY ANNE MEDINA/LONELY PLANET © ; OWEN RUCK/SHUTTERSTOCK ©

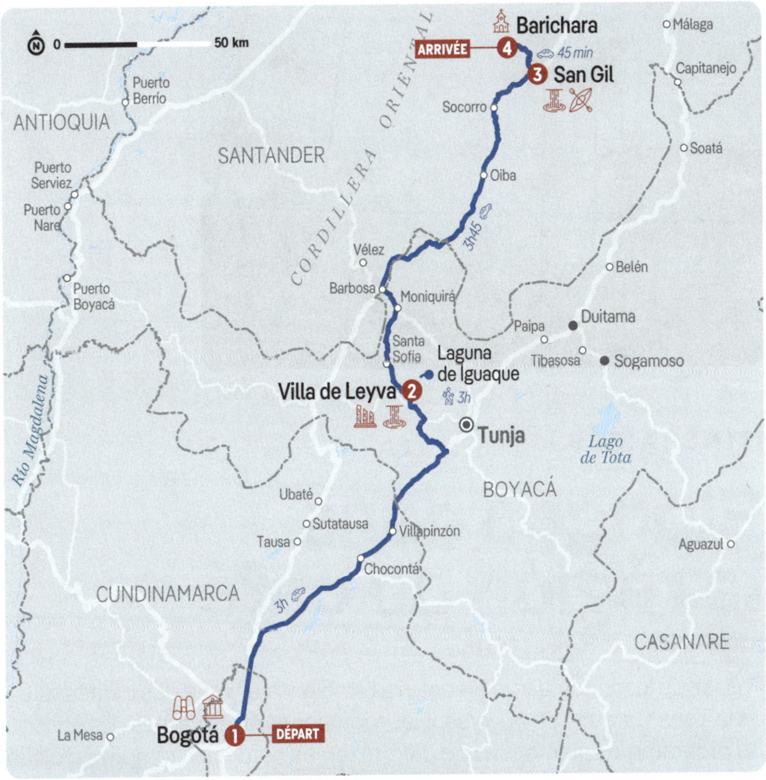

4

BARICHARA 1 JOUR

Parcourez le vieux centre de **Barichara** (photo, p. 101) au gré des charmantes églises en pierre, des superbes belvédères et des nombreux cafés bohèmes qui servent les nectars régionaux. Plus tard, dégustez des mets délicats, par exemple des fourmis grillées – une spécialité locale –, et initiez-vous à l'artisanat traditionnel, avant d'emprunter l'antique sentier pavé qui conduit au minuscule village historique de **Guane** (p. 103).

Barichara (p. 101)

AILEEN WOLF/GETTY IMAGES ©

Valle de Cocora (p. 200)

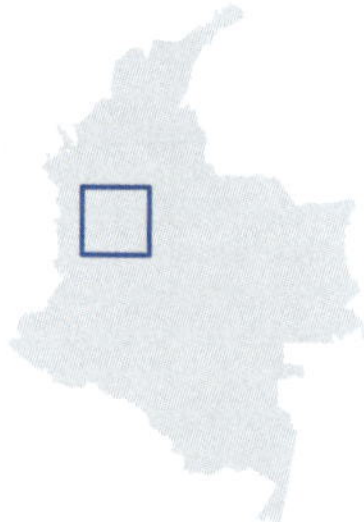

ITINÉRAIRES

Plongée dans la région du café

Durée : 8 jours **Distance :** 540 km

Passez de la modernité de Medellín à l'ambiance animée des petites villes de la Zona Cafetera en traversant les montagnes et les vallées de l'Antioquia. Au programme : plantations de café, réserves naturelles remplies d'oiseaux, cascades rugissantes, palmiers à cire géants et bains thermaux.

1

MEDELLÍN 2 JOURS

Profitez du climat idyllique de **Medellín** (p. 166) en vous promenant en centre-ville. Arrêtez-vous au **Museo de Antioquia** (photo, p. 170) et sur la **Plaza Botero** (p. 170) pour admirer les œuvres potelées de l'enfant chéri de la ville, Fernando Botero, puis rejoignez en métro le quartier redynamisé de **Comuna 13** (p. 172). Finissez par un tour en téléphérique au **Parque Arví** (p. 176) pour un bain de nature sauvage.

2

GUATAPÉ 1 JOUR

En arrivant à **Guatapé** (p. 180), gravissez les 740 marches jusqu'au sommet de la **Piedra del Peñol** (photo, p. 180) pour une vue à 360° sur l'Embalse Guatapé et les montagnes environnantes. Après une pause gourmande en ville au bord du réservoir, embarquez pour une **excursion en bateau** (p. 181) sur le lac.

Détour : *partez à la découverte des eaux cristallines du Río Claro (p. 182).* *4 heures*

3

JARDÍN 1 JOUR

Plongez dans l'ambiance de **Jardín** (photo, p. 184) en buvant un café sur la place centrale bordée de maisons traditionnelles de l'Antioquia. Parcourez à pied la campagne luxuriante jusqu'au point de vue qui surplombe la petite ville. L'après-midi, après un passage par la **Cueva del Esplendor** (p. 186), grotte cachée où se déverse un torrent, repartez par la route panoramique en terre battue qui descend vers Manizales, au sud, via Riosucio.

DE GAUCHE À DROITE : MEHDI33300/SHUTTERSTOCK © ; SDURAKU/SHUTTERSTOCK © ; STREETFLASH/SHUTTERSTOCK ©

4

MANIZALES 1 JOUR

Sortez vos jumelles et partez à l'aube observer de magnifiques oiseaux dans une réserve naturelle urbaine à **Manizales** (photo, p. 189), puis tutoyez les glaciers dans le **Parque Nacional Natural (PNN) Los Nevados** (p. 195). En rentrant, accordez-vous une pause dans les **eaux thermales volcaniques** (p. 192) avant de rejoindre **Chipre** (p. 191) admirer un superbe coucher de soleil.

5

FILANDIA 1 JOUR

Savourez le nectar des grains cultivés dans la région dans l'un des cafés de la place de **Filandia** (photo, p. 204), puis grimpez dans la tour d'observation pour contempler la campagne et les majestueux sommets. Balade à cheval dans les collines émeraude, descente dans le canyon boisé de la **Reserva Natural Barbas-Bremen** (p. 204) à la rencontre des singes hurleurs… Les activités de plein air ne manquent pas.

6

SALENTO 2 JOURS

Terminez votre visite de la région du café à **Salento** (p. 199), la plus belle ville de la Zona Cafetera. Arpentez ses ruelles colorées, avant de partir pour le **Valle de Cocora** (p. 201), où les paysages spectaculaires émaillés de palmiers géants vous émerveilleront. Le dernier jour, visitez une **plantation de café** (photo, p. 200) pour découvrir le processus de production, de l'arbre à la tasse fumante.

DC_COLOMBIA/GETTY IMAGES ©

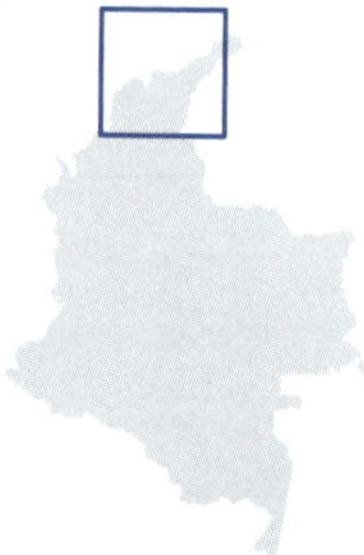

PNN Tayrona (p. 138)

ITINÉRAIRES

Virée sur la côte caraïbe

Durée : 6 jours **Distance :** 550 km

De La Guajira, à l'extrême nord du continent, à la ville fortifiée de Cartagena, cet itinéraire dans les embruns de la côte caraïbe vous fera passer par de nombreuses plages. La forêt tropicale de la Sierra Nevada et des ruines précolombiennes vous attendent également.

1

CABO DE LA VELA ⏱1 JOUR

Des terres aussi arides que photogéniques bordent l'eau translucide de la mer des Caraïbes. Au cœur du territoire ancestral du peuple wayúu, **Cabo de la Vela** (photo, p. 146) est l'endroit idéal pour se lancer dans un voyage mémorable. Allez jeter un œil au phare à **Punta Gallinas** (p. 146), le point le plus au nord de l'Amérique du Sud, puis dévalez les **dunes de Taroa** (p. 147) jusqu'à la mer.

2

PALOMINO ⏱1 JOUR

Le village balnéaire le plus bohème de Colombie, **Palomino** (photo, p. 142), est un petit havre de paix niché entre la nationale et une belle plage frangée de palmiers. Longez la côte sauvage, ou bien remontez la jolie rivière dans la jungle vers la Sierra Nevada et revenez tranquillement en vous laissant dériver sur une bouée. En fin de journée, détendez-vous dans un des nombreux cafés et restaurants bohèmes.

3

PNN TAYRONA ⏱1 JOUR

En roulant vers l'ouest, vous quittez peu à peu les terres désertiques de La Guajira et apercevez à l'horizon la végétation luxuriante de la Sierra Nevada. Entre mer et montagne, le **Parque Nacional Natural (PNN) Tayrona** (photo, p. 138) vous invite à arpenter les sentiers de randonnée en forêt ou à vous prélasser sur l'une de ses nombreuses plages de sable blanc bordées de palmiers et de rochers.

DE GAUCHE À DROITE : SUNSINGER/SHUTTERSTOCK © ; TLF IMAGES/GETTY IMAGES - ACQUIA DAM © ; NADEGE MAZARS/LONELY PLANET ©

4

SANTA MARTA ⏱ 1 JOUR

Séjournez dans le centre historique de **Santa Marta** (photo, p. 134), la plus ancienne ville de Colombie, pour explorer ses rues et ses places à votre rythme. Rendez-vous au village de pêcheurs de **Taganga** (p. 136) afin d'y déguster des fruits de mer pêchés du jour tout en profitant de la vue.

***Détour :** gravissez les contreforts de la Sierra Nevada jusqu'au village paisible de Minca (p. 138).* ⏱ *3 heures*

5

CARTAGENA ⏱ 2 JOURS

Rechargez vos batteries ! **Cartagena** (photo, p. 120) est l'une des villes les plus envoûtantes d'Amérique latine. Arpentez les ruelles pastel, savourez l'atmosphère bohème au milieu des œuvres de street art de **Getsemaní** (p. 123) et buvez un cocktail face au soleil couchant sur les **anciens remparts** (p. 122) pour vous imprégner de l'ambiance. Montez au **Castillo San Felipe de Barajas** (p. 122) pour admirer la vue sur la ville et piquez une tête sur l'une des plages animées du quartier de **Bocagrande** (p. 126) .

Sierra Nevada de Santa Marta (p. 139)

QUAND PARTIR

La Colombie bénéficie de températures égales toute l'année. Celle-ci se compose d'une saison sèche et d'une saison des pluies : il faut en tenir compte lors des préparatifs.

La Colombie jouissant d'un climat équatorial, les températures ne varient pas beaucoup au fil de l'année. Seuls les nuages et la pluie viennent rompre cette stabilité.

Les régions montagneuses dans les terres connaissent deux saisons des pluies : de fin mars à début juin, puis de fin septembre à début décembre. À ces périodes, les averses violentes sont fréquentes, causant des retards en voiture comme en avion. Dans les plaines de la côte caraïbe, la saison sèche commence en mai pour se terminer en octobre. Tout au long de l'année, on peut donc généralement trouver un coin au soleil en Colombie.

Basse saison, petits prix

Le prix des hébergements augmente généralement pendant la saison sèche dans l'ensemble du pays de décembre à fin mars. Il faut impérativement réserver à cette période. Les tarifs augmentent aussi, dans une moindre mesure, pendant les grandes vacances. Pour bénéficier de prix intéressants et d'une météo clémente, voyagez en février ou fin août.

PAROLE D'HABITANT

VOYAGER PENDANT LA SAISON SÈCHE

Oscar Gilede est biologiste et photographe d'animaux sauvages. *@colombianhighlands*

Je voyage beaucoup dans les Llanos. C'est en janvier-février que je préfère la région, pendant la saison sèche. Les journées sont chaudes et ensoleillées, et l'eau cristalline des fleuves et rivières invite à la baignade. De plus, les zones humides y sont plus petites et on y repère plus facilement les oiseaux et les mammifères : un vrai bonheur pour les amateurs de photographie, sans compter les magnifiques couchers de soleil.

Filandia (p. 204)

N'OUBLIEZ PAS VOTRE PARAPLUIE

La côte pacifique de la Colombie est l'une des régions les plus humides au monde : certains sites enregistrent plus de 10 m de précipitations annuelles. Mais la pluie a des bons côtés puisqu'elle fait baisser les températures et est indispensable à la biodiversité.

La météo au fil des mois (Bogotá)

JANVIER	FÉVRIER	MARS	AVRIL	MAI	JUIN
Température max. moyenne en journée : **20°C**	Température max. moyenne en journée : **21°C**	Température max. moyenne en journée : **20°C**	Température max. moyenne en journée : **20°C**	Température max. moyenne en journée : **20°C**	Température max. moyenne en journée : **19°C**
Jours de pluie : **8**	Jours de pluie : **11**	Jours de pluie : **14**	Jours de pluie : **18**	Jours de pluie : **20**	Jours de pluie : **18**

À LA RECHERCHE DU TEMPS PARFAIT

En Colombie, la météo dans les villes et villages dépend de l'altitude. En règle générale, à 1 000 m d'altitude, il fait plutôt chaud, entre 1 000 et 2 000 m, le climat est tempéré, et au-dessus de 2 000 m, il fait assez frais.

Les grands rendez-vous

Organisé à Pasto, au sud de Popayán, le **Carnaval de Blancos y Negros** (carnavaldepasto.org) est le plus grand événement du sud du pays. Les participants s'aspergent de graisse, farine, talc et craie... Ce n'est pas le moment de sortir vos plus beaux vêtements ! **Janvier**

Le **Carnaval de Barranquilla** (p. 130) est la plus belle fête de Colombie : pendant quatre jours, on boit, on danse, on défile et on se déguise au son de la cumbia, du *merecumbé*, de la salsa et de la champeta. Le carnaval commence 40 jours avant Pâques et s'achève à Mardi gras. **Février-mars**

La **Feria de las Flores** est le grand rendez-vous annuel de Medellín (p. 176). Ne vous fiez pas à son nom tout mignon : pendant dix jours, les participants boivent, dansent et défilent, le tout dans une farandole de fleurs. **Août**

La **Feria de Cali** (p. 221) est l'événement incontournable de la fin d'année pour ses fêtes de quartier débridées, et ses défilés et concerts. **Décembre**

Festivals locaux et décalés

Des cerfs-volants colorés flottent au-dessus des toits en tuiles du centro historique de Villa de Leyva à l'occasion du **Festival del Viento y las Cometas** (p. 88). **Août**

Pendant une semaine, le **Festival Petronio Álvarez** (p. 222) met à l'honneur la superbe musique de la côte pacifique. Au programme : compétitions et concerts de musiciens invités devant des hordes de fans souvent imbibés de *viche*, un alcool fort local. **Août**

Autre rendez-vous très animé, le **Festival Mundial de Salsa** (p. 221) de Cali voit s'affronter les meilleurs danseurs du monde sur une incroyable bande-son. Des artistes de salsa de renom accompagnent les festivités. **Octobre**

Le **Desfile de Yipao** (p. 205), dans la Zona Cafetera, ravira les photographes. Une foule de jeeps Willys chargées de marchandise, d'œuvres d'art et de sacs de café paradent et font des acrobaties dans les rues d'Armenia. **Octobre**

PAROLE D'HABITANT

SOUS DES CIEUX PLUS CLÉMENTS

Richard McColl est journaliste et animateur du podcast Colombia Calling. @colombiacalling

Propriétaire d'une maison et de deux petits hôtels à Mompós, j'adore aller y chercher la chaleur des Caraïbes lorsqu'il fait frais à Bogotá, surtout début octobre, lorsque l'eau du Brazo de Mompós change de couleur et la brise soulève l'air chaud. Ici, on vit au ralenti et on observe dans le ciel les centaines de perroquets qui annoncent le spectacle quotidien du soleil couchant sur le Río Magdalena.

Río Magdalena, Mompós (p. 131)

IL NEIGE SOUS LES TROPIQUES

Si la Colombie, pays tropical, est une destination prisée pour le soleil, il y neige parfois, surtout dans les hauteurs des Andes et de la Sierra Nevada.

JUILLET	AOÛT	SEPTEMBRE	OCTOBRE	NOVEMBRE	DÉCEMBRE
Température max. moyenne en journée : **19°C**	Température max. moyenne en journée : **19°C**	Température max. moyenne en journée : **20°C**	Température max. moyenne en journée : **20°C**	Température max. moyenne en journée : **20°C**	Température max. moyenne en journée : **20°C**
Jours de pluie : **17**	Jours de pluie : **16**	Jours de pluie : **16**	Jours de pluie : **18**	Jours de pluie : **17**	Jours de pluie : **12**

À GAUCHE : JONATHAN SALGUEDO/SHUTTERSTOCK © ; À DROITE : RONALD GRANT ARCHIVE/ALAMY STOCK PHOTO ©

Cartagena (p. 120)

AVANT DE PARTIR EN COLOMBIE

Nos recommandations pour bien se préparer.

Dans sa valise

Des vêtements légers Des glaciers de haute altitude à la jungle suffocante dans les terres, le climat colombien est varié et change rapidement. Il faut pouvoir s'adapter à toute situation : emportez plusieurs couches de vêtements légers à enfiler ou retirer au fil du voyage.

Imperméable Comme l'indique la végétation luxuriante, la pluie n'est pas tendre ici et elle peut surgir de nulle part. N'oubliez surtout pas d'emporter un imperméable léger.

Legging Pas pour le style, mais pour protéger vos jambes des rochers dans les cours d'eau.

Chaussures de randonnée et baskets Vous allez sûrement passer du temps dans la nature : prévoyez une paire de chaussures de randonnée imperméables, et des baskets qui ne craignent rien pour les éventuelles sorties rafting ou spéléologie.

Gourde Les bouteilles en plastique sont interdites dans certaines zones naturelles.

Traitement antipaludique Si vous partez marcher dans la jungle.

À savoir

On n'oublie pas de dire bonjour. Lorsque vous entrez quelque part, il est important de saluer d'un *buenos días* ou *buenas tardes*.

Payez l'addition. Au restaurant, il est d'usage que la personne qui a lancé l'invitation règle la note.

Les titres honorifiques ont leur valeur. Témoignez votre respect aux personnes plus âgées en ajoutant *don* (pour un homme) ou *doña* (pour une femme) avant leur nom.

LIRE

Cent Ans de solitude (Gabriel García Márquez, 1967 ; Point Seuil, 2022). Mythes, rêve et réalité dans la Colombie rurale, le temps d'une dynastie. Un vrai chef-d'œuvre. Gabriel García Márquez a obtenu le prix Nobel de littérature en 1982.

Que viva la música ! (Andrés Caicedo, 1977 ; 10/18, 2013). Un roman culte qui relate les aventures d'une jeune femme aisée dans les années 1970 à Cali. Un des chefs-d'œuvre de la littérature latino-américaine du XXe siècle.

L'oubli que nous serons (Héctor Abad Faciolince, 2010 ; Folio, 2012). Une saisissante immersion dans l'enfer de la violence politique colombienne, dans la vie et l'âme de la ville de Medellín.

Perdre est une question de méthode (Santiago Gamboa, 2004 ; Métailié, "Suites Littérature", 2017). Premier roman de l'écrivain, journaliste et diplomate devenu célèbre depuis pour ses romans noirs pleins d'humour.

En quelques mots

"hola" signifie "bonjour".
"buenos días/buenas tardes" sont les salutations habituelles à employer, respectivement le matin et l'après-midi.
"¿qué más?" est une façon informelle de demander "ça va ?".
"por favor" signifie "s'il vous plaît" et peut s'employer avant ou après la demande.
"gracias" signifie "merci".
"con (mucho) gusto" signifie littéralement "avec (grand) plaisir" et s'emploie pour dire "de rien".
"listo" signifie "prêt", mais peut être utilisé pour indiquer son approbation ou ajouté comme interrogatif en fin de phrase pour vérifier que la personne en face a compris une affirmation.
"donde está" veut dire "où se trouve".
"entonces" est un des mots que vous entendrez le plus. Il signifie "alors" et remplit les pauses dans les conversations. Il est aussi utilisé pour saluer quelqu'un de façon informelle.
"pues" est un mot généralement utilisé pour commencer une phrase et pourrait être l'équivalent de "eh bien". Il peut aussi être employé en fin de phrase pour insister, surtout dans l'Antioquia, où ce petit mot ponctue chaque fin de conversation.
"chevere" est répandu dans tout le pays et signifie "excellent". Il peut aussi qualifier une personne sympathique ou amusante.
"parcero", parfois abrégé en "parce", signifie "ami". Il est souvent employé comme un pronom, même pour une personne que l'on vient de rencontrer.
"ayuda" signifie "aide". Employez-le dès que vous en avez besoin.

VOIR

Maria, pleine de grâce (Joshua Marston, 2004). L'histoire bouleversante d'une jeune Colombienne acceptant de faire la mule pour quitter son pays.

L'Étreinte du serpent (Ciro Guerra, 2015). Un shaman solitaire accompagne des scientifiques en quête d'une plante sacrée.

Colombia magia salvage (Mike Slee, 2015). Documentaire sur la biodiversité du pays, disponible en streaming.

Les Oiseaux de passage (Cristina Gallego et Ciro Guerra, 2018). Magnifique film sur une famille autochtone de La Guajira.

Encanto : la fantastique famille Madrigal (Disney, 2021). Une famille colombienne dotée de pouvoirs magiques est menacée.

ÉCOUTER

A Prueba de Fuego (Grupo Niche, 1997). Album implacable de salsa avec un message politique, qui aborde le thème de l'identité raciale et sociale.

This is Gozar (Herencia de Timbiquí, 2014). Rythmes contagieux et mélodies féeriques de la musique traditionnelle de la côte pacifique.

Amanecer (Bomba Estéreo, 2015). Le meilleur album pour découvrir un des plus célèbres groupes indé colombiens.

Mi Sangre (Juanes, 2004). Album phare de l'auteur-compositeur-interprète de Medellín – auteur de "La Camisa Negra" – primé aux Grammy Awards.

MARTINVASQUEZPHOTO/SHUTTERSTOCK ©

Fruits colombiens

À TABLE !

Mélange de traditions autochtones et européennes, la cuisine colombienne, fraîche et généreuse, est aussi variée que les paysages du pays.

La Colombie n'était pas, jusque récemment, une destination prisée pour sa gastronomie, mais l'arrivée de visiteurs et d'immigrants du monde entier a titillé les papilles des fins gourmets.

Aujourd'hui, la plupart des grandes villes proposent aux voyageurs un large éventail d'adresses chics et d'excellents plats venus des quatre coins du globe. Pour une expérience vraiment surprenante, tournez-vous vers les établissements de jeunes chefs talentueux qui revisitent les traditions culinaires colombiennes sans se cantonner aux *arepas* que l'on trouve partout.

Riche de terres volcaniques fertiles, d'un climat très varié et de deux littoraux différents, la Colombie a toujours mis à l'honneur les produits frais dans sa cuisine. Plats de la mer aux nuances subtiles selon la côte, soupes réconfortantes, spécialités patiemment cuites au barbecue dans les montagnes du centre du pays : vous mangerez sain et resterez rarement sur votre faim.

Et pour nombre de visiteurs, les meilleurs plaisirs gustatifs sont ici les plus simples, telle la farandole de fruits tropicaux inconnus au bataillon qui couvrent les étals des marchés dans tout le pays, des fruits excellents, tant pour le palais que pour la santé ou le plaisir des yeux.

La magie des marchés

Pour découvrir la culture culinaire colombienne, il n'y a pas de meilleur endroit que les marchés traditionnels des villes et villages du pays. Même les cités les plus grandes et les plus modernes conservent plusieurs *galerías* où sont débarquées tous les jours les victuailles venues des fermes de la région.

La plupart des marchés comportent une halle réservée aux produits frais, où fruits et légumes de saison forment un camaïeu aux

Les essentiels

SANCOCHO
Soupe lentement mijotée à base de viande, bananes plantain et légumes racines.

PARGO SUDADO
Vivaneau cuit dans une sauce à la noix de coco, aux tomates et aux oignons.

LECHONA
Cochon de lait farci aux pois, au riz et aux épices, et rôti à la broche.

TAMALES
Pâte de maïs farcie au poulet ou au porc, cuite dans une feuille de bananier.

mille couleurs, et une zone de restauration où se succèdent snack-bars et *comedores* – minuscules cuisines ouvertes assorties de quelques tabourets qui permettent d'admirer les chefs en pleine action. Plus qu'une expérience culinaire, c'est une immersion culturelle. Vous vous retrouverez ainsi plongé dans les conversations animées entre les clients qui mangent un bout et les cuisiniers affairés qui réussissent malgré tout à tenir le rythme.

Le repas, c'est sacré

En règle générale, le repas principal se prend le midi. Ici, le déjeuner est une affaire si sérieuse que nombre de Colombiens ne comprennent pas comment on peut se contenter d'un sandwich englouti en vitesse à son bureau. Traditionnellement, le déjeuner consiste en une belle assiette riche en protéines, riz, légumes et salade, souvent précédée d'un bon bol de soupe.

De la même manière, le petit-déjeuner est généralement constitué d'un plat chaud et nourrissant, par exemple des *tamales* et autres spécialités rassasiantes, accompagné de diverses soupes. Le dîner, à l'inverse, est en général plus léger, et on le prend assez tôt, surtout dans les régions où les restaurants ferment peu après la tombée de la nuit.

Cuisine végétarienne et végane

Si le végétarisme et le véganisme sont encore nouveaux en Colombie et ne concerneraient guère que 5% de la population, ce ne sont pas les options sans viande et savoureuses qui manquent aux menus. Même les petites villes ont souvent au moins un ou deux restaurants spécialistes de ce type de cuisine, et presque toutes les bonnes adresses et les chaînes populaires proposent plusieurs plats adaptés.

LAURA WATILO BLAKE/LONELY PLANET ©

Déjeuner typique de la côte caraïbe

DANIEL ROMERO/VWPICS/ALAMY STOCK PHOTO ©

Festival Petronio Alvarez

ÉVÉNEMENTS CULINAIRES

Congreso Gastronómico de Popayán (p. 229) Le meilleur festival gastronomique de Colombie : marchés, cours de cuisine et menus dégustation concoctés par de grands chefs locaux et internationaux.

Festival del Frito Cartagenero (p. 126) La friture est à l'honneur : c'est le moment de goûter les *arepas de huevo*, les *buñuelos* et les *empanadas*.

Alimentarte Food Festival (fundacioncorazonverde.org/alimentarte) Plus de 200 restaurants de Bogotá servent leurs spécialités au sein d'un parc, dans une ambiance musicale et festive.

Festival Petronio Álvarez (p. 222) À l'occasion de ce festival de musique, une excellente foire alimentaire présente les meilleurs plats de la côte pacifique.

Coffee Master (p. 55) Les cafés de Bogotá rivalisent d'expertise en proposant ateliers, dégustations et promotions pendant deux semaines en août.

Feria Piscícola del Amazonas (p. 266) Chaque année, à Pâques, la foire aux poissons de Leticia est l'occasion rêvée de goûter des plats de la région.

ASADO HUILENSE	BANDEJA PAISA	AJIACO	HELADO DE PAILA	MOTE DE QUEIJO
Filet de porc mariné dans un mélange de bière, de jus d'orange amère et d'aromates.	Plat typique de l'Antioquia : haricots rouges, bœuf, chorizo, bananes frites, œuf au plat et avocat.	Soupe de pommes de terre, de maïs et de poulet, avec des câpres et une herbe locale, la guascas.	Sorbet artisanal aux fruits rouges préparé dans un plat en bronze posé sur un lit de glace pilée.	Plat typique de la côte caraïbe : soupe à base de fromage *costeño*, d'igname, d'ail et de citron vert.

Spécialités locales

Guettez sur les étals ces plats et en-cas traditionnels.

En-cas frits et cuisine de rue

Empanadas : chaussons salés de maïs frits garnis de viande et de pommes de terre.
Aborrajados : banane plantain mûre fourrée au fromage et frite.
Papas rellenas : croquettes de purée de pommes de terre farcie de poulet effiloché.
Marranitas : boulettes de banane plantain verte et couenne de porc frite.
Carimañolas : *empanadas* à base de farine de manioc, garnies de viande ou de fromage.
Arepa de huevo : galette de maïs frite, fourrée d'un œuf et parfois de viande.
Chontaduro : fruit d'un palmier de la jungle dégusté bouilli, auquel on prête des propriétés aphrodisiaques.
Patacones : bananes plantain vertes aplaties et frites.
Arepas rellenas : galettes de maïs plates, qui se garnissent de ce que l'on veut.

Spécialités de la mer

Viudo de bocachico : poisson d'eau douce entier cuit à la vapeur et servi sur des bananes plantain.
Piangua : délicieux petit mollusque que l'on trouve dans les mangroves.

Patacones

À déguster avec une boisson chaude

Buñuelos : beignets de maïs au fromage.
Almojábana : pain aérien au goût de beurre à base de farine de maïs et manioc.
Pan de bono : pain salé au maïs et au manioc, fourré au fromage, parfois à la confiture.

Cocktail et confiseries

Bocadillo : pâte de goyave sucrée.
Salpicón : cocktail de fruits hachés servis dans du jus d'orange.
Cocadas : friandises à la noix de coco et à la *panela* (sucre de canne complet).

Palais téméraires

Hormigas culonas : fourmis frites.
Cuy : cochon d'Inde rôti à la broche (se prononce "couye").
Chunchullo : intestins de bœuf cuits au barbecue ou frits.
Chiguiro : capybara cuit au feu de bois.

TABLES D'EXCEPTION

Elvia (p. 103) À Barichara, les fourmis pimentent les plats savoureux servis dans ce restaurant cosy.

Andrés Carne de Res (p. 67) Adresse incontournable de Bogotá, ne serait-ce que pour lire les 75 pages du menu avant de choisir un simple steak.

Platillos Voladores (p. 220) Institution de Cali qui fusionne recettes ancestrales et influences asiatiques, européennes et afro-caribéennes.

Origen Bistro (p. 52) Au cœur de la vieille ville de Bogotá, classiques revisités de première qualité, cadre romantique et service excellent.

Apapache (p. 255) Les ingrédients locaux sont à l'honneur dans ce restaurant gastronomique de Termales, village reculé sur la côte de Nuquí.

UNE ANNÉE DANS L'ASSIETTE

JANVIER-MARS

Les étals débordent de pastèques et de mandarines. À l'approche de Pâques, poisson salé bouilli, desserts fruités et autres plats traditionnels sont au menu.

AVRIL-JUIN

L'avocat et toutes ses variétés sont omniprésents sur les marchés. Bonne période pour découvrir certains des fruits les plus savoureux du pays, tels que le corossol et la goyave.

JUILLET-SEPTEMBRE

Oranges juteuses et framboises couvrent les étals des marchés. Profitez des Fiestas de San Pedro (Huila) pour goûter l'*asado huilense*, du porc mariné et longuement mijoté.

OCTOBRE-DÉCEMBRE

Deux délicieux fruits viennent agrémenter la liste des jus frais à siroter : le *tamarillo* et le *lulo*. En famille, on prépare des *natillas*, flans sucrés à base de maïs que l'on déguste pendant les fêtes.

Boulanger à l'œuvre

NADEGE MAZARS/LONELY PLANET ©

Valle de Cocora, Reserva Natural Acaime (p. 202)

ACTIVITÉS DE PLEIN AIR

Les spectaculaires paysages de Colombie, des sommets auréolés de glaciers aux profondeurs de la forêt tropicale, offrent au visiteur d'infinis terrains de jeu.

Avec ses deux littoraux radicalement différents, ses majestueuses chaînes de montagnes et ses forêts tropicales, la Colombie est la destination rêvée pour s'essayer aux activités de plein air, des plus calmes aux plus grisantes. Les plages interminables de la côte caraïbe sont idéales pour la baignade, le snorkeling, la plongée et le kitesurf, tandis que la côte pacifique est un haut lieu du surf et de la plongée sous-marine. On peut aussi prendre de la hauteur en gagnant les sommets et hauts plateaux, qui offrent un superbe cadre pour la randonnée, la spéléologie, le rafting, le parapente, la varappe et le vélo.

Randonnée

De la tranquille promenade ornithologique au trek ardu de plusieurs jours dans les hauteurs des Andes, la Colombie offre une infinité de possibilités en matière de randonnées, quels que soient les goûts et le niveau.

S'il fait souvent trop chaud et humide dans les plaines de la côte pour se lancer dans une longue expédition, les conditions sont idéales en altitude. Les pentes verdoyantes de la Sierra Nevada, au cœur de la région de la côte caraïbe, forment le cadre idyllique du légendaire trek de quatre jours (avec un guide) jusqu'à la Ciudad Perdida. Dans les terres, les parcs nationaux regorgent de sentiers de randonnée sillonnant à travers la forêt ombrophile, la savane, le *páramo* (prairie froide de haute altitude) et sur des glaciers.

Vous devrez faire appel à un guide homologué PNN pour gravir le sommet enneigé du Nevado de Santa Isabel ou la paisible

Montées d'adrénaline

PARAPENTE
Laissez-vous porter par les vents ascendants, et admirez **Medellín** (p. 177) et le **Cañon del Chicamocha** (p. 99) vus du ciel.

KITESURF
Sautez sur les vagues de la mer des Caraïbes au **Cabo de la Vela** (p. 146) ou rasez la surface du **Lago Calima** (p. 225) dans les montagnes au nord de Cali.

VTT
Dévalez des kilomètres de sentiers volcaniques sur le flanc d'un volcan en activité dans le **PNN Puracé** (p. 231), près de Popayán.

EN FAMILLE

Observez de près les nuées de colibris colorés de la **Reserva Natural Acaime** (p. 202), dans la vallée de Cocora, près de Salento.

Enfilez masque et tuba pour rejoindre les poissons bigarrés à El Acuario, au large de **San Andrés** (p. 150).

Embarquez sur une barque traditionnelle pour apercevoir *botos* et lamantins du **Lago Tarapoto** (p. 277), en pleine jungle amazonienne.

Repérez les baleines à bosse depuis le pont d'un bateau ou le rivage à **Nuquí** (p. 254) et **Bahía Solano** (p. 253).

Descendez dans une grotte remplie de stalactites, à la recherche de curieux oiseaux nocturnes, à **Río Claro** (p. 182).

Installez-vous sur une bouée et laissez-vous porter par une rivière cristalline à **San Cipriano** (p. 225), avant de vous baigner sous des cascades grondantes.

Laguna del Otún, dans le PNN Los Nevados. Si vous préférez marcher seul, la réserve archéologique de Tierradentro offre aussi d'incroyables paysages. Vous pouvez également suivre les historiques sentiers pavés du Camino Real du Santander jusqu'au cœur du majestueux Cañon del Chicamocha.

Plongée et snorkeling

Des eaux chaudes et transparentes bordées de récifs colorés dans la mer des Caraïbes aux îles isolées cernées de diverses espèces de requins dans l'océan Pacifique, la Colombie est aussi spectaculaire sous l'eau qu'en surface. Pour plonger dans la mer des Caraïbes, dotée d'une excellente visibilité, de poissons multicolores et d'étonnantes épaves, San Andrés et Providencia sont la destination idéale. Les sites de plongée et de snorkeling les plus accessibles se trouvent sur les Islas del Rosario, au large de Cartagena, où l'on peut découvrir la richesse des récifs coralliens de l'archipel. Vous débutez ? Taganga fait partie des spots les moins chers où obtenir la certification PADI Open Water et plonger dans une eau cristalline. Si vous souhaitez rester à l'écart des foules, passez la nuit sur l'Isla Gorgona, île qui abrita jadis une prison, ou explorez les fonds marins de la Bahía Solano.

MEILLEURS SPOTS

Retrouvez notre sélection d'activités sur la carte p. 38.

Plongeur, San Andrés (p. 150)

Rafting

Les minces ruisselets qui s'écoulent des glaciers et des lacs de montagne gelés gagnent en vigueur à mesure qu'ils approchent des vallées et se transforment en bouillons grondants, pour le plus grand plaisir des amateurs de rafting de tous niveaux. San Gil est la destination phare pour cette activité : les eaux placides du Río Fonce offrent une douce entrée en matière aux débutants, tandis que le Río Suarez et le Río Chicamocha, plus agités, font grimper l'adrénaline. Parmi les autres spots intéressants figurent les rapides tranquilles du Río Claro, qui serpente à travers un luxuriant canyon couvert de jungle, et la partie supérieure du Río Magdalena, qui traverse les gorges verdoyantes près de San Agustín.

DESCENTE EN RAPPEL
Descendez le long de parois rocheuses, sous des trombes d'eau, à la **Cascada de Juan Curí** (p. 100) et à la **Cascada La Escalera** (p. 187).

TYROLIENNE
Survolez la canopée dans la réserve de **Los Yarumos** (p. 191), près de Manizales, ou celle de **Tanimboca** (p. 271), près de Leticia.

ESCALADE
Essayez-vous à l'escalade au-dessus du **Cañon del Chicamocha** (p. 99) ou dans les montagnes autour de **Medellín** (p. 183).

SPÉLÉOLOGIE
Rampez dans d'étroits passages et traversez des tunnels à la nage dans la **Cueva de la Vaca** (p. 100).

LES MEILLEURS SPOTS

Notre sélection d'activités de plein air

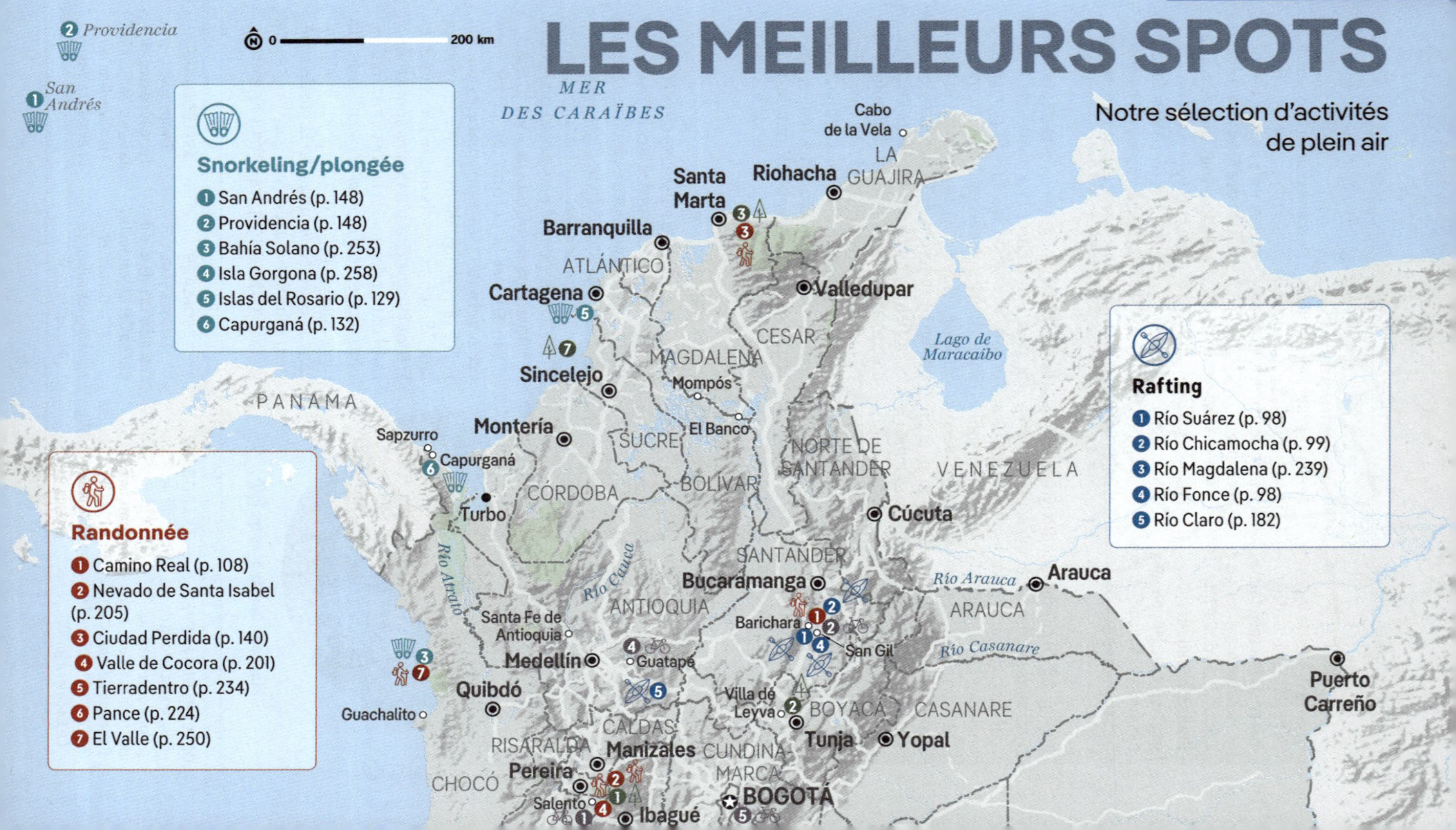

Snorkeling/plongée

1 San Andrés (p. 148)
2 Providencia (p. 148)
3 Bahía Solano (p. 253)
4 Isla Gorgona (p. 258)
5 Islas del Rosario (p. 129)
6 Capurganá (p. 132)

Rafting

1 Río Suárez (p. 98)
2 Río Chicamocha (p. 99)
3 Río Magdalena (p. 239)
4 Río Fonce (p. 98)
5 Río Claro (p. 182)

Randonnée

1 Camino Real (p. 108)
2 Nevado de Santa Isabel (p. 205)
3 Ciudad Perdida (p. 140)
4 Valle de Cocora (p. 201)
5 Tierradentro (p. 234)
6 Pance (p. 224)
7 El Valle (p. 250)

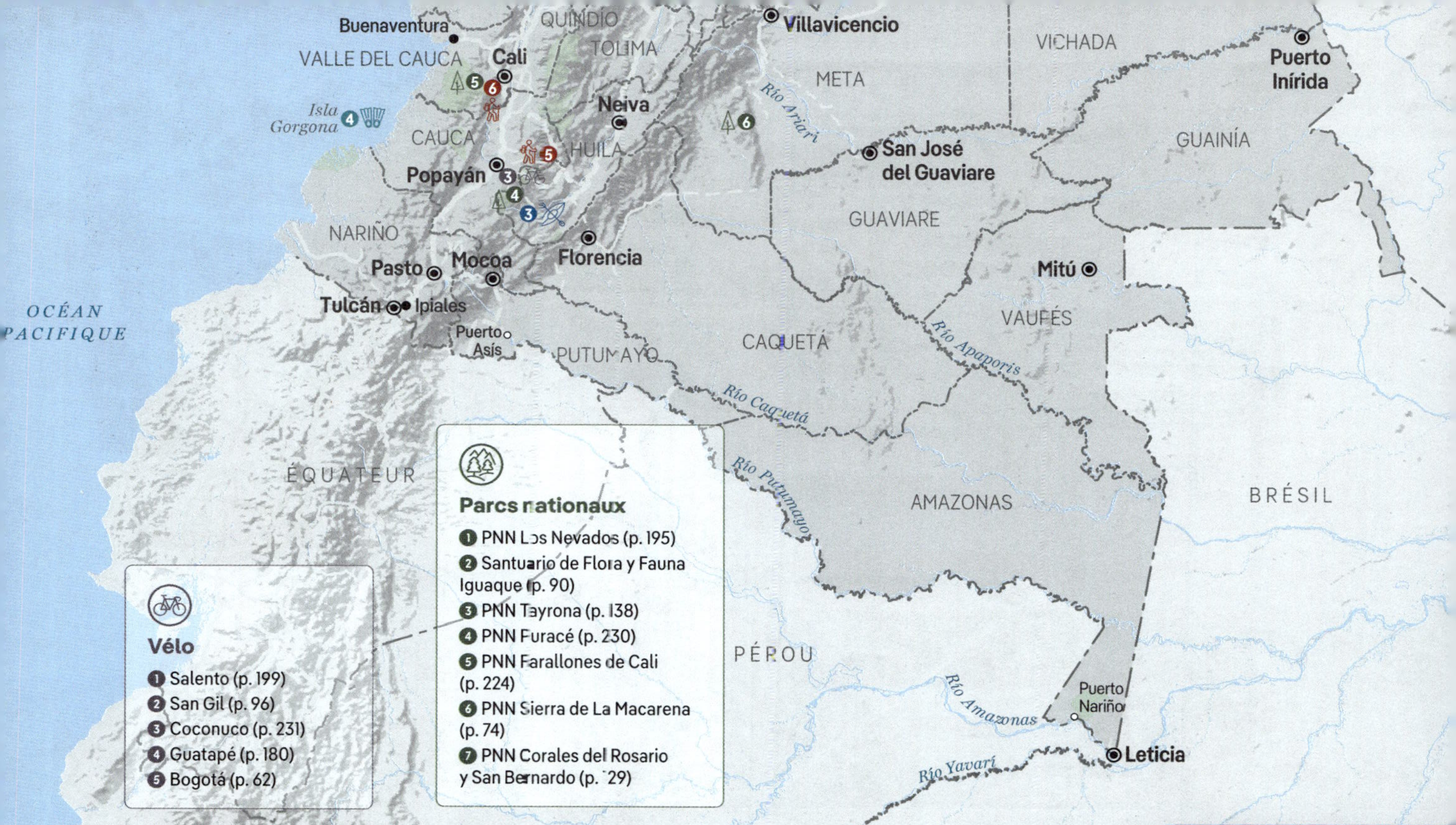
Buenaventura
QUINDÍO
Villavicencio
VICHADA
Puerto Inírida
VALLE DEL CAUCA
Cali
TOLIMA
META
Río Ariari
Isla Gorgona
Neiva
CAUCA
HUILA
San José del Guaviare
GUAINÍA
Popayán
GUAVIARE
NARIÑO
Mitú
Pasto
Mocoa
Florencia
Tulcán
Ipiales
OCÉAN PACIFIQUE
Puerto Asís
PUTUMAYO
CAQUETÁ
VAUPÉS
Río Apaporis
Río Caquetá
ÉQUATEUR
Río Putumayo
AMAZONAS
BRÉSIL
PÉROU
Río Amazonas
Puerto Nariño
Leticia
Río Yavarí
Parcs nationaux
1 PNN Los Nevados (p. 195)
2 Santuario de Flora y Fauna Iguaque (p. 90)
3 PNN Tayrona (p. 138)
4 PNN Furacé (p. 230)
5 PNN Farallones de Cali (p. 224)
6 PNN Sierra de La Macarena (p. 74)
7 PNN Corales del Rosario y San Bernardo (p. 29)
Vélo
1 Salento (p. 199)
2 San Gil (p. 96)
3 Coconuco (p. 231)
4 Guatapé (p. 180)
5 Bogotá (p. 62)

COLOMBIE

SUR LA ROUTE

Les chapitres de cette partie s'organisent autour des sites essentiels, qui pourront vous servir de base pour partir à la découverte des environs. Vous y trouverez toutes nos recommandations ainsi que des conseils d'habitants de la région grâce auxquels vous vivrez des expériences uniques.

Cartagena (p. 120)

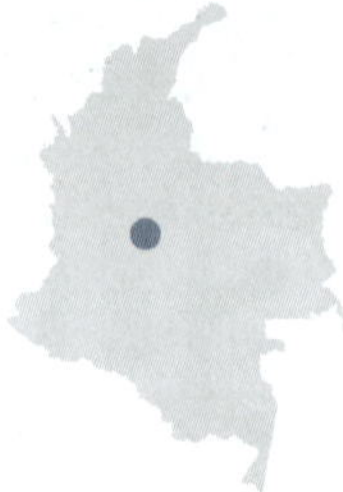

BOGOTÁ

OR, STREET ART ET CICLOVÍA

Bogotá, le cœur battant de la Colombie, a réussi à se défaire des chaînes de son tumultueux passé pour avancer résolument vers l'avenir.

Dans cette métropole haut perchée aux vifs contrastes, des graffs avant-gardistes rivalisent avec des galeries audacieuses, la circulation anarchique fait place à une nouvelle culture du vélo, et clubs, microbrasseries et microtorréfacteurs chassent les souvenirs des enlèvements et des gangs de narcotraficants.

Bogotá a connu nombre d'améliorations ces dernières années, parmi lesquelles la rénovation du musée national et le développement de la mobilité douce : la Ciclovía (dimanche sans voiture, voir p. 62) a été étendue après l'expérimentation, durant la pandémie, de nouvelles voies cyclables éphémères et des bus électriques modernes sont en cours d'introduction sur le fréquenté réseau TransMilenio. Dans les prochaines années, Bogotá possédera probablement le plus grand parc de bus électriques du monde après la Chine. De telles évolutions témoignent le progressisme de la ville, un thème nourri par ses maires successifs et les militants locaux. En l'espace d'une génération, la capitale colombienne est passée d'une ville chaotique et violente à un modèle d'urbanisme. Son épicentre culturel est La Candelaria, le centre historique, qui attire une grande partie des voyageurs. Son architecture coloniale préservée laisse place çà et là à des bâtiments plus récents, néoclassiques et Art déco. Ce quartier possède la plus forte concentration de musées, de restaurants, d'hôtels et de bars de la ville, disséminés parmi des maisons, églises et couvents trois fois centenaires.

Les Cerros Orientales, dominés par le Cerro de Monserrate, sur lequel s'élève une église, forment une agréable toile de fond verdoyante.

Au sud et au sud-ouest de La Candelaria, les *barrios* de la classe ouvrière se débarrassent lentement de leur réputation de coupe-gorge, mais reçoivent encore peu de visiteurs. Les gratte-ciel se regroupent dans le quartier des affaires, le Centro Internacional, tandis que les rues au nord accueillent boutiques-hôtels et fashionistas qui s'adonnent aux divertissements chics de la Zona Rosa. Là, les couchers de soleil se reflètent sur les briques des tours résidentielles qui se blottissent contre les Andes : une cérémonie cinématographique inaugurant les soirées endiablées de la ville.

QUARTIERS PRINCIPAUX

LA CANDELARIA
Quartier historique avec bars et cafés.
p. 48

CENTRE-VILLE ET CENTRO INTERNACIONAL
Business, chaos et grands musées.
p. 57

CHAPINERO
Cuisine gastronomique, centres commerciaux et vie nocturne.
p. 64

USAQUÉN
Longs brunchs et marché dominical.
p. 70

POSZTOS/SHUTTERSTOCK ©

Ci-contre : Ciclovía (p. 62) ; ci-dessus : La Candelaria (p. 48)

S'orienter

Si le quartier historique de La Candelaria et certaines parties du centre-ville se visitent facilement à pied, le reste de Bogotá s'étend sur une vaste zone : 13 km séparent Usaquén de La Candelaria. Heureusement, la capitale a développé un réseau de bus rapides (le TransMilenio) et, malgré sa circulation frénétique, fait une large place aux cyclistes.

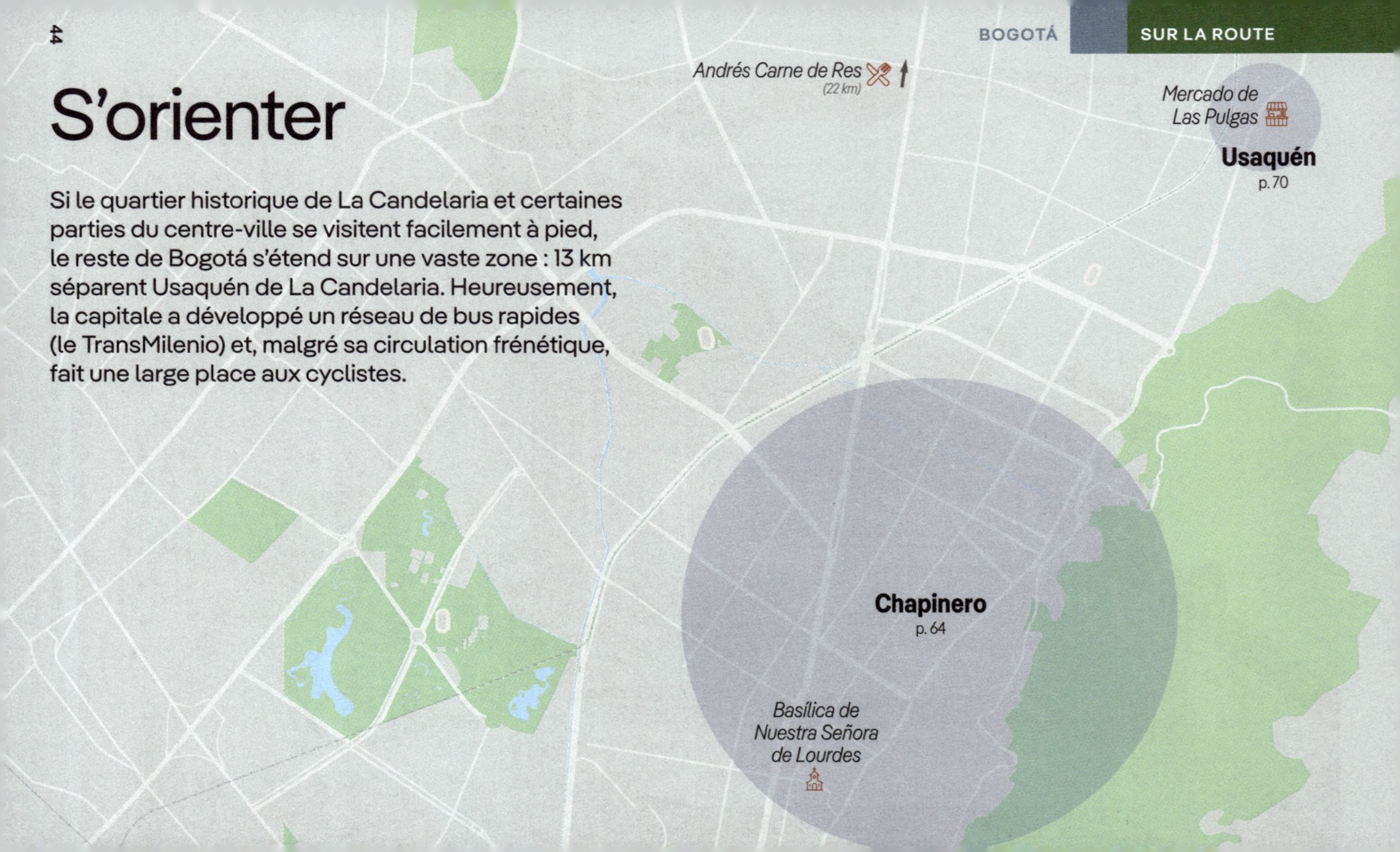

TRANSMILENIO

Réseau de bus articulés couvrant 112 km, le TransMilenio (transmilenio.gov.co) comprend une flotte de plus de 2 000 bus et compte 12 lignes et quelque 147 stations autonomes, bien entretenues et sûres. Les bus empruntent des voies réservées, séparées du reste de la circulation. Vous aurez besoin d'une carte rechargeable, *tarjeta tullave* (tullaveplus.gov.co) pour régler vos trajets.

DEPUIS L'AÉROPORT

Le plus facile pour gagner la ville est de prendre un taxi. Demandez-en un au guichet des arrivées ou abordez directement un chauffeur.

Le bus TransMilenio est plus économique, mais vous devrez d'abord acheter une carte rechargeable (*tarjeta tullave*) à la billetterie des arrivées.

VÉLO

Bogotá possède l'un des plus vastes réseaux de pistes cyclables au monde, avec plus de 550 km de *ciclorutas* séparées des routes et clairement signalisées. Elles sont indiquées sur les cartes distribuées gratuitement dans les Puntos de Información Turística (PIT).

TAXI

L'impressionnante flotte de taxis jaunes de Bogotá, de fabrication coréenne, constitue un moyen sûr, fiable et relativement peu coûteux de se déplacer. Vous pouvez appeler les nombreuses compagnies utilisant la liaison radio, notamment Taxis Libres ou Tax Express, mais les applications comme Uber, Beat, Easy Taxi et Cabify sont encore plus pratiques et éliminent la barrière linguistique. Voir p. 291 pour les recommandations sur les taxis.

Planifier son séjour

Si vous n'avez pas beaucoup de temps, séjournez à La Candelaria pour profiter des restaurants et de la vie nocturne des quartiers nord.

La Puerta Falsa (p. 53)

Jour 1

Matin

- Prenez vos repères sur la **Plaza de Bolívar** (p. 50), où la ville aurait été fondée en 1538. Vous serez naturellement attiré par la façade néoclassique de la gigantesque **Catedral Primada** (p. 51), mais consacrez également du temps au **Capitolio Nacional** (p. 55) et, derrière lui, à la **Casa de Nariño** (p. 50).

Après-midi

- Déjeunez à **La Puerta Falsa** (p. 53) et remontez **La Séptima** (p. 59) pour passer une bonne partie de l'après-midi dans l'extraordinaire **Museo del Oro** (p. 61).

Soir

- Admirez des peinture murales créatives autour de la **Plazoleta del Chorro de Quevedo** (p. 52) et entrez dans les bars environnants, avant de rejoindre l'**Origen Bistro** (p. 52) pour le dîner.

VOUS AIMEREZ AUSSI...

Une fois le tour des incontournables fait, sortez des sentiers battus à pied ou à vélo, à la recherche d'en-cas de street-food et de café robuste.

PARTICIPER À LA CICLOVÍA

On ne peut prétendre connaître Bogotá sans avoir participé à sa **Ciclovía** (p. 62), dimanche sans voiture parmi les plus anciens du monde.

SAVOURER UN CAFÉ

Le 3e producteur de café au monde a développé ces dernières années une culture du café sophistiquée puisant dans les meilleures saveurs locales.

ACHETER DES ÉMERAUDES

La Colombie est le 1er producteur mondial d'émeraudes et **l'Emerald Trade Center** (p. 61) est un bon endroit où en acheter.

Jour 2

Matin

- Levez-vous tôt pour tester votre condition physique avec l'ascension du **Cerro de Monserrate** (p. 59). De retour en ville, visitez la **Casa Museo Quinta de Bolívar** (p. 53) avant de prendre un bon sandwich au **Chantonner Delikatessen** (p. 63).

Après-midi

- En continuant vers le nord, arrêtez-vous au **Museo Nacional** (p. 60) et à la **Torre Colpatria** (p. 61). Envisagez de faire un détour par le **Bogotá Art District** (p. 69) pour flâner entre les galeries, les bars et les sculptures de rue excentriques de San Felipe.

Soir

- Dînez dans un restaurant romantique de la **Zona G** (p. 68), puis prenez un verre dans un bar de la **Zona Rosa** (p. 66).

Jour 3

Matin

- Explorez les rues du quartier historique de **La Candelaria** (p. 48) pour goûter à la vie et aux saveurs de la Bogotá d'aujourd'hui. Consacrez au moins une heure ou deux à l'incontournable **Museo Botero** (p. 50).

Après-midi

- Admirez les **trois églises** (p. 63) de La Séptima, puis prenez un bus TransMilenio pour **Chapinero** (p. 64). Demandez une sélection de cafés de dégustation à l'**Azahar Café** (p. 68), explorez les boutiques et les espaces verts du **Parque de la 93** (p. 68) et visitez le **Museo El Chicó** (p. 66).

Soir

- Appelez un taxi pour vous rendre au temple de la fête qu'est le mythique **Andrés Carne de Res** (p. 67).

PRENDRE L'AIR

Oasis verdoyante, le **Parque Metropolitano Simón Bolívar** offre 360 ha de lacs, pistes cyclables, sentiers pédestres, bibliothèques, stades et *muchos eventos*.

DÉGUSTER UNE OBLEA

Prenez un "sandwich" de fines gaufres garnies d'***arequipe*** (lait condensé caramélisé), de confiture et de fromage auprès d'un vendeur ambulant.

RANDONNER DANS LES COLLINES

Suivez les sentiers des **Cerros Orientales** (p. 66) pour affronter l'altitude, profiter du panorama et repérer des Bogotanos en action.

TOMAR LAS ONCES

Littéralement, "prendre un onze", ou un goûter. Savourez un *chocolate santafereño* (chocolat chaud avec du fromage), l'en-cas *bogotano* par excellence.

LA CANDELARIA

LE CŒUR HISTORIQUE DE BOGOTÁ

Le charmant *barrio* colonial de Bogotá combine des édifices vieux de 300 ans soigneusement restaurés avec des bâtiments d'époques plus récentes moins bien entretenus et des secteurs modernes. Sa beauté se perd parfois dans l'étendue urbaine environnante. Ce n'est certes pas Cartagena, mais plus vous apprendrez à connaître La Candelaria, plus vous l'apprécierez. C'est ici que la ville moderne a vu le jour et continue de prospérer, avec ses bâtiments publics grandioses, ses bars animés et ses lieux culturels variés. Quel que soit votre itinéraire, La Candelaria est le point de départ obligatoire pour découvrir Bogotá, de préférence sur la monumentale Plaza de Bolívar. La plupart des sites d'intérêt du quartier se trouvent à quelques pâtés de maisons de la place, notamment l'ensemble de musées quelque peu déroutants gérés par le Banco de la República et comprenant le musée Botero. Les bars se concentrent dans les rues au nord-est, autour du Chorro de Queveda.

Pour les infos pratiques, voir le Carnet d'adresses p. 76

À SAVOIR

La Candelaria est une excellente base d'exploration de la ville à vélo, avec ou sans guide. Dans la Carrera 3, **Bogotá Bike Tours** (bogotabiketours.com) propose deux fois par jour des circuits sans réservation comprenant un marché aux fruits, un torréfacteur et une partie de *tejo*.

MEHDI33300/SHUTTERSTOCK ©

La Candelaria

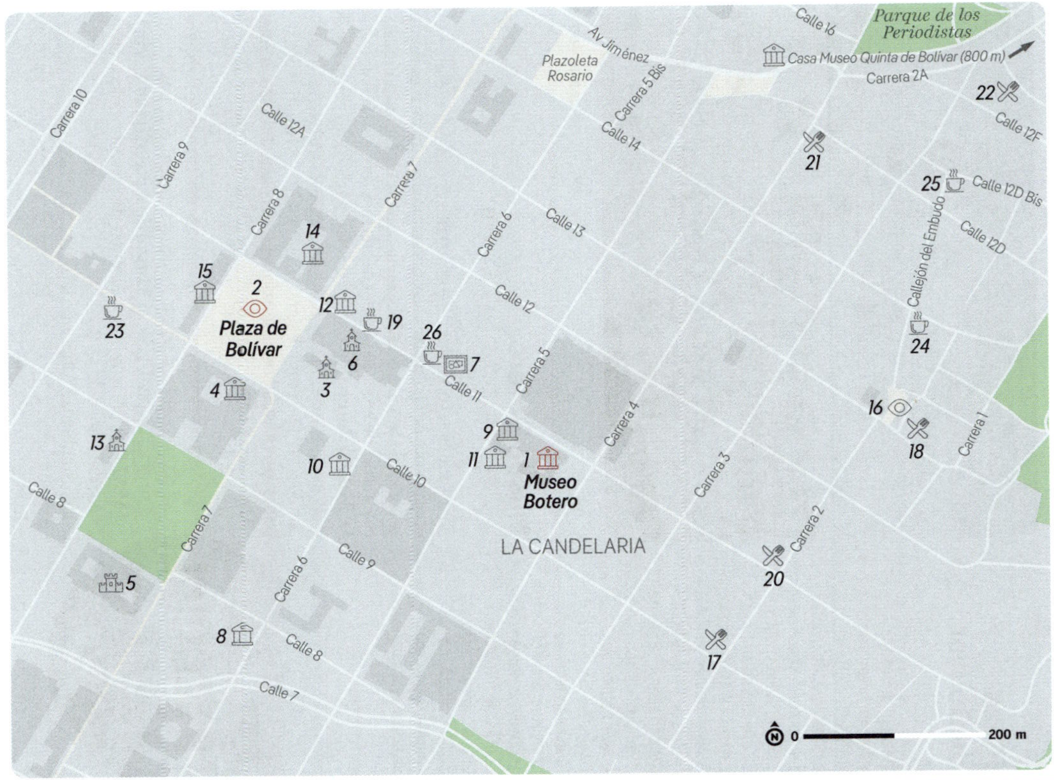

INCONTOURNABLES
1 Museo Botero
2 Plaza de Bolívar

VOIR
3 Capilla del Sagrario
4 Capitolio Nacional
5 Casa de Nariño
6 Catedral Primada
7 Centro Cultural Gabriel García Márquez
8 Museo Arqueológico
9 Museo Casa de Moneda
10 Museo Colonial
11 Museo de Arte Miguel Urrutia (MAMU)
12 Museo de la Independencia – Casa del Florero
13 Museo Santa Clara
14 Palacio de Justicia
15 Palacio Liévano
16 Plazoleta del Chorro de Quevedo

SE RESTAURER
17 De Una Travel
18 El GatoGris
19 La Puerta Falsa
20 Prudencia
21 Origen Bistro
22 Sant Just

PRENDRE UN VERRE
23 Arte y Pasión
24 Café Casa Galería
25 Divino Café
26 Juan Valdéz

Plaza de Bolívar

PLACE PRINCIPALE

Cette gigantesque place en béton, le cœur de la ville d'origine, est l'endroit idéal pour faire connaissance avec Bogotá. En son centre se dresse une statue en bronze à l'effigie de Simón Bolívar (coulée en 1846), œuvre de l'artiste italien Pietro Tenerani. Entouré d'importants bâtiments gouvernementaux, ce vaste espace ouvert réunit vendeurs de nourriture, artistes de rue et nuées de pigeons qui bombardent tous ceux qui se trouvent à moins de 50 m ; l'achat d'un chapeau blanc est un bon investissement.

Plaza de Bolívar

Museo Botero

L'UN DES PLUS BEAUX MUSÉES D'ART D'AMÉRIQUE DU SUD

Fernando Botero, le plus célèbre artiste vivant de Colombie, est connu pour ses peintures aux personnages aux formes rondes et voluptueuses, mais c'est également un sculpteur prolifique, et ses statues de bronze affichent des formes tout aussi généreuses. Le **Museo Botero** (en photo), qui fait partie d'un ensemble de trois musées, fut fondé en 2000 pour exposer les œuvres léguées par Botero : une centaine signées de sa main et 85 d'autres artistes issues de sa collection personnelle, tels que Picasso, Monet, Matisse ou Klimt. Parmi les peintures de Botero exposées figurent notamment sa Joconde joufflue, l'intime *Pareja bailando* et des études obsédantes sur la violence des cartels de la drogue. Sis dans un cube moderne conçu par l'architecte bogotanais Enrique Triana Uribe, le **Museo de Arte Miguel Urrutia (MAMU)** présente une sélection de la vaste Colección de Arte del Banco de la República constituée de 5 000 œuvres d'art colombien, d'Amérique latine et d'Europe, mêlant œuvres hollandaises du XVIIe siècle et mouvement avant-gardiste colombien du XXe siècle. Lors de la rédaction de ce guide, le **Museo Casa de Moneda** abritant la collection numismatique était en cours de rénovation et devait ouvrir à l'été 2023. L'entrée des trois musées est gratuite.

Casa de Nariño

PALAIS PRÉSIDENTIEL

Le bâtiment présidentiel néoclassique de la Colombie, où vit et travaille le chef de l'État, trône solennellement derrière le Capitolio Nacional (p. 55). On y accède le plus facilement par la Carrera 8 ou la 7. Pour visiter le lieu, rendez-vous sur visitas.presidencia.gov.co et faites défiler la page jusqu'à "*solicitar visita*". Aucune réservation n'est requise pour assister à la **relève de la garde présidentielle**, du côté est de la Plaza de Armas, à 15h30 les mercredis, vendredis et dimanches. L'édifice porte le nom d'Antonio Nariño (1765-1823), figure de l'époque coloniale favorable à l'indépendance qui traduisit secrètement en espagnol la Déclaration des droits de l'homme et du citoyen, ce qui lui valut plusieurs séjours en prison.

Museo de la Independencia – Casa del Florero

MÉMOIRE DE L'HISTOIRE DE L'INDÉPENDANCE

À l'angle de la Plaza de Bolívar, cette jolie maison de style andalou du XVIe siècle est à l'origine du mouvement d'indépendance. En juillet 1810, un administrateur créole du nom d'António Morales, s'y serait rendu pour demander à emprunter un vase (*florero*) à son propriétaire, le négociant espagnol José González Llorente, en vue d'une visite officielle. Le refus de ce dernier entraîna une rixe et le bris du vase. Cet acte, perçu comme une insulte à l'égard du peuple colombien, déclencha une révolte créole (voir p. 308). La visite permet d'admirer l'intérieur de l'édifice, la vue sur la place principale et des objets relatifs à l'indépendance, notamment une reconstitution de la bagarre de 1810 avec des statues. La place d'honneur est réservée au fameux vase brisé au cours de l'incident et qui déclencha le processus d'indépendance de la Colombie.

Museo Santa Clara

ÉGLISE-MUSÉE

Santa Clara (en photo) compte parmi les églises les plus anciennes et les plus richement décorées de Bogotá. Déconsacrée en 1968, elle fut rachetée par l'État, qui la transforma en musée, où l'on peut admirer des peintures d'artistes baroques prisés de Colombie, dont Gregorio Vásquez (1638-1711). L'édifice faisait autrefois partie d'un couvent franciscain attenant, démoli au début du XXe siècle. Construite entre 1629 et 1674, cette église à nef unique présente une voûte en berceau aux motifs floraux dorés, dominant des murs décorés de 148 peintures et sculptures de saints. Un retable doré complète l'ensemble baroque. Des panneaux interactifs expliquent les œuvres d'art et le contexte historique.

Catedral Primada

Catedral Primada

CATHÉDRALE DE LA VILLE

Cette cathédrale néoclassique, la plus grande église de la ville et le bâtiment le plus imposant de la place principale, se dresse à l'emplacement où aurait été célébrée la première messe de Bogotà, juste après la fondation de la ville en 1538. Elle fut édifiée entre 1807 et 1823, après qu'un séisme eut détruit en 1785 l'église précédente, qui avait elle-même remplacé la chapelle au toit de chaume d'origine dans les années 1550. En 1948, la cathédrale fut endommagée par les émeutes d'El Bogotazo (p. 55). L'édifice occupe plus d'un demi-hectare, l'austère ornementation intérieure renforçant l'impression d'espace. L'une des 12 chapelles principales abrite le tombeau de Jiménez de Quesada, le fondateur de Bogotá. Juste à côté, se trouve la **Capilla del Sagrario**, des années 1660, qui contient six chefs-d'œuvre de l'artiste baroque Gregorio Vásquez.

Origen Bistro

GASTRONOMIE TRADITIONNELLE À PRIX RAISONNABLES

Ne manquez pas ce nouveau restaurant qui a fait son entrée sur la scène gastronomique de La Candelaria avec un aplomb décontracté. Il y a d'abord le cadre : une demeure coloniale classique avec un patio andalou habillé de guirlandes électriques suspendues à des arbres élancés. Les clients peuvent s'installer sous les avant-toits ou dans la salle aux poutres apparentes, décorée d'une saisissante peinture murale indigène. Et puis il y a la carte : des interprétations créatives de plats traditionnels, notamment poisson *mojarro* à la sauce coco, *friojada montañera* (haricots avec bacon et porc effiloché) et *ajiaco santafereño* (soupe au poulet et aux pommes de terre).

Museo Colonial

TROIS SIÈCLES D'HISTOIRE COLONIALE

Cet ancien collège jésuite rafraîchi (photo ci-contre à gauche), à la cour intérieure remplie de plantes, raconte à travers l'art l'histoire de la Colombie coloniale, des grands voyages de découverte à la fondation des villes de Nouvelle-Grenade. Les œuvres présentées de l'artiste baroque colombien Gregorio Vásquez (1638-1711) sont particulièrement charmantes. Les cinq salles présentent un beau parquet et des murs colorés.

Centro Cultural Gabriel García Márquez

HOMMAGE AU ROMANCIER COLOMBIEN

Dédié au "plus grand Colombien de tous les temps" selon l'ex-président Juan Manuel Santos, ce centre artistique s'intègre parfaitement dans le quartier historique de La Candelaria, avec son élégant amphithéâtre et son bassin réfléchissant, conçus par l'architecte franco-colombien Rogelio Salmona, décédé peu de temps avant l'inauguration en 2008. Le site abrite une librairie, une petite galerie accueillant des expositions temporaires, des auditoriums et un café Juan Valdéz (p. 55).

Plazoleta del Chorro de Quevedo

PLACE COLONIALE PRISÉE DES FÊTARDS

Pour certains, la ville a été fondée à l'emplacement de la cathédrale sur la Plaza de Bolívar, pour d'autres, sur cette petite place bordée de cafés et d'une petite église, où se réunissent vendeurs de rue bohèmes, joueurs de footbag, arnaqueurs et guides munis de parapluies. L'endroit est charmant, surtout à la nuit tombante, lorsque les étudiants se pressent dans les ruelles menant à de petits bars colorés. Le vendredi à 17h, la place accueille des conteurs espagnols. Des peintures murales égayent les bâtiments environnants.

Plazoleta del Chorro de Quevedo

Casa Museo Quinta de Bolívar

Casa Museo Quinta de Bolívar

PETIT DOMAINE EN LIEN AVEC BOLÍVAR

Se dressant dans un jardin clos ombragé, au pied du Cerro de Monserrate, ce pavillon historique transformé en musée apporte un certain raffinement rural au centre agité de Bogotá. Le riche marchand de tabac qui le construisit en 1800 l'offrit à Simón Bolívar en 1820 en remerciement de son action en faveur de la libération du pays. Ce dernier y passa 423 jours en 10 ans. Dans les pièces, aménagées comme elles devaient l'être au début du XIXe siècle, des panneaux modernes présentent des anecdotes de l'époque de Bolívar. Remarquez l'épée du libérateur (en photo), volée en 1971 par le groupe de guérilla M-19, qui ne l'a restituée qu'en 1991. Le jardin est agrémenté de fougères, de fleurs et de fontaines. Une impressionnante collection de canons borde un mur extérieur.

Museo Arqueológico

VESTIGES PRÉCOLOMBIENS

Cette fenêtre sur le passé précolombien de la Colombie complète le Museo de Oro (p. 61), bien plus vaste, avec une petite collection d'objets en céramique, en pierre et en métal dont les plus anciens remontent à 300 av. J.-C., décorés de visages humains ou animalisés et qui étaient pour beaucoup utilisés comme urnes funéraires. Ces pièces, issues de plus d'une douzaine de cultures autochtones (entre autres muisca, tayrona, tolima et San Agustín), sont exposées dans des vitrines minimalistes, accompagnées de cartes. Le bâtiment lui-même, l'attrayante Casa del Marqués de San Jorge, du XVIIe siècle, est orné de fresques redécouvertes dans les années 1990.

La Puerta Falsa

UNE INSTITUTION CULINAIRE DEUX FOIS CENTENAIRE

On ne change pas une équipe qui gagne. C'est sans doute pour cette raison que la "Fausse Porte" prospère depuis deux siècles avec la même carte d'une page, dominée par deux en-cas indémodables, deux grands classiques de Bogotá : les *tamales*, et le quasi sacré *chocolate completo*, simple assiette d'*almojábana* (petit pain de maïs), de pain au lait et de fromage accompagnée d'un chocolat chaud fumant. Le matin, il faut en général attendre patiemment une place devant le minuscule établissement, situé juste à côté de la Plaza de Bolívar. Une fois à l'intérieur, installez-vous sur un petit tabouret à une table encore plus petite pour savourer une part de l'histoire culinaire de Bogotá.

POURQUOI J'AIME LA CANDELARIA

Brendan Sainsbury, auteur

La Candelaria n'est peut-être pas aussi belle que Cartagena ou aussi charismatique que Medellín, mais, pour moi, elle possède les atouts essentiels d'un quartier varié et rudement séduisant : cafés-bars uniques en leur genre, petits théâtres cachés, auberges de jeunesse de luxe et graffitis mêlant reflexion, provocation et divertissement. Par-dessus tout, j'aime ses rues animées et l'ambiance chaleureuse qui vous invite à vous attarder le soir.

JEFF GREENBERG/GETTY IMAGES ©

Divino Café

ÉGALEMENT À LA CANDELARIA

Cafés de la vieille ville

À LA RECHERCHE DU MEILLEUR CAFÉ

Pendant des décennies, le café que l'on pouvait boire en Colombie, pourtant le troisième producteur mondial, n'était pas fameux. Les meilleurs grains étaient exportés, tandis que le reste était torréfié, moulu et sucré à l'excès pour être vendu à travers le pays dans des thermos en tant que *tinto*, mélange à peine buvable qui n'avait du café que la couleur.

Si les Colombiens se sont habitués à sa saveur fade, il n'a pas convaincu les touristes de l'ère post-Escobar.

Les choses ont commencé à s'améliorer en 2002, lorsque le premier café Juan Valdéz a ouvert ses portes à l'aéroport de Bogotá. L'enseigne, souvent considérée à tort comme le Starbucks colombien (c'est bien meilleur rien que pour son gâteau aux carottes), est à l'origine de la "deuxième vague" de café en Colombie, celle qui, en proposant un produit de meilleure qualité, a fait de la consommation de ce breuvage une grande expérience sensorielle.

Au cours de la décennie qui a suivi 2007, le nombre de Colombiens fréquentant les cafés a quadruplé, les classes moyennes émergentes ayant compris l'intérêt de faire de leur produit national phare un produit d'exception. Un festival a même été

OÙ SE LOGER À LA CANDELARIA

Cranky Croc
Meilleure auberge de jeunesse de Bogotá, avec dortoirs élégants, chambres de qualité et nouvelles chambres cabines. **€**

Masaya Bogotá Hostel
Auberge de jeunesse aux peintures murales colorées et aux robinets de salles de bains originaux. **€**

Hotel Muisca
Hôtel atypique occupant un bâtiment historique dans une rue en pente. Vue sur les montagnes depuis les terrasses. **€€**

dédié au café, le **Coffee Master**, qui en est à sa quatrième édition. Bogotá est entrée dans l'ère de la "troisième vague".

Une promenade à La Candelaria révèle rapidement les fruits de cette métamorphose en cours. Tout de bois sombre et de hauts plafonds, le café historique d'**Arte y Pasión**, qui abrite une école de *barista* locale, est un lieu pittoresque où déguster un café filtre bien équilibré. Le petit et convivial **Divino Café** propose quant à lui des expériences complètes autour du café, notamment des ateliers et des dégustations. Le **Café Casa Galería** est un joli coin de l'étroite Callejón del Embudo où prendre un café après une visite sur le thème du street art. Les amateurs ne manqueront pas non plus l'omniprésent **Juan Valdéz**, dont la populaire succursale du Centro Cultural Gabriel García Márquez (p. 52), premier du genre à s'installer dans la capitale, mérite au moins une visite. Il existe des dizaines d'autres adresses. Pour les trouver, fiez-vous à votre odorat !

Édifices publics remarquables

TRIBUNAL, CONGRÈS ET HÔTEL DE VILLE

Plusieurs bâtiments publics importants entourent la Plaza de Bolívar. Sur le côté sud se dresse le **Capitolio Nacional**, le siège du Congrès, de style néoclassique. Sa construction commença en 1847 mais ne s'acheva qu'en 1926 en raison des nombreux soulèvements politiques. Sa majestueuse façade symétrique, dotée de 18 colonnes, fut conçue par l'architecte anglais Thomas Reed. On peut se promener dans la cour en pierre. Sur le côté nord de la place, le **Palacio de Justicia**, plutôt brutaliste, est le siège de la Cour suprême.

Son histoire fut également tumultueuse. Le premier bâtiment, construit en 1921 à l'angle de la Calle 11 et de la Carrera 6, fut incendié par la foule lors d'**El Bogotazo** (p. 311), terrible émeute qui fit des milliers de morts et de blessés en 1948, après l'assassinat du candidat libéral à la présidentielle Jorge Gaitán. Un bâtiment moderne fut ensuite érigé ici, mais en 1985, il fut pris par les guérilleros du M-19 et incendié lors de l'offensive de 28 heures menée par l'armée pour tenter de le récupérer. L'incident fit plus de 100 victimes, dont 11 juges de haut rang. Sur le côté ouest de la place, le **Palacio Liévano**, de style Renaissance française, achevé en 1907, héberge l'*alcaldía* (hôtel de ville).

LES MEILLEURES TABLES DE LA CANDELARIA

Prudencia
Superbe cadre pour un déjeuner de quatre plats aux produits locaux et aux saveurs internationales. €€€

Sant Just
La carte de ce café-bistrot affiche des plats français aux touches colombiennes, comprenant agneau, produits de la mer et légumes oubliés andins. €€

El Gato Gris
Restaurant plein de recoins sombres et cosy où les classiques colombiens se mêlent à la cuisine italienne sur fond de musique latine live. €€

De Una Travel
Petite maison avec terrasse où déguster brunchs, plats sud-américains, café et gâteaux divins. €

CAFÉ POUR CONNAISSEURS

L'**Azahar Café** (p. 68), près du Parque de la 93, dans le nord de Chapinero, est un bel exemple de la montée en gamme du café colombien. Vous trouverez difficilement meilleur café en Colombie.

OÙ SE LOGER À LA CANDELARIA

Casa Deco
Service chaleureux, petit-déjeuner raffiné et jolies mosaïques caractérisent cet établissement de style Art déco. €€€

Hotel de la Ópera
Élégante demeure avec cour historique, spa en sous-sol et petite piscine de luxe. €€€

Botanico Hostel
Hamacs, poutres apparentes, jardin luxuriant, chambres spacieuses et yoga sur le toit. €

PROMENADE À PIED DANS LA CANDELARIA

Si vous vous intéressez à l'évolution de la capitale, La Candelaria est un lieu de promenade idéal.

Au départ de la 1 **Casa Museo Quinta de Bolívar**, du XIXe siècle, descendez la Calle 19A. Après l'Universidad de los Andes et la Plazuela de Las Aguas, vous verrez une 2 **statue de Policarpa Salavarrieta**, héroïne de l'indépendance de la Colombie.

Continuez vers l'ouest dans l'Av. Jiménez de Quesada, construite sur le fleuve San Francisco, qui descend des montagnes. À l'intersection avec la Carrera 7 (Séptima), nommée 3 **carrefour de Gaitán**, une plaque marque l'endroit où le leader libéral Jorge Gaitán, candidat à la présidentielle, fut assassiné le 9 avril 1948, entraînant trois jours d'émeutes sanglantes connues sous le nom d'El Bogotazo, qui marquèrent le début de la violence dans le pays.

Le long des trois pâtés de maisons suivants, observez artistes, danseurs et musiciens, ainsi que les vieillards absorbés par leurs parties d'échecs. La Séptima croise la 4 **Plaza de Bolívar**, le cœur historique de la ville où se tenaient autrefois les cirques, les corridas et les marchés. Prenez à gauche la Calle 10. Vous serez bientôt happé par la ravissante façade de style italien du 5 **Teatro Colón**, et le 6 **Palacio de San Carlos** (XVIe siècle), le plus ancien palais de la ville, qui abrite aujourd'hui le ministère des Affaires étrangères. Simón Bolívar y échappa de justesse à une tentative d'assassinat – une plaque rappelle l'épisode. Quelques mètres plus loin, découvrez l'histoire militaire de la Colombie au 7 **Museo Militar** (entrée libre).

Continuez dans la Calle 10, bordée de maisons coloniales aux tuiles rouges, aux balcons en saillie et aux portes en bois. Prenez à gauche la Carrera 2 pour terminer votre balade sur la jolie petite 8 **Plazoleta Chorro de Quevedo**.

CENTRE-VILLE ET CENTRO INTERNACIONAL

LE QUARTIER DES AFFAIRES ANIMÉ DE BOGOTÁ

Souvent appelé Santa Fe (le nom colonial d'origine de la ville), le dynamique centre d'affaires de Bogotá mélange les styles architecturaux, pas tous attrayants. Son artère principale, la Carrera 7 (La Séptima), est piétonne jusqu'à la Calle 26 ; le Mercado de San Alejo s'y tient le dimanche. Certains des lieux les plus visités du quartier, notamment le Museo del Oro, sont regroupés à son extrémité sud, côté La Candelaria. Au nord, le Parque de los Periodistas entoure un temple dédié à Simón Bolívar, sous lequel se trouve l'office du tourisme. Au nord de la Calle 26 s'étend le Centro Internacional. Épicentre commercial de la ville, il concentre la plupart de ses plus hautes tours de la capitale. Le Museo Nacional, une ancienne prison, se trouve à proximité.

Pour les infos pratiques, voir le Carnet d'adresses p. 76

À SAVOIR

Bogotá possède une cinquantaine de musées, et la plupart sont bondées les dimanches, en particulier le dernier du mois, quand l'entrée est gratuite. Il n'est pas rare de faire la queue 45 minutes, même devant les musées de second choix. C'est plus calme en milieu de semaine.

Vue aérienne du centre-ville

INCONTOURNABLES
1 Museo del Oro
2 Museo Nacional

VOIR
3 Iglesia de la Veracruz
4 Iglesia de San Francisco
5 Iglesia La Tercera
6 La Séptima
7 Museo de Arte Moderno (MAMBO)
8 Torre Colpatria

ACTIVITÉS
9 Original Bogotá Graffiti Tour

SE RESTAURER
10 Agave Azul
11 La Juguetería
12 Chantonner Delikatessen

PRENDRE UN VERRE
13 A Seis Manos
14 Café Matuca
15 Café San Alberto
16 Café San Moritz

Cerro de Monserrate

SANCTUAIRE ET POINT DE VUE

Le **pic de Monserrate** (3 150 m) est le fier symbole de Bogotá, et un point de repère pratique. Se dressant à l'est de la ville, à environ 1,5 km de La Candelaria, il est visible de quasiment partout dans la Sabana de Bogotá (la savane de Bogotá, parfois appelée "la vallée"). Son sommet offre une vue panoramique sur l'étendue urbaine de la capitale. Par temps clair, vous pouvez même repérer le cône symétrique du Nevado del Tolima, qui fait partie du massif volcanique du Parque Nacional Natural (PNN) Los Nevados, dans la Cordillera Central, à 135 km à l'ouest.

L'**église** blanche au sommet est un haut lieu de pèlerinage, du fait de sa **statue du Señor Caído** ("Christ abandonné") des années 1650, à laquelle on attribue de nombreux miracles. Elle fut érigée après la destruction de la chapelle d'origine par un séisme en 1917. On découvre aussi au sommet deux restaurants (Santa Clara et San Isidro) et une ruelle sinueuse bordée de stands de nourriture et d'artisanat ; on peut ainsi y passer la journée.

Si vous n'avez pas envie d'affronter le sentier escarpé de 1 500 marches (1h-1h30 de montée jusqu'au sommet), prenez le **funiculaire** ou le **teleférico** qui assurent tour à tour la montée jusqu'à la station de Monserrate – généralement, le premier circule jusqu'à midi (17h30 le dimanche) et le second prend le relais l'après-midi. La station de funiculaire est située à 20 minutes à pied au-dessus de l'Iglesia de Las Aguas.

A. BLANKE_SHUTTERSTOCK ©

Téléphérique du pic de Monserrate

Plaza de Mercado de Paloquemao

MARCHÉ AUX FRUITS ET LÉGUMES GÉANT

Comptant parmi les plus importants marchés de la ville, consacré à 80% aux fruits et légumes, Paloquemao est un bon endroit où observer les habitudes d'achat des Bogotanos. Parcourez ses passages couverts au milieu des pyramides de fruits de la passion, de papayes et d'avocats, en vous imprégnant des sons, des images et des arômes. On y trouve de nombreuses échoppes où manger un morceau perché sur un tabouret, ainsi que des stands de jus et de smoothies. Pour vous y rendre, prenez n'importe quel bus vers le nord-ouest dans la Calle 19.

AUTRE RANDONNÉE

Si vous souhaitez essayer un itinéraire moins fréquenté, suivez la **Quebrada La Vieja** (p. 66) vers l'est, au départ de Chapinero.

La Séptima

ARTÈRE PRINCIPALE DU CENTRE-VILLE

La Carrera Séptima (7e avenue) revendique le titre de rue principale de Bogotá. Récemment piétonnisée sur une grande partie de son parcours à travers La Candelaria et le centre-ville, elle s'étend de la Plaza Bolívar jusqu'à Usaquén. La partie la plus animée se situe autour de l'intersection avec la Calle 19, où des musiciens jouent des reprises de Pink Floyd, des vendeurs de rue proposent *arepas* (galettes de maïs) et *obleas* (gaufrettes sucrées), et des cyclistes slaloment à travers la foule. Le dimanche, lorsque la Séptima est entièrement fermée à la circulation pour la Ciclovía (p. 62), on peut parcourir à vélo ses 13 km entre le centre-ville et le marché du week-end d'Usaquén. Un vrai bonheur !

A Seis Manos

BAR ET SALLE DE CONCERTS BOHÊME

À la fois bar et lieu culturel, cet espace de style industriel branché attire les âmes créatives autour de ses tables communes. On y vient pour manger de la nourriture franco-colombienne, siroter de bons mojitos, travailler, lire, flirter et se détendre. Le programme culturel varié comprend concerts, stand-up et lancements de livres. Juste à côté de la Carrera Séptima, à la limite entre le Centro Internacional et le moins attrayant quartier chaud.

Museo Nacional

LE PASSÉ AU COMPLET DE LA COLOMBIE

Installé dans un vaste bâtiment en forme de croix grecque appelé El Panóptico (conçu par l'architecte anglais Thomas Reed en 1874 pour servir de prison), ce musée (en photo) explore le passé de la Colombie à travers l'archéologie, l'histoire, l'ethnologie et l'art. La collection, répartie dans 17 salles, constitue une sorte de "best of" de la capitale, avec notamment filigranes d'or, peintures de Botero, meubles coloniaux et sculptures muiscas. Dans la salle "Memoria y Nación" rénovée, l'immense "mur de la diversité" est un instantané saisissant mais objectif de l'histoire de la nation. Le musée est sorti de sa longue rénovation en 2023, à temps pour son 200e anniversaire. Ne manquez pas les jolis jardins et le café Juan Valdéz vitré.

La Macarena

La Macarena

UN QUARTIER CULINAIRE QUI MONTE

Secteur vallonné du Centro Internacional, juste au nord de La Candelaria, La Macarena occupe des rues résidentielles derrière les arènes et l'imposant Museo Nacional. Récemment surnommée "Zona M", elle commence à se faire connaître pour ses restaurants de cuisines du monde, notamment péruvienne, argentine et chilienne, aux ambiances intimistes et romantiques. Le quartier compte aussi plusieurs bars sympas et un pub cosy de style irlandais. Les établissements de La Macarena sont globalement décontractés, colorés et vaguement bohèmes, le genre d'endroits où les passants entrent spontanément pour discuter avec les autres clients.

Museo de Arte Moderno

MAMBO

Inauguré au milieu des années 1980 dans un vaste espace en brique conçu par le célèbre architecte franco-colombien Rogelio Salmona, le MAMBO se concentre sur différentes formes d'art visuel (peinture, sculpture, photo, vidéo), du début du XXe siècle à nos jours. Les expositions mettent souvent à l'honneur des artistes latino-américains.

Museo del Oro

Museo del Oro

UN MUSÉE DE L'OR SANS ÉGAL

Il n'est pas surprenant que Bogotá, qui, avec la proche Laguna de Guatavita (p. 73), a joué un rôle important dans le mythe espagnol de l'Eldorado (p. 308), possède le plus beau musée de l'or du monde. Y sont conservés plus de 55 000 objets en or et autres artefacts de toutes les grandes cultures préhispaniques de Colombie. L'ensemble est présenté de manière cohérente et thématique, dans des salles distribuées sur trois niveaux, avec des légendes en espagnol et en anglais.

Au 2e étage, les découvertes sont présentées par région, accompagnées de descriptions de leurs utilisations. On peut observer beaucoup de créatures hybrides en or (par exemple, un jaguar-grenouille ou un homme-aigle). La quantité de figurines féminines montre l'importance des femmes dans les cérémonies religieuses des Zenús, peuple précolombien du nord du pays.

Dans la "salle des Offrandes", au 3e niveau, on apprend comment l'or était utilisé lors des rituels. Les *tunjos* (offrandes en or, généralement des figurines représentant divers aspects de la vie sociale) étaient jetés dans la Laguna de Guatavita. Le plus célèbre, découvert près de la ville de Pasca en 1969, est un bateau en or, appelé la *Balsa Muisca*, dont l'ancienneté n'a pu être établie avec certitude.

Les notices ne révèlent qu'une partie de l'histoire de chaque pièce. Aussi tâchez de vous joindre à une visite guidée gratuite d'une heure. Des audioguides en français sont également disponibles. Notez que le dimanche, le musée est gratuit et donc extrêmement fréquenté.

ACHETER DES ÉMERAUDES

La Colombie est le premier exportateur d'émeraudes du monde, et certaines des plus belles pièces de la planète sont extraites dans les régions de Muzo et Chivor, dans le Boyacá.

Les diverses taxes associées à l'activité minière ont été abolies par le gouvernement en 2005, mettant fin au marché noir et à ses conséquences.

Les visiteurs peuvent désormais se faire plaisir sans avoir mauvaise conscience.

Vous pouvez réserver une visite du centre-ville sur le thème de l'émeraude auprès de l'hôtel Casa Deco (hotelcasadeco.com). L'effervescent **Emerald Trade Center**, dans lequel des dizaines de *comisionistas* (marchands) vendent et achètent des pierres, est un bon endroit où envisager un achat.

SOIF D'OR

L'histoire colombienne de l'or remonte à la civilisation muisca, où il avait une grande importance symbolique. L'obsession des *conquistadores* pour le métal précieux était tout aussi forte. Pour en savoir plus, consultez le chapitre *Histoire* (p. 306).

Torre Colpatria

POINT DE VUE SUR BOGOTÁ

De la terrasse du 48e étage de la tour Colpatria, on profite d'une superbe vue sur les arènes, avec immeubles de bureaux et montagnes en toile de fond, et d'un beau panorama à 360° sur la capitale. Achevé en 1979, ce gratte-ciel de 162 m était le plus haut édifice de Colombie jusqu'à ce que la tour BD Bacatá, de 246 m, lui vole son titre en 2016. Achetez votre billet et prenez un ascenseur jusqu'au 46e étage : vous devrez monter les deux derniers niveaux à pied. Le soir, la tour est superbement illuminée aux couleurs du drapeau colombien.

LA CICLOVÍA DU DIMANCHE

S'il est un domaine dans lequel Bogotá est leader mondial, c'est bien celui du cyclisme urbain. La métropole, qui a lancé la première **Ciclovía** du monde en 1974, ferme 127 km d'artères à la circulation tous les dimanches entre 7h et 14h, attirant jusqu'à 1,7 million de participants, soit 20% de sa population !

C'est aujourd'hui la plus grande fête de rue de la capitale. Elle rassemble chariots de jus de fruits frais, vendeurs de nourriture (*obleas ! mazorca ! canelazo !*), artistes, stands de réparation de vélos et écoles de bicyclettes pour enfants.

Outre des centaines de vélos de toutes formes et de toutes tailles, la Ciclovía accueille piétons, poussettes, fauteuils roulants, trottinettes, skate-boards et tout autre moyen de mobilité douce.

El Beso de Los Invisibles, de Vértigo Graffiti

ÉGALEMENT DANS LE CENTRE-VILLE ET LE CENTRO INTERNACIONAL

Street art de Bogotá

UNE SCÈNE EN EFFERVESCENCE

Bogotá est l'une des destinations mondiales des amateurs de street art. Ses rues et ses bâtiments hétéroclites sont autant de toiles urbaines pour de talentueux artistes et autres “guérilleros” qui s'expriment avec des bombes de peinture. Les graffs ont été décriminalisés en 2011, après qu'un *graffitero* local nommé Diego Felipe Becerra a été tué par des officiers de police, finalement condamnés.

Aujourd'hui, vous ne pouvez marcher plus de cinq minutes dans les rues de Bogotá sans qu'une touche de couleur n'attire votre attention. **La Candelaria** abrite certaines des œuvres les plus emblématiques de la ville. **Santa Fe** et le **centre-ville** présentent un street art plus avant-gardiste, incitant à la réflexion. À la fin des années 2010, une zone d'entrepôts peu attrayante de Puente Aranda, située entre la Calle 9 et la

OÙ SE LOGER DANS LE CENTRE-VILLE ET LE CENTRO INTERNACIONAL

Hotel San Moritz Museo
Nouvel hôtel rattaché au plus ancien café de Bogotá ; peintures et sculptures dans chaque chambre. **€€**

Hotel Tequendama
Tour de brique emblématique des années 1950 rénovée pour répondre aux besoins des voyageurs du XXIe siècle. **€€€**

Hotel Santa Lucía Boutique Spa
Boutique-hôtel avec cour, mobilier élégant, salle de sport, spa et restaurant. **€€**

Carrera 53F, a été confiée à de brillants muralistes. Le quartier a rapidement été baptisé **Distrito Graffiti**, donnant son nom à la station TransMilenio locale.

Accueillant les visiteurs qui arrivent de l'aéroport en taxi, la peinture murale la plus célèbre de Bogotá s'intitule ***El Beso de Los Invisibles*** (Le Baiser des Invisibles). Inspirée par la photo d'un couple de sans-abri s'embrassant dans le quartier défavorisé new-yorkais du Bronx, elle a été réalisée en 2013 sur un immeuble de 10 étages bâti à l'angle de la Calle 26 et de la Carrera 13A.

Pour une immersion totale dans le street art de la capitale, participez à l'**Original Bogotá Graffiti Tour**, circuit gratuit qui part tous les jours à 10h du Parque de los Periodistas. Cherchez la personne au parapluie bleu. Les pourboires sont appréciés.

Trio d'églises

VESTIGES ARCHITECTURAUX DE LA PÉRIODE COLONIALE

Cet ensemble de trois églises est perdu au milieu des immeubles de bureaux qui dominent le centre de Bogotá.

Construite entre 1557 et 1621, l'**Iglesia de San Francisco** est la plus ancienne église de la ville, accueillant un flot continu de pèlerins. Dans son charmant intérieur sombre aux bancs extravagants, le regard est attiré par le retable doré en forme de U du XVIIe siècle, le plus grand et le plus élaboré de la capitale. Le plafond en bois de style mudéjar est tout aussi ancien et attrayant. Les murs de l'église étaient autrefois recouverts d'un enduit blanc, mais ces dernières années, ils en ont été dépouillés (à l'exception des étages supérieurs du clocher) pour révéler les briques d'origine, couleur sable.

À côté, la moins élaborée **Iglesia de la Veracruz**, datant de 1546, est surnommée "Panthéon national" en raison des nombreux héros de la lutte pour l'indépendance qui y sont inhumés. La troisième est la bien nommée **Iglesia La Tercera** (Troisième Église), édifice de 1760 à la belle façade en pierre. Ses jolis autels en noyer et cèdre de style rococo sont placés sur des murs blancs sous un plafond sculpté en bois.

DÉLICES DU CENTRE-VILLE ET DU CENTRO INTERNACIONAL

Agave Azul
Fabuleux restaurant gastronomique mexicain dissimulé dans une maison de La Macarena (pas d'enseigne), avec un menu dégustation qui évolue au fil des jours. Réservation requise. Prenez un taxi. €€€

La Juguetería
Ce "magasin de jouets" particulier de La Macarena sert des steaks sous le regard de poupées démoniaques pendant du plafond. €€

Chantonner Delikatessen
Lieu prisé au déjeuner avec viande fumée pendant 12 heures, plateaux de fromages et grand choix de sandwichs, au porc effiloché et à la truite fumée entre autres. €

POUR LES CYCLISTES DU DIMANCHE

Pour en savoir plus sur la Ciclovía et d'autres initiatives cyclistes colombiennes, reportez-vous p. 318.

OÙ BOIRE UN CAFÉ DANS LE CENTRE-VILLE ET LE CENTRO INTERNACIONAL

Café San Moritz
Le café de 1937 restauré de l'Hotel San Moritz (page ci-contre), dans le quartier de Santa Fe.

Café San Alberto
"Ce temple du café" installé au sous-sol de la tour Avianca utilise des grains issus de sa propre plantation.

Café Matuca
Dégustez votre café comme un bon vin dans ce café-laboratoire près du Museo del Oro.

CHAPINERO

LE QUARTIER NORD HUPPÉ DE BOGOTÁ

Délimité à l'ouest par l'Avenida Caracas et à l'est par les Cerros Orientales, ce vaste quartier du nord Bogotá de s'étend entre les calles 39 et 100. Autrefois étape rurale entre Bogotá et Usaquén, reliée à la ville par un tramway dans les années 1880, Chapinero s'est transformé avec l'apparition de demeures de luxe. Son nom provient de *chapón*, un type de chaussures fabriqué ici au XIXe siècle. Avec ses hôtels branchés, ses somptueux centres commerciaux, son grand choix de restaurants gastronomiques et sa vie nocturne extravagante, Chapinero est un quartier plutôt chic pour Bogotá. Du fait de son étendue, Chapinero est néanmoins hétérogène, chacun de ses sous-quartiers ayant son caractère propre : la Zona Rosa et le Parque de la 93 se caractérisent par leurs boutiques et bars à la mode, la Zona G et Camacho Quinta sont réputés pour leur cuisine raffinée, tandis que Chapinero Alto réunit les meilleurs établissements gays de la ville.

Pour les infos pratiques, voir le Carnet d'adresses p. 76

À SAVOIR

Toutes sortes de musiques rythment Chapinero, du rock à la techno en passant par le métal, la salsa, le vallenato et la samba. Si vous ne savez pas danser, soyez prêt à le prouver ! Il est fréquent que de parfaits inconnus s'invitent à danser et tout le monde semble connaître les paroles de toutes les chansons.

MATTHIEUCATTIN/SHUTTERSTOCK ©

Vue aérienne de Chapinero

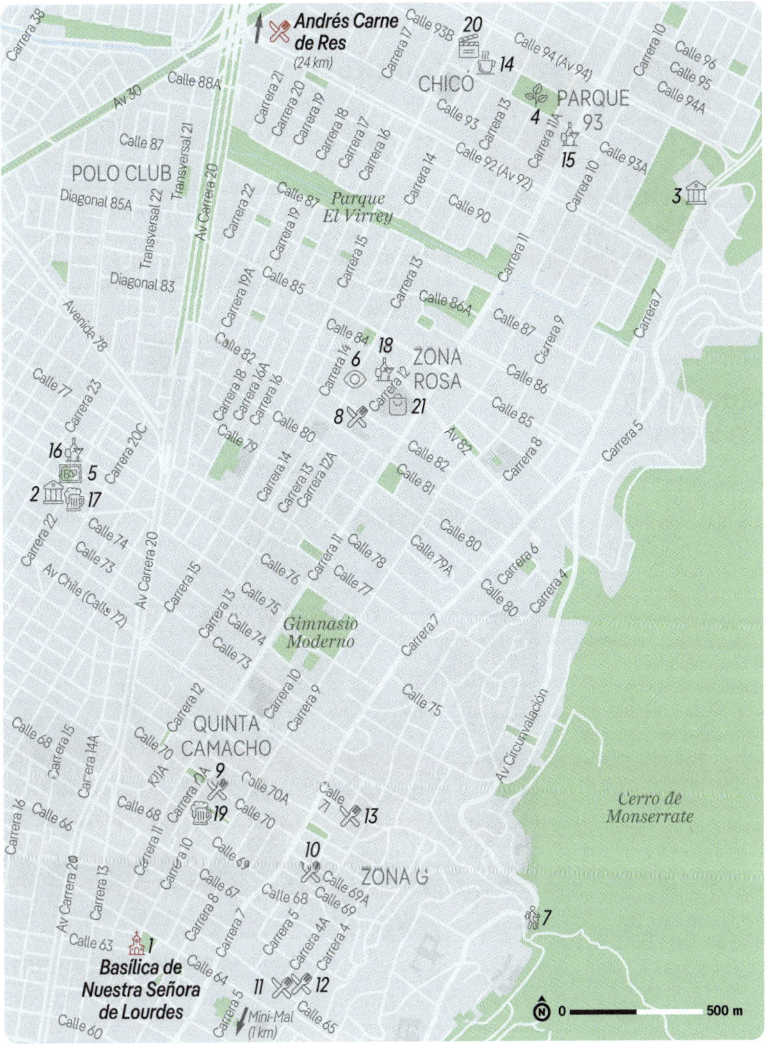

INCONTOURNABLES
1 Basílica de Nuestra Señora de Lourdes

VOIR
2 Espacio KB
3 Museo El Chicó
4 Parque de la 93
5 San Felipe, Bogotá Art District (BAD)
6 Zona Rosa

ACTIVITÉS
7 Quebrada La Vieja

SE RESTAURER
8 Andrés DC
9 Canasto Picnic Bistro
10 Criterión
11 El Chato
12 Leo
13 Zona G

PRENDRE UN VERRE
14 Azahar Café
15 Bogotá Beer Company
16 Casa San Felipe
17 Cervecería Statua Rota
18 Huerta Coctelería Artesanal
19 Mono Bandido

SORTIR
20 Cinemania

SHOPPING
21 Centro Comercial Andino

Zona Rosa

SHOPPING ET VIE NOCTURNE

Aussi appelé Zona "T" en référence à son intersection principale, entre la Carrera 12A et la Calle 83, ce quartier en grande partie piéton rassemble les magasins et lieux de vie nocturne les plus chics de la ville. Rendez-vous au **Centro Comercial Andino** (en photo) pour faire du lèche-vitrines, au **Mono Bandido** ou au **Huerta Cocteleria Artesanal** pour boire un verre, et chez **Andrés DC** (page ci-contre) pour manger un morceau.

Quebrada La Vieja

SENTIER DES CERROS ORIENTALES

Alternative au Cerro de Monserrate (p. 59), cet itinéraire gagne les Cerros Orientales depuis un point de départ bien caché à Chapinero. Il y a cependant quelques règles strictes à respecter : réserver en ligne (caminos.eaab.gov.co) et franchir l'entrée entre 6h et 10h du mardi au vendredi ou 11h le week-end. Le chemin le plus court remonte un ravin sur 1,6 km jusqu'au Claro de Luna, où l'on peut poursuivre sur trois sentiers bien définis de moins de 2 km, reliant la haute forêt andine au *subpárano* (haute lande). Un bon panneau cartographique est installé au départ. Prenez le sentier sur la Calle 72 à l'angle de la Diagonal 70A. Les premiers 600 m serpentent à travers une zone bâtie, ouverte à tous. Après un passage souterrain proche d'une rivière, vous atteindrez l'entrée principale, où vous devrez présenter votre réservation.

Basílica de Nuestra Señora de Lourdes

Basílica de Nuestra Señora de Lourdes

INSPIRATION MÉDIÉVALE ET VITRAUX POLYCHROMES

Église principale de Chapinero, cet édifice néogothique érigé en 1875, le plus ancien du genre à Bogotá, semble venir tout droit d'une grande ville française. Son architecture monumentale et ses vitraux polychromes conçus par l'artiste allemand Walter Wolf Wasserhouen en font l'un des symboles de la ville. L'église présente toutes les caractéristiques classiques du gothique : arcs brisés, hauts plafonds, voûtes à nervures et riches ornements. Elle a été déclarée basilique mineure par le Vatican en 2015.

Andrés Carne de Res

LE PLUS CÉLÈBRE RESTAURANT DE COLOMBIE

Aussi colombien que l'*ajiaco* et aussi déjanté que n'importe quelle nuit dans un club de Bogotá, le légendaire bar-restaurant **Andrés Carne de Res** est un cocktail hallucinant mêlant Tim Burton, Disneyland et Willy Wonka – avec l'esprit d'un ferrailleur kitsch et la folie d'un parc d'attractions. Un touriste suédois a su trouver les mots justes : "On a l'impression de dîner dans une machine à laver." Bref, Andrés parvient à estomaquer tout le monde avec son atmosphère déjantée, ses fabuleux steaks et sa décoration surréaliste – cloches géantes, poupées grandeur nature, tambours, vaches, nymphes, drapeaux, crânes d'animaux, saints et anges. Des artistes burlesques se pavanent pendant que vous mangez et buvez, les corps se pressent sur les pistes de danse, des joueurs de tuba itinérants jouent des airs joyeux tandis que les serveurs adroits jonglent avec des plats puisés dans les 75 pages de la carte. Tout comme celle-ci, le lieu est difficile à résumer. Allez-y et vous comprendrez ! Pour les novices, les steaks sont une valeur sûre, accompagnés d'*arepas*, d'une boisson alcoolisée et de l'atmosphère inimitable du lieu.

Le restaurant d'origine se trouve à Chía, à 23 km au nord du centre-ville en direction de Zipaquirá (environ 1 heure). Les fidèles s'y rendent en Uber ou en taxi. Vous économiserez quelques pesos en prenant un bus pour Chía à la station Portal del Norte du TransMilenio, sur le quai "Buses Intermunicipales". Les bus partent toutes les deux minutes jusqu'à 23h. Situé plus près de la ville, dans la Zona Rosa, **Andrés DC** est l'une des nombreuses succursales métropolitaines qui offrent une ambiance similaire, quoique moins exubérante.

Andrés Carne de Res

AUTRES ADRESSES

Forte de ses spécialités et de ses mélanges de saveurs, Bogotá est sans doute la capitale culinaire du pays. Pour en savoir plus sur ce qu'il faut goûter dans la métropole et ailleurs en Colombie, consultez le chapitre *À table !* (p. 32).

EN-CAS CLASSIQUES DE BOGOTÁ

Ajiaco santafereño
Célèbre soupe contenant du poulet, des pommes de terre, du maïs et de l'avocat, servie avec du riz.

Tamales
Énormes portions de cuisses de poulet, de riz et de maïs enveloppées dans une feuille de bananier.

Arepas
Petits pains de maïs ronds grillés ou frits à la poêle, garnis de fromage, de viande, de haricots ou d'œufs.

Obleas
Deux fines gaufres collées ensemble avec de l'*arequipe* (confiture de lait) et, facultatif, du fromage et de la confiture de mûres.

Chocolate santafereño
Petit-déjeuner traditionnel *bogotano*, également appelé *chocolate completo*. Chocolat chaud dans lequel on trempe du pain et du fromage.

Museo El Chicó

PETIT MUSÉE DES ARTS DÉCORATIFS

Installée dans un vaste parc entouré d'immeubles modernes, cette *casona* (villa) blanche du XVIIIᵉ siècle était autrefois une hacienda. Elle conserve aujourd'hui une collection d'arts décoratifs provenant principalement d'Europe, rassemblée par une ancienne propriétaire du domaine, Mercedes Sierra de Pérez, décédée en 1951. C'est l'un des rares musées de Chapinero valant la peine d'être visités ne serait-ce que pour sa salle de bains mauresque, superbement carrelée. On y découvre aussi de magnifiques pièces d'argenterie et de porcelaine, ainsi qu'une chapelle. C'est à quelques pas du Parque de la 93.

Zona G

QUARTIER CHIC ET CARRÉ GOURMET

La Zona G s'étend à l'est de la Carrera 7, délimitée par la Calle 65 au sud et la Calle 76 au nord. Le "G" est l'abréviation de "gourmet", mais la nourriture n'est pas le seul attrait de ce quartier huppé, mosaïque d'immeubles de brique, de cafés raffinés et d'étroites bandes de verdure qui cascadent des Cerros Orientales, prisés des promeneurs de chiens. Parmi les restaurants les plus remarquables figurent le mondialement célèbre **Leo**, de Leonor Espinosa, élue meilleure femme cheffe au Monde en 2022, **Criterión** et **El Chato**. À l'ouest, le quartier gastronomique émergent de la Quinta Camacho (en photo) se caractérise par ses demeures chics de style anglais. Le **quartier LGBTQI+** de Bogotá (parfois appelé Chapigay) se trouve juste au sud.

Parque de la 93

PARC ET QUARTIER ALENTOUR

Au nord de Chapinero, à l'intersection de la Carrera 12 et de la Calle 93, entouré de bars et de restaurants, le Parque de la 93 est un parc où il fait bon se promener le jour, et un rendez-vous de la vie nocturne à la nuit tombée. Les joggeurs arpentent les trottoirs, les pique-niqueurs se prélassent sur les pelouses bordées d'arbres et les déjeuneurs s'attardent dans les cafés jusqu'au milieu de l'après-midi. Même la circulation semble plus policée... Parmi les restaurants des alentours, on trouve aussi bien des établissements indépendants simples que certaines des meilleures franchises de la ville, notamment Bagatelle, Wok et Juan Valdéz. Pour un plat veggie, un bon café ou une bière artisanale, c'est la destination idéale. Le cinéma du quartier, **Cinemania**, projette des films d'art et d'essai.

EN HAUT : ANAMARIA MEJIA/SHUTTERSTOCK © ; CI-CONTRE : MARK PITT IMAGES/SHUTTERSTOCK ©

Parque de la 93

Azahar Café

CAFÉ ET TORRÉFACTEUR

Comptant parmi les pionniers de la troisième vague du café à Bogotá ayant osé s'éloigner de la tradition du *tinto* insipide pour proposer des cafés pure origine et issus de micro-lots, ce lieu ultrabranché respire le goût, l'expertise et la passion pour le plus célèbre produit du pays. Derrière l'immense comptoir, les baristas expérimentent comme des alchimistes dans un laboratoire.

Asseyez-vous à une jolie table en bois et regardez le personnel préparer sur mesure votre boisson, servie dans une tasse, une fiole ou un élégant pot. Les petits-déjeuners – *migas* (salade de croûtons) à l'espagnole, bols d'*açaí* et toasts à l'avocat – sont disponibles toute la journée. Vous pouvez aussi demander une dégustation de trois cafés.

Statue, San Felipe

ÉGALEMENT À CHAPINERO

San Felipe, le Bogotá Art District

ESPRIT BOHÈME ET GALERIES AVANT-GARDISTES

Autrefois secteur résidentiel et d'ateliers de mécanique, ce quartier qui s'étend autour du parc à l'intersection de la Calle 75 et de la Carrera 22 s'est tourné vers l'art sous l'impulsion de l'architecte et collectionneur d'art Alejandro Castaño, qui y inaugura une galerie en 2010 avant d'encourager ses amis artistes à faire de même. En une décennie, le **quartier d'artistes** de Bogotá, surnommé "BAD" pour "Bogota Art District", a pris forme, avec un mélange fécond de galeries (FLORA ars+natura, Instituto de Visión, SKETCH, Fabien Castanier, Galeria beta, Doce Cero Cero...), de lofts, d'ateliers d'artistes, de bars, de glaciers artisanaux, de librairies et de *tertulias* (lieux de rencontres littéraires). Plus récemment, les rues ont été désencombrées, enrichies de panneaux indicateurs, et décorées de sculptures et de fresques murales. Les zones principales se trouvent près du Parque Araña, où la **Casa San Felipe**, qui accueille des événements musicaux, artistiques et de mode, fait office de QG. La plupart des quelque vingt galeries sont de petits établissements discrets où l'on peut rencontrer des artistes. L'**Espacio KB** est un bon endroit où apprécier des œuvres avant-gardistes en prenant un verre. À deux pas de là, la **Taberna Statua Rota** propose un large choix de bières artisanales.

LA BIÈRE BBC

Vous verrez les lettres BBC dans tout Bogotá, mais elles n'ont rien à voir avec la radio britannique : c'est l'abréviation de **Bogotá Beer Company**, l'un des grands producteurs de bières artisanales de Colombie. Établi dans la Zona Rosa en 2002, le pub BCC a proliféré après son rachat en 2015 par la multinationale américaine basée en Belgique Anheuser-Busch : la marque compte aujourd'hui plus de 80 pubs, dont 24 à Bogotá.

Si on la surnomme souvent la "Starbucks de la bière colombienne", elle propose de bonnes bières, notamment des éditions spéciales et saisonnières. L'IPA Septimazo, la stout Macondo et l'ambrée Monserrate Roja sont particulièrement prisées. Vous apprécierez la bonne ambiance du pub **BBC du Parque de la 93**.

OÙ SE RESTAURER À CHAPINERO

Mini-Mal
Ce resto durable et artisanal revisite les meilleurs ingrédients du pays pour des plats créatifs aux saveurs inédites. **€€**

Canasto Picnic Bistro
Bistrot artistique et respectueux de l'environnement, avec plats végans/végétariens et excellent brunch. **€€**

Leo
L'une des meilleures tables d'Amérique du Sud ; le menu dégustation de 13 plats est un voyage gustatif mémorable. **€€€**

USAQUÉN

UN QUARTIER AUX AIRS DE VILLAGE TRANQUILLE

Annexé à Bogotá en 1954, Usaquén, le quartier aisé au nord de Chapinero, se distingue du reste de la capitale par sa paisible ambiance de village. On y trouve le plus grand golf de la métropole et son country club chic, ainsi qu'une ancienne hacienda transformée en centre commercial. Destination sûre et idéale pour les familles, Usaquén reçoit une grande partie de ses visiteurs le dimanche, jour de la Ciclovía – qui permet de faire le trajet à vélo depuis La Candelaria sans être gêné par la circulation – et du Mercado de las Pulgas, marché aux puces plus arty que son nom ne le suggère.

Barrio gastronomique de choix, Usaquén est également prisé pour ses cafés et ses restaurants aux saveurs du monde bordant d'étroites rues tranquilles. Son emplacement, sur les contreforts des Cerros Orientales, offre aussi l'occasion d'escapades dans les collines et forêts environnantes pour de courtes randonnées.

Pour les infos pratiques, voir le Carnet d'adresses p. 76

À SAVOIR

Usaquén est un bon endroit où prendre un brunch animé ou un long déjeuner, surtout le dimanche, quand le marché aux puces bat son plein et que la Ciclovía (p. 62) vous permet d'y aller facilement à vélo (la Carrera 7 est fermée à la circulation automobile de 7h à 14h).

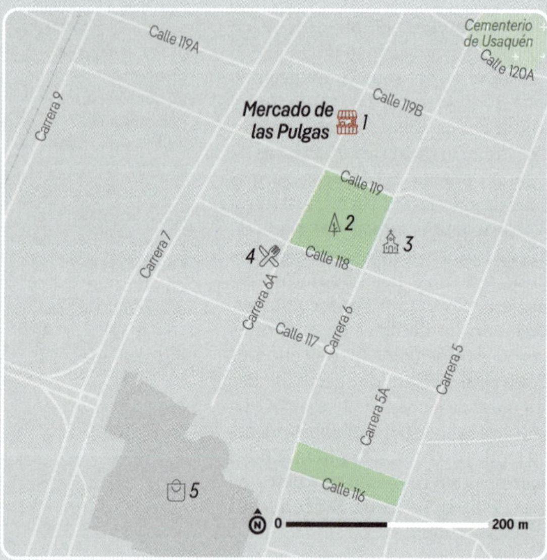

INCONTOURNABLES
1 Mercado de las Pulgas

VOIR
2 Parque de Usaquén
3 Parroquia Santa Bárbara

SE RESTAURER
4 80 Sillas

SHOPPING
5 Hacienda Santa Bárbara

Hacienda Santa Bárbara

Mercado de las Pulgas

MARCHÉ AUX PUCES DOMINICAL

L'appellation "marché aux puces" ne rend pas justice au marché dominical d'Usaquén, probablement le plus pimpant de Bogotá, né en 1990. On y vend objets artisanaux, art provocateur, bijoux, fruits bien polis, jeux de société créatifs et souvenirs originaux en matériaux recyclés (par exemple, des origamis en billets de banque vénézuéliens retirés de la circulation !). Musiciens ambulants, vendeurs de nourriture, artistes de rue et statues vivantes participent de l'atmosphère détendue de ce rendez-vous hebdomadaire *bogotano*. Les stands s'alignent dans la Carrera 6A, entre les Calles 119 et 120A.

Mercado de las Pulgas

Parque de Usaquén

PETIT PARC ENTOURÉ DE RESTAURANTS CHICS

L'un des attraits du verdoyant parc central d'Usaquén (en photo) est son atmosphère tranquille, en retrait de l'agitation de Bogotá. Il est dominé par la **Parroquia Santa Bárbara**, église du XVIIe siècle dont le petit intérieur abrite un retable doré et plusieurs très belles peintures à l'huile. Cependant, le parc est surtout connu pour le marché aux puces et les bons bars et restaurants des rues environnantes, à commencer par le **80 Sillas** ("80 Chaises"), installé dans une ferme coloniale rénovée et dont la carte est axée sur des déclinaisons multisaveurs du ceviche.

Hacienda Santa Bárbara

MAISON DE CAMPAGNE DEVENUE CENTRE COMMERCIAL

Ce centre commercial atypique est construit autour d'une grande maison coloniale des années 1800 ayant appartenu à José María Sierra, homme d'affaires d'Antioquia autrefois considéré comme la personne la plus riche de Colombie. Le résultat de sa transformation en centre commercial en 1989 est mitigé. Si des éléments de l'hacienda ont été conservés (notamment la porte d'entrée et un patio avec fontaine), et si les autorités en ont généreusement fait un "monument national", le lieu n'en demeure pas moins un centre commercial. On y trouve un café Juan Valdéz et une succursale du restaurant Andrés Carne de Res.

Environs de Bogotá

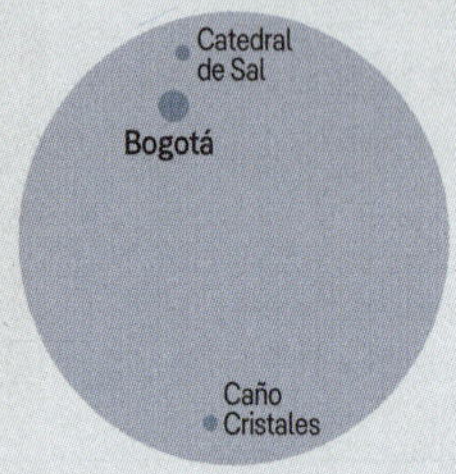

Rivières multicolores, église taillée dans le sel, lac enveloppé de légendes... Autour de Bogotá, les paysages prennent rapidement une dimension magique.

Dites *adiós* à Bogotá pour explorer le département environnant, le Cundinamarca, où vous attendent des lacs, des cascades, des forêts de nuages, des montagnes et une mosaïque de petites villes et villages, dont beaucoup ont conservé leur tissu colonial. La plupart des excursionnistes gagnent vers le nord Zipaquirá, célèbre pour sa cathédrale de sel, et la Laguna de Guatavita, au cœur de la légende de l'Eldorado. Les tour-opérateurs de Bogotá vous emmènent à l'un ou l'autre site, voire aux deux dans le cadre d'une longue journée d'excursion. Pour vous rendre à Caño Cristales, dans le département de La Meta, vous devrez prévoir au moins trois jours et réserver un vol d'une heure pour La Macarena.

Pour les infos pratiques, voir le Carnet d'adresses p. 76

À SAVOIR

Les Colombiens affluent à Caño Cristales lors des *puentes* (ponts, longs week-ends). Mieux vaut éviter les week-ends et venir en semaine, si vous le pouvez.

HEINNER/SHUTTERSTOCK ©

Laguna de Guatavita

Catedral de Sal

LA LAGUNA DE GUATAVITA

Beaucoup d'espoirs de découvrir l'Eldorado furent fondés autrefois sur ce petit **lac circulaire**, à environ 50 km au nord-est de Bogotá. C'était le lac sacré et le lieu de rituel du peuple muisca. Il y a 500 ans, le Zipa (chef tribal), recouvert de poudre d'or (d'où le nom "eldorado", littéralement "le doré") était conduit sur un radeau cérémoniel au centre du lac sacré pour y déverser de précieuses offrandes, notamment des *tunjos* (pendentifs et figurines en or), sur lesquelles étaient inscrits des vœux, afin de gagner la faveur des dieux. Il plongeait ensuite dans l'eau pour se purifier.

Cette coutume provoqua une ruée vers l'or des Espagnols, qui pensaient avoir atteint un Eldorado aquatique. Au fil des années, beaucoup d'efforts furent vainement déployés pour repêcher des trésors.

Catedral de Sal

ÉGLISE DE SEL SURRÉALISTE

La **cathédrale de sel de Zipaquirá** a été sculptée à 190 m sous terre entre 1991 et 1995 en excavant 250 000 tonnes de sel d'une montagne d'halite. Éclairée de façon cinématographique (beaucoup de violet et de bleu électrique), elle abrite des chapelles qui provoquent des "ouah" d'admiration, ainsi que la plus grande croix jamais construite dans une église souterraine. Tout visiteur est tenu de se joindre à un parcours en groupe d'une heure – une fois à l'intérieur, vous serez toutefois libre de quitter le groupe. La visite passe par les 14 stations du chemin de croix, une coupole illuminée et, enfin, l'incroyable nef.

Il s'agit de la seconde église construite ici. La première, achevée

ADMIRER DES TUNJOS

De nombreux *tunjos* en or, dont le plus célèbre, la *Balsa Muisca*, un radeau en or, sont exposés au **Museo del Oro** de Bogotá (p. 61).

OÙ SE LOGER À LA MACARENA

La Manigua Lodge
Jolies cabanes rustiques dans la forêt, avec repas, transport et visites organisés. **€€**

Casa Hotel Real
Adresse modeste sur la place principale de La Macarena, avec salles de bains privatives, Wi-Fi et piscine. **€€**

Hotel Punto Verde
Propriété agréablement aménagée avec piscine, chambres propres et bonne nourriture colombienne. **€€**

PAROLE D'HABITANT : VISITER CAÑO CRISTALES

Vladimir Torres Alfonso, guide touristique

Sentier préféré
Le Sendero Pianos, pour ses nombreuses cascades et ses grandes piscines naturelles, ainsi que la couleur plus intense de la *macarenia clavigera* à certains endroits en raison de la faible profondeur de l'eau.

Meilleurs lieux de baignade
La piscine de Los Pianos, suivie de la Piscina del Turista, la plus grande de Caño Cristales.

Première visite
Certains touristes hésitent à venir ici à cause du conflit armé, mais ils n'ont rien à craindre : La Macarena est une région de paix, où les visiteurs sont attendus avec impatience par les plus de 600 familles locales qui dépendent du tourisme pour leur subsistance.

en 1954, fut fermée au début des années 1990 pour des raisons de sécurité. L'église actuelle a été creusée 60 m en dessous. Remplissant une mine de 75 m de long, elle peut accueillir jusqu'à 8 400 personnes. Les offices du dimanche sont très fréquentés.

Le sel gemme est extrait dans la région depuis le Ve siècle av. J.-C. et la tradition mêlant sel et religion plonge ses racines dans le travail très dangereux des mineurs, qui creusaient régulièrement de petits autels souterrains pour y trouver réconfort et soutien. Ces petits sanctuaires de fortune ont servi de source d'inspiration à la première cathédrale.

Zipaquirá se trouve à 50 km au nord de Bogotá. L'entrée à la cathédrale comprend les attractions du "parc de sel" environnant, notamment un mur d'escalade, un film en 3D et un musée de la Saumure.

Caño Cristales

RIVIÈRES AUX MILLE COULEURS

Cet ensemble de rivières et de cascades est niché dans le **Parque Nacional Natural (PNN) Sierra de La Macarena**, vaste étendue sauvage de forêt sèche et de savane uniquement connue de quelques groupes indigènes jusqu'à la fin des années 1960. La coloration unique des lieux, qui lui a valu de nombreux surnoms, entre autres "rivière aux cinq couleurs" ou "arc-en-ciel liquide", est due à un phénomène biologique peu commun qui se produit pendant la saison des pluies, entre juillet et novembre, lorsque des algues endémiques qui tapissent le lit de la rivière Caño Cristales, appelées *macarenia clavigera*, deviennent rouge vermillon – elles ont la propriété de changer de couleur au fil des saisons. Visibles à travers l'eau cristalline, le rouge de ces plantes et la teinte dorée du lit de la rivière offrent un contraste magique avec le bleu du ciel et le vert de la savane environnante. Un phénomène naturel unique au monde.

Caño Cristales se trouve à 280 km à vol d'oiseau de Bogotá, près de la petite ville isolée de **La Macarena**, dans une région nommée Orinoquía ou Los Llanos (Les Plaines). Il faut compter au minimum trois jours pour visiter le parc national au départ de la capitale. L'excursion nécessite quelques dépenses, un peu de planification préalable et des marches énergiques, mais vous ne serez pas déçu. Jusqu'en 2009, toute la région était fermée en raison de l'activité des FARC (Forces armées révolutionnaires de Colombie). Depuis sa réouverture, le tourisme est étroitement contrôlé et le nombre de visiteurs limité, ce qui donne à ceux-ci l'impression d'avoir le rare privilège de découvrir cet écoparc kaléidoscopique.

OÙ SE BAIGNER À CAÑO CRISTALES

Los Pianos
Série de petites cascades aboutissant sur un bassin où se baigner et se faire masser par les eaux.

Cascada de los Cuarzos
Glissez-vous derrière cette chute géante spectaculaire pour prendre une douche vivifiante.

Piscina del Turista
Grand bassin à un endroit où la rivière s'élargit, pour une bonne séance de natation.

Même si vous rejoignez La Macarena par vos propres moyens (attention, la route est épouvantable), vous devrez faire appel à un **guide local officiel** pour entrer dans le parc national. La plupart des circuits organisés comprennent le transport aérien jusqu'à La Macarena, l'hébergement à l'hôtel, les repas et les services d'un guide. À votre arrivée, vous serez en principe placé dans un groupe d'environ huit personnes avec un guide local hispanophone acrédité (des guides anglophones sont disponibles sur demande). Les visiteurs sont logés dans l'un des nombreux hôtels fonctionnels de La Macarena (basiques mais avec salle de bains privative et Wi-Fi). De copieux repas colombiens sont servis sous forme de buffet et, un soir, on vous emmène à un spectacle de musique *joropo* traditionnelle, avec une bière offerte. On commence généralement ses journées dans le parc national par une promenade en bateau sur le Río Guayabero et un court trajet en 4x4.

Les excursions varient en durée et en distance, mais la plupart comprennent la montée vers un **mirador** (point de vue) avec vue spectaculaire sur le Río Guayabero et le **Caño Cristalitos**, un affluent du Río Caño Cristales. La rivière principale est de loin l'attrait principal. Son cours est jalonné de charmants sites comme **Los Pianos**, la **Cascada de los Cuarzos**, puissante cascade derrière laquelle on peut se faufiler, **Los Ochos**, des trous cylindriques formés dans la roche, et la **Piscina del Turista**, lieu de baignade tranquille. La savane et la jungle environnantes sont presque aussi fascinantes que les cours d'eau, et les guides, amicaux mais professionnels, vous renseignent sur la flore et la faune locales.

Les rivières offrent des lieux de baignade exceptionnels et les visiteurs sont encouragés à se baigner – sauf aux endroits où se trouvent les plantes aquatiques, pour ne pas affecter cette flore endémique, et sans crème solaire pour éviter toute pollution de l'eau. Les marches vont de 8 à 10 km par jour.

RÈGLES DU PARC NATIONAL

Plusieurs règles strictes s'appliquent dans le parc national.

La crème solaire et les sprays et lotions antimoustiques sont proscrits, car l'introduction de composés chimiques dans l'eau pourrait polluer les eaux et nuire à l'écosystème unique qui donne aux cours d'eau leurs couleurs extraordinaires.

Les bouteilles en plastique sont également interdites.

Il est conseillé de porter des pantalons longs. La vaccination contre la fièvre jaune est également recommandée.

Le parc accueille un nombre limité de visiteurs chaque jour (environ 200) et, pour entrer, il vous faudra réserver les services d'un guide auprès d'un tour-opérateur officiel.

Le parc national est fermé entre décembre et juin.

COMMENT S'Y RENDRE

Il est relativement facile de rejoindre **Zipaquirá** depuis le centre de Bogotá. Prenez le TransMilenio jusqu'à la station Portal del Norte, puis l'un des bus locaux réguliers qui se dirigent vers le nord. Le week-end, on peut aussi prendre le **train touristique** (turistren.com.co) qui part de l'Estación de la Sabana, près du centre-ville.

En raison des règles de visite strictes et de l'accès difficile, on se rend généralement à **Caño Cristales** dans le cadre d'un circuit organisé, comprenant le vol d'une heure au départ de Bogotá et, dans le parc, le transport en bateau et en 4x4. Vous pouvez réserver auprès d'**Ecoturismo Sierra de La Macarena** (ecoturismomacarena.com).

Carnet d'adresses

LA CANDELARIA

Capitolio Nacional
Voir p. 55 (senado.gov.co ; Plaza de Bolívar ; visite gratuite sur rdv ven 9h30-12h30, réservations via visitasguiadascongreso@senado.gov.co ou au 01800-012-25-12)

Casa Museo Quinta de Bolívar
Voir p. 53 (1-342-4100 ; quintadebolivar.gov.co ; C. 21 n°4A-30 Este ; tarif plein/réduit 10/5 USD, à payer en équivalent COP, gratuit mer 15h-17h ; 9h-17h mar-dim)

Catedral Primada
Voir p. 51 (313-816-5352 ; catedral.arquibogota.org.co ; Plaza de Bolívar, Carr. 6 n°10-65 ; 10h-13h et 14h-16h lun-ven, 10h-16h sam-dim)

Centro Cultural Gabriel García Márquez
Voir p. 52 (1-283-2200 ; C. 11 n°5-60 ; entrée libre ; 9h-18h lun-mar et jeu-ven, 9h-19h mer et sam, 10h30-17h dim)

Museo Arqueológico
Voir p. 53 (MUSA, Casa del Marqués de San Jorge ; 1-243-1690 ; musa.com.co ; Carr. 6 n°7-43 ; tarif plein/réduit/enfant 4 000/3 500/2 000 COP ; 8h30-17h lun-ven, 9h-16h sam)

Museo Botero
Voir p. 50 (1-343-1316 ; banrepcultural.org/bogota/museo-botero ; C. 11 n°4-41 ; entrée libre ; 9h-19h lun et mer-sam, 10h-17h dim)

Museo Casa de Moneda
Voir p. 50 (Monnaie ; 1-343-1111 ; banrepcultural.org/bogota/casa-de-moneda ; C. 11 n°4-93 ; entrée libre ; 9h-19h lun et mer-sam, 10h-17h dim)

Museo Colonial
Voir p. 52 (1-381-6427 ; museocolonial.gov.co ; Carr. 6 n°9-77 ; tarif plein/réduit 10/5 USD, à payer en équivalent COP, gratuit mer 15h-17h et dernier dim du mois ; 9h-17h mar-dim)

Museo de Arte Miguel Urrutia (MAMU)
Voir p. 50 (Museo de Arte del Banco de la República ; 1-343-2909 ; banrepcultural.org/bogota/museo-de-arte ; C. 11 n°4-21 ; entrée libre ; 9h-19h lun et mer-sam, 10h-17h dim)

Museo de la Independencia – Casa del Florero
Voir p. 51 (Casa del Florero ; 1-342-4100 ; museoindependencia.gov.co ; C. 7 n°11-28 ; tarif plein/réduit 10/5 USD, à payer en équivalent COP, gratuit mer 15h-17h ; 9h-17h mar-dim)

Museo Militar
Voir p. 56 (Musée militaire ; 1-315-0111 ; museomilitarco.com ; C. 10 n° 4-92 ; entrée libre ; 9h-16h mar-dim)

Museo Santa Clara
Voir p. 51 (1-337-6762 ; museocolonial.gov.co ; Carr. 8 n°8-91 ; tarif plein/réduit 10/5 USD, à payer en équivalent COP, gratuit mer 15h-17h ; 9h-17h mar-dim)

Botanico Hostel
Voir p. 55 (310-587-2960 ; botanicohostel.com ; Carr. 2 n°9-87)

Casa Deco
Voir p. 55 (1-282-8640 ; hotelcasadeco.com ; C. 12C n°2-36)

Cranky Croc
Voir p. 54 (314-427-5299 ; crankycroc.com ; C. 12D n°3-46)

Hotel de la Ópera
Voir p. 55 (318-487-2848 ; hotelopera.com.co ; C. 10 n°5-72)

Hotel Muisca
Voir p. 54 (300-755-4096 ; hotelmuisca.com ; C. 10 n°0-47)

Masaya Bogotá Hostel
Voir p. 54 (1-747-1848 ; masaya-experience.com ; Carr. 2 n°12-48)

De Una Travel
Voir p. 55 (1-808-9591 ; deunatravel.com ; C. 10 n°2-18 ; 10h30-22h lun-sam, 10h30-20h dim)

El Gato Gris
Voir p. 55 (322-916-1227 ; gatogris.com ; Carr. 1A n°12B-12 ; 8h-2h)

La Puerta Falsa
Voir p. 53 (1-286-5091 ; restaurantelapuertafalsa.inf.travel ; C. 11 n°6-50 ; 7h-19h30)

Origen Bistro
Voir p. 52 (310-554-8665 ; Carr. 4 n°12C-94 ; 12h-20h dim-jeu, 12h-minuit ven-sam)

Prudencia
Voir p. 55 (1-394-1678 ; prudencia.net ; Carr. 2 n°11-34 ; 12h-17h jeu-dim ;)

Sant Just
Voir p. 55 (319-547-5137 ; instagram.com/santjustbogota ; C. 16A n°2-73 ; 12h-15h30, 19h-22h lun-ven)

Arte y Pasión
Voir p. 55 (1-243-3996 ; arteypasioncafe.com ; C. 10 n°8-87 ; 7h-19h lun-ven, 9h-19h sam, 9h-18h dim)

Café Casa Galería
Voir p. 55 (☎321-268-3638 ; casagaleria.co ; Carr. 2 n°12B-92 ; ⏲9h-18h dim-lun, 9h-19h mar-jeu, 9h-20h ven-sam)

Divino Café
Voir p. 55 (☎317-381-0597 ; divinocafeespecial.com ; Carr. 2 n°12D-24 ; ⏲9h-17h lun-sam)

Juan Valdéz Café
Voir p. 55 (juanvaldezcafe.com ; Centro Cultural Gabriel García Márquez, Carr. 6 n°11-20 ; ⏲7h-19h30 lun-sam, 8h-18h30 dim)

Teatro Colón
Voir p. 56 (☎1-381-6380 ; eneldelia.gov.co ; C. 10 n°5-32 ; ⏲billetterie 10h-19h lun-sam, 10h-16h dim)

La Candelaria (p. 48), Bogotá

CENTRE-VILLE ET CENTRO INTERNACIONAL

Iglesia de la Veracruz
Voir p. 63 (☎1-342-1343, 1-341-0897 ; plaveracruz.arquibogota.org.co ; C. 10 n°7-19 ; ⏲7h-13h et 14h-17h lun-ven, 7h-13h sam)

Iglesia de Las Aguas
Voir p. 59 (☎1-341-2985 ; plasaguas.arquibogota.org.co ; Carr. 2A n°18A-66 ; ⏲9h-12h30 et 13h30-17h lun-ven, 11h30-13h et 17h30-19h sam, 7h30-13h et 17h30-19h dim)

Iglesia de San Francisco
Voir p. 63 (angle Av. Jiménez et Carr. 7 ; ⏲6h30-22h30 lun-ven, 6h30-12h30 et 16h-18h30 sam, 7h30-13h30 et 16h30-19h30 dim)

Iglesia La Tercera
Voir p. 63 (C. 16 n°7-39)

Museo de Arte Moderno (MAMBO)
Voir p. 60 (☎1-286-0466 ; mambogota.com ; C. 24 n°6-00 ; 18 000 COP, gratuit -5 ans ; ⏲10h-18h mar-sam, 12h-17h dim)

Museo del Oro
Voir p. 61 (☎1-343-2222 ; banrepcultural.org/bogota/museodel-oro ; Carr. 6 n°15-88 ; 5 000 COP, gratuit dim, audio-guide 8 000 COP ; ⏲9h-19h mar-sam, 10h-17h dim)

Museo Nacional
Voir p. 60 (☎1-381-6470 ; museonacional.gov.co ; Carr. 7 n°28-66 ; tarif plein/réduit 10/5 USD, à payer en équivalent COP, gratuit mer 15h-17h ; ⏲9h-17h mar-dim)

Station de Monserrate
Voir p. 59 (monserrate.co/funicular-monserrate ; Sendero Peatonal Monserrate ; funiculaire ou téléphérique aller-retour 27 000 COP lun-sam, 16 000 COP dim ; ⏲5h30-23h45 lun-ven, 5h30-16h sam, 5h30-18h dim)

Torre Colpatria
Voir p. 61 (☎1-744-7571 ; scotiabankcolpatria.com/torre-colpatria ; Carr. 7 n°24-89 ; 12 000 COP ; ⏲18h-20h30 ven, 12h-20h30 sam, 11h-20h30 dim)

Original Bogotá Graffiti Tour
Voir p. 63 (☎321-297-4075 ; bogotagraffiti.com ; ⏲visites 10h lun-dim, 14h ven-dim)

Hotel San Moritz Museo
Voir p. 62 (☎322-304-5279 ; hotelsanmoritz.com ; C. 17 n°480)

Hotel Santa Lucía Boutique Spa
Voir p. 62 (☎1-746-0088 ; santaluciaboutiquespa.hotels-bogota.com ; C. 18 n°6-27)

Hotel Tequendama
Voir p. 62 (☎1- 382-0300 ; tequendamahotel.com ; Carr. 10 n°26-21)

Agave Azul
Voir p. 63 (☎315-277-0329 ; restauranteagaveazul.blogspot.com ; Carr. 3A n°26B-52 ; ⏲12h-15h et 18h30-22h mar-ven, 13h-16h et 19h-22h sam)

Chantonner Delikatessen
Voir p. 63 (☎1-286-5661 ; chantonner.com.co ; Carr. 5 n°16-01 ; ⏲7h-19h lun-ven, 8h-17h sam)

La Juguetería
Voir p. 63 (☎323-249-4025 ; restaurantelajugueteria.com.co ; C. 27 n°4A-03 ; ⏲12h-15h et 18h-21h lun-jeu, 12h-22h ven-sam, 12h-19h dim)

San Isidro
Voir p. 59 (restaurantesmonserrate.com/restaurantes/san_isidro ; Cerro de Monserrate ; ⏲12h-22h lun-sam, 12h-17h dim)

Santa Clara
Voir p. 59 (restaurantesmonserrate.com/restaurantes/santa_clara ; Cerro de Monserrate ; 12h-17h lun-jeu, 12h-21h ven, 8h-17h sam-dim)

A Seis Manos
Voir p. 60 (1-282-8441 ; aseismanos.com.co ; C. 22 n°8-60 ; 11h30-23h30 lun-sam)

Café Matuca
Voir p. 63 (316-493-3513 ; instagram.com/cafematuca ; Carr. 5 n°16-42 ; 9h-19h lun-jeu, 9h-20h ven, 11h-17h sam)

Café San Alberto
Voir p. 63 (316-524-8264 ; cafesanalbertoint.com ; Carr. 7 n°16-37, Edificio Avianca ; 9h-18h30)

Café San Moritz
Voir p. 63 (1-742-7110 ; facebook.com/cafesanmoritz ; C. 17 n°4-80 ; 7h-19h lun, 7h-17h mar et jeu-ven, 9h-17h mer, 8h-17h sam)

Emerald Trade Center
Voir p. 61 (emeraldtradecenter colombia.com ; Av. Jiménez n°5-43 ; 8h-19h lun-ven, 8h-17h sam-dim)

CHAPINERO

Basílica de Nuestra Señora de Lourdes
Voir p. 66 (1-756-3040 ; basilicalourdes.arquibogota.org.co ; Carr. 10 n°63-27 ; 7h-18h lun-sam, 6h30-19h dim)

Museo El Chicó
Voir p. 67 (1-623-1066 ; museodelchico.com ; Carr. 7 n°93-01, Mercedes Sierra de Pérez ; tarif plein/réduit 7 000/5 000 COP ; 10h-13h et 14h-17h mar-dim)

Andrés Carne de Res
Voir p. 67 (1-861-2233 ; andrescarnederes.com ; C. 3 n°11A-56, Chía ; droit d'entrée ven-sam 21 000 COP ; 12h-minuit mer et dim, 12h-2h jeu, 12h-3h ven-sam)

Andrés DC
Voir p. 67 (1-863-7880 ; andrescarnederes.com ; C. 82 n°12-21, Centro Comercial El Retiro ; droit d'entrée ven-sam 21 000 COP ; 12h-minuit lun-mer, 12h-1h jeu, 12h-3h ven-sam, 12h-22h dim)

Bagatelle
Voir p. 68 (1-481-3582 ; bagatelle.com.co ; Carr. 13 n°93a-45 ; 6h30-21h)

Canasto Picnic Bistro
Voir p. 69 (1-926-2082 ; canasto.co ; C. 88 n°13A-51 ; 8h-17h45 lun, 11h30-20h45 mer, 8h-21h45 jeu-sam, 8h-17h45 dim)

Criterión
Voir p. 68 (322-353-4609 ; facebook.com/criterionbogota ; C. 69A n°5-75 ; 12h-16h et 19h-23h lun-sam, jusqu'à 21h dim)

El Chato
Voir p. 68 (1-743-9931 ; elchato.co ; C. 65 n°4-76 ; 12h-23h lun-sam, 12h-17h dim)

Juan Valdéz Café
Voir p. 68 (juanvaldez.com ; Carr. 11A n°93A-10, Parque 93 ; 7h-19h30)

Leo
Voir p. 69 (317-661-6866 ; restauranteleo.com ; C. 65B n°4-23 ; 12h-14h et 18h45-23h lun-sam)

Mini-Mal
Voir p. 69 (1-455-0630 ; mini-mal.org ; Carr. 4A n°57-52 ; 12h-22h mar-sam, 12h-17h dim)

Wok
Voir p. 68 (1-236-4939 ; wok.com.co ; C. 93B n°12-28, Parque 93 ; 12h-21h30 lun-mer, 12h-22h jeu-sam, 11h45-20h30 dim)

Azahar Café
Voir p. 68 (1-744-2416 ; azaharcoffee.com ; C. 93B n°13-91 ; 7h-20h)

Bogotá Beer Company
Voir p. 69 (1-742-9292 ; bbccerveceria.com ; C. 85 n°13-06 ; 12h-2h dim-mer, 12h-3h jeu-sam)

Caño Cristales (p. 74)

Taberna Statua Rota
Voir p. 69 (317-304-4436 ; facebook.com/csrchapi ; Carr. 4 n°58-90 ; 12h-20h dim-lun, 14h-22h mar-mer, 14h-minuit jeu-sam)

Espacio KB
Voir p. 69 (1-645-9156 ; facebook.com/kbespacioparalacultura ; C. 74 n°22-20 ; 10h-minuit lun-sam)

Huerta Cocteleria Artesanal
Voir p. 66 (301-785-4934 ; instagram.com/huertabarbog ; Carr. 12A n°83-64 ; 12h-minuit lun-mar, 12h-3h mer-ven, 10h-3h sam, 10h-minuit dim)

Mono Bandido
Voir p. 66 (312-341-9393 ; elmonobandido.com ; Carr. 10A n°69-38 ; 15h-23h dim-jeu, 15h-minuit ven-sam)

Cinemania
Voir p. 68 (1-621-0122 ; cinemania.com.co ; Carr. 14 n°93A-85, Parque 93)

Centro Comercial Andino
Voir p. 66 (1 621 3111 ; centroandino.com.co ; Carr. 11 n°82-71 ; 10h-20h lun-jeu, 10h-21h ven-sam, 11h-19h dim)

USAQUÉN

Parroquia Santa Bárbara
Voir p. 71 (321-224-1582 ; psantabarbaradeusaquen.arquibogota.org.co ; C. 118 n°5-84 ; 9h-12h et 14h-16h30 lun-ven)

80 Sillas
Voir p. 71 (1-644-7766 ; takami.co/80-sillas ; C. 118 n°6A-05 ; 12h-23h lun-sam, 12h-22h dim)

Juan Valdéz Café
Voir p. 71 (juanvaldez.com ; C. 118 n°6-43 ; 7h-19h lun-sam, 9h-19h dim)

Hacienda Santa Bárbara
Voir p. 71 (1-703-4194 ; haciendasantabarbara.com.co ; Carr. 7 n°115-60 ; 10h-20h)

ENVIRONS DE BOGOTÁ

Catedral de Sal
Voir p. 73 (315-760-7376 ; catedraldesal.gov.co ; Parque de la Sal, Zipaquirá ; tarif plein/réduit à partir de 98 000/84 000 COP ; 9h-17h40)

Laguna de Guatavita
Voir p. 73 (1-580-1111 ; colparques.net/lguatavita ; tarif plein/réduit 25 500/12 500 COP ; 8h30-16h mar-dim)

Parque Nacional Natural (PNN) Sierra de La Macarena
Voir p. 74 (Caño Cristales ; parquesnacionales.gov.co ; 62 000 COP ; 7h-16h, fermé déc-juin)

Ecoturismo Sierra de La Macarena
Voir p. 75 (314-325-3522 ; ecoturismomacarena.com ; Aeropuerto Vanguardia, Villavicencio)

Casa Hotel Real
Voir p. 73 (313-292-9925 ; Carr. 94 n°104-110, La Macarena)

Hotel Punto Verde
Voir p. 73 (310-341-8899 ; facebook.com/hotelpuntoverd ; Carr. 9 n°4-12, La Macarena)

La Manigua Lodge
Voir p. 73 (314-756-9808 ; lamanigualodge.com ; Finca La Manigua, Vereda El Billar, La Macarena)

AMATYAS REHAK/SHUTTERSTOCK ©

Ci-dessus : Catedral de la Inmaculada Concepcíon, Barichara (p. 102) ;
à droite : Femme autochtone près de Villa de Leyva (p. 86)

BOYACÁ ET SANTANDER

CŒUR HISTORIQUE DE LA COLOMBIE

Marquées par leur passé, les villes coloniales du Boyacá et du Santander incitent autant à la détente qu'à l'aventure.

Les départements montagneux du Boyacá et du Santander, au nord de Bogotá, furent l'une des premières régions occupées par les conquistadors espagnols. C'est ici que germèrent les graines de la révolution et que se déroulèrent certaines des principales batailles pour l'indépendance, en particulier la victoire décisive sur les Espagnols au Puente (pont) de Boyacá, qui devait mener à l'indépendance de la Colombie en 1819. L'importance de ce berceau de la nation ne peut être ignoré.

LUZ ZULUAGA PHOTOGRAPHY/SHUTTERSTOCK ©

S'élevant depuis le Río Magdalena jusqu'aux sommets couverts de glaciers du Parque Nacional Natural (PNN) El Cocuy à l'est, les Andes déchiquetées abritent des dizaines de villes historiques préservées, dont la population industrieuse est fermement attachéee aux pratiques d'antan. Rues pavées de Villa de Leyva ou beauté cinématographique de la truculente Barichara, les villes enchanteresses de la région donnent à voir une Colombie différente de ses métropoles scintillantes.

On trouvera ici autant de merveilles naturelles que de sites culturels à explorer. Du splendide Cañon del Chicamocha aux lacs sacrés d'Iguaque, les paysages se révèlent aussi variés que spectaculaires. Et ce ne sont pas que de jolis décors : les sports d'aventure sont très prisés ici, et les visiteurs les plus vaillants pourront se mesurer à la nature dans le cadre de nombreuses activités.

SITES PRINCIPAUX

VILLA DE LEYVA
Places coloniales et fossiles.
p. 86

SAN GIL
Capitale colombienne de l'adrénaline.
p. 96

BARICHARA
Artisanat et architecture dans un décor de cinéma.
p. 101

S'orienter

Le Boyacá et le Santander sont des départements étendus, principalement occupés par les Andes orientales où se trouvent les villes et les paysages les plus appréciés de la région.

San Gil, p. 96
Capitale colombienne des sports d'aventure, cette ville animée est entourée de rivières, cascades, grottes et canyons sauvages.

VOITURE

La location d'un véhicule est idéale pour visiter le Boyacá et le Santander : la voiture ouvre l'accès à un réseau de routes secondaires, bosselées mais pittoresques, plutôt mal desservi par les transports en commun. La sécurité y est en général excellente.

BUS

À toute heure, des bus desservent Tunja, San Gil et Bucaramanga par les routes principales. Les bus locaux circulant vers des destinations plus excentrées comme Villa de Leyva ou Barichara s'arrêtent généralement vers 18h. Organisez votre arrivée en conséquence. Le Boyacá est très bien relié par des bus fréquents à Bogotá, au sud, et au Santander, au nord.

RANDONNÉE

Des centaines de kilomètres de sentiers historiques relient entre elles bon nombre de villes de montagne du Santander. Avec un peu d'organisation, vous pourrez faire transférer vos bagages et marcher d'un lieu à l'autre.

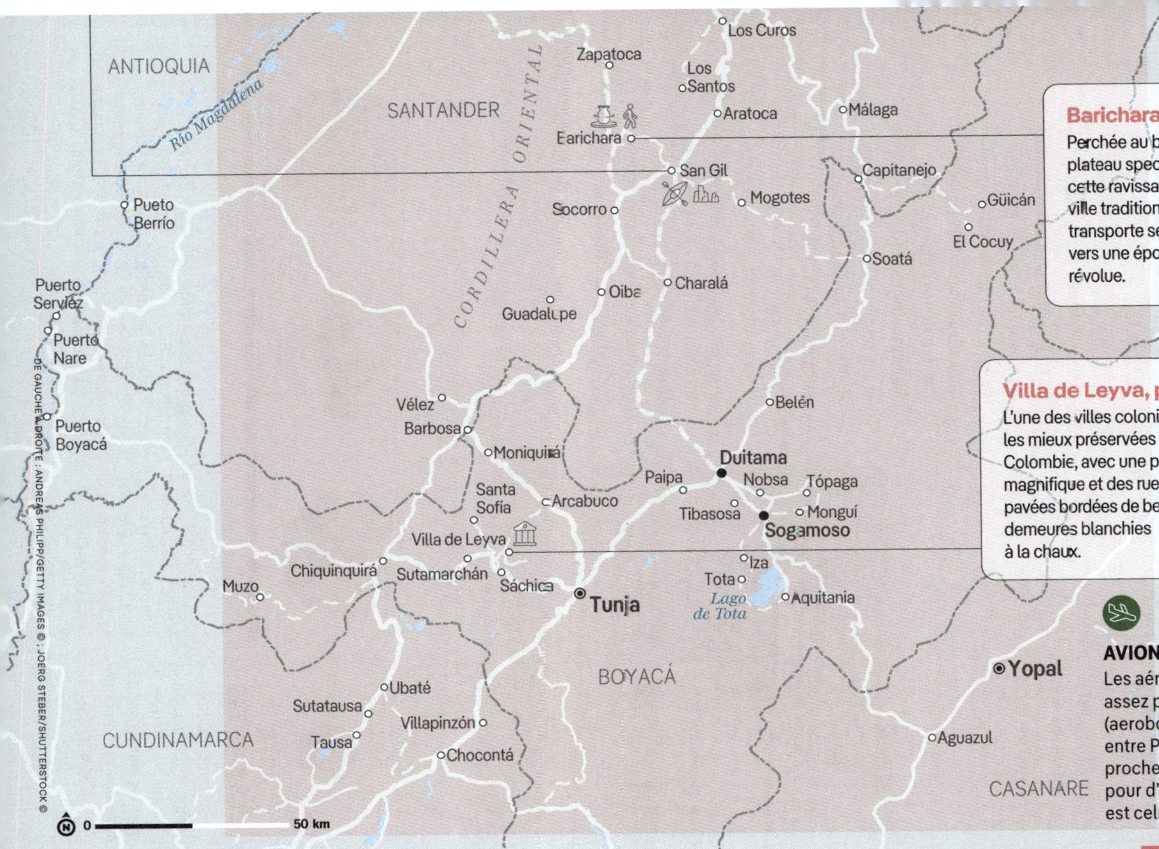

Barichara, p. 101
Perchée au bord d'un plateau spectaculaire, cette ravissante ville traditionnelle transporte ses visiteurs vers une époque révolue.

Villa de Leyva, p. 86
L'une des villes coloniales les mieux préservées de Colombie, avec une place magnifique et des rues pavées bordées de belles demeures blanchies à la chaux.

DE GAUCHE À DROITE : ANDREAS PHILIPP/GETTY IMAGES © ; JOERG STEBER/SHUTTERSTOCK ©

AVION

Les aéroports de Tunja et Paipa sont assez peu fréquentés. Aeroboyaca (aeroboyaca.com) propose des vols entre Paipa et Bogotá. L'aéroport le plus proche effectuant des vols réguliers pour d'autres destinations de la région est celui d'El Dorado, à Bogotá.

Planifier son séjour

Voyager dans les montagnes du Boyacá et du Santander, c'est alterner à sa guise expériences exaltantes et détente absolue.

Atelier de poterie à Ráquira (p. 92)

Si vous avez peu de temps

- Si votre temps est compté, **Villa de Leyva** (p. 86) et ses environs immédiats donnent un bel aperçu de la région, à une courte distance de Bogotá.

- Commencez par la **Plaza Mayor** (p. 87) et jetez un œil à l'intérieur de quelques édifices anciens avant d'aller découvrir, l'après-midi, les fascinants fossiles du **Centro de Investigaciones Paleontológicas** (p. 90) et les ruines précolombiennes du **Parque Arqueológico Zaquencipa** (p. 90).

- Le lendemain, partez à pied pour les montagnes sacrées du **Santuario de Flora y Fauna Iguaque** (p. 90) puis dénichez des souvenirs faits main dans le petit village de **Ráquira** (p. 92).

AU FIL DES SAISONS

Les températures varient peu, mais la pluie est plus fréquente dans les montagnes de mars à mai et d'octobre à novembre.

FÉVRIER

Le ciel sans nuage promet de belles randonnées et séances d'observation des étoiles, au **Festival de Astronomía**, à Villa de Leyva (p. 88).

AVRIL

Les fortes pluies marquent le début de la saison des fourmis dans le **Santander** (p. 97) : on y récolte les *hormigas culonas* lors de leur vol nuptial.

JUIN

Des athlètes de tout le pays, et au-delà, viennent affronter les kilomètres de la difficile **Chicamocha Canyon Race** (p. 100).

Si vous avez une semaine

- Après avoir passé deux ou trois jours à **Villa de Leyva** (p. 86) et dans ses environs, partez au nord pour **Barichara** (p. 101), où vous consacrerez l'après-midi à la découverte du joli centre historique.

- Le lendemain matin, suivez le **Camino Real** (p. 108) jusqu'à **Guane** (p. 103), admirez la vue sur la rivière, puis revenez manger dans l'un des élégants restaurants de Barichara.

- Rendez-vous ensuite à **San Gil** (p. 96) pour fouler les chemins ombragés du **Parque El Gallineral** (p. 97). Après une visite de l'imposante **Cascada de Juan Curí** (p. 100), terminez votre journée au spectaculaire **Cañon del Chicamocha** (p. 99).

Si vous avez plus de temps

- Consacrez quatre ou cinq jours à **Villa de Leyva** (p. 86) et ses environs avant de vous enfoncer vers l'est jusqu'aux villages de montagne d'**Iza** (p. 93) et de **Monguí** (p. 93), peu visités, et au **Lago de Tota** (p. 93) voisin, lac de haute altitude bordé d'une plage de sable fin.

- Poursuivez vers le nord et **San Gil** (p. 96) pour dompter les rapides du **Río Suárez** (p. 98) et explorer les profondeurs de la **Cueva de la Vaca** (p. 100).

- Reposez-vous dans un hôtel plusieurs fois centenaire de **Barichara** (p. 101) afin de vous préparer à une randonnée mémorable de trois jours sur le **Camino Real** (p. 108), qui traverse le **Cañon del Chicamocha** (p. 99) jusqu'à la Mesa de Los Santos.

JUILLET

Le temps souvent sec est idéal pour les longues randonnées, et la vue sur les montagnes des deux départements est spectaculaire.

AOÛT

Grâce au vent fort, les cerfs-volants colorés envahissent le ciel de Villa de Leyva, lors du **Festival del Viento y las Cometas** (p. 88).

SEPTEMBRE

Le milieu artistique de Barichara est à l'honneur lors du **Festiver** (p. 104), festival de cinéma ponctué de concerts, expositions et marchés.

DÉCEMBRE

Les plus beaux feux d'artifice du pays illuminent le ciel de Villa de Leyva lors du **Festival de las Luces** (p. 88).

VILLA DE LEYVA

Considérée comme l'une des plus belles bourgades historiques de Colombie, Villa de Leyva est restée figée dans le temps. Déclaré monument national en 1954, son centre colonial photogénique, avec ses rues pavées et ses jolis édifices blanchis à la chaux, a été intégralement préservé. La ville fut fondée en 1572 et a abrité très vite des bâtiments militaires, religieux ou aristocratiques. Un afflux de visiteurs et d'expatriés fortunés contribue depuis quelques années à la transformation de cette petite ville autrefois ignorée. Même si boutique-hôtels, restaurants gastronomiques et magasins de souvenirs remplacent peu à peu les cafés et auberges familiales, Villa de Leyva garde un charme fou.

À quelques blocs seulement de sa magnifique place centrale, le cœur historique se visite très facilement à pied. En lisière de la ville, vous pourrez vous émerveiller devant des fossiles du Crétacé, des monuments autochtones et de superbes cascades.

Pour les infos pratiques, voir le Carnet d'adresses p. 110

À SAVOIR

Proche de la capitale, Villa de Leyva est très prisée le week-end par les Bogotanos et peut alors être bondée. Heureusement, en semaine, elle redevient une petite bourgade bucolique.

Plaza Mayor

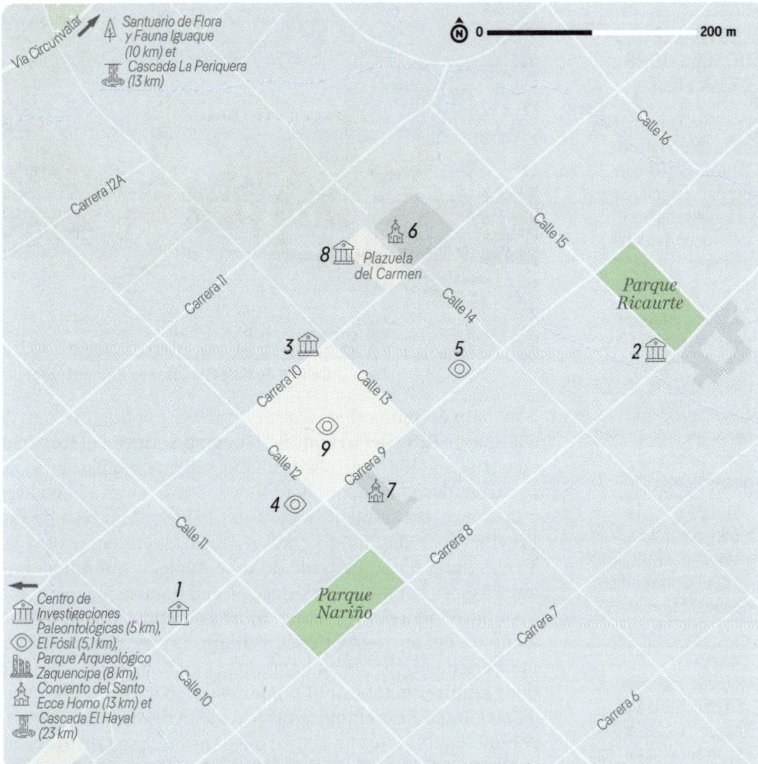

VOIR
1 Casa Museo Antonio Nariño
2 Casa Museo Antonio Ricaurte
3 Casa Museo Luis Alberto Acuña
4 Casa Quintero
5 Casona Comercial La Guaca
6 Iglesia del Carmen
7 Iglesia Parroquial Nuestra Señora del Rosario
8 Museo del Carmen
9 Plaza Mayor

Plaza Mayor

UNE PLACE MUNICIPALE MONUMENTALE

Affichant des proportions monumentales (120 m par 120 m) mais une architecture sobre, la splendide place pavée de Villa de Leyva est bordée d'élégants édifices chaulés dont les toits de tuiles impeccables contrastent avec le vert des majestueuses montagnes en arrière-plan. La place, l'une des plus grandes du pays, est aussi l'une des plus belles.

OÙ SE LOGER À VILLA DE LEYVA

Posada San Antonio
Pension bien gérée, dans une maison coloniale pittoresque pleine d'antiquités. Au cœur de la ville. **€€€**

Hospedería Don Paulino
Bon rapport qualité/prix, dans le centre. Personnel sympathique et chambres confortables. **€**

Hospedería La Roca
L'endroit donne sur la place : une très bonne affaire si les bruits ambiants ne vous gênent pas. **€€**

LES MEILLEURS HÔTELS HORS DE LA VILLE

Les charmants hôtels de la campagne de Villa de Leyva sont parfaits pour éviter la foule sans trop s'éloigner des sites d'intérêt.

Renacer Hostel Élégante auberge de jeunesse de type *finca*, accessible à pied depuis la place. Très beau terrain, personnel compétent et ambiance accueillante. **€€**

Suites Arco Iris Hôtel romantique entouré d'un joli jardin, en haut d'une colline dominant la ville. **€€**

Hotel Boutique Caney Hôtel de luxe avec vue panoramique. Parquet, vaste jardin et spa sur place. **€€€**

ANAMARIA MEJIA/SHUTTERSTOCK ©

Centro de Investigaciones Paleontológicas

Inchangé depuis des siècles, l'endroit est dominé par la charmante **Iglesia Parroquial Nuestra Señora del Rosario** construite en 1608, qui abrite un merveilleux retable baroque. Les côtés de la place sont bordés de jolies demeures blanchies à la chaux, notamment la Casa del Primer Congreso de las Provincias Unidas, tandis que son centre est entièrement vide, à l'exception d'une fontaine de style mudéjar qui alimentait autrefois les habitants du village en eau potable.

Aujourd'hui, on se désaltère dans les imposants bâtiments alentour, qui abritent cafés et restaurants avec vue, ou sur les marches de l'église, là où habitants et visiteurs se retrouvent pour admirer le tableau intemporel du quartier.

Certains édifices entourant la place sont devenus des centres commerciaux : jetez un coup d'œil dans la **Casa Quintero** et la **Casona Comercial La Guaca** pour découvrir leur architecture traditionnelle de l'intérieur.

La place accueille les principaux événements de Villa. Parmi eux, le **Festival del Viento y las Cometas**, où amateurs et professionnels font voler chaque année des cerfs-volants multicolores au-dessus des toits de la ville, le **Festival de las Luces**, débauche de feux d'artifice, ou encore les projections du **Festival Internacional de Cine**.

C'est sur cette grand-place également que se déroulent une bonne partie des fêtes particulièrement populaires de la **Semana Santa**. Contrairement à ce qu'on observe dans d'autres villes du pays, les processions religieuses solennelles qui marquent Pâques sont ici accompagnées de concerts, d'expositions et de projections de films.

POUR ALLER PLUS LOIN

Pour d'autres belles places, visitez le grandiose **Parque Caldas** (p. 227) et ses édifices chaulés à Popayán, le pittoresque **Parque El Libertador** (p. 185) de Jardín, ville de caféiculture, ou la **Plaza de Bolívar** (p. 124) arborée de Cartagena.

OÙ SE RESTAURER À VILLA DE LEYVA

Mercado Municipal Le meilleur restaurant de Villa. Dans le jardin d'une maison coloniale de 1740. Cuisine régionale inventive. **€€€**

Casa Blanca Restaurant traditionnel à la réputation bien établie, proposant cuisine locale goûteuse et bons menus. **€€**

Pastelería Francesa Boulangerie française où déguster les meilleures viennoiseries et pâtisseries des environs, dont de délicieuses tartes au chocolat. **€**

Églises et musées de Villa

PLONGÉE DANS UN AUTRE TEMPS

Villa de Leyva compte plusieurs musées intéressants qui permettent de découvrir l'intérieur des bâtiments traditionnels au rythme des rues pavées de la ville.

Commencez, côté sud-ouest de la place, par la **Casa Museo Luis Alberto Acuña**, qui présente la collection la plus complète du pays des œuvres de l'un des peintres et sculpteurs colombiens les plus importants. Luis Alberto Acuña (1904-1993) résida plusieurs années dans cette maison. Le patio, particulièrement intéressant, abrite plusieurs de ses peintures murales sur le thème de la culture autochtone – ignorez les faux dinosaures, plutôt incongrus ici, provenant d'un autre musée.

À quelques pas, l'**Iglesia del Carmen** est la plus jolie église de Villa de Leyva, mais elle n'est ouverte qu'aux heures des messes. Il est plus simple de visiter le couvent adjacent devenu le **Museo del Carmen**, dédié à l'art religieux et dont certaines pièces remontent au XVIe siècle. De la place, partez vers le sud-ouest jusqu'à la **Casa Museo Antonio Nariño**, ancien domicile de l'un des principaux leaders de l'indépendance colombienne. Elle est restée telle qu'elle était lorsqu'il la quitta au début du XIXe siècle.

De l'autre côté de la ville, face à une place paisible, la **Casa Museo Antonio Ricaurte** rend hommage à un autre héros de l'indépendance, qui mourut en faisant sauter un dépôt de munitions afin de freiner l'avancée espagnole.

Dans l'arrière-pays de Villa

DU CRÉTACÉ À L'ÈRE PRÉCOLOMBIENNE

Même si elle reste peu étendue, la vallée entourant Villa de Leyva est ponctuée de sites passionnants, reflets de la riche histoire de la région. Elle se visite à pied comme à vélo, à cheval ou en taxi.

Certainement la curiosité la plus ancienne du pays, **El Fósil** est un impressionnant fossile de *Kronosaurus* vieux de 120 millions d'années : long de 7 m (la créature devait faire 12 m au total mais sa queue a disparu), c'est le spécimen le mieux préservé au monde de cet énorme reptile. La région plate et aride qui entoure Villa de Leyva était autrefois située sous le niveau de la mer, ce qui explique la présence des nombreux fossiles retrouvés dans les sédiments. Ils sont exposés au centre d'interprétation, récemment rénové.

MONSTRES DES PROFONDEURS

C'est peut-être difficile à imaginer aujourd'hui, mais la campagne aride qui entoure Villa de Leyva était recouverte d'eau durant le Crétacé et le Mésozoïque, ce qui explique l'abondance de fossiles étranges et merveilleux qui ont été découverts dans les environs.

Dans cette région, l'une des plus riches en fossiles du continent, les paléontologues travaillent à percer le mystère d'espèces disparues depuis longtemps. Leurs restes ont en effet été conservés dans ces anciens fonds marins. En observant attentivement, on peut apercevoir de petits fossiles dans les pierres des murs, sols et dallages de la ville.

POUR ALLER PLUS LOIN

Une importante collection de fossiles se trouve au **Museo Arqueológico y Paleontológico** (p. 103) de la petite ville de Guane, près de Barichara, en particulier des animaux marins incrustés dans les roches minières extraites dans la région.

OÙ PRENDRE UN CAFÉ À VILLA DE LEYVA

Sybarita Café
Pour les connaisseurs, des grains de qualité, préparés de différentes façons.

Café Los Gallos
Un vrai "café du coin" sans prétention. Bons cafés et petits-déjeuners.

Bombón Café Bake
Établissement chic proposant une gamme complète de cafés et d'excellents desserts.

LE MARCHÉ DE PRODUCTEURS DE VILLA

Même s'il est proche de l'immense et très moderne capitale, le département du Boyacá maintient une solide tradition rurale : l'agriculture à petite échelle reste le premier pourvoyeur d'emplois de la région.

Les fermiers de la région ont même leurs propres expressions. Ils utilisent par exemple le pronom *sumercé* (votre grâce), particulièrement formel, au lieu du plus courant *usted.*

Pour un aperçu des traditions *boyacenses*, faites un tour le samedi au **marché animé** de Villa de Leyva, sur une place à trois rues au sud-est de la Plaza Mayor. Les agriculteurs y vendent des produits de leurs fermes et on peut y déguster de copieux plats locaux sur différents stands. C'est le matin que le lieu est le plus animé.

Pour tout savoir sur leur découverte et leur extraction, rendez-vous au **Centro de Investigaciones Paleontológicas**, de l'autre côté de la route. On peut y observer les chercheurs à l'œuvre dans leur laboratoire, ainsi qu'une collection de splendides fossiles, dont un *Plesiosaurus* (dragon de mer du Jurassique) entier, et le plus vieux fossile de tortue connu au monde. Paléontologues amateurs et enfants se régaleront face aux expériences interactives (recherche de faux fossiles, moulages en plâtre).

En retrait de la route principale, on trouve les ruines précolombiennes du **Parque Arqueológico Zaquencipa**, surnommées El Infiernito (le Petit Enfer) par les colons espagnols à cause des monuments phalliques qu'utilisaient les Muiscas pour observer le ciel. Un peu plus loin mais méritant un détour, le charmant **Convento del Santo Ecce Homo** est moderne pour la région : il fut fondé par des pères dominicains en 1620. C'est un grand bâtiment de pierre enduite avec un joli jardin planté d'arbres et, dans la chapelle, un magnifique retable doré.

En admiration devant la nature

CASCADES, LACS ET GROTTES

Les montagnes qui entourent Villa de Leyva abritent des forêts enchanteresses, des cascades grondantes et des lacs paisibles qu'on explore facilement en une journée.

Loin au-dessus de la vallée, le **Santuario de Flora y Fauna Iguaque** protège une nature intacte : cet espace naturel était pour les Muiscas le berceau de l'humanité. Selon la légende muisca, la déesse Bachué émergea du lac d'Iguaque avec un petit garçon dans les bras. Une fois celui-ci devenu adulte, ils se marièrent, eurent des enfants et peuplèrent la Terre. La vieilleisse venue, ils se changèrent en serpents et replongèrent dans le lac sacré.

La **Laguna de Iguaque** est l'un des huit lacs que compte ce parc national de 67 km². On y arrive par un sentier facile de 4,7 km depuis le centre des visiteurs. Vous traverserez d'abord la forêt andine avant d'arriver, 800 m plus haut, au délicat *páramo* (écosystème de haute d'altitude) où vous pourrez découvrir de beaux *frailejónes* (espeletia, endémique du *páramo*) et d'autres végétaux typiques de ce biotope unique. Le lac est souvent embrumé et il y fait froid : habillez-vous en conséquence.

Les amateurs de sensations fortes se lanceront dans une randonnée en direction de l'une des nombreuses cascades tonitruantes des environs. Sur la route de Gachantivá, la **Cascada La Periquera** est composée d'une série de trois chutes d'eau dévalant de larges parois rocheuses. Plus spectaculaire encore, l'imposante **Cascada El Hayal** se déverse depuis un étroit canyon sur une falaise calcaire en passant devant une immense grotte.

COMMENT CIRCULER

Le centre historique de Villa de Leyva est compact et se parcourt aisément à pied, mais les pavés inégaux sont un défi pour les chevilles, et un cauchemar pour les poussettes.

Pour rallier les sites des environs et les hébergements ruraux, taxis et vans privés offrent des services similaires. Ils peuvent être difficiles à trouver en ville, surtout le week-end, mais il y en a souvent quelques-uns à la gare routière. Des bus locaux s'arrêtent à proximité de certains sites, mais ils restent peu fréquents : vérifiez les horaires avant de partir.

Environs de Villa de Leyva

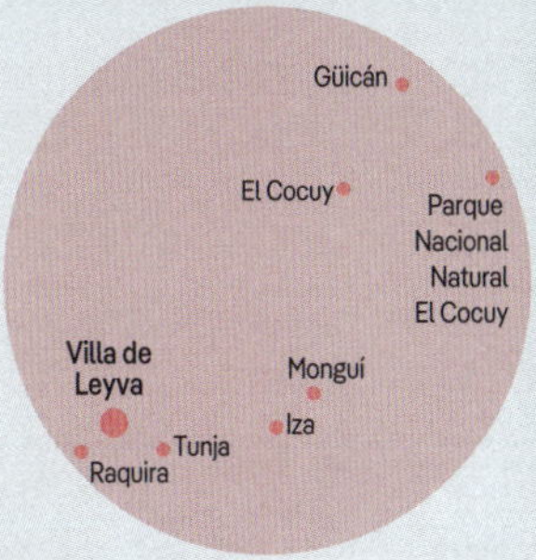

Visitez des paisibles villages nichés dans les montagnes du Boyacá et découvrez les traditions bien vivantes de la région.

Si vous trouvez qu'il y a trop de monde à Villa de Leyva, partez pour le cœur rural du Boyacá. Ici, les habitants des petites bourgades tiennent à leur vie simple et des randonnées exigeantes mènent aux paisibles *páramos* (prairies froides de haute altitude).

Dans l'ouest du département, les montagnes sèches sont parsemées de villages où les artisans perpétuent des pratiques ancestrales et où des stands de rue proposent des plats typiques de la région.

Mais pour pleinement sortir des sentiers battus, dirigez-vous vers l'est, là où les Andes s'élèvent vers des plateaux battus par les vents, ponctués de lacs et piqués de délicates fleurs sauvages : vous y accéderez en passant par des villages pleins de charme.

Pour les infos pratiques, voir le Carnet d'adresses p. 110

À SAVOIR

Dans les petites villes et les villages du Boyacá, les restaurants ferment souvent très tôt : réservez suffisamment à l'avance votre dîner.

Páramo de Ocetá (p. 93)

MATTHIEUCATTIN/SHUTTERSTOCK ©

Poteries à Ráquira

Ráquira

POTERIES COLORÉES ET MOINES RECLUS

À 45 minutes de bus (25 km) au sud-ouest de Villa de Leyva, Ráquira est la capitale colombienne de la poterie. On y trouve de tout : bols, pots, assiettes en céramique, jarres, ornements de jardin ou encore jouets.

Les façades colorées et les **boutiques d'artisans**, avec leurs pots de terre cuite empilés, tout juste sortis du four, égaient la rue principale de cette petite ville. Le village et ses alentours abritent de nombreux **ateliers** où l'on peut voir les potiers à l'œuvre. Nombre de boutiques proposent également une sélection de créations venues d'autres régions du pays, telles que des sacs tissés et des hamacs. Les boutiques sont ouvertes tous les jours, mais le mieux est de visiter Ráquira un dimanche, lorsque le marché de fruits et légumes bat son plein.

Si la plupart des visiteurs ne visitent Ráquira que pour faire des achats, le **Monasterio de La Candelaria**, planté sur un mont aride à 7 km de la ville, mérite qu'on lui consacre un peu de temps. Fondé en 1507 par des moines augustins, il fut achevé vers 1660. Le public peut le découvrir à l'occasion d'une visite guidée qui passe par la chapelle (notez les peintures du

SUTAMARCHÁN

Sur la route de Ráquira, faites étape à **Sutamarchán**, à 14 km à l'ouest de Villa de Leyva, pour goûter la fameuse *longaniza*, une saucisse locale faite de porc haché et d'épices, semblable à la *linguiça* portugaise.

On la trouve partout en ville ; laissez votre odorat vous guider dans la rue principale ou arrêtez-vous à la **Fabrica de Longaniza & Piqueteadero Robertico**, où l'on sert la saucisse grillée de la maison avec des *papas criollas* (pommes de terre à la créole) cultivées dans la région. On peut aussi y acheter de la saucisse crue au poids, à emporter.

OÙ SE LOGER DANS LE BOYACÁ RURAL

Hotel Termales El Batán
Près d'Iza, chambres élégantes, grands lits, joli mobilier en bois et bains thermaux réservés aux clients. **€€€**

Monguí Plaza Hotel
Sur la place principale de Monguí. Chambres très confortables, avec parquet et salles de bains modernes. **€**

Casona Real Santa Bárbara
Un bâtiment contemporain au design classique, proche du monastère de La Candelaria. **€**

XVIe siècle représentant la Virgen de la Candelaria), un petit musée, une cour splendide avec une collection de toiles du XVIIe siècle et la grotte où résidaient les premiers moines.

Si vous souhaitez être guidé par les moines eux-mêmes, venez le dimanche – c'est aussi le meilleur jour pour faire des achats en ville. Il est possible de monter à pied au monastère depuis Ráquira en une heure environ, mais sachez qu'il peut faire très chaud et que l'ombre est rare.

Iza et Monguí

CALME ABSOLU ET VILLES INTEMPORELLES

Non loin de l'industrielle et sans charme Sogamoso, à 2 heures 30 de route de Villa de Leyva, Monguí et Iza sont deux villes de montagne modestes, mais superbes. Parce qu'elles sont encore relativement épargnées par le tourisme de masse, elles renferment des exemples d'architecture traditionnelle très bien préservés.

Nommé plus beau village du Boyacá par les habitants du département, **Monguí** fut fondé en 1601 et devint très vite un centre religieux franciscain, comme en atteste l'un de ses plus beaux bâtiments, le **Convento de los Franciscanos**, qui domine sa superbe place centrale. La construction de ce monastère, merveille en pierre rouge, débuta en 1694 et dura 100 ans. Juste à côté, la **Basílica Menor de Nuestra Señora de Monguí**, composée de trois nefs, se distingue par un retable doré et un tableau représentant la Virgen de Monguí, proclamée sainte patronne de la ville en 1929. Un musée d'art religieux est également aménagé dans le couvent.

Les rues étroites de la ville sont bordées de maisons coloniales vert et blanc aux façades ornées de géraniums parfumés.

Depuis Monguí, on peut effectuer deux randonnées, exigeantes et peu connues, menant au **Páramo de Ocetá** et à la **Laguna Colorada**, qui traverse un splendide *páramo* parsemé de six espèces différentes de *frailejónes* (plante endémique du *páramo*). Une partie de ces sentiers ayant été fermée par le passé en raison d'un conflit avec les propriétaires terriens locaux, il est important de contacter un guide pour connaître les terrains accessibles aux randonneurs.

Convento de los Franciscanos, Monguí

Non loin se dresse **Iza**, paisible bourgade réputée pour la grande variété de desserts servis dans les boutiques de sa place centrale arborée. Tous sont très sucrés, y compris le célèbre *merengón* (meringue aux fruits locaux) autrefois vendu à l'arrière des voitures, mais heureusement, la campagne vallonnée est sillonnée de sentiers parfaits pour faire un peu d'exercice après s'être gorgé de friandises.

On peut notamment marcher jusqu'aux **thermes d'El Batán**, riches en minéraux, dans une jolie vallée boisée. Si l'eau est brûlante, l'odeur de soufre qu'on trouve dans beaucoup de sources chaudes volcaniques est ici délicieusement absente.

LAGO DE TOTA

Plus grand lac d'eau douce du pays, le lac de Tota s'étend à plus de 3 000 m d'altitude, dans les montagnes au sud-ouest d'Iza. Des plantations occupent presque toutes ses rives, mais on trouve au sud, comme surgie de nulle part, la **Playa Blanca**, une plage de sable blanc bordant l'eau turquoise.

Comptant parmi les plus hautes plages du monde, elle attire une multitude de visiteurs les week-ends, dont les plus braves tentent une baignade dans l'eau glacée. Des rafraîchissements et du café brûlant sont vendus sur des stands, tandis que des croisières sur des petits bateaux sont possibles sur le lac. En semaine, l'endroit est quasiment désert.

CHIQUINQUIRÁ

Située à 45 km à l'ouest de Villa de Leyva, **Chiquinquirá**, la capitale religieuse de la Colombie, attire les pèlerins catholiques depuis le XVIe siècle, car s'y serait alors produit un miracle impliquant la *Vierge au rosaire* (Virgen del Rosario), la plus ancienne peinture du pays. Exécutée vers 1555 par l'Espagnol Alonso de Narváez, cette œuvre représente Marie berçant l'Enfant Jésus, entourée de saint Antoine de Padoue et de l'apôtre saint André. L'image très altérée, retrouva miraculeusement sa splendeur d'origine le 26 décembre 1586. Sa renommée grandit et les miracles attribués à la Vierge se multiplièrent. Dominant la Plaza de Bolívar, la **Basílica de Nuestra Señora del Rosario de Chiquinquirá**, immense église néoclassique, abrite l'image sacrée.

Tunja

HORS DES ITINÉRAIRES TOURISTIQUES

Sur le chemin de Monguí, très connue des Colombiens et ignorée des voyageurs internationaux, **Tunja**, capitale du Boyacá et centre estudiantin animé, fut fondée par Gonzalo Suárez Rendón en 1539 sur le site de Hunza, une cité préhispanique muisca. Plusieurs demeures coloniales, dont la **Casa del Fundador Suárez Rendón** et la **Casa de Don Juan de Vargas**, y renferment des plafonds ornés de fresques originales représentant un mélange de motifs tirés de diverses traditions : scènes mythologiques européennes, figures humaines, animaux, plantes, armoiries et détails architecturaux. L'écrivain espagnol Juan de Vargas, qui mourut à Tunja en 1620, est associé à ces stupéfiantes décorations. En effet, les illustrations des livres de sa bibliothèque auraient servi de source d'inspiration aux peintres anonymes qui ont réalisé ces plafonds.

Tunja recèle également nombre d'églises coloniales réputées pour leur art mudéjar, un style aux influences islamiques développé dans l'Espagne chrétienne entre les XIIe et XVIe siècle. L'un des plus beaux exemples est l'**Iglesia de Santo Domingo**, construite durant la seconde moitié du XVIe siècle. La plupart des églises sont ouvertes aux visiteurs l'après-midi.

Habillez-vous chaudement pour visiter Tunja : c'est la capitale de département la plus élevée et la plus froide de Colombie.

Trek en altitude

LE PNN EL COCUY, JOYAU DU BOYACÁ

Relativement peu connue en dehors de la Colombie, la Sierra Nevada del Cocuy, protégée dans le cadre du **Parque Nacional Natural (PNN) El Cocuy**, qui couvre pas moins de 306 000 ha, est l'un des massifs montagneux les plus spectaculaires d'Amérique du Sud. Ce magnifique coin de paradis offre certains des paysages les plus remarquables du pays entre montagnes enneigées, cascades impétueuses, glaciers et lacs aux eaux cristallines.

Il s'agit de la partie la plus haute de la Cordillera Oriental, la partie orientale des Andes colombiennes. La **Sierra Nevada del Cocuy** comporte 21 sommets, dont 15 dépassent les 5 000 m. Le plus haut, le Ritacuba Blanco, culmine à 5 330 m.

Les montagnes sont assez compactes, facilement accessibles et idéales pour le trekking, bien qu'elles conviennent plus aux randonneurs expérimentés. Les points de départ des randonnées sont les jolis villages de **Güicán**, célèbre pour sa Vierge noire, et **El Cocuy**, qui offrent tous deux des paysages que les non-randonneurs apprécieront tout autant.

OÙ SE LOGER À EL COCUY ET GUÏCÁN

La Posada del Molino
Confortable demeure coloniale vieille de 230 ans et rénovée, avec beaucoup de charme, à El Cocuy. **€**

Hotel Casa del Colibri
Petite pension accueillante dans une maison coloniale de Guïcán ; chambres spacieuses autour d'une cour agréable. Repas possibles. **€€**

Cabañas Kanwara
Cabañas confortables, à 5 heures de marche de Güicán, à 3 970 m d'altitude. Quatre chalets avec, chacun, entre 8 et 14 lits. **€€**

JOERGSTEBER/STOCK.ADOBE.COM ©

Trek dans le PNN El Cocuy

Il n'est plus permis d'accéder aux glaciers, ce qui rend impossible toute ascension jusqu'aux sommets, tandis que le territoire de la réserve autochtone, sur le flanc oriental, est fermé au tourisme. Trois treks d'une journée sont actuellement possibles. Le **Sendero Ritacuba** (15,2 km aller-retour, entre 4 000 et 4 800 m d'altitude), au nord, mène jusqu'au bord du glacier du Ritacuba Blanco, le plus haut sommet de la Sierra del Cocuy. Le **Sendero Laguna Grande de la Sierra** traverse le centre de la chaîne montagneuse (21 km, 4 700 m d'altitude). Enfin, le **Sendero Lagunillas Pulpito** relie le Púlpito del Diablo et le glacier de Pan de Azúcar, à l'extrémité sud du parc (8.6 km, 4 800 m d'altitude). On trouve également deux **randonnées d'acclimatation** en lisière du parc.

Du fait de son altitude, l'entrée du parc est interdite aux enfants de moins de 10 ans et non recommandée aux personnes fragiles (problèmes cardiaques, femmes enceintes, personnes âgées...). La souscription à une assurance assistance et rapatriement en cas d'accident est exigée.

L'accès aux sentiers est limité à un certain nombre de randonneurs chaque jour ; à la saison haute, mieux vaut s'inscrire le plus tôt possible aux bureaux du parc.

RAQUELMOGADO/STOCK.ADOBE.COM ©

Glacier Ritacuba Blanco

COMMENT CIRCULER

Les villes du **Boyacá** sont desservies par des bus fréquents, mais qui ne vont souvent pas plus loin que les villes voisines. Passer d'un site à l'autre peut donc nécessiter plusieurs correspondances. Il vous paraîtra sans doute plus simple de louer une voiture : la circulation est généralement fluide et on trouve facilement où se garer.

Des bus font régulièrement la navette entre **Sogamoso** et **Iza** (40 min) et **Monguí** (1 heure). Plusieurs minibus circulent chaque jour en semaine entre **Villa de Leyva** et **Ráquira** (45 min). Dans le sens inverse, la majorité des bus n'entrent pas dans la localité – vous devrez descendre au monument Muisca Sol et attraper un bus Tunja-Villa. Quelques bus venant de Bogotá s'arrêtent quotidiennement à **Monguí** et **Ráquira**.

Pour le **PNN El Cocuy**, partez à pied d'El Cocuy ou de Güicán (desservis par de nombreux bus), ou montez à bord d'une navette payante gérée par Corpotuc.

SAN GIL

La différence entre San Gil et les villes tranquilles des alentours saute immédiatement aux yeux. Telle une adolescente impétueuse au milieu d'une rue de retraités, la capitale colombienne des sports d'aventure, débordante d'énergie, aimante littéralement les aficionados de l'adrénaline.

La ville n'est pas la plus jolie de la région, mais c'est sans doute la plus exaltante, avec sa large gamme d'activités de plein air qui suffisent à occuper les visiteurs pendant une semaine entière. La région est surtout connue pour le rafting, mais on y pratique aussi parapente, spéléologie, VTT de descente, trek et rappel.

Entre deux poussées d'adrénaline, San Gil est aussi un endroit propice à la détente grâce à ses bons restaurants colombiens traditionnels et internationaux, sa jolie place centrale et sa réserve naturelle calme en bordure de rivière.

Pour les infos pratiques, voir le Carnet d'adresses p. 110

À SAVOIR

La compétition entre les tour-opérateurs de San Gil est féroce et beaucoup d'entre eux offrent des réductions conséquentes pour des activités en apparence identiques. Attention : la qualité des guides, du matériel et de la sécurité diffère en réalité d'une compagnie à l'autre.

VOIR
1 Cañon del Chicamocha
2 Cascada de Juan Curí
3 Parque El Gallineral

ACTIVITÉS
voir 3 Comité municipal de Tejo
4 Cueva de la Vaca
5 Pescaderito
voir 3 Río Fonce
6 Río Suárez

SORTIR
7 Parque Nacional del Chicamocha

CHRISTIAN EOBER/GETTY IMAGES ©

Parque El Gallineral

Parque El Gallineral

UNE BELLE ESCAPADE URBAINE

Le respectable Parque El Gallineral, l'un des plus jolis parcs urbains du pays, occupe un triangle de 4 ha au confluent de la Quebrada Curití et du Río Fonce.

Une grande partie de ses 1 900 arbres sont couverts de long filaments de mousse argentés baptisés *barbas de viejo* (barbes de vieux), qui pendent des branches pour former des rideaux translucides. Ce décor éthéré, en particulier tôt le matin ou en fin d'après-midi lorsque les rayons du soleil filtrent à travers la végétation, lui donne l'air d'avoir été transporté depuis la Terre du Milieu de Tolkien.

Ici, les chemins sinuent sous les arbres, longeant des torrents qui se jettent dans le Río Fonce, avec des agoutis qui rôdent dans les buissons, et, parfois, des loutres qui s'ébattent dans les eaux agitées.

L'heure du tejo

POUDRE, PLOMB ET ALCOOL

Le *tejo*, l'un des sports les plus populaires de Colombie, est un jeu traditionnel sonore et exubérant hérité de l'époque

LES FOURMIS COMESTIBLES DU SANTANDER

Aucune tradition culinaire colombienne n'est aussi singulière que les *hormigas culonas* (littéralement "fourmis à grosses fesses"). Cette spécialité du Santander se déguste depuis plus de 500 ans : les anciens Guanes récoltaient et dévoraient ces insectes pour bénéficier de leurs propriétés soi-disant aphrodisiaques et curatives. Les fourmis géantes sont frites ou rôties et mangées entières ou réduites en poudre. On peut en trouver prêtes à consommer dans tout le Santander mais surtout à Barichara, San Gil et Bucaramanga.

Elles se mangent généralement en saison, au printemps, mais on peut en acheter toute l'année. Le goût ressemble à un mélange de terre grumeleuse et de vieux café moulu – il faudra certainement un peu d'habitude pour les apprécier !

OÙ SE LOGER À SAN GIL

Macondo Hostel
Auberge de jeunesse conviviale avec Jacuzzi dans le jardin. Le personnel, serviable, vous aidera à organiser vos activités. **€**

Sam's VIP Hostel
Auberge de jeunesse très bien située sur la grand-place, avec une grande cuisine américaine et mini-piscine sur le toit. **€**

Hotel Verano
Loin du tumulte de la ville, chambres confortables et bien équipées. Très belle piscine au bord de la rivière. **€**

PAROLE D'HABITANT : LA JOURNÉE IDÉALE DE RED BULL

Henry Delgado Vargas, surnommé Red Bull, guide professionnel de rafting, a représenté la Colombie dans des compétitions internationales en eaux vives.

Ma journée idéale à San Gil commence par un petit-déjeuner au **Mercado Municipal**, suivi d'une balade à vélo sur un des sentiers de campagne alentour. Je refais ensuite le plein d'énergie avec une assiette de *carne a la llanera* chez **Donde Campos**. L'après-midi, la petite ville de **Pinchote**, à cinq minutes de San Gil, est un bon endroit pour se détendre ; on y vend des boissons traditionnelles comme la *chicha* ou le *masato*. Enfin, le soir, l'endroit le plus amusant pour moi est l'**Esquina de Movimiento Americano**, à l'angle des Carreras 9 et 12, sur la grand-place.

JKRAFTS/STOCK.ADOBE.COM ©

Téléphérique du Cañon del Chicamocha

précolombienne. Lors d'une partie, on lance des sortes de palets de 2 kg (autrefois en or massif, aujourd'hui en plomb) sur une cible d'argile, en visant un anneau métallique. Celui-ci est entouré de triangles de papier remplis de poudre explosives appelés *mechas*.

Né dans le Boyacá voisin, ce jeu se pratique dans tout le pays et San Gil est le meilleur endroit pour le découvrir. Le Macondo Hostel propose des soirées *tejo* chaque mardi : quelques pistes sont réservées au **comité municipal de Tejo** et un guide est mis à disposition pour vous expliquer les règles.

Rafting sur le Fonce et le Suárez

DES RAPIDES PUISSANTS

San Gil est connue comme la capitale des sports d'aventure de Colombie, en grande partie grâce aux deux rivières qui y coulent : elles offrent toute l'année des séries de rapides à affronter en rafting ou en kayak.

Le **Río Fonce**, qui traverse le centre-ville, est assez peu exigeant. Ses rapides, de classe I à III, sont répartis sur 10 km, pour une sortie de 1 heure 30 qui s'achève sur les berges de la cité. Le rythme assez lent donne le temps de bien admirer les paysages montagneux du Santander.

Les visiteurs en quête d'adrénaline préféreront réserver une sortie sur le fougueux **Río Suárez**, rivière à fort débit comprenant des rapides difficiles. Ses deux monstres de classe IV–V garantissent une expérience très sportive.

Le parcours classique, une descente de 25 km, part du Puente Vasquez, traverse un canyon de toute beauté et passe sous de hautes cascades. Vous n'aurez cependant guère le temps d'apprécier le paysage épique car il vous faudra pagayer constamment dans des eaux particulièrement agitées.

OÙ SE RESTAURER À SAN GIL

Gringo Mike's
Resto américano-britannique : énormes burgers, sandwichs au bacon, *burritos* au petit-déjeuner. Cour éclairée aux chandelles. €€

Plaza de Mercado
On trouve dans ses allées étroites les meilleurs petits-déjeuners de la ville : *arepas* fourrées, *tamales*, salades de fruit, jus. €

El Mejor Padrino
Restaurant local sans prétention pour des repas bon marché et roboratifs, accompagnés d'une excellente soupe. €

Parmi les principaux rapides, citons **El Laberinto**, un dédale de rochers, de trous et de tourbillons de 1,5 km, qui secoue le raft dans tous les sens, ou les vagues de **Martha's Tongue**, qui passent sous un joli pont de l'époque coloniale. Les difficultés montent en gamme jusqu'à **La Sorpresa**, où des vagues plus hautes que votre embarcation vous prouveront toute la puissance du cours d'eau que vous affrontez.

Cañon del Chicamocha

LE PLUS BEAU CANYON DE COLOMBIE

Situé à mi-chemin entre San Gil et Bucaramanga (p. 106), la capitale du département, le spectaculaire canyon du Río Chicamocha déploie un paysage aride où des montagnes majestueuses dominent une rivière café au lait. La route entre les deux villes, à flanc de falaise, est l'une des plus belles (et des plus venteuses) du Santander.

L'entrée principale du canyon se trouve dans le **Parque Nacional del Chicamocha** (ou “Panachi”), dont le nom est trompeur car il s'agit en fait d'un parc d'attractions un peu kitsch posé au sommet d'une montagne. Il n'y a là aucun chemin de randonnée, mais on peut admirer le panorama à 360° depuis le belvédère, et depuis la vedette du parc : le **téléphérique** (*teleférico*) – des télécabines de 8 personnes – qui descend au fond du canyon puis remonte jusqu'à la **Mesa de Los Santos**, sur le versant opposé, en 22 minutes sur 6,3 km. Le parc abrite également plusieurs attractions à sensations fortes (balançoire de l'extrême, tyrolienne géante), des restaurants, un cinéma 4D, une aire de jeux et des tobbogans pour enfants, et un petit espace aquatique (dans une des régions les plus arides du pays).

Nul besoin cependant de visiter le parc pour découvrir les splendeurs du canyon : les alternatives plus solitaires et aventureuses sont légion. Pour une vue aérienne, suivez les courants ascendants en planant au-dessus des montagnes à l'occasion d'une sortie en **parapente**. Si vous préférez explorer le fond brûlant du canyon, optez pour une descente en VTT, une sortie en **rafting** ou une randonnée sur le légendaire **Camino Real** (p. 108).

Les parois nues du nord-ouest du canyon, au pied de la Mesa de Los Santos, offrent de belles occasion de pratiquer l'**escalade**, avec quelque 400 voies différentes, dont beaucoup se trouvent sur le mur de La Mojarra, long de 1,5 km. Quelle que soit l'ascension choisie, les conditions sont excellentes et la vue superbe.

SAVOUREUSE CUISINE TRADITIONNELLE

Gallineral Restaurante
Restaurant en plein air dans le charmant Parque El Gallineral. Spécialités locales servies avec de délicieuses *arepas santandereanas* maison. €€

El Fogón de Lolo
Tenu par l'une des grands-mères cuisinières les plus respectées de la région, dans la petite ville de Curití. Essayez la chèvre ou la *carne oreada*. Portions gargantuesques : venez affamé. €€

Balcones Sangileños
Prenez une table avec vue sur l'animation de la place et savourez d'excellents plats locaux à toute heure. €

POUR PASSER PLUS LOIN

Autre rivière aux paysages époustouflants, idéale pour le rafting, le **Río Magdalena** (p. 239), non loin de San Agustín, au sud du pays, traverse des montagnes verdoyantes bien différentes des paysages arides du Santander.

OÙ SE RESTAURER À SAN GIL

El Maná
Le restaurant le plus chic de San Gil, qui propose bien plus que les usuels riz, haricots et poulet. Excellentes formules. €

Juanmar Restaurante
Pourtant loin de l'océan, ce restaurant soigné cuisine de succulents produits de la mer à tarifs abordables. €€

Café Europa
sympathique gargote servant pizzas à pâte fine et plats de pâtes d'un très bon rapport qualité/prix. €

SUR LA ROUTE DE LA CÔTE CARAÏBE

San Gil est une étape classique de tout trajet entre Bogotá et la côte caraïbe. Après avoir traversé le Cañon del Chicamocha jusqu'à Bucaramanga, la route descend doucement vers la vallée étouffante du Río Magdalena. Ici, trois itinéraires sont possibles. Le plus court et le plus emprunté monte au nord vers **Santa Marta**, d'où une route de bonne qualité dessert l'est et l'ouest de la côte.

Ceux qui préfèrent sortir des sentiers battus partiront plutôt vers l'ouest pour profiter du charme languide de **Mompós** avant de poursuivre vers le nord jusqu'à Cartagena. Les voyageurs s'acheminant vers **La Guajira** pourront longer le sud de la Sierra Nevada jusqu'à Riohacha en passant par Valledupar.

Enfin, les plus motivés pourront tester leur endurance lors du trail de la **Chicamocha Canyon Race**, qui propose chaque année, en juin, une série de parcours exigeants allant de 10 km à 165 km.

Un terrain de jeu naturel

GROTTES, CASCADES ET PISCINES NATURELLES

Les paysages rocheux accidentés autour de San Gil sont sillonnés de torrents qui dévalent les montagnes pour former cascades, piscines naturelles et grottes profondes. Vous pourrez les explorer facilement en une journée depuis la ville.

La **Cascada de Juan Curí**, une des plus hautes du pays (180 m), est en fait composée de plusieurs chutes d'eau traversant une épaisse forêt. On trouve au pied de la plus basse, un joli bassin dans lequel on peut se baigner. Ne manquez pas d'emprunter le sentier raide qui monte à la section centrale pour explorer une ravine secrète pleine d'arbres et de piscines naturelles, où vous pourrez admirer les cascades supérieures. Si vous êtes d'humeur intrépide, tentez la descente en rappel le long de la paroi fouettée par l'eau glacée.

Idéal se rafraîchir plus tranquillement, le site de **Pescaderito**, au cœur d'un petit canyon formé par la Quebrada Curití, près du village de **Curití**, est constitué d'une série de grands bassins dans lesquels on peut se baigner. Un sentier vertigineux longe la rivière et relie les bassins entre eux, mais il est plus amusant de tous les rejoindre à la nage.

On trouvera d'autres aventures, souterraines cette fois, à la **Cueva de la Vaca**, composée d'une demi-douzaine de grottes. De jolies stalagmites et stalactites y ont été formées par une rivière souterraine. Pour y accéder, il faut nager dans un tunnel submergé, mais vous pourrez compter sur une corde pour vous guider. Prenez de vieux vêtements : vous en ressortirez boueux.

POUR ALLER PLUS LOIN

La randonnée épique de plusieurs jours entre **Cabrera** et la **Mesa de Los Santos** (p. 109) suit une bonne partie du **Cañon del Chicamocha** (p. 99) et inclut une nuit au fond de la vallée.

COMMENT CIRCULER

La plupart des sites de San Gil sont accessibles à pied depuis la grand-place, tandis que les sites naturels le sont par les bus locaux desservant les communes voisines. Ils partent de la petite gare routière (*terminalito*), quelques pâtés de maisons à l'ouest du centre.

Depuis la gare routière principale (*terminal principal*) de San Gil, à 3 km à l'ouest du centre-ville, des minibus partent régulièrement pour Bucaramanga (2 heures 30) via le Parque Nacional del Chicamocha, et Bogotá (6 heures) via Tunja (3 heures). Des bus directs moins fréquents rallient Barranquilla (14 heures), Cartagena (14 heures), Santa Marta (12 heures), Medellín (12 heures) et Cúcuta (9 heures). Copetran (copetran.com.co) propose le plus grand nombre de liaisons.

Depuis le Terminal Cotrasangil (*terminalito*), des bus partent fréquemment pour Barichara (45 min), Guane (1 heure), Curití (20 min) et Charalá (1 heure), entre autres destinations.

BARICHARA

Pour les infos pratiques, voir le Carnet d'adresses p. 110

Barichara est le genre de ville dont rêvent les réalisateurs hollywoodiens. Baignée d'atmosphère coloniale espagnole, elle déploie des rues pavées et des bâtiments blanchis à la chaux, surmontés de toits de tuiles ocres : tous ont l'air aussi neufs que lors de leur construction, il y a quelque 300 ans. Rien d'étonnant à ce que de nombreux films et *telenovelas* y soient tournés. Classé monument national en 1978, le centre-ville a gardé presque tous ses bâtiments d'origine. Sa visite vous fera ainsi vivre un véritable voyage dans le temps.

Le splendide cadre naturel, le climat tempéré et le mode de vie bohème de Barichara, fondée en 1705 au bord d'un plateau qui domine le Río Suárez, attirent depuis longtemps les touristes. Les Colombiens les plus aisés ont également commencé à s'y installer il y a quelques années, mais les nouvelles constructions demeurent élégantes et la ville reste l'une des plus belles petites bourgades coloniales du pays.

À SAVOIR

Le week-end, Barichara accueille une multitude de visiteurs en provenance de Bogotá et Bucaramanga. Les véhicules encombrent alors les rues étroites. Le milieu de semaine est plus calme : les photographes amateurs pourront alors immortaliser à loisir des rues quasi désertes.

VOIR
1 Capilla de Jesús Resucitado
2 Catedral de la Inmaculada Concepción
3 Iglesia de Santa Bárbara
4 Parque Para Las Artes

ACTIVITÉS
5 Camino Real
6 De la Tierra Casa Taller
7 Fundación Escuela Taller
8 Fundación San Lorenzo

Baricharа historique

ÉGLISES, PLACES ET POINTS DE VUE

L'un des grands plaisirs de Barichara consiste à flâner au hasard de ses rues pleines de cachet en admirant les édifices les plus remarquables de la ville.

La **Catedral de la Inmaculada Concepción** (XVIIIe siècle), qui domine avec dignité la charmante grand-place, semble un

OÙ SE LOGER À BARICHARA

Casa Barichara Boutique
Maison rénovée avec soin à l'élégance discrète. Jolies chambres, jardin luxuriant et piscine. **€€€**

Tinto Hostel
La meilleure auberge de jeunesse de la ville. Gérants serviables, équipements impeccables et cuisine en plein air. **€**

Artepolis
Petit hôtel arty accueillant, à l'ambiance décontractée, offrant une vue panoramique sur la campagne. **€**

peu surdimensionnée par rapport à la ville. Le mordoré de ses pierres (qui vire à l'orange au coucher du soleil) contraste avec le blanc des maisons qui l'entourent. Notez sa claire-voie (la seconde rangée de fenêtres en haut de la nef), inhabituelle pour une église coloniale espagnole.

Plus ancienne mais tout aussi élégante, l'**Iglesia de Santa Bárbara** est installée au sommet d'une colline du nord de la ville. Une pente assez marquée sépare l'entrée principale de l'autel. À l'extérieur, le splendide *ceiba* est l'un des plus vieux arbres de Barichara.

Juste à l'ouest, le **Parque Para Las Artes** est un joli petit parc orné de statues réalisées par des artistes locaux. Son amphithéâtre accueille parfois des concerts. Les impressionnantes fontaines sont rarement en activité, mais la vue sur la vallée du Río Suárez est magnifique.

En redescendant vers la ville, vous découvrirez la **Capilla de Jesús Resucitado**, une humble chapelle jaune pâle dotée d'un bel autel baroque en acajou. Son clocher d'origine, frappé par la foudre, a été restauré. Le cimetière voisin est intéressant pour ses tombes élaborées par de talentueux maçons locaux. En face, un petit parc ombragé invite à un moment de répit avant de revenir vers la place.

Guane

UN VILLAGE MINIATURE

Petit village endormi que le temps semble avoir oublié, Guane est un lieu charmant pour se promener. Du fait de son isolement – il est situé au fond de la vallée, aux deux tiers de la route reliant Barichara au Río Suárez –, il ne s'est jamais vraiment étendu au-delà de son adorable place centrale, que domine la jolie **Iglesia de Santa Lucía**, érigée en 1720. Notez les fossiles incrustés dans les dalles du parvis de l'église.

Pour découvrir d'autres vestiges, faites un tour au **Museo Arqueológico y Paleontológico**, géré par l'église, où sont exposés plus de 7 000 fossiles et objets ayant appartenu au peuple autochtone des Guanes, dont une momie vieille de 700 ans et quelques crânes bien conservés. Le musée déborde d'objets intéressants qu'il présente avec une simplicité rafraîchissante. On a presque l'impression de revenir à l'école lorsque le conservateur pointe divers artefacts du bout de sa canne en récitant soigneusement un discours solennel.

À l'extrémité ouest de la ville, à quatre minutes à pied de la place, jus de fruits, bières fraîches et belle vue sur la vallée du Río Suárez vous attendent au **Mirador de Guane**.

Le village est relié à Barichara par le **Camino Real** (p. 108), un ancien chemin de pierre ouvert par les peuples autochtones et

POURQUOI J'AIME BARICHARA

Alex Egerton, auteur

Parmi toutes les charmantes villes coloniales de Colombie, Barichara a pour moi quelque chose d'unique qui ne se résume pas à sa splendide architecture et à ses superbes points de vue : le calme et la sérénité y sont palpables à chaque coin de rue.

Antidote parfait au stress de la vie urbaine, Barichara sait se montrer accueillante comme aucun autre endroit du pays, avec une vraie atmosphère de village où universitaires, hippies, chirurgiens et anciennes reines de beauté se côtoient pour partager une bière et discuter. C'est aussi un bel endroit pour faire le point avec soi-même, entre places paisibles, points de vue magiques et longues balades solitaires.

OÙ SE RESTAURER À BARICHARA

Elvia
Le restaurant gastronomique le plus inventif du Santander, avec une cuisine ouverte bouillonnant d'énergie. **€€€**

El Compa
Une cuisine *santanderean* aux portions généreuses est servie dans cette institution locale sans prétention. **€**

7 Tigres
Délicieuses pizzas au feu de bois et lasagnes servies dans un agréable patio colonial. **€€**

reconstruit plusieurs fois au fil du temps. De Barichara à Guane, le chemin se fait principalement en descente – il faut environ 2 heures pour parcourir les 9 km du parcours. Le terrain inégal nécessite de bonnes chaussures ; prenez aussi beaucoup d'eau car il n'y a pas de boutiques sur le chemin. Si vous n'avez pas envie de revenir à pied, prenez l'une des navettes qui circulent régulièrement entre les deux localités.

EXQUIS CAFÉS DE BARICHARA

S'ils ne sont pas aussi réputés que les producteurs des autres régions caféières du pays, les fermiers du Santander se font remarquer depuis quelques années pour leurs arabicas de grande qualité. Goûtez-les dans les meilleurs cafés de Barichara.

La Casa de Hercilia
Tenue par de vrais amateurs de café, avec un petit laboratoire sur place. Bons desserts.

Café Chevere
Lieu décontracté servant un excellent café, en provenanc directe de la ferme du propriétaire. Bons petits-déjeuners.

Café Ritual
Café du Santander tout frais, torréfié sur place, et préparé de diverses façons.

Artisans de Barichara

TRANSFORMER LA NATURE EN ART

Les peuples autochtones des environs de Barichara étaient d'habiles potiers. Forte de cette tradition, la ville continue d'utiliser des matériaux locaux à des fins artistiques. L'afflux récent de créateurs cherchant à fuir les grands centres urbains a relancé l'énergie inventive de Barichara, qui s'est transformée, malgré sa petite taille, en haut lieu de l'artisanat.

Installée dans un ancien dépôt de tabac au sud de la place, la **Fundación San Lorenzo** est une petite papeterie tenue par une coopérative de mères célibataires. On y assiste à la fabrication de pièces délicates et d'articles de papeterie conçus à partir de *fique*, une fibre naturelle tirée des feuilles d'une plante andine, ou de feuilles d'ananas. Mieux encore, on peut s'inscrire à un atelier et fabriquer son propre papier. Ne partez pas sans passer par la boutique, idéale pour dénicher quelques cadeaux et souvenirs.

La **Fundación Escuela Taller** voisine perpétue les techniques artisanales traditionnelles. Des cours de poterie dans un atelier en plein air, installé à côté d'une agréable cour, y sont dispensés. La boutique présente un large éventail d'objets artisanaux faits sur place, et l'on peut aussi participer à un atelier de tissage traditionnel.

Pour une expérience plus rustique, mettez les mains dans la terre avec l'atelier **De la Tierra Casa Taller**, consacré aux sols uniques de Barichara. On y donne des cours de peinture à base de pigments tirés du sol et des ateliers de *tapia pisada*. Cette méthode de construction traditionnelle utilise de la terre compressée, la même technique que celle employée dans la construction des bâtiments anciens de la ville.

La passion de Barichara pour les arts s'étend au-delà de l'artisanat : le cinéma joue également un grand rôle dans la ville, dont le festival annuel, le **Festiver**, attire cinéphiles et professionnels du 7e art colombien.

POUR ALLER PLUS LOIN

Découvrez d'autres superbes formes d'artisanat local avec les poteries de **Ráquira** (p. 92), ou les *mochilas* (sacs) tissés par les Wayúus de **La Guajira** (p. 144).

COMMENT CIRCULER

Se promener à pied dans Barichara est le meilleur moyen de s'imprégner de sa magie. Pour rejoindre les hôtels et les sites des alentours, ou si vous n'avez pas envie de faire encore une fois la montée, une flotte de tuk-tuks faciles à héler vous déposera absolument partout.

Des bus relient Barichara et San Gil (30 min). Ils partent du bureau de Cotrasangil (cotrasangil.com), sur la place principale. Plusieurs bus quotidiens circulent depuis la place de Guane jusqu'à Barichara (20 min) et San Gil (1 heure).

Environs de BaricHara

Villes traditionnelles enchanteresses, montagnes imposantes et campagne paisible forment ici le cadre de belles randonnées et de promenades plus tranquilles.

Pour ceux qui veulent fuir la foule et marcher en pleine nature, les environs peu peuplés de Barichara auront des airs de paradis accessible.

Que vous circuliez à pied, à vélo ou en voiture, le climat sec et tempéré, les courtes distances et la sûreté de la région permettent de s'adonner à une exploration libre, sans guide et sans dépassement de budget.

Des petites villes d'un autre temps ponctuent les paysages ruraux, et on n'est jamais loin d'un bon plat traditionnel ou de boissons fraîches. Enfin, les spectaculaires canyons du Río Suárez et du Río Chicamocha donneront l'occasion de sessions photo à faire pâlir vos proches restés au pays.

Pour les infos pratiques, voir le Carnet d'adresses p. 110

À SAVOIR

La plupart des petites villes des environs de Barichara vivent au rythme de la campagne : restaurants et transports en commun s'endorment après 18h.

Cañon del Chicamocha (p. 99)

WILLIAM RG/SHUTTERSTOCK ©

LAS GACHAS

À 45 minutes de marche de la tranquille bourgade de **Guadalupe**, au sud de Bucaramanga, **Las Gachas**, sorte de "Caño Cristales du Santander", est une rivière peu profonde dont les eaux claires s'écoulent paisiblement sur un lit de pierres rouges, chutant ça et là en chemin dans des dizaines de trous d'eau surnommés Jacuzzis par les locaux. La teinte rouge de ses eaux est due, non à des algues comme c'est le cas de celles de sa rivale, La Macarena (p. 74), mais à des dépôts minéraux sur les pierres. Le site n'en demeure pas moins étonnant, et invite à la détente. Ne vous baignez pas dans les deux premiers trous sur votre droite, dont il peut être difficile de sortir, et prenez des chaussures antidérapantes pour éviter les glissades ! Arrivez tôt le matin pour éviter la foule.

Bucaramanga

Curiosités du Nord

ESCAPADES DANS LE NORD DU SANTANDER

Bucaramanga, capitale du Santander fondée en 1622 et l'une des plus grandes villes de Colombie, est entourée de montagnes et ponctuée de nombreux gratte-ciel. Loin de l'ambiance touristique des autres grandes villes, c'est un lieu agréable pour découvrir la culture locale tout en profitant de nombreux espaces verts le jour, et d'une vie nocturne animée, la nuit. Aménagé dans une maison coloniale où Bolívar séjourna pendant deux mois en 1828, le **Museo Casa de Bolívar** mérite une visite. Il présente divers éléments historiques et archéologiques, notamment des armes, des documents, des peintures, ainsi que des momies et des objets du peuple guane, qui habitait la région avant l'arrivée des Espagnols.

À seulement 9 km de Bucaramanga, les rues pavées, les calèches et l'atmosphère décontractée de **San Juan de Girón** restent comme figées dans le temps. Cette agréable ville blanchie à la chaux, fondée en 1631 sur les rives du Río de Oro, fut classée monument national en 1963. Aujourd'hui, elle attire artistes et excursionnistes, mais il y fait très chaud toute l'année. Flânez dans ses ruelles pavées pour découvrir maisons chaulées, patios ombragés, petits ponts en pierre et *malecón* (promenade) au bord de l'eau. Ne manquez pas non plus ses agréables places, la Plazuela Peralta et la Plazuela de las Nieves, qui accueille la Capilla de las Nieves, une charmante église de village du XVIIIe siècle. La construction de la Catedral del Señor de los Milagros, sur la place principale (Parque Principal), commença en 1646 mais ne s'acheva qu'en 1876.

OÙ SE RESTAURER ET FAIRE LA FÊTE À BUCARAMANGA

Battuto Soffritto e Trito
Dans un cadre grandiose, pâtes généreuses et pizzas cuites au feu de bois, à faire glisser avec un cocktail étudié. **€€**

Penelope Casa Gastronómica
Petit resto branché tenu par de jeunes chefs talentueux. Produits bio locaux, saveurs complexes et jolie présentation. **€€**

Vintrash
Bar attirant la jeunesse bohème avec une excellente programmation musicale et un esprit alternatif.

Plus au nord, fondée en 1549 par les conquistadors Pedro de Orsúa et Ortún Velasco dans le profond Valle del Espíritu Santo, au cœur de la Cordillera Oriental, la ville de **Pamplona** mêle constructions coloniales et architecture moderne. Le **Museo de Arte Moderno Ramírez Villamizar**, installé dans une demeure vieille de 450 ans, abrite une quarantaine d'œuvres d'Eduardo Ramírez Villamizar (1922-2004), l'un des artistes les plus remarquables de Colombie. La collection présente son évolution artistique, de la peinture expressionniste des années 1940 aux sculptures géométriques abstraites des dernières décennies. La **Casa Colonial**, l'un des plus anciens bâtiments de la ville, date du début de l'époque espagnole. Elle renferme poteries précolombiennes, art colonial sacré et objets de diverses communautés autochtones locales, dont les Motilones et les U'was.

Las Gachas, Guadalupe

RANDONNÉE

Longer le Camino Real

Itinéraire historique, le Camino Real de Santander est un ensemble de chemins empierrés qui sillonnent le département en reliant de splendides villes coloniales à travers une campagne ocre. Ces sentiers vous feront croiser champs de cactus, plantations de tabac et montagnes majestueuses. Ils suivent d'anciennes routes indiennes, rénovées à l'ère coloniale puis au début de la République. L'ingénieur allemand Geo von Lengerke (1827-1882) en aurait fait paver près de 1 000 km.

1 Cabrera

Petite ville coloniale peu connue des touristes, Cabrera arbore une jolie *plaza* plantée de majestueux *ceibas*. Sa charmante Iglesia de Inmaculada Concepción est l'une des plus jolies églises de pierre du pays.

L'itinéraire : Le chemin part du côté nord de la place. Il forme une pente assez raide pendant environ 1,5 km avant de devenir plat pour les 6 km qui mènent à Barichara. Il descend ensuite sur 6 km jusqu'à Guane. La dernière section remonte en traversant une jolie campagne agricole pendant 6 km, puis redescend sur 2 km vers Villanueva.

2 Villanueva

Comme son nom le suggère, Villanueva n'affiche pas l' élégante architecture coloniale de ses voisines. Toutefois, sa place principale est particulièrement conviviale : toute la ville s'y retrouve le soir pour grignoter et papoter. L'endroit constitue une étape pratique avant de descendre dans le canyon au matin.

© JOERG STEBER/SHUTTERSTOCK

Le Camino Real entre Barichara et Guane

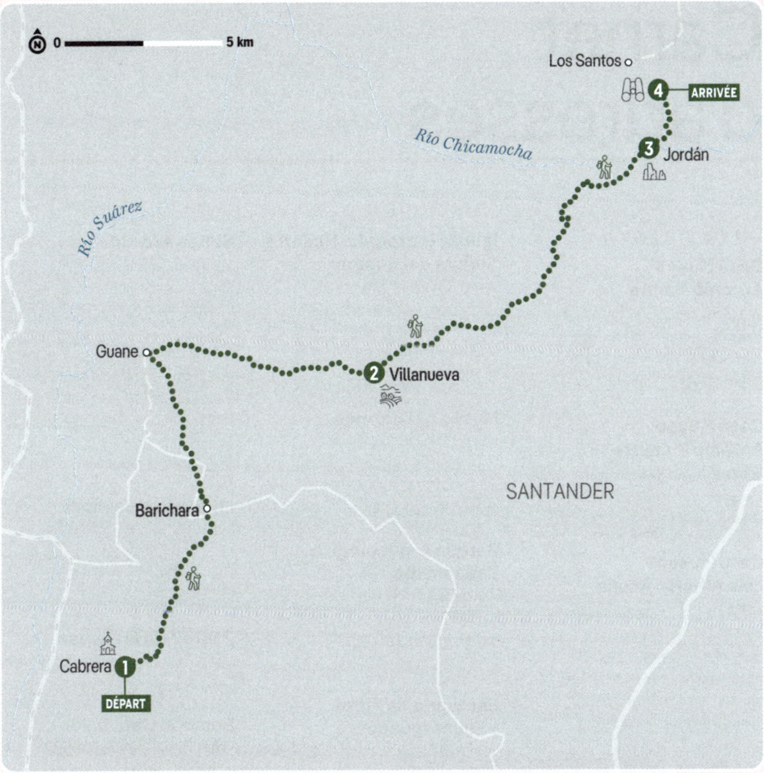

L'itinéraire : Depuis Villanueva, le sentier remonte graduellement sur 4 km. Il suit une piste jusqu'aux champs de cactus du belvédère du **Mirador del Cañon Chicamocha**, d'où un sentier pentu descend en lacets pendant 4 km vers le Río Chicamocha avant de longer le fond étouffant du canyon sur 4 km supplémentaires.

3 Jordán

Postée dans la chaleur du fond du Cañon del Chicamocha, Jordán, l'une des plus petites villes de Colombie, semble sortie d'un vieux western, avec sa peinture écaillée et ses rues poussiéreuses où la seule âme que l'on croise est un vieil homme endormi sur une chaise. Au nord, le joli pont suspendu, avec ses tourelles de pierre, se trouve être l'une des constructions les plus connues de Geo Von Lengerke, ingénieur allemand ayant fait paver les sentiers isolés du Santander tracés des siècles auparavant par les Indiens puis les colons espagnols, et aujourd'hui connus sous le nom de "chemins de Lengerke".

L'itinéraire : Cette dernière partie du trek est la plus difficile. Après la traversée du Río Chicamocha, le chemin remonte tout droit le long de la paroi du canyon jusqu'au plateau de la Mesa de Los Santos. Le parcours ne fait que 5 km, mais le dénivelé atteint 900 m. Vous marcherez donc pendant trois heures en pleine chaleur : partez tôt !

4 Mesa de Los Santos

Très prisé pour une excursion d'une journée au départ de Bucaramanga, ce vaste plateau au climat frais, dont les nombreuses activités attirent une foule d'habitants le week-end, est un bon endroit pour se détendre et reposer vos muscles endoloris.

S'il vous reste de l'énergie, vous y trouverez des dizaines de sites d'intérêt entre points de vue spectaculaires, cascades éblouissantes, plantations de café réputées, parois d'escalade et marchés de producteurs. Pour rentrer à San Gil et Barichara, le plus rapide reste de traverser le canyon à bord du fantastique téléphérique (p. 99).

Carnet d'adresses

VILLA DE LEYVA

Casa Museo Antonio Nariño
Voir p. 89 (8-732-0342 ; facebook.com/cmanredes ; Carr. 9 n°10-25 ; 9h-12h et 14h-22h jeu-mar)

Casa Museo Antonio Ricaurte
Voir p. 89 (318-661-8807 ; C. 15 n°8-17 ; 9h-12h et 14h-17h mer-dim)

Casa Museo Luis Alberto Acuña
Voir p. 89 (8-732-0422 ; casamuseoacuna8.wixsite.com/casamuseoacuna/inicio ; Plaza Mayor, Carr. 10 n°12-83 ; tarif plein/réduit/enfant 14 000/11 000/10 000 COP ; 10h-12h et 14h-18h)

Centro de Investigaciones Paleontológicas
Voir p. 90 (CIP ; 314-219-2904 ; cipaleo.com ; Vereda Monquirá, Km 5 Vía Santa Sofía ; tarif plein/réduit 15 000/8 000 COP ; 8h-12h30 et 14h-17h)

Convento del Santo Ecce Homo
Voir p. 90 (310-227-4147 ; 10 000 COP ; 9h-17h mar-dim)

El Fósil
Voir p. 89 (316-471-4419, 312-580-1158 ; museocomunitarioelfosil.com ; Vereda Monquirá, Km 4 Vía Santa Sofía ; tarif plein/réduit 20 000/10 000 COP ; 8h-17h30)

Iglesia del Carmen
Voir p. 89 (320-848-5179 ; villaleyvanos.com/autres/informacion/historia/carmelo/index2.htm ; Carr. 10 n°13-1)

Iglesia Parroquial Nuestra Señora del Rosario
Voir p. 88 (Plaza Mayor ; messes 18h lun, mar, mer et ven, 6h et 18h jeu, 10h, 12h et 19h sam, 7h, 9h, 10h, 12h, 17h et 19h dim)

Museo del Carmen
Voir p. 89 (8-732-0214 ; Plazuela del Carmen ; 5 000 COP ; 9h30-13h et 14h-17h mer-lun)

Parque Arqueológico Zaquencipa
Voir p. 90 (El Infiernito ; 310-235-6079 ; tarif plein/réduit 8 000/5 500 COP ; 9h-12h et 14h-17h mar-dim)

Santuario de Flora y Fauna Iguaque
Voir p. 90 (parquesnacionales.gov.co ; 63 500 COP ; 8h-22h)

Hospedería Don Paulino
Voir p. 87 (310-216-6666 ; facebook.com/p/Hospederia-Don-Paulino-100043652816110 ; C. 14 n°7-46)

Hospedería La Roca
Voir p. 87 (313-842-9294 ; facebook.com/hotellarocavdl ; C. 13 n°9-54)

Hotel Boutique Caney
Voir p. 88 (321-449-9235 ; hotelboutiquecaney.com ; Km 9 Vereda Salto y Lavandera)

Posada San Antonio
Voir p. 87 (8-732-0538 ; hotellaposadadesanantonio.com ; Carr. 8 n°11-61)

Renacer Hostel
Voir p. 88 (311-308-3739, 8-732-1862 ; renacerhostel.com ; Av. Carr. 10 n°21, Finca Renacer)

Suites Arco Iris
Voir p. 88 (311-254-7919 ; suitesarcoiris.com ; Km 2 Vila La Colorada)

Casa Blanca
Voir p. 88 (321-283-5062 ; facebook.com/CasaBlancaRestauranteVilladeLeyva ; C. 13 n°7-6 ; 9h-17h, dim-ven, jusqu'à 20h30 sam)

Mercado Municipal
Voir p. 88 (318-363-7049 ; facebook.com/mmvilladeleyva ; Carr. 8 n°12-25 ; 13h-22h lun-sam, 13h-21h dim)

Pastelería Francesa
Voir p. 88 (C. 10 n°6-05 ; 8h-18h jeu-lun, fermé fév et sept)

Bombón Café Bake
Voir p. 89 (314-202-7958 ; bombondivinacocinasas.com ; Carr. 9 n°10-47 ; 8h-22h lun-ven, 8h-22h sam-dim)

Café Los Gallos
Voir p. 89 (310-349-8817 ; instagram.com/cafelosgallos ; Carr. 8 n°13-2 ; 8h-21h)

Sybarita Café
Voir p. 89 (316-481-1872 ; facebook.com/sybaritacaffevilladeleyva ; C. 12 n°8A-27 ; 9h-20h lun-ven, 9h-21h sam, 9h-19h dim)

Casa Quintero
Voir p. 88 (facebook.com/casaquinteroboyaca ; angle Carr. 9 et C. 12 ; 10h-22h lun-mar et jeu, 10h-23h45 ven, 9h30-23h45 sam, 9h30-22h dim)

Casona Comercial La Guaca
Voir p. 88 (320-339-6629 ; Carr. 9 n°13-57 ; 12h-22h lun-ven, 12h-1h sam, 11h-22h dim)

ENVIRONS DE VILLA DE LEYVA

Basílica de NS del Rosario de Chiquinquirá
Voir p. 94 (313-249-1385 ; virgendechiquinquira.com ; Carr. 13 n°17-48, Chiquinquirá ; 7h-15h lun-ven)

Casa del Fundador Suárez Rendón
Voir p. 94 (Carr. 9 n°19-56, Tunja ; 9h-11h et 14h-16h mar-ven, 9h-12h et 14h-16h sam-dim)

Casa de Don Juan de Vargas
Voir p. 94 (313-208-6176 ; C. 20 n°8-40, Tunja ; 3 000 COP ; 9h-12h et 14h-17h mar-ven, 9h-12h et 14h-16h sam-dim)

Convento de los Franciscanos
Voir p. 93 (Plaza Principal, Carr. 3 n°4-95, Monguí ; 10 000 COP ; 14h-17h mar-ven, 9h-17h sam-dim)

Monasterio de La Candelaria
Voir p. 92 (313-876-5168 ; Ráquira ; tarif plein/enfant 15 000 COP/gratuit ; 9h-12h et 13h-16h)

Cabañas Kanwara
Voir p. 94 (311-237-2660, 311-231-6004 ; instagram.com/kabanaskanwara , Güicán)

Casona Real Santa Bárbara
Voir p. 92 (312-592-7009 ; Vía Veredal, La Candelaria)

Hotel Casa del Colibri
Voir p. 94 (312-505-2017 ; hotelcasadelcolibri.com ; C. 2 n°5-, Güicán)

Hotel Termales El Batán
Voir p. 92 (321-242-7511, 312-592-3325 ; termaleselbatan.com ; Vereda La Vega, Cuítiva)

La Posada del Molino
Voir p. 94 (312-352-9121 ; elcocuycasamuseo.blogspot.com ; Carr. 3 n°7-51, El Cocuy)

IFEROL/STOCK.ADOBE.COM ©

Villa de Leyva (p. 86)

Monguí Plaza Hotel
Voir p. 92 (321-429-4772 ; monguiplazahotel.com ; Carr. 4 n°4-10, Monguí)

Fabrica de Longaniza & Piqueteadero Robertico
Voir p. 92 (Car. 2 n°277, Sutamarchán ; 8h-20h)

SAN GIL

Parque El Gallineral
Voir p. 97 (7-723-7342 ; facebook.com/ParqueGallineral Sangil ; Carr. 11 n°21-1 ; accès avec/sans baignade 12 000/7 000 COP ; 8h-17h)

Parque Nacional del Chicamocha
Voir p. 99 (Panachi ; 7-724 4666 ; parquenacionaldel chicamocha.com ; Km 54 Vía Bucaramanga-San Gil ; tarif plein/réduit à partir de 36 000/28 000 COP ; 10h-18h mer-dim)

Téléphérique
Voir p. 99 (*teleférico* ; aller-retour avec entrée parc adulte/enfant 68 000/46 000 COP ; 10h30-11h, 12h30-13h, 14h30-15h et 16h-17h40)

Hotel Verano
Voir p. 97 (316-6917-028 ; hotelveranoresort.com ; Km 2 Charalá, Vía San Gil)

Macondo Hostel
Voir p. 97 (7-724-8001, 311-828-2905 ; macondohostel.com ; Carr. 8 n°10-35)

Sam's VIP Hostel
Voir p. 97 (7-724-2746, 310-249-7400 ; samshostel.com ; Carr. 10 n°12-33)

Balcones Sangileños
Voir p. 99 (7-240-515 ; facebook.com/Balconsangileno ; C. 12 n°102 ; 7h-22h)

Café Europa
Voir p. 99 (310-417-1634 ; facebook.com/CafeEuropa SanGil ; Carr. 8 n°11-06 ; 17h-22h mer-dim)

Donde Campos
Voir p. 98 (Asadero y Cenadero Donde Campos ; 313-389-4105 ; Carr. 12 n°18-16)

El Fogón de Lolo
Voir p. 99 (316-659-2759 ; facebook.com/elfogondelolo ; Carr. 9 n°7-80, Curití ; 11h-4h30)

El Mejor Padrino
Voir p. 98 (318-821-7950 ; facebook.com/restaurantel mejorpadrino ; C. 10 n°9-58)

Gallineral Restaurante
Voir p. 99 (☎302-204-9797 ; facebook.com/GallineralRestauranteBar ; Carr. 11 n°5-63 ; 🕘10h-16h30 lun et mer-ven, 9h-17h sam-dim)

Gringo Mike's
Voir p. 98 (☎7-724-1695 ; gringomikes.net ; C. 12 n°8-35 ; 🕘12h-22h lun-jeu, 12h-23h ven-dim)

Juanmar Restaurante
Voir p. 99 (☎7-724-7477 ; facebook.com/JuanmarRestauranteSanGil ; C. 11 n°9-62 ; 🕘11h-21h lun-sam, 11h-18h dim)

Plaza de Mercado
Voir p. 98 (Carr. 11 ; 🕘4h-14h30)

El Maná
Voir p. 99 (☎300-460-6269 ; facebook.com/restaurantemanasg ; C. 8 n°9-11 ; 🕘11h-15h30)

Comité municipal de Tejo
Voir p. 98 (☎7-724-4053 ; Carr. 18 n°26-70 ; 🕘16h-22h30)

BARICHARA

Capilla de Jesús Resucitado
Voir p. 103 (angle Carr. 7 et C. 3)

Catedral de la Inmaculada Concepción
Voir p. 102 (☎7-726-7159 ; Parque Principal, C. 5 n°6-71 ; 🕘5h45-19h)

Iglesia de Santa Bárbara
Voir p. 103 (angle Carr. 11 et C. 6)

Guane (p. 103)

Iglesia de Santa Lucía
Voir p. 103 (☎315-465-6484 ; facebook.com/santuariosantaluciadeguane ; Guane ; 🕘14h-17h mer, 9h-17h jeu-lun)

Mirador de Guane
Voir p. 103 (☎317-377-5995 ; facebook.com/miradorguane ; Guane ; 🕘9h-20h lun-ven, 9h-23h sam-dim)

Museo Arqueológico y Paleontológico
Voir p. 103 (Carr. 6 n°7-24, Guane ; tarif plein/réduit 8 000/5 000 COP ; 🕘9h-13h et 14h-18h mar-ven)

De La Tierra Casa Taller
Voir p. 104 (☎310-381-1611 ; delatierracasataller.com ; Carr. 4 n°3A-56 ; 🕘10h-19h)

Fundación Escuela Taller
Voir p. 104 (☎320-385-0550 ; facebook.com/fundacionescuelatallerbogota ; C. 9 n°8-61 ; 🕘8h-17h lun-ven)

Fundación San Lorenzo
Voir p. 104 (Taller de Papel ; ☎7-726-7234 ; tallerdepapeldebarichara.com ; Carr. 5 n°2-88 ; 🕘8h-17h lun-sam)

Artepolis
Voir p. 102 (☎300-203-4531 ; artepolis.info ; Carr. 2 n°1-50)

Casa Barichara Boutique
Voir p. 102 (☎304-551-4683 ; casabarichara.com ; C. 5 n°10-70)

Tinto Hostel
Voir p. 102 (☎7-726-7725 ; tinto-hostel@hotmail.com ; Carr. 4 n°5-39)

7 Tigres
Voir p. 103 (☎312-521-9962 ; instagram.com/7tigresbarichara ; Carr. 5 n°2-01 ; 🕘18h-21h lun-ven, 12h-14h30 et 18h-21h sam-dim)

El Compa
Voir p. 103 (☎7-267-492 ; instagram.com/elcompa.barichara ; C. 5 n°5-2 ; 🕘7h-20h)

Elvia
Voir p. 103 (312-990-3975 ; instagram.com/elviacocina ; Carr. 10 ; 12h30-16h et 19h-21h mer-dim)

Café Chevere
Voir p. 104 (318-273-0882 ; instagram.com/cheverecafecol ; C. 5 n°8-64 ; 8h30-12h30 et 16h-20h jeu-lun)

Café Ritual
Voir p. 104 (316-489 0686 ; instagram.com/caf3ritual ; Carr. 6 n°4-62 ; 8h30-19h30)

La Casa de Hercilia
Voir p. 104 (315-641-1841 ; instagram.com/casahercilia ; C. 3 n°533)

ENVIRONS DE BARICHARA

Casa Colonial
Voir p. 107 (7-568-2043 ; C. 6 n°2-56, Pamplona ; entrée libre ; facebook.com/museocasacolonialpamplona ; 8h30-12h30 et 14h30-18h30 lun-ven)

Museo Casa de Bolívar
Voir p. 106 (7-630-4258 ; academiadehistoriadesantander.org ; C. 37 n°12-15, Bucaramanga ; adulte/enfant 5 000/2 000 COP ; 8h-12h et 14h-18h lun-ven, 8h-12h sam)

Museo de Arte Moderno Ramírez Villamizar
Voir p. 107 (311-285-4763 ; C. 5 n°5-75, Pamplona ; 1 000 COP ; 9h-12h et 14h-17h mar-sam, 9h-12h dim)

Mirador del Cañon Chicamocha
Voir p. 109 (km 4 Vía Aratoca-Bucaramanga, Villanueva ; 2 000 COP ; 10h-18h ven-dim)

Battuto Soffritto e Trito
Voir p. 106 (7-697-9990 ; instagram.com/battutocolombia ; C. 55 n°36-17, Bucaramanga ; 11h30-23h lun-jeu, 11h30-minuit ven, 8h-minuit sam, 8h-21h dim)

Penelope Casa Gastronómica
Voir p. 106 (314-277-3570 ; facebook.com/penelopecasa gastronomica ; Carr. 27A n°48-15, Bucaramanga ; 12h-22h30)

Vintrash
Voir p. 106 (instagram.com/vintrashbar ; C. 49 n°35A-33, Bucaramanga ; ven-sam 10 000 COP ; 18h-3h jeu-sam)

CARTAGENA ET LA CÔTE CARAÏBE

HISTOIRE ET PLAGES IMMACULÉES

Porte d'entrée sur l'Amérique du Sud, la région recèle des cultures bien vivantes sur le littoral et des paysages variés baignés par les eaux cristallines de la mer des Caraïbes.

De la forêt épaisse de la région de Darién, à la frontière avec le Panama, jusqu'à la péninsule de La Guajira, désertique et battue par les vents, près du Venezuela, la superbe province de la côte caraïbe s'étend sur plus de 1 600 km de littoral. Dans les terres, les paysages variés ont tout d'une fascinante œuvre d'art qui regrouperait les meilleures inspirations sur une seule toile colorée. Suivez les coups de pinceau : les anciens ancestraux sur les plages ourlées de jungle du Parque Nacional Natural (PNN) Tayrona, les ruines de la Ciudad Perdida au pied de montagnes côtières aux sommets enneigés, et les dunes ocre de Taroa qui plongent dans une eau entre turquoise et indigo. Jaillissant des vagues près du Nicaragua, les spectaculaires îles coralliennes de San Andrés, Providencia et Santa Catalina promettent une escapade tropicale inoubliable.

ANAMARIA MEJIA/SHUTTERSTOCK ©

Au centre de ce tableau trône la pétillante Cartagena, "perle des Caraïbes". La ville fortifiée, avec ses rues labyrinthiques ornées de bougainvilliers et ses bâtiments séculaires, est aujourd'hui l'une des plus visitées d'Amérique du Sud. Son cadre féerique en fait le point de départ idéal pour explorer l'extrême nord du continent, découvrir la réalité qui a nourri l'imagination de Gabriel García Márquez et rencontrer les Costeños si chaleureux, reflet des cultures autochtones, européennes et africaines qui se sont mélangées au cours de la longue histoire de la Colombie.

SITES PRINCIPAUX

CARTAGENA
Histoire, shopping, restaurants et *fiesta*.
p. 120

SANTA MARTA
Place à l'histoire et à l'aventure.
p. 134

PALOMINO
Surf, désert et flamants roses.
p. 142

SAN ANDRÉS, PROVIDENCIA ET SANTA CATALINA
Îles, plages et sports nautiques. **p. 148**

ATOSAN/SHUTTERSTOCK ©

À gauche : Palenqueras (p. 127) ; ci-dessus : Calle de la Iglesia (p. 125), Cartagena

S'orienter

Couvrant à peine 11% de la Colombie, la côte caraïbe jouit pourtant d'une incroyable diversité sur les plans culturel et topographique. Les sites ci-dessous respirent l'âme de cette région étroitement liée à la mer.

Cartagena, p. 120

La charmante ville fortifiée – un des plus beaux exemples d'architecture coloniale du continent – mêle atmosphère sensuelle, excellente scène gastronomique, vie nocturne trépidante et plages à portée de main.

San Andrés, Providencia et Santa Catalina, p. 148

Plus proche du Nicaragua que de la Colombie, l'archipel abrite des plages de sable blanc, les meilleurs spots de plongée du pays et un peuple afro-caribéen unique, les Raizales.

Santa Marta, p. 134

Entre mer et montagne, le premier village fondé par les Espagnols en Colombie compte quelques sites historiques d'importance, mais c'est surtout une étape avant de partir à l'aventure dans la région.

Palomino, p. 142

Connu pour son ambiance décontractée, ce petit village côtier est l'endroit parfait pour se détendre et reprendre des forces au milieu d'une nature luxuriante.

BUS

Les bus et minibus sont peu chers et fréquents. Partant de la gare routière de Cartagena (Terminal de Transportes, à 45 minutes du centre historique), les bus Copetran, Unitransco, Expreso Brasilia et Rapido Ochoa, entre autres, desservent plusieurs destinations de la région et au-delà.

BATEAU

Pour certains des plus beaux sites, le bateau est l'option la plus rapide, sinon la seule. Ceux qui ont le pied marin peuvent visiter Capurganá et Sapzurro ou l'une des petites îles accessibles depuis Cartagena, comme les Islas del Rosario ou les Islas de San Bernardo.

VOITURE

Sauf dans les grandes villes, la voiture est un bon moyen de transport pour explorer la côte à son rythme. La route surnommée Troncal del Caribe relie les principaux sites de la région. Péages fréquents (prévoir de la monnaie) et conduite de nuit déconseillée.

DE GAUCHE À DROITE : ROBERT ARANGO LOPEZ/GETTY IMAGES © ; SARAPONSPHOTO/SHUTTERSTOCK ©

Planifier son séjour

Prenez votre temps pour découvrir les paysages magnifiques de la côte caraïbe, observer les passants sur les places ombragées, goûter à la cuisine de rue, vous déhancher au rythme des nuits trépidantes et vous laisser porter par les vagues.

Museo Naval del Caribe (p. 122)

Si vous avez peu de temps

- L'histoire passionnante de **Cartagena** (p. 120) vous attend : commencez par visiter l'imposant **Castillo San Felipe de Barajas** (p. 122) et admirer la vue plongeante sur la ville, avant de vous promener dans la **vieille ville** (p. 124) superbement préservée. Déjeunez à l'**Época Espresso Bar** (p. 127) pour reprendre des forces.

- L'après-midi, fuyez la chaleur au **Museo Histórico de Cartagena de Indias**, au sein du **Palacio de la Inquisición** (p. 125), qui expose, entre autres, d'horribles outils de torture utilisés par les inquisiteurs.

- Du haut des remparts de la ville, regardez le soleil disparaître à l'horizon installé au célèbre **Café del Mar** (p. 122), avant d'aller dîner sur le toit-terrasse du superbe **Mar y Zielo** (p. 126).

AU FIL DES SAISONS

De décembre à avril, puis en juillet et août, il fait moins humide et pluvieux : le temps est parfait pour la plage et la randonnée, mais vous ne serez pas seul à en profiter.

FÉVRIER-MARS

Le **Carnaval de Barranquilla** (p. 130), un des plus hauts en couleur et joyeux au monde, s'empare de la ville plusieurs jours avant le carême.

AVRIL

Les musiciens de vallenato se disputent le titre de “roi des rois” pendant le **Festival de la Leyenda Vallenata** (p. 147) à Valledupar.

MAI

Pendant deux semaines, des crabes noirs descendent par milliers des collines de **Providencia** (p. 153) pour pondre leurs œufs sur la plage.

DE GAUCHE À DROITE : ATOSAN/SHUTTERSTOCK © ; DOLESSI/SHUTTERSTOCK © ; FOTOS593/SHUTTERSTOCK © ; ALEXANDRE LAPRISE/SHUTTERSTOCK ©

Si vous avez trois jours

- Après une journée de visite à Cartagena, évadez-vous sur les belles plages de sable blanc des **Islas del Rosario** (p. 129) et regagnez la ville en soirée. Arpentez les ruelles couvertes de fresques colorées dans le quartier branché de **Getsemaní** (p. 123) et dînez à **Celele** (p. 126).

- Le lendemain, partez visiter **Palenque de San Basilio** (p. 130), première ville libre d'Amérique fondée par des esclaves en fuite. Un guide local vous initiera à la langue, la musique et l'histoire uniques des lieux. N'oubliez pas de goûter une *alegria* (joie), friandise typique.

- Retournez à Cartagena dans la bonne humeur à bord d'une ***chiva* festive** (p. 126) et terminez la soirée dans la moiteur d'un **club de salsa** (p. 126).

Si vous avez plus de temps

- Rendez-vous à **Santa Marta** (p. 134), grande sœur moins connue de Cartagena, sur la côte. Parmi les sites coloniaux à visiter figure la **Quinta de San Pedro Alejandrino** (p. 135), hacienda où Simón Bolívar vécut les dernières semaines de sa vie.

- Après une journée en ville, partez pour 4 jours de randonnée épique dans la jungle jusqu'aux vestiges de la **Ciudad Perdida** (p. 140). Après l'effort, le réconfort : offrez-vous des moments de détente sur les plages tropicales du **Parque Nacional Natural Tayrona** (p. 138).

- Rejoignez **Riohacha** (p. 146) et explorez **La Guajira** (p. 146), territoire des Wayúus, pendant quelques jours. Le **Cabo de la Vela** (p. 146) et la mystérieuse **Punta Gallinas** (p. 146), à l'extrémité septentrionale de l'Amérique du Sud, sont des incontournables.

JUILLET

Les **Fiestas del Mar** mettent à l'honneur le lien qui unit Santa Marta (p. 134) et la mer. Manifestations culturelles et compétitions sportives au programme.

SEPTEMBRE

Des musiciens de jazz du monde entier s'emparent des rues de Mompós (p. 131) lors du **Mompox Jazz Festival**. Le **Festival de la Luna Verde** célèbre la culture créole à San Andrés.

NOVEMBRE

Cartagena (p. 20) s'étourdit de défilés et de festivités en commémoration de l'indépendance de la ville, proclamée le 11 novembre 1811.

DÉCEMBRE

La période de Noël accentue l'ambiance déjà festive de la côte caraïbe. Les fêtes s'enchaînent jusqu'à la nouvelle année.

CARTAGENA

L'histoire de Cartagena de Indias (Carthagène des Indes) est un vrai roman à rebondissements dans lequel un village de pêcheurs autochtones devient le joyau de la côte caraïbe. Cartagena fut fondée en 1533 par le conquistador Pedro de Heredia sur le site du village amérindien de Calamari. En peu de temps, la ville se développa pour devenir le principal port espagnol sur la côte caraïbe et le plus important point d'accès du nord de l'Amérique du Sud vers l'intérieur des terres. Elle servit par la suite de lieu de stockage des richesses extorquées à la population locale et destinées à être exportées vers l'Espagne. Elle devint alors une cible de choix pour toutes sortes de pirates et flibustiers, tels que le corsaire sir Francis Drake, qui menaça d'incendier la ville en 1586. Celle-ci, tirant la leçon de cette attaque qui détruisit le port, fit construire forts et remparts autour du centre historique, pour résister aux futurs assaillants. Mais ces murs ne suffirent pas à repousser le mouvement indépendantiste qui gagna l'ensemble du continent au milieu du XIXe siècle. Si l'architecture coloniale témoigne de l'histoire de Cartagena, ce sont les traditions multiculturelles profondément ancrées qui animent la ville d'aujourd'hui.

Pour les infos pratiques, voir le Carnet d'adresses p. 154

À SAVOIR

C'est à pied que l'on découvre la ville fortifiée et les fresques du quartier de Getsemaní sous leur meilleur jour. Protégez-vous du soleil (ce ne sont pas les vendeurs de chapeaux qui manquent) et sortez en début ou en fin de journée, plutôt qu'à midi.

Santuario de San Pedro Claver (p. 125)

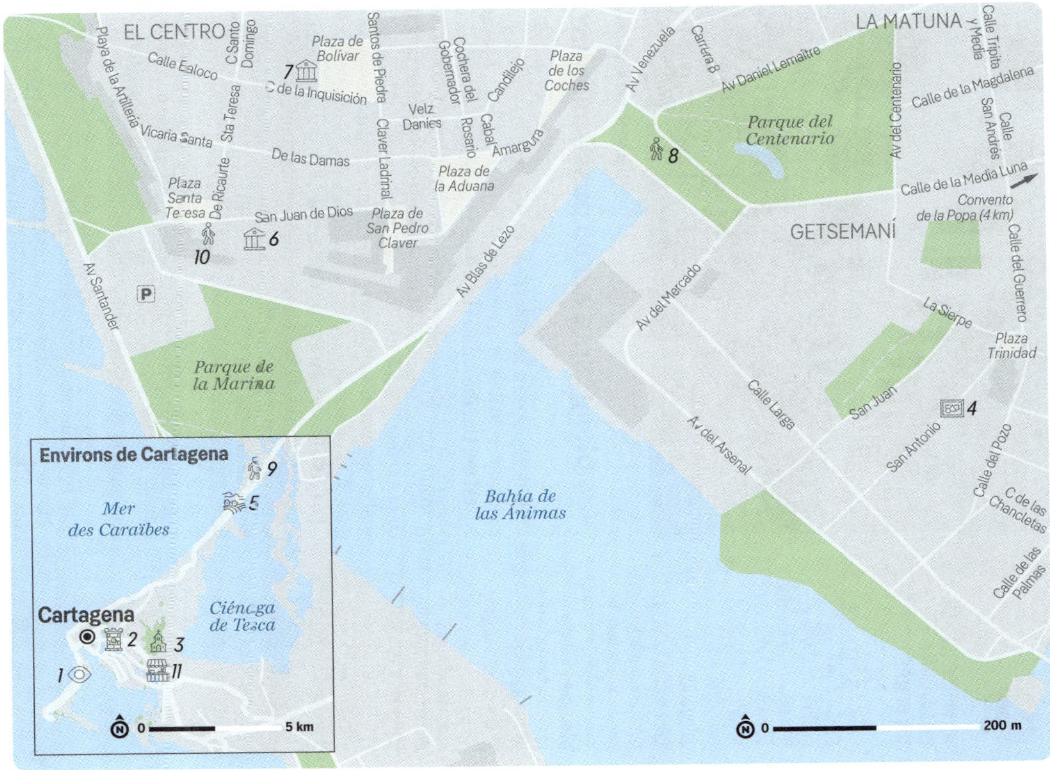

Palacio de la Inquisición (p. 125)

ADMIRER LA VUE EN BUVANT UN VERRE

Café del Mar
Bar lounge incontournable sur les remparts, où siroter un cocktail au coucher du soleil. Mieux vaut arriver tôt. €€

51 Sky Bar
Cocktails maison et cuisine internationale sur le toit-terrasse le plus haut de Colombie, avec vue sur les immeubles modernes de Bocagrande. €€

Townhouse Rooftop
Ambiance détendue sous les palmiers de ce toit-terrasse. Boissons à volonté pendant le brunch (week-end). €€€

Mirador Gastro Bar
Dégustez un cocktail avec une vue à 360°, sur le toit du Portal de los Dulces. €€€

JAMES WAGSTAFF/SHUTTERSTOCK ©

Museo Naval del Caribe

Vue plongeante sur un passé militaire

MUSÉE MILITAIRE, CHÂTEAU ET COUVENT

Cible de choix pour les flibustiers, Cartagena a été contrainte, à l'époque coloniale, d'adopter un plan de défense. Le **Museo Naval del Caribe** – ouvert en 1992 à l'occasion du 500e anniversaire de la découverte du Nouveau Monde par Christophe Colomb – présente la stratégie militaire colombienne depuis cette époque jusqu'à nos jours. La plupart des informations sont en espagnol, mais les dioramas, plans et maquettes aident à la compréhension.

Le **Castillo de San Felipe de Barajas**, l'un des monuments les plus célèbres de la ville, est la plus importante forteresse jamais bâtie par les Espagnols dans leurs colonies. Le premier fort date de 1536, mais il fut reconstruit en 1657 sur la colline San Lázaro. Au cours des deux siècles suivants, il fut agrandi jusqu'à devenir l'imposant bastion qui existe aujourd'hui. Les férus d'histoire devront rejoindre une visite guidée ou louer un audioguide : les informations sont rares sur place. Les tunnels sont ouverts aux visiteurs (avis aux claustrophobes !), et vous pourrez admirer la vue à 360° du haut du fort, où tout le monde se retrouve au coucher du soleil, avant la fermeture à 18h.

La vue est tout aussi spectaculaire depuis le **Cerro de la Popa**, à 15 minutes en taxi (pas de transports en commun, et l'ascension à pied est déconseillée), point culminant de Cartagena. L'ancien couvent, le **Convento de la Popa**, qui trône au sommet de cette colline, était une cible facile. Simón Bolívar et ses hommes l'occupèrent pendant la guerre d'indépendance. On raconte qu'un boulet de canon tiré du Castillo San Felipe

OÙ SE LOGER À CARTAGENA

Casa Movida
Dortoirs façon capsules et chambres individuelles dans une maison chic et animée. Piscine et pizzeria. €

Hotel Casa San Agustín
Chambres luxueuses, piscine en angle construite autour d'un ancien aqueduc, plage privée : un cadre exceptionnel. €€€

Maloka Boutique Hostel
Auberge de jeunesse avec quelques chambres individuelles, les plus calmes donnent sur la cour. €€

de Barajas aurait frôlé la tête du Libertador alors qu'il regardait par l'une des fenêtres, à l'étage.

Fondé par les Augustins en 1607, le Convento de Nuestra Señora de la Candelaria, de son nom officiel, se résumait à l'origine à une chapelle en bois, qui fut remplacée par une construction plus robuste lorsque la colline fut fortifiée, deux siècles plus tard. En plus de profiter de la vue, on peut visiter le sanctuaire dédié à la Virgen de la Candelaria, sainte patronne de la ville, qui l'aurait défendue contre la lèpre autant que les pirates.

Street art à Getsemaní

GETSEMANÍ, QUARTIER BRANCHÉ ET FRESQUES COLORÉES

Vitrine du street art à Cartagena, le quartier ouvrier de Getsemaní, dont les façades décrépites de fresques multicolores reflètent l'âme, a connu une gentrification galopante, entre boutiques-hôtels, bars à cocktails et restaurants tendances.

Pour découvrir Getsemaní, dirigez-vous vers l'est depuis la **Torre del Reloj**, dans la vieille ville et rejoignez la Calle 30, une des artères principales de Getsemaní. Juste après le **Parque Centenario**, où vous apercevrez peut-être un paresseux, prenez à droite sur la Calle 29, surnommée **Calle de la Sierpe** et ornée de drapeaux. Lorsque la rue fait un coude, vous verrez les premières grandes fresques réalisées à l'occasion d'un festival de street art organisé en 2013, aux côtés d'œuvres plus récentes. Continuez jusqu'à la **Plaza de la Trinidad**, le cœur de Getsemaní, l'endroit idéal pour manger un morceau, prendre un verre sans se ruiner et passer une soirée animée devant l'église du XVIIe siècle.

Vous trouverez d'autres fresques le long de la **Calle de San Juan**, dont une portion est couverte de centaines d'œuvres à vendre de la galerie **Arte Getsemaní**. Offrez-vous un café au **Café del Mural** (p. 127). Si vous avez le temps, explorez les environs de la **Plaza de la Trinidad** : depuis quelques années, les habitants décorent les ruelles de drapeaux, cerfs-volants, parapluies, lampions et autres pour égayer ces petites ruelles qui passaient jadis inaperçues. Ne manquez pas le **Callejón Angosto** (aujourd'hui Calle de las Sombrillas), le **Callejón Ancho** et sa peinture de paysage urbain, ni la **Plaza del Pozo**, place triangulaire ornée de statues originales inspirées de la vie du quartier.

Si vous en voulez plus, **Free Tour Cartagena** (parapluie jaune) et **Beyond Cartagena** (parapluie rouge) proposent des visites guidées de Getsemaní (gratuites). Un pourboire est bienvenu (au moins 20 000 COP).

LE SAVIEZ-VOUS ?

Si les balades en calèche dans la vieille ville sont très populaires, ces dernières années, les cochers sont la cible des organisations de protection des animaux et des législateurs, qui pointent du doigt les chutes et la mort de chevaux épuisés, la malnutrition et les mauvais traitements infligés aux bêtes.

La législation évolue pour protéger les droits des animaux sans pour autant interdire le gagne-pain des cochers. Désormais, les chevaux ne peuvent travailler plus de 6 heures, un jour sur deux, et doivent être suivis par un vétérinaire tous les 4 mois. Les cochers doivent avoir suivi une formation à la sécurité routière et aux soins vétérinaires. Si vous tenez vraiment à faire un tour en calèche, vérifiez que les chevaux n'ont pas l'air stressés, blessés, trop fatigués ou agités.

UN PEU D'HISTOIRE

Durant la période coloniale, Getsemaní abritait les esclaves venus d'Afrique. La situation du quartier, en dehors de la ville fortifiée, leur permit peu à peu de s'émanciper. Le quartier, qui participa au mouvement de libération de la ville en 1811, a gardé un héritage contestataire et un lien fort avec la culture afro-colombienne.

La Passion by Masaya
Boutique-hôtel de caractère en plein centre qui mêle tradition et modernité ; piscines sur le toit et extérieure. €€€

Casa Pizarro
Charmant boutique-hôtel rénové, tout confort et calme, dans la vieille ville. Le luxe à prix abordable. €€€

Casa del Pozo
Maison coloniale convertie en pension, avec chats, espaces détente colorés et un cocktail gratuit par soirée. €

PROMENADE À PIED

Promenade dans le centre historique de Cartagena

La balade commence à la porte d'origine de la ville fortifiée, la Torre del Reloj, où artistes de rue et moult vendeurs ambulants se succèdent au fil de la journée, proposant visites guidées, jouets, ceviche... La promenade peut être bouclée en une heure, mais il serait dommage de ne pas prendre son temps et se laisser surprendre.

Partez de la **Torre del Reloj** (tour de l'horloge). Passez sous la tour, avancez à gauche au niveau de la **1 Plaza de los Coches**, où se teniat autrefois le marché aux esclaves. La galerie **2 El Portal de los Dulces** abrite de nombreux étals de confiseries locales. Avancez jusqu'à la **3 Plaza de la Aduana**, plus grande et plus ancienne place de la vieille ville, jadis la place d'armes, où trône une statue de Christophe Colomb.

Au bout de la place, tournez à droite et passez devant le **4 Museo de Arte Moderno**, sur votre gauche, qui occupe une partie de l'ancien bureau de la douane royale du XVIIe siècle et abrite une collection dédiée aux artistes cartagénois, dont Alejandro Obregón. Le **5 Santuario de San Pedro Claver**, église XVIIIe de style baroque qui conserve les reliques du prêtre Pedro Claver, qui consacra sa vie à aider les esclaves africains déportés, se dresse un peu plus loin, devant le **6 Museo Naval del Caribe** (p. 122). Tournez à droite devant l'église et prenez un bon bol d'air climatisé au **7 Museo del Oro Zenú** qui renferme une superbe collection d'éléments en or et de poteries du peuple zenú. Poursuivez et reposez-vous à l'ombre de la **8 Plaza de Bolívar**, l'une des places les plus agréables de Cartagena.

YASEMIN OLGUNOZ BERBER/SHUTTERSTOCK ©

El Portal de los Dulces

Visitez le **9 Palacio de la Inquisición**, côté ouest – qui abritait à l'époque coloniale l'institution qui avait pour rôle d'éradiquer l'hérésie de la ville – pour frissonner devant les terrifiants outils de torture du **Museo Histórico de Cartagena de Indias** qu'il héberge désormais.

Mettez ensuite le cap vers le nord jusqu'à la **10 Catedral de Santa Catalina de Alejandría** et sa façade emblématique du paysage urbain de Cartagena. En face, repérez l'hôtel **11 Casa de Alba**, où le corsaire sir Francis Drake s'installa en 1572 après avoir pillé le port.

Prenez à gauche sur la Calle 36 qui vous conduira à la **12 Plaza de Santo Domingo**, parfaite pour un dîner en terrasse à la fraîche. Entre deux plats, observez la *Gorda Gertrudís*, sculpture en bronze de l'artiste colombien Fernando Botero, dans le coin sud-ouest de la place, en face du **Convento de Santo Domingo** et son clocher de travers.

Flânez sur la Calle 35, vers l'est, et faites une pause-café à la librairie-café **13 Ábaco Libros y Café**. Avant de repartir, arrêtez-vous dans la **14 Calle de la Iglesia** pour immortaliser cette vue digne d'une carte postale : le dôme de la cathédrale se dresse derrière les balcons couverts de bougainvilliers.

Poursuivez vers l'est et prenez la troisième à gauche (Carrera 7) : vous voici dans le quartier de San Diego. Entrez dans **15 l'Iglesia de Santo Toribio de Mogrovejo** pour admirer le plafond mudéjar et un spectaculaire retable rose et or, puis prenez la Calle 39 à droite jusqu'à la bien animée **16 Plaza San Diego** et sa ronde de bâtiments colorés, dont un ancien couvent du XVIe siècle qui inspira Gabriel García Márquez pour son roman *De l'amour et autres démons*.

Tournez à gauche sur la Carrera 9 jusqu'à **17 Las Bóvedas**, ancien donjon dont les cellules abritent désormais des boutiques de souvenirs. Sur la Carrera 2 vers le sud-ouest, longez les **murailles** chargées d'histoire de la ville et terminez par un cocktail bien mérité au célèbre **18 Café del Mar**.

PAROLE D'HABITANTE : DANSER LA SALSA À CARTAGENA

Juliana Medina, copropriétaire d'Impulse Travel et danseuse de salsa passionnée.

Tertulia de Getsemaní
Le lieu est immense, on ne risque pas de se marcher sur les pieds. Le groupe résident est très bon et la décoration rappelle l'histoire et la culture locales.

El Coreano
Adresse sans chichis loin des quartiers touristiques, en extérieur. Les tarifs sont bas et on y croise les meilleurs danseurs de salsa de Cartagena.

Club Los Carpinteros
En plein cœur de Getsemaní, c'est le seul bar de la vieille ville fréquenté par les habitants. On y danse la salsa, mais pas seulement.

Place au glamour

MIAMI BEACH À CARTAGENA

Les appartements et hôtels de **Bocagrande** ont beau être visibles depuis la ville fortifiée, ce quartier semble bien loin du cœur historique de Cartagena. Les baigneurs se pressent sur ses 2,5 km de plages urbaines, ou dans la foule de centres commerciaux, des bars et des restaurants de luxe dispersés sur la zone.

Clubs ambulants

EMBARQUER SUR UNE CHIVA

Difficile de ne pas remarquer les bus multicolores qui parcourent les rues au son du reggaeton ou, parfois, de musique live. Traditionnellement, ces *chivas* véhiculent personnes et marchandises dans les zones rurales de la Colombie (voir p. 233). À Cartagena, elles ont été converties en ***chivas rumberas***, version festive de ce moyen de transport emblématique. Avec leur bar et leur petite piste de danse, ce sont de véritables carnavals roulants : une façon originale de boire des verres et faire connaissance. La *chiva* dépose devant une boîte de nuit ceux de ses passagers qui voudraient prolonger la soirée. Mieux vaut réserver auprès d'une agence.

Saveurs en folie

DÉCOUVRIR LA SCÈNE CULINAIRE DE CARTAGENA

Parcourez les allées effervescentes du **Mercado de Bazurto**, à votre guise ou avec un guide, et découvrez une farandole de produits frais que vous n'avez jamais vus, ainsi que des étals de poisson, de viande ou de spécialités de street food comme les *empanadas* et les *arepas*. Dans les rues de la ville, les marchands ambulants proposent d'autres mets locaux. Si le *mango biche* (mangue verte saupoudrée de sel, citron vert et poudre de chili) et le ceviche (morceaux de poisson ou crevettes marinés dans du jus de citron avec des oignons, de la coriandre et du piment, servis avec des chips de banane plantain) sont les options les plus diététiques, la plupart des en-cas sont frits : *patacones* (banane plantain frite), *papas rellenas* (boulettes de bœuf et purée de pommes de terre), *arepa de huevo* (*arepa* garnie d'un œuf), *buñuelos* (beignets au fromage)... le choix est vaste ! En novembre, vous pourrez vous rassasier de ces spécialités pendant le **Festival del Frito Cartagenero**, où elles sont à l'honneur.

Coup de filet

PÊCHE AU CRABE À LA BOQUILLA

Direction l'îlot de **La Boquilla**, à l'extrémité nord de Cartagena, sur le littoral juste après l'aéroport. On y vient pour apprendre le windsurf ou le kitesurf au large de la longue plage certifiée Pavillon bleu (seules quatre plages de Colombie répondent à

OÙ SE RESTAURER À CARTAGENA

Mar y Zielo
Décor léché et plats minutieusement préparés, reflets des influences du monde sur la cuisine locale. **€€€**

Celele
Un voyage gastronomique inoubliable, avec des assiettes colorées et créatives du début à la fin. **€€€**

La Cocina de Pepina
Bon restaurant populaire où l'on sert des plats traditionnels, comme la *posta cartagenera* et le *mote de queso*. **€€**

BRUCE YUANYUE BI/GETTY IMAGES ©

Vendeur de fruits, Mercado de Bazurto

ces normes de qualité internationales). Le village de pêcheurs afro-caribéen est aussi une destination d'écotourisme, axé sur la préservation du patrimoine de La Boquilla.

Tout au bout de la plage, près d'une mangrove, **Ecotours Boquilla** propose une excursion en bateau d'une demi-journée permettant de découvrir les méthodes traditionnelles de **pêche au crabe**, suivie d'un repas chez l'habitant. Moments phares de la visite : la traversée d'un lagon peu profond et l'entraînement au lancer d'un filet lesté qui s'ouvre comme une fleur sur les vagues. Les petits poissons ainsi pêchés serviront ensuite d'appât dans les pièges à crabes de la mangrove. La pêche est maigre ? Pas d'inquiétude, vous pourrez tout de même déguster un plat traditionnel de poisson frit accompagné de riz au lait de coco et de *patacones* (bananes plantain frites). L'excursion inclut la navette depuis les hôtels de Cartagena.

LES MEILLEURS CAFÉS DE CARTAGENA

Café San Alberto
On y sert un café primé de l'Hacienda de San Alberto, dans l'Eje Cafetero.

Café del Mural
Le café y est torréfié et préparé de maintes façons.

Época Espresso Bar
Dégustez des cafés spéciaux, dont le *carajillo ahumado*, un expresso aromatisé à l'aguardiente.

Libertario Coffee Roasters
Différents parfums à allier avec des pâtisseries françaises et des petits-déjeuners légers.

Ábaco Libros y Café
Café-librairie servant des boissons chaudes ou fraîches.

LES PALENQUERAS

Les femmes qui arpentent Cartagena en robes colorées, portant des plateaux de fruits sur la tête, sont surnommées les "Palenqueras" car elles sont historiquement originaires de **Palenque de San Basilio** (p. 130), première ville libre des Amériques, fondée par d'anciens esclaves africains.

COMMENT CIRCULER

Si Cartagena se visite facilement à pied, vous pouvez aussi prendre sans crainte les taxis jaunes officiels portant la mention *servicio público* – pensez à bien à négocier le prix avant de démarrer. En cas de doute, demandez à l'hôtel que l'on appelle un taxi ou passez par une application comme Cabify ou Uber. À l'aéroport, les taxis attendent devant les arrivées ; les prix, fixes, dépendent de votre destination. Au moment de payer, donnez le ticket imprimé avec le tarif au conducteur. La vieille ville est à 15 minutes en voiture.

Les bus orange et blancs de **TransCaribe** circulent tous les jours à partir de 6h. Vous devrez acheter une carte rechargeable à une station. Le T102 relie fréquemment l'aéroport et la ville. Depuis le Terminal de Transporte (gare routière), la ligne X104 mène au centre-ville.

Environs de Cartagena

Découvrez des îles et des plages immaculées dignes des plus belles cartes postales des Caraïbes, puis explorez les incroyables bijoux culturels de l'intérieur des terres.

Au-delà des remparts de Cartagena, la mer des Caraïbes au bleu céruléen s'étend à perte de vue, parsemée d'îlots coralliens, certains à peine assez grands pour accueillir la moindre construction. Les archipels del Rosario et de San Bernardo tirent leur popularité des longues bandes de sable doré et des mangroves que le plancton bioluminescent éclaire la nuit. Sur le continent, au sud-ouest de la luxuriante frontière avec le Panama, les petites villes balnéaires qui se succèdent – plus prisées des Colombiens que des touristes étrangers – sont des diamants bruts qui ne demandent qu'à briller. Dans les terres, les villages figés dans le temps ou volontairement cachés attendent d'être redécouverts au milieu des marais et des affluents du Río Magdalena, cours d'eau historique qui relie la côte caraïbe au reste du pays.

Pour les infos pratiques, voir le Carnet d'adresses p. 154

À SAVOIR

Passez la nuit sur les îles des environs de Cartagena pour profiter du coucher de soleil sur la plage, sans la foule. Peu de distributeurs de billets sur place.

Islas del Rosario

Playa Blanca, Isla Barú

D'île en île

PLAGES BAIGNÉES DE SOLEIL ET AVENTURES SOUS-MARINES

Plusieurs îles des Caraïbes se trouvent à 2 heures de route, ou moins, de Cartagena. La plus proche et accessible, **Tierra Bomba**, n'est qu'à 15 minutes de bateau de Castillogrande. Elle compte un bon nombre de clubs donnant sur la plage, dont **Namasté**, le **Bomba Beach Club** et le **Blue Apple Beach Club**, mais ce n'est pas là que la mer est la plus belle. Sur l'**Isla Barú**,la **Playa Blanca**, magnifique plage de sable fin bordée d'une eau cristalline, souffre de surfréquentation. Le pont permet d'y accéder facilement pour la journée, mais la plage est vite bondée, et vous serez souvent sollicité par les vendeurs en tout genre.

Les **Islas del Rosario**, à 3,5 km de Cartagena, comprennent 27 petites îles coralliennes, dont certaines minuscules, au milieu d'un récif très prisé pour le snorkelling et la plongée. L'ensemble du secteur bénéficie désormais du statut de parc national, ce qui lui vaut le nom de **Parque Nacional Natural (PNN) Corales del Rosario y de San Bernardo**. Malheureusement, des courants marins chauds ont érodé les récifs autour de l'archipel, et le site est moins intéressant qu'auparavant pour la plongée. Cela dit, les sports nautiques restent très prisés, et les deux plus grandes îles, l'Isla Grande et l'Isla del Rosario, comptent des lagunes intérieures et quelques installations touristiques. L'**Isla Grande**, la plus importante et la plus construite de l'archipel, abrite, entre autres complexes hôteliers, le populaire **Bora Bora Beach Club**, qui propose navette, repas et transat pour la journée. Passez-y la nuit pour prendre un bain nocturne dans la **Laguna Encantada** éclairée par le plancton bioluminescent.

Si on accède plus facilement aux **Islas de San Bernardo** depuis Santiago de Tolú et Rincón del Mar, la compagnie Tranq

PAROLE D'HABITANT : LE TOP DES SPOTS DE PLONGÉE

Andrés Obregón, président de la fondation Diving Planet, qui encourage l'écotourisme et la protection de l'écosystème récifal.

Islas del Rosario
Le **PNN Corales del Rosario y de San Bernardo** est l'un des parcs naturels marins les plus importants de Colombie. Il abrite une riche variété de coraux et de poissons de récifs (divingplanet.org).

Isla Barú
Visitez deux épaves de remorqueurs et le **Mumar**, musée sous-marin qui expose les sculptures du *Jardin des méduses* de l'artiste Germán Botero (cartagenadivers.com ou buzosdebaru.com).

Golfo de Morrosquillo et Archipélago de San Bernardo
Eau transparente, prairies coralliennes et plongée sur épave (covenasdiving.com, rincondivecenter.com ou rincondelmar.wixsite.com/divecenter).

OÙ SE LOGER SUR LES ISLAS DEL ROSARIO

El Hamaquero Hostal Econativo
Écohôtel rustique au bord de l'eau. Chambres individuelles et dortoirs semi-individuels. **€**

Hotel IslaBela
Écolodges confortables avec salles de bains extérieures, plage privée, massages. **€€€**

Hotel Isla del Sol
Bungalows coiffés de chaume autour d'une piscine d'eau de mer. Restaurant, bar et plage privée. **€€€**

LE CARNAVAL DE BARANQUILLA

Le carnaval de Barranquilla, un des plus importants au monde, est un déferlement de couleurs, de danses, de sons et de saveurs qui a lieu tous les ans durant les quatre jours précédant le mercredi des Cendres. Tout comme au carnaval de Rio, c'est un tohu-bohu de fanfares, de défilés, de chars, de gens costumés dansant et buvant dans la rue dans une ambiance débridée, quasi démente.

Si vous ne pouvez être présent pendant le carnaval, sachez que les préparatifs, les concerts et la fête commencent dès la fin janvier et durent jusqu'à la veille du coup d'envoi des festivités officielles. Si vous souhaitez y prendre part, il faudra réserver plusieurs mois à l'avance. Le reste del'année, le **Museo del Carnaval** expose des costumes, des masques et des instruments de musique, et retrace l'histoire de cette grande fête culturelle.

Iglesia de Santa Bárbara, Mompós

It Easy (p. 133) assure une liaison quotidienne depuis l'embarcadère du **Muelle Turístico de la Bodeguita** à Cartagena vers les îles de Tintipán et Múcura (départ 9h ; 2 heures). En chemin, vous passerez devant la minuscule **Santa Cruz del Islote**, l'une des îles les plus peuplées au monde, où un millier de personnes, principalement des pêcheurs, cohabitent dans un bidonville aquatique tropical de seulement 1 200 m², et devant le fameux hôtel au beau milieu de l'eau **Casa en el Agua**. C'est sur l'**Isla Tintipán**, la plus grande île de l'archipel, et l'**Isla Múcura**, qui accueille plupart des infrastructures touristiques, que l'on trouve le plus d'hébergements.

Première ville libres des Amériques fondée par des esclaves en fuite

RÉSISTANCE ET TRANSMISSION CULTURELLE

Parce qu'elle accueillait des esclaves africains en fuite, **Palenque de San Basilio**, ville fondée au XVIIe siècle dans les Montes de María, au sud-est de Cartagena, était volontairement difficile d'accès. À l'apogée de la traite coloniale, les fugitifs devaient se fier à des indications secrètes sur des plans cachés dans les tresses des femmes. Des siècles plus tard, les visiteurs parcourent les 50 km qui séparent Palenque de Cartagena en circuit organisé ou en transport en commun puis en moto-taxi.

La ville compte peu de sites touristiques, hormis, devant l'église, la statue représentant le fondateur de la ville, **Benkos Biohó**, en train de briser ses chaînes. L'histoire locale se transmet par les traditions orales que perpétuent les 3 5000 habitants du village, soit un ensemble d'ancestrales pratiques culinaires, médicinales, funéraires, chorégraphiques et musicales. Ils parlent également un créole unique, le *palenquero*, mélange d'espagnol, de portugais et

OÙ SE LOGER À RINCÓN DEL MAR

Hostel Beach House
Auberge de jeunesse basique dont le balcon supérieur (lits superposés, moustiquaires, kitchenette) donne sur la mer. **€**

Dos Aguas Lodge
Belles chambres de style balinais avec terrasse, autour d'un jardin central. Restaurant végétarien face à la mer. **€€€**

Hostel Mamallena
Pension chaleureuse avec 7 chambres individuelles, cuisine partagée et accès direct au front de mer. **€€**

de plusieurs langues bantoues d'Afrique subsaharienne, menacé de disparition malgré un récent regain d'intérêt. Palenque est aujourd'hui une ville indépendante, où l'on ne trouve ni police ni hôpital, mais une organisation sociale originale reposant sur les réseaux familiaux et sur des groupes d'âges appelés *kuagro*. Depuis 2005, l'espace culturel de Palenque est inscrit sur la liste du patrimoine culturel immatériel de l'humanité de l'Unesco.

Pour une visite complète du village, contactez Nuno Bembele (☎300-272-6382), ou un autre guide local. Au cours de cette visite, vous aurez peut-être la chance de rencontrer un guérisseur traditionnel, de goûter l'excellente cuisine locale, ou encore d'assister à un concert de *champeta* joué par le groupe **Sexteto Tabalá** ou une initiation aux instruments typiques dans le studio de **Kombilesa Mi**, groupe de hip-hop qui tourne dans le monde entier avec ses morceaux en espagnol et en *palenquero*.

La magie de Mompós

HISTOIRE , ARCHITECTURE, ARTISANAT ET NATURE

L'ancien port fluvial colonial prospère de Santa Cruz de Mompox a perdu de sa superbe lorsque le Río Magdalena a été dévié par une accumulation de limon, à la fin du XIXe siècle. En 2015, un nouveau pont a permis de désenclaver cet endroit reculé, figé dans le passé, à 6 heures de bus du Terminal de Transportes de Cartagena, et de découvrir ainsi l'une des villes coloniales les mieux conservées du pays, aux faux airs de La Havane.

Fondée en 1540 par Alonso de Heredia, **Santa Cruz de Mompox** était un important centre de commerce et un port actif par lequel transitaient toutes les marchandises en provenance de Cartagena destinées à être acheminées vers l'intérieur de la colonie. Cette ville initialement florissante frappait aussi la monnaie coloniale et devint célèbre pour ses orfèvres, dont le savoir-faire transparaît encore aujourd'hui dans de superbes bijoux en filigrane. En 1810, Mompox devint la première ville colombienne à se déclarer indépendante de l'Espagne. C'est à cette époque qu'elle commença à utiliser le nom **Mompós**. Pendant la guerre d'indépendance, elle devint un important centre militaire. Simón Bolívar lui-même s'y est rendu huit fois entre 1812 et 1830, pendant les guerres d'indépendance contre l'Empire espagnol – les dates et les détails figurent sur la **Piedra de Bolívar**, au bord du fleuve.

Le long du fleuve, vous apercevrez des singes et des iguanes se prélassant dans les arbres, et des basilics communs marcher sur l'eau (si, si !). En suivant la **Calle de la Albarrada**, vous trouverez des bâtiments coloniaux bien préservés et trois places, chacune avec sa propre église. Notez l'**Iglesia de Santa Bárbara**, ornée de symboles catholiques et amérindiens, avec son clocher baroque ceint d'un balcon en bois. Grimpez dans le

MÉTAUX PRÉCIEUX

Mompós est connu pour ses **bijoux en filigrane**, pièces délicatement confectionnées à partir de fils d'or et d'argent entrelacés et ondulés. Présente en Mésopotamie et en Grèce antique, cette technique arriva en Espagne avec l'invasion des Maures, puis en Amérique avec la conquête espagnole. De nombreux artisans spécialisés s'installèrent à Mompós, grand pôle commercial au temps des colonies. L'or y était récolté, stocké et mis à l'abri des pirates qui rôdaient sur la côte caraïbe.

La technique est toujours pratiquée aujourd'hui, même si l'argent a pris le dessus sur l'or, devenu plus rare. Vous pourrez voir les artisans à l'ouvrage à la **Joyería Wamaris** et dans d'autres bijouteries.

Scannez ce QR code pour en savoir plus.

OÙ SE LOGER À MOMPÓS

Portal de la Marquesa
Au milieu des œuvres d'art et des antiquités – sans compter la gentillesse du personnel –, on se sent comme à la maison. €€€

Hostal Doña Manuela
Chambres spacieuses qui donnent sur les cours paisibles de cette ancienne demeure coloniale. Belle piscine. €€€

Pueblito Mágico Hostel
Bonne option pour les petits budgets. Dortoirs de 4 lits, chambres individuelles et pièces communes. €

VOLCANS DE BOUE

La côte caraïbe est émaillée de petits volcans. Lorsque la pression est trop forte sur les poches d'hydrocarbures naturels, les cratères ne crachent pas de lave, mais une boue tiède riche en minéraux. Des habitants entreprenants ont fait de ces curiosités géologiques des attractions touristiques, la plus connue étant le **Volcán de Lodo El Totumo**, à 1 heure au nord-ouest de Cartagena.

Pour 20 000 COP, on peut gravir l'escalier branlant jusqu'au sommet du cône (15 m de haut), puis descendre dans le cratère et faire trempette dans la boue grise supposée thérapeutique, avant d'aller se rincer dans la lagune. Il vous en coûtera quelques billets supplémentaires pour bénéficier d'un massage et repartir avec une photo immortalisant ce moment.

clocher pour une vue imprenable sur la ville. Pour en apprendre plus sur l'histoire de la ville, Carlos Vargas, gérant de **Mompox Retro**, propose des visites guidées.

L'après-midi, dégustez du poisson frais au **Comedor Costeño** ou sirotez un café dans un rocking-chair sur la terrasse ombragée du **Café 1700**. Parmi les nombreuses boutiques de produits locaux, arrêtez-vous pour observer les artisans pratiquer l'art du **filigrane**. En fin de journée, profitant d'une excursion en bateau, poussez jusqu'à la **Ciénaga de Pijiño**, marais abritant 300 espèces d'oiseaux, entre autres. Au retour, ne manquez pas l'emblématique **Plaza del Mercado**, vue de la mer. Dans l'ancienne halle du marché, vous trouverez des stands de souvenirs et, à l'étage, le restaurant **Crónicas**, clin d'œil à Gabriel García Márquez, car on soupçonne à Mompós que la ville aurait inspiré le cadre du célèbre *Cent ans de solitude*.

Randonnées côtières et plages de rêve

VILLAGES ISOLÉS À LA FRONTIÈRE PANAMÉENNE

Le trajet fait partie intégrante de l'aventure : les villages côtiers de **Capurganá** et **Sapzurro** ne sont accessibles que par un long trajet en bateau depuis Turbo (2 heures 30) ou Necoclí (plus rapide, 1 heure 30) ou bien à bord d'un minuscule avion au départ de Medellín. Étapes classiques des voyageurs en provenance ou en direction du Panama, ces villages caribéens idylliques sont parfaits pour la randonnée, le snorkeling et la plongée sur le plus beau récif corallien du pays, l'observation de la faune sauvage ou le farniente. Suivez le **Sendero Ecoturístico** qui relie les deux ou louez un bateau (environ 15 000 COP).

Les rues de Capurganá, pôle maritime de la région, sont souvent bondées de motos-taxis et de charrettes tirées par des chevaux. Pour plus de calme, longez le littoral vers le nord pendant 40 minutes jusqu'à **La Coquerita** et ses trois bassins rustiques – deux piscines d'eau douce et une d'eau de mer remplie de poissons tropicaux. Vers le sud, vous tomberez sur la jolie **Bahía El Aguacate** et sa plage ombragée, puis le **Hoyo Soplador**, un trou souffleur qui peut projeter l'eau à 20 m de hauteur.

Le paisible village de **Sapzurro** est le dernier avant le Panama. Si vous arrivez de Capurganá par le sentier, faites un petit détour par la **Cascada de Diana**, cachée dans la jungle. Vous pouvez passer la journée sur la **Playa Bonita**, la plage municipale, ou à **Cabo Tiburón**, moins fréquentée, 15 minutes plus loin sur la côte.

Sotracor assure une liaison en bus jusqu'à **Necoclí**, via Montería. Vous pouvez aussi prendre un bus Unitransco, Expreso Brasilia ou Rapido Ochoa jusqu'à Montería, puis un bus régional jusqu'à Necoclí ou **Turbo**, ville portuaire peu engageante. Si vous arrivez par l'est, vous devrez passer la nuit sur place avant d'embarquer sur le bateau qui traversera le golfe d'Urabá le lendemain matin. Au retour, vous pouvez rejoindre Cartagena depuis Capurganá en une seule (et très longue) journée.

OÙ SE LOGER À SAPZURRO ET CAPURGANÁ

Bahía Lodge
Hébergement paisible en cabanes confortables au bord de la plage, à Capurganá. Beau jardin, petite piscine. **€€**

Posada del Gecko
Excursions, plats et chambres d'un bon rapport qualité-prix à Capurganá, à un pâté de maisons du front de mer. **€**

Sapzurro La Posada
Rien de tel que de sentir l'air de la mer dans les chambres spacieuses à l'étage, équipées de balcons avec hamacs. **€€**

OSCAR GARCES/SHUTTERSTOCK ©

Capurganá

Journée plage... au Panama

LA MIEL-SAPZURRO À PIED

Pour rejoindre le Panama depuis Sapzurro (20 minutes à pied), le plus difficile est de trouver le sentier. Devant à l'église bleue et blanche en face de la jetée, prenez à droite, puis à gauche après l'Hotel Doña Triny. En sortant du quartier, une volée de marches raides et irrégulières vous conduit au sommet d'une colline où se trouve un poste frontalier. Après vérification de votre passeport (pas de tampon), vous pourrez redescendre jusqu'au village de **La Miel**. Il faudra payer une taxe portuaire en bas de la colline. Prenez à droite et suivez la chaussée qui passe devant la base militaire panaméenne jusqu'à la **Playa Blanca**.

La plage bordée de palmiers abrite plusieurs restaurants qui ouvrent à midi. Au **Kiosko del Mena**, un panneau avertit les visiteurs : "Qui vient à Playa Blanca sans s'arrêter chez Mena n'est pas encore arrivé à Playa Blanca." Eh bien, soit. Commandez la *comida corriente* (menu du jour), qui inclut une boisson, une soupe et un plat copieux de poisson ou de fruits de mer.

Vous trouverez boissons, crème solaire, masque et tubas à **Las Delicias Duty Free**, dans le bâtiment bleu à côté de la jetée. Veillez à rentrer à Sapzurro avant la fermeture du poste frontalier, à 17h.

RESTAURANTS DE SAPZURRO

En raison de l'isolement du village, les restaurateurs de Sapzurro ont du mal à s'approvisionner : pensez à réserver.

Café del Mar
Dans une jolie pension, plats de poisson et de pâtes servis sur le porche face à la mer. Il faut traverser un cours d'eau pour y accéder. **€€**

Paraíso Cangrejales
Ceviche, *chaufa* et *lomo saltado* : on voit que les hôtes sont d'origine péruvienne. **€€**

Hotel Doña Triny
Ce restaurant de fruits de mer devenu hôtel propose d'alléchantes spécialités comme le vivaneau et la langouste. **€€**

COMMENT CIRCULER

Des bateaux quittent Cartagena le matin depuis le **Muelle Turístico de la Bodeguita**, entre 8h et 9h, et desservent les îles. Ils reviennent entre 16h et 18h environ. Vous pouvez acheter vos billets au guichet de réservation de croisières du *muelle* (jetée) ou réserver via la réception des hôtels de Cartagena. Vous pouvez aussi réserver directement auprès de certains clubs de plage et hôtels sur les îles (transfert parfois offert). **Tranq It Easy** assure la traversée (parfois agitée) entre Cartagena et les Islas de San Bernardo (2 heures).

Les bus pour les destinations sur la côte et dans les terres partent du Terminal de Transportes de Cartagena. Pour Palenque de San Basilio, prenez un bus jusqu'à San Juan ou Mahates – l'arrêt est en dehors de la ville, vous devrez finir le voyage en motos-taxis. Deux bus Unitransco partent tous les jours pour Mompós (6 heures). Prenez les bus Unitransco ou Expreso Brasilia pour rejoindre Rincón del Mar, Santiago de Tolú et Coveñas, Santa Cruz de Lorica et Montería.

SANTA MARTA

La Sierra Nevada de Santa Marta dont les cimes enneigées percent les nuages, se dresse à l'orée de la ville, et les plages du PNN Tayrona attendent à deux pas : Santa Marta peut se targuer d'offrir un des plus splendides paysages de la côte caraïbe colombienne. C'est sans doute le constat qu'a fait le conquistador Rodrigo de Bastidas, en 1501, 24 ans avant d'y bâtir la plus ancienne ville de fondation européenne de Colombie, et la deuxième plus ancienne du continent. Souvent éclipsée par la si belle Cartagena, Santa Marta porte pourtant très bien son surnom de "perle des Amériques". Il faut creuser un peu pour qu'étincellent ses meilleurs atouts, comme les hébergements aux prix attractifs, la scène culinaire et la vie nocturne, une part de l'histoire qui a façonné l'identité de la Colombie et un front de mer dégagé d'où l'on peut admirer le soleil se coucher derrière le Faro del Morro, phare perché sur un promontoire rocheux dans la baie de Santa Marta.

Pour les infos pratiques, voir le Carnet d'adresses p. 154

À SAVOIR

Le centre-ville de Santa Marta est une bonne base pour prévoir des excursions dans la région, comme Minca, le Parque Nacional Natural (PNN) Tayrona et La Guajira. On y trouve la plupart des institutions culturelles, sites historiques, hébergements et restaurants.

Quinta de San Pedro Alejandrino

VOIR
1 Acuario Mundo Marino
voir 4 Altar de la Patria
2 Catedral Basílica de Santa Marta
3 Faro del Morro
voir 4 Jardín Botanico
4 Quinta de San Pedro Alejandrino
voir 4 Museo Bolivariano de Arte Contemporáneo
5 Museo del Oro Tairona
6 Parque Bolívar
7 Paseo el Camellón (Paseo de Bastidas)
voir 1 Playa El Rodadero
8 Taganga

ACTIVITÉS
9 Velero Santa Marta

La dernière visite de Simón Bolívar

TOURNÉE D'ADIEU DU LIBERTADOR

Plusieurs sites historiques de Santa Marta sont liés à **Simón Bolívar**, chef militaire auréolé de gloire qui aida les nations sud-américaines à obtenir leur indépendance. En décembre 1830, c'est un homme très affaibli qui se présenta à la plantation de canne à sucre d'un de ses amis – la **Quinta de San Pedro Alejandrino** – dans une calèche à présent exposée dans l'écurie, protégée par du plexiglas. Quelques jours après son arrivée, Simón Bolívar mourut, semble-t-il, de la tuberculose. Si le lit d'origine fut brûlé pour éviter la contagion, un drapeau colombien recouvre aujourd'hui le lit à baldaquin installé dans la chambre où le héros poussa son dernier soupir. L'horloge octogonale d'époque s'y trouve toujours, arrêtée quelques minutes après la mort du Libertador, le 17 décembre 1830.

OÙ SE LOGER À SANTA MARTA

Masaya Santa Marta
Bon hébergement pour petits budgets. Dortoirs ou chambres. Toit-terrasse et piscine donnant sur la cathédrale. **€€**

Dreamer Hostel
Pension excentrée appréciée des voyageurs ; chambres spacieuses et jardin luxuriant avec piscine. **€€**

Hotel Casa Rosa
Boutique-hôtel dans une charmante demeure coloniale colorée et bien décorée. En-cas à disposition un peu partout. **€€€**

À L'INTÉRIEUR DE LA QUINTA

Dans la maison, remarquez la **baignoire en marbre**, d'un luxe démesuré. L'hacienda fut construite au début du XVIIe siècle, et servit à la culture et à la transformation de la canne à sucre. Elle disposait de son propre **moulin à canne à sucre** (*trapixche*) et d'une **distillerie** (*destilería*).

Le superbe domaine, qui comprend les 22 ha remplis d'iguanes du **jardin botanique** (Jardín Botánico) de Santa Marta, mérite aussi la visite – certains arbres justifient à eux seuls le déplacement.

La propriété se trouve à Mamatoco, à environ 4 km à l'est du centre-ville. Pour vous y rendre, prenez le bus pour Mamatoco (20 min) au niveau du front de mer.

POUR LES AMATEURS DE BELLES-LETTRES

Dans *Le Général dans son labyrinthe*, Gabriel García Márquez recrée de façon romancée le dernier voyage de Simón Bolívar jusqu'à sa mort, à la Quinta de San Pedro Alejandrino.

Plusieurs monuments furent érigés sur la propriété en souvenir du Libertador, dont l'**Altar de la Patria** ("autel de la Patrie"), un autel en marbre blanc que la statue de Bolívar contemple avec superbe. À sa droite, le **Museo Bolivariano de Arte Contemporáneo** présente les œuvres d'artistes d'Amérique latine de renom et des expositions temporaires.

À la mort de Bolívar, le corps du défunt resta plusieurs jours à l'étage de la **Casa de la Aduana** (douane), le plus vieux bâtiment historique des Amériques, situé sur le Parque Bolívar. Aujourd'hui, celui-ci abrite le **Museo del Oro Tairona**, qui dispose d'une impressionnante collection d'objets en or et d'artefacts tayronas. À l'étage, l'histoire de la décolonisation de l'Amérique du Sud est retracée dans la pièce même où furent rendus les derniers hommages au Libertador. Son corps reposa ensuite dans la **Catedral Basílica de Santa Marta**, quelques rues plus loin, là où fut bâtie la première église du continent (1765). Au fil des siècles, l'édifice endura attaques de pirates, incendies, inondations et séismes. Aujourd'hui fusion de plusieurs styles, l'église est agréable à visiter pour échapper à la chaleur, mais sachez que la crypte n'abrite plus le corps de Simón Bolívar, qui a été restitué à son pays d'origine, le Venezuela, en 1842.

Sur le front de mer

ACTIVITÉS EN BORD DE MER

L'agréable promenade en front de mer, le **Paseo el Camellón**, longe la baie depuis le port animé, puis la plage de la ville jusqu'à la marina internationale. Admirez le soleil se coucher derrière le **Faro del Morro**, phare historique perché sur un promontoire au milieu de l'eau. **Velero Santa Marta**, dans la marina, propose des sorties snorkeling et baignade dans le PNN Tayrona.

La **Playa El Rodadero** est une plage prisée dans un quartier chic, à 20 minutes de bus au sud-ouest de Santa Marta. Rien à voir avec les superbes plages du parc naturel, mais vous aurez le choix en matière de restaurants et de cafés. L'**Acuario Mundo Marino** abrite une vaste faune de poissons, tortues de mer, raies, requins et autres créatures marines. Au nord-est de Santa Marta, l'ancien village de pêcheurs de **Taganga** est une destination populaire pour la plongée, grâce à des prix très attractifs, et pour les excursions en bateau jusqu'au Cabo San Juan del Guia (p. 138).

COMMENT CIRCULER

Le plus économique est de se déplacer en bus. Ceux-ci circulent de 5h à 22h et la destination est affichée à l'avant. La ligne 3 "El Rodadero Aeropuerto", qui rallie l'aéroport à 16 km de là, part de la Carr. 1C, devant le *malecón* de Santa Marta.

Vous ne trouverez pas de Uber, mais vous pouvez héler sans crainte un taxi jaune dans la rue ou demander au personnel de votre hôtel ou d'un restaurant d'en appeler un. Il n'y a pas de compteur ; négociez le prix avant de monter.

Environs de Santa Marta

Renouez avec la nature et rencontrez les peuples autochtones qui gardent ces terres sacrées. Ils vous révéleront qu'elles sont le cœur du monde.

Certains des paysages les plus frappants de Colombie se trouvent aux portes de Santa Marta. Là, les plages immaculées du Parque Nacional Natural (PNN) Tayrona cèdent la place aux sommets découpés de la Sierra Nevada de Santa Marta, plus haut massif côtier du monde. Dans cette région à la biodiversité très riche, la civilisation tayrona prospéra jusqu'à conquête espagnole. Les sentiers ancestraux sont aujourd'hui parcourus par les visiteurs en quête de plages isolées et de contemplation sereine. Les routes serpentent à travers les collines, croisent des villages traditionnels autochtones et montent jusqu'à Tcyuna, la mystérieuse Ciudad Perdida ("cité perdue"). Le trek épique de quatre jours qui mène jusqu'à cette cité oubliée est l'une des plus belles aventures à vivre en Colombie.

Pour les infos pratiques, voir le Carnet d'adresses p. 154

À SAVOIR

Le Parque Nacional Natural (PNN) Tayrona ferme les premières quinzaines de février, de juin et d'octobre pour permettre aux écosystèmes de se reconstituer. La Ciudad Perdida est inaccessible pendant la majeure partie du mois de septembre (p. 141).

Randonnée jusqu'à la Ciudad Perdida (p. 140)

JOERG STEBAR/SHUTTERSTOCK ©

BOL D'AIR FRAIS À MINCA

Perché à 600 m d'altitude dans la Sierra Nevada, **Minca** est un village de montagne connu pour son café biologique, son incroyable variété d'oiseaux, et pour ses températures bien plus fraîches que celles de la côte étouffante en contrebas.

Plantation de café
Depuis 1892, la **Finca La Victoria** produit des grains d'arabica de qualité. Vous pourrez goûter sur place cet excellent café.

Baignade
Pozo Azul et les **Cascadas de Marinka** sont deux piscines naturelles prisées. L'accès à la seconde est payant, mais il y a moins de monde, on y trouve un café et d'immenses filets où se détendre.

Ornithologie
L'agence **Jungle Joe Minca** propose des sorties d'observation ornitohologique (3 heures, départ tlj à 6h). Autre paradis des ornithologues, la **Reserva Natural El Dorado** (p. 157) se trouve sur l'arête montagneuse de San Lorenzo (vue à 360° en prime).

Cabo San Juan del Guia

Perles littorales au cœur du parc

BEAUTÉ NATURELLE DU PNN NATURAL TAYRONA

Le très visité **Parque Nacional Natural (PNN) Tayrona** (à 30-45 minutes de bus à l'est de Santa Marta – départ du Mercado Público) couvre une vaste portion du littoral de la mer des Caraïbes. Ses criques caractéristiques sont parsemées d'énormes rochers ronds et de palmiers bercés par le vent, tandis que les vagues viennent lécher le sable doré.

Ce paysage exceptionnel se mérite. Une fois franchie l'entrée à **El Zaino** ou **Calabazo**, vous devrez marcher 2 ou 3 heures sur d'anciens sentiers tracés par les autochtones et passer devant les ruines de Pueblito (désormais interdit aux visiteurs), avant d'atteindre les sites les plus remarquables tels que le **Cabo San Juan del Guia**, un magnifique cap assorti d'une plage éblouissante, où trône un petit *mirador*, à toit de chaume perché un affleurement rocheux (attention aux courants).

Rares sont les visiteurs qui profitent pleinement du parc en un jour : il faut rester une ou deux nuits sur place pour une totale immersion. Vous pouvez installer votre tente sur un site prévu à cet effet (option la plus économique), ou voyager léger et dormir dans l'un des 16 hamacs installés sous le *mirador* ou encore séjourner dans un écolodge sur les plages d'**Arrecife**, **Cañaveral** (proches d'El Zaino) ou de **Brava** (proche de Calabazo).

Prévoyez de la monnaie pour payer l'entrée du parc, l'assurance (obligatoire et non comprise dans votre assurance voyage personnelle) en cas d'accident, la navette entre El Zaino et le

OÙ SE LOGER FACE À LA MER

Ecohabs Tequendama Parque Tayrona
Meilleure adresse de luxe dans le PNN Tayrona. Huttes surplombant Cañaveral. **€€€**

Finca Barlovento
Sur la Playa Los Naranjos, *cabaña* d'architecte sur la falaise et *maloka* traditionnelle côté fleuve. Vastes suites et piscine semi-privée. **€€€**

Viajero Tayrona Hostel
Auberge haut de gamme, près de Buritaca, avec dortoirs chics et chambres spacieuses, piscine et nombreuses activités. **€€**

début du sentier, l'hébergement, la nourriture et les boissons. Car, après tant d'efforts, rien de tel qu'une noix de coco fraîche à **Punta Las Gaviotas** ou un fameux "pain au chocolat" de la **Panadería Bere** !

Les plages ne sont pas surveillées et les courants violents peuvent s'avérer dangereux. Pour des eaux plus calmes, optez pour **La Piscinita**, plage protégée aux airs de lagon, ou **La Arenilla**.

Accessible uniquement en *lancha* (5 minutes depuis Bahía Neguange, reliée en bus depuis Santa Marta), la **Playa Cristal** est idéale pour une journée de plage et des heures de **snorkeling**. Des cabanons servent du poisson frais et des bières bien glacées.

Purification spirituelle

DANS LES PAS DES "GRANDS FRÈRES"

Les descendants directs de la civilisation tayrona – les Kogis, Arhuacos, Kankuamos et Wiwas – vivent encore dans les montagnes sacrées de la **Sierra Nevada de Santa Marta**. Ces dernières années, plusieurs projets d'écotourisme ont vu le jour pour aider ces peuples dont le mode de vie fut menacé pendant le conflit armé avec les groupes paramilitaires, dans les années 1980.

Ainsi, **Wiwa Tours** propose un trek au **Refugio Gotsezhy**. Dans le cadre de cet échange culturel, vous rencontrerez un *mamo*. Avec l'aide d'un guide hispanophone, ce chef spirituel du village transmet la philosophie wiwa, qui souligne l'importance de rester en harmonie avec le monde naturel, ce que les personnes extérieures – leurs "petits frères" – semblent avoir oublié. Pour préserver l'équilibre de la nature, les Wiwas font des dons spirituels à la Déesse mère, source de vie, notamment à la **Cascada Matuna**, où liasses de feuilles et autres offrandes sont déposées. On vous proposera de jeter la vôtre dans un creux de la roche, sorte d'incision tubulaire qui serait un passage vers un autre lieu – mais seuls les plus sages peuvent faire le voyage. Au bas de la cascade, vous pourrez vous immerger dans l'eau cristalline de la piscine naturelle qui accueille chaque mois des rituels de purification.

Village kogi, Sierra Nevada de Santa Marta

BIENVENUE À MACONDO

Gabriel García Márquez, père du réalisme magique latino-américain, est né à **Aracataca**, localité qui inspira la ville de Macondo, dans *Cent ans de solitude*. Ce récit épique entrelace l'histoire de la région et des mythes et légendes racontés par les grands-parents maternels du futur écrivain, qu'ils élevèrent jusqu'à ses 8 ans. Leur maison dans la Carrera 5, détruite il y a plusieurs dizaines d'années, a été parfaitement reconstituée à son emplacement original : la **Casa Museo Gabriel García Márquez**. Dans chaque pièce, des panneaux explicatifs permettent de faire le lien avec les œuvres de García Márquez.

Et partout, des papillons jaunes, tels ceux que l'on retrouve au fil de ses romans, volettent autour des buissons, des arbres et des murs de la maison, et dans la ville en général.

COMMENT CIRCULER

Les bus **Cootransoriente Tayrona** (facebook.com/cootransorientetayronasm) pour le PNN Tayrona et Palomino partent dès 6h toutes les 20 minutes du marché de Santa Marta. Faites signe au chauffeur le long de la grande route. Les *colectivos* et les taxis collectifs pour Minca (30 min) partent dès 7h au niveau du guichet **Cootrasminca**, devant le marché. Vous aurez rarement à attendre plus de 20 minutes avant leur départ à pleine capacité. En dehors du centre-ville, le 4x4 s'impose (location possible sur place).

Des bus longue distance partent tous les jours du Terminal de Transporte de Santa Marta (C. 41 n°31-17) pour Aracataca, Barranquilla (2 heures), Cartagena (4 heures) et Riohacha (2 heures 30), ainsi que Bogotá (18 heures), Medellín et Bucuramanga (9 heures).

DRONOPTERA/SHUTTERSTOCK ©

INCONTOURNABLE

Parc archéologique Teyuna-Ciudad Perdida

C'est le rêve de tout apprenti explorateur… Avalée par la jungle au XVIe siècle, l'ancienne cité tayrona de Teyuna (Ciudad Perdida), enfouie dans la Sierra Nevada de Santa Marta, resta une légende jusqu'à ce que des pilleurs en découvrent les vestiges, dans les années 1970. Aujourd'hui, la Ciudad Perdida, avec son système complexe de terrasses, de chemins de pierre et d'emplacements circulaires, est un site archéologique majeur de Colombie. On y accède après un trek de 40 km, soit quatre jours minimum, aussi difficile qu'inoubliable.

LE SAVIEZ-VOUS ?

Il est obligatoire de faire appel à l'une des cinq agences accréditées pour visiter le parc.

Wiwa Tours
wiwatour.com

Expotur
expotur-eco.com

Turcol
turcol.co

Magic Tour Colombia
magictourcolombia.com

Baquianos Travel
baquianos.com

À la découverte de la cité perdue

Vers le VIIIe siècle, la civilisation tayrona posa les fondations en pierre d'un centre urbain sur les pentes abruptes de la vallée supérieure du Río Buritaca, à 1 300 m d'altitude, au milieu des plus hauts sommets de Colombie. On pense que la cité en terrasses, qui aurait abrité jusqu'à 8 000 habitants à son apogée, a pu être le cœur spirituel et administratif d'un vaste réseau de villages (environ 300) éparpillés sur les pentes de la Sierra Nevada de Santa Marta et les plaines du littoral, jadis reliés par des routes pavées. Aujourd'hui, les descendants des Tayronas (Arhuacos, Wiwas, Kogis et Kankuamos) l'appellent **Teyuna**.

Le **parc archéologique Teynua-Ciudad Perdida**, ou tout simplement "Ciudad Perdida" (cité perdue), est géré par l'Institut colombien d'anthropologie et d'histoire (ICANH). Le site de 33 ha est divisé en quatre zones.

La Gallera (secteur nord)

Après environ deux jours de randonnée, vous atteindrez les 1 200 marches couvertes de mousse, qui vous mèneront depuis la rive du Río Buritaca à la première série de **terrasses en pierre** – une des plus anciennes zones de la Ciudad Perdida. Ces terrasses sont au nombre de 19, 32 cercles indiquant la position de huttes traditionnelles au toit de chaume, ou *bohíos*. Une grande stèle appelée **Piedra Mapa** (littéralement "pierre-plan") se trouve en bas de l'escalier central. Ce plan ne correspond pas exactement à l'emplacement des autres villes et villages tayronas, mais représentait peut-être le territoire politique.

Eje Central (zone centrale)

Pour recréer la photo typique de la Ciudad Perdida, il faudra vous poster à l'extrémité sud de l'**Eje Central** – la mer est au nord –, le long d'une crête couverte de 46 terrasses en pierre et 60 cercles au sol. La zone ovale au centre, appelée **La Capilla**, était un lieu de rassemblement où les chefs de Teyuna venaient régler les affaires de gouvernance de la cité. Les vestiges de plateaux, gobelets et marmites mis au jour par les archéologues indiquent que c'était aussi un lieu où l'on festoyait.

Dans cette zone, on observe un grand affleurement rocheux. Baptisé la **Piedra del Sapo** ("pierre de la grenouille"), il symbolisait, selon certains, un dieu animal. Mais pour Santiago Giraldo, chercheur archéologue, c'est peu probable : "Les Tayronas étaient des maîtres sculpteurs, maçons et orfèvres. S'ils avaient voulu représenter un animal, ils l'auraient correctement représenté, or ce n'est pas le cas ici." Il réfute aussi l'hypothèse selon laquelle le bloc en pierre plat incrusté dans une des terrasses centrales aurait été un trône. "Drôle d'endroit pour placer un trône, sous une gouttière et face au mur extérieur d'un *bohío*, non ?"

Secteur de Las Piedras

Au sud-ouest de la zone centrale, un sentier descend jusqu'à un amas de rochers où les Tayronas puisèrent leurs pierres de construction. Ils purent ainsi d'ériger certaines des 28 terrasses et 51 cercles visibles dans ce secteur, alors densément peuplé. Deux maisons reconstituées sont utilisées par Rumaldo Lozano, un *mamo* (guide spirituel) kogi et sa famille lorsqu'ils sont à la Ciudad Perdida.

Secteur de la Mahecha (El Canal)

C'est l'une des dernières zones résidentielles construites, probablement entre le XVe et le XVIe siècle. Ont survécu de beaux exemples de maçonnerie de pierre du peuple tayrona, notamment les larmiers en saillie qui protégeaient les murs de soutènement de l'érosion par l'eau. La Mahecha compte 22 terrasses et 28 cercles au sol.

QUAND ?

Après la saison des pluies (déc-mars), les journées généralement ensoleillées et sèches sont parfaites pour randonner. D'avril à novembre, les températures plus élevées et l'humidité compliquent les choses. Le parc est fermé quasi tout le mois de septembre pour travaux d'entretien et de conservation. Renseignez-vous soigneusement avant de partir et prévoyez vêtements et équipements en fonction de la météo.

À SAVOIR

Santiago Giraldo est chercheur en archéologie à Teyuna et directeur de l'organisation Global Heritage Fund. Il a effectué plus de 200 fois le trek jusqu'à la Ciudad Perdida. Il nous livre ses conseils.

- "Vous progresserez sur les vestiges d'autres villes et villages tayronas. Vous verrez peut-être des portions d'anciens sentiers pavés, de murs, de marches ou des débris de céramique.
- Difficile de comprendre le plan du site, mais toutes les parties sont connectées : aucun risque de se perdre !
- Rangez vos affaires dans des sacs étanches, même vos téléphones, car l'humidité fait des dégâts.
- Le meilleur répulsif est celui de la marque Ben's (95% de DEET)."

PALOMINO

À environ 1 heure 30 de route au nord-est de Santa Marta, le Río Palomino dévale des montagnes et se jette dans la mer, marquant la frontière entre la région de la Magdalena et de La Guajira. C'est là que se trouve la paisible ville littorale de Palomino, devenue la capitale officieuse de la côte caraïbe pour les baroudeurs qui arpentent la région. Après des années de conflit armé contre les paramilitaires, cette enclave d'à peine 5 000 âmes a vu émerger une centaine d'auberges et d'hôtels de qualité, des écoles de surf, des studios de yoga, et quantité de restaurants, cafés et bars de plage. Par temps clair, on peut contempler les vagues qui se brisent sur le rivage et, en tournant la tête, admirer les sommets enneigés de la Sierra Nevada de Santa Marta… Incroyable, non ? Palomino est aussi un lieu d'échange entre les visiteurs des quatre coins du monde et les autochtones qui vivent dans la région. On a souvent du mal à quitter ce village qui ne paie pas de mine et pourtant si spécial.

Pour les infos pratiques, voir le Carnet d'adresses p. 154

À SAVOIR

L'arrêt pour Palomino est desservi par les bus qui font la liaison Santa Marta-Riohacha. Il se trouve sur la route Troncal del Caribe, près de la Carrera 6, la rue principale de cette petite ville qui se visite à pied. La plage est à 15 minutes à pied, mais vous pouvez toujours prendre une moto-taxi si vous êtes chargé.

JAZZMANY/SHUTTERSTOCK ©

Plage de Palomino

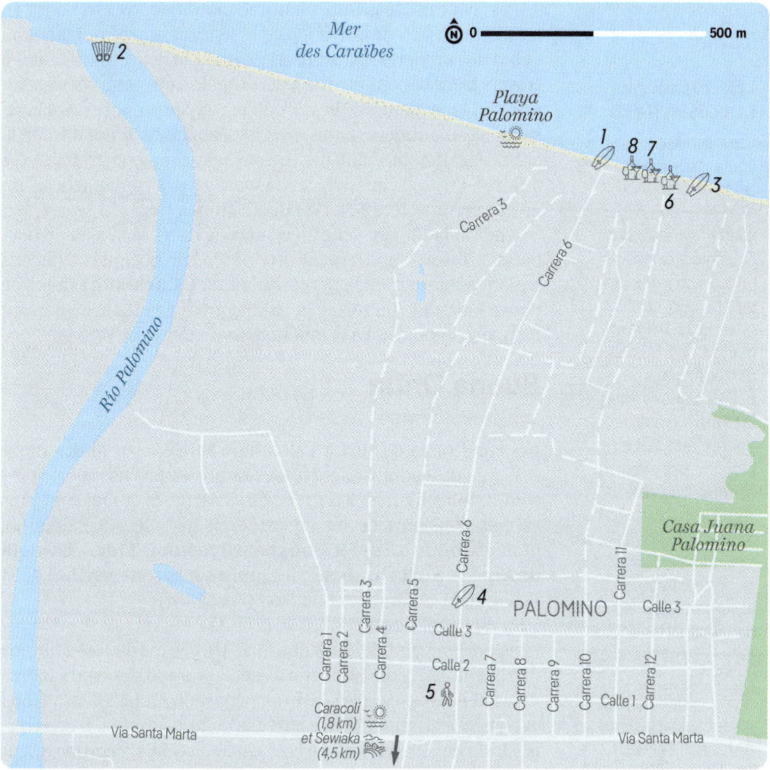

ACTIVITÉS
1 Palomino Surf & Bodyboard School
2 Río Palomino (*tubing*)
3 Surf con José
4 Tide – Escuela de Surf
5 Tour Adventure Palomino

PRENDRE UN VERRE ET FAIRE LA FÊTE
6 Finca Escondida
7 Playa La Ola
8 The Beach by Selina Palomino

Au fil de l'eau

DESCENTE DU RÍO PALOMINO SUR UNE BOUÉE GÉANTE

Confortablement installé dans une bouée géante, laissez-vous dériver lentement sur les flots rafraîchissants du **Río Palomino**. Votre hôtel pourra organiser cette activité (*tubing*), mais vous pouvez vous adresser aux stands sur la rue principale (Carr. 6). Les tarifs varient en fonction de la durée que vous passerez sur l'eau. Par exemple, **Tour Adventure Palomino** propose des excursions de 3, 4 ou 5 heures. La plus longue comprend une randonnée de 3 heures jusqu'à **Sewiaka**, un village sur la rivière, où vous rencontrerez le *mamo* (chef spirituel), mine de connaissances sur les traditions et croyances locales.

OÙ SE LOGER À PALOMINO

Kanta Sana Hostal
Auberge dans un bâtiment tout de bambou et de corde pour qui veut jouer les Robinsons. **€€**

Freesoul Hostel
Auberge de jeunesse chaleureuse. Petit-déjeuner américain ou veggie, et prêt de vélos. **€€**

Casa Coraje
Hôtel bohème ultra-stylé, avec chambres sur le front de mer, jardin, piscine et chaises longues sur le sable. **€€€**

LES MOCHILAS COLOMBIENNES

Les *mochilas*, confectionnées par les autochtones du nord de la Colombie, sont un symbole de l'identité nationale et un sujet de fierté. Les plus prisées, en laine grise, noire, beige et marron, sont tricotées par les femmes du peuple arhuaco, dans la Sierra Nevada de Santa Marta. Selon la légende, une araignée sacrée, Walékerü, aurait apprit l'art du fil aux femmes wayúus. Chaque sac, dont la rondeur évoque le ventre maternel, contiendrait les douces pensées de la femme l'ayant tissé. Les motifs géométriques, uniques, sont inspirés de la nature et des liens à pampilles ferment le sac.

Traditionnellement, on les confectionnait pour l'élu de son cœur, mais les *mochilas* représentent aujourd'hui une source de revenus qui aide les autochtones à vivre selon leurs us et coutumes. Si possible, achetez directement auprès des artisans.

Il est courant de grimper sur une moto-taxi avec sa bouée en bandoulière puis de gravir à pied le sentier escarpé qui mène au début de la rivière. Et c'est parti ! Laissez le fleuve vous guider à travers la forêt, peut-être de légers rapides, avant de vous porter jusqu'à la mer des Caraïbes. N'oubliez pas de prendre des chaussures d'eau antidérapantes, un chapeau, de l'eau potable, de la crème solaire, un répulsif et un sac étanche pour protéger vos affaires. Prévoyez aussi de la monnaie si vous voulez acheter un en-cas ou une bière à des vendeurs ambulants.

Pendant la saison sèche (décembre-février), le niveau de l'eau baisse ; il vous faudra peut-être parcourir quelques tronçons à pied. À hauteur de la berge sableuse de **Caracolí**, faites une pause baignade ou testez la balançoire entre les arbres avant de poursuivre jusqu'à l'embouchure du fleuve et la plage.

Buena Onda

SURF À PALOMINO

Les conditions de surf à Palomino changent au fil des mois. À la saison venteuse, entre décembre et février, les vagues sont les plus hautes (2-3 m) et lisses. Octobre et mai sont plus calmes. Plusieurs écoles de surf sont installées à Palomino, dont **Palomino Surf & Bodyboard School**, **Tide – Escuela de Surf** et **Surf con José** ; les professeurs sont certifiés de la Federación Colombiana de Surf (Fecolsurf).

En espagnol, l'expression *buena onda* ("bonne vague") désigne une personne gentille, qui a bon fond. C'est le cas de José Chirino : fondateur de l'école **Surf con José**, il propose des cours individuels (2 heures, 150 000 COP) au départ du Makao Beach Hotel et enseigne gratuitement le surf aux enfants du coin. Il croit que le sport peut être vecteur de changement social : "Lorsque je leur apprends à surfer, j'ai leur attention. J'en profite pour leur transmettre des valeurs et les conseiller. Je suis fier de les voir devenir des personnes respectueuses et trouver du travail à Palomino."

Tournée des bars

AU COUCHER DU SOLEIL

À Palomino, on profite de l'happy hour devant le superbe coucher de soleil. Commencez à la **Finca Escondida**, où on vous offrira deux verres pour le prix d'un. Enchaînez avec la spécialité de **Playa La Ola**, un mélange de rhum, narangille et menthe. Sirotez un dernier cocktail au **Beach by Selina Palomino**, en vous laissant bercer tranquillement par les balançoires.

COMMENT CIRCULER

Les motos-taxis sont pratiques pour les courts trajets autour de Palomino. Pour aller plus loin, des bus passent régulièrement par Palomino, sur la route Troncal del Caribe. Ils s'arrêtent au carrefour avec la Carrera 6. Si vous êtes véhiculé, sachez que les ruelles de Palomino sont peu entretenues et non goudronnées : attention aux nids-de-poule et aux flaques d'eau. Roulez lentement et, venant de la route principale, évitez de tourner sur la Carrera 10, très abrupte. Certains hôtels et auberges possèdent un parking privé.

Environs de Palomino

Les paysages magnifiques, presque trop pour être vrais, de La Guajira attirent les voyageurs à l'extrême nord de l'Amérique du Sud.

En roulant vers le nord-est depuis Palomino, les montagnes s'effacent peu à peu dans le rétroviseur et la végétation luxuriante laisse place à l'immense désert de La Guajira, terre ancestrale des Wayúus. Pendant des siècles, les Wayúus, principal peuple autochtone de Colombie, ont conservé leur autonomie en vivant de l'élevage, du tissage, de la pêche et, plus récemment, du tourisme. Vous n'oublierez pas de sitôt ce voyage vers l'extrême nord de l'Amérique du Sud, entre les marais salants aux reflets roses de Manaure, les plages isolées, habitées par les esprits wayúus, du Cabo de la Vela, et les dunes de Taroa, fouettées par les vents, qui plongent littéralement dans la mer miroitante, près de la frontière vénézuélienne.

Pour les infos pratiques, voir le Carnet d'adresses p. 154

À SAVOIR

Dans l'Alta Guajira, les enfants improvisent souvent des "barrages routiers" et demandent des bonbons aux conducteurs. À la place, vous pouvez leur donner du riz, du pain ou d'autres aliments de base.

Littoral désertique de La Guajira

PAROLE D'HABITANT : SAVEURS DE LA GUAJIRA

Roberto Bermúdez, chef et propriétaire de La Jaus by Trece, à Riohacha, s'est formé à Madrid. Il fusionne la technique apprise avec les ingrédients traditionnels de La Guajira. Roberto nous conseille quelques spécialités.

Chirrinchi
Boisson fermentée traditionnelle préparée par les Wayúus, à base d'eau et de *panela* (sucre de canne brut).

Friche
Ragoût de viande de chèvre, qui intègre sang, poumons, foie, cœur et intestins.

Arroz con camarones
Riz aux crevettes séchées au soleil, souvent accompagné de *plátano melao*, banane plantain confite.

Kapeshuna
Type de haricot cultivé par les Wayúus. J'en fais un houmous accompagné de *chivo* (chèvre) mariné, mais on l'utilise aussi dans des ragoûts, soupes et plats de riz.

PIOTR POZNAN/SHUTTERSTOCK ©

Santuario de Fauna y Flora Los Flamencos

Voyage aux confins du continent

LA TRAVERSÉE DE LA PÉNINSULE DE LA GUAJIRA

La plupart des excursions en 4x4 pour explorer les confins nord de l'Amérique du Sud partent de **Riohacha**, à 90 minutes de bus au nord-est de Palomino. La ville compte un aéroport et des tour-opérateurs réputés, dont **ExpoTur**, **Pura Guajira Travel** et **Macuira Tours**. Au cours du circuit de plusieurs jours dans le désert semi-aride côtier, vous ferez étape au Cabo de la Vela, à Punta Gallinas et aux dunes de Taroa. Après l'étendue de sable brûlant, des criques paradisiaques vous attendent.

La route est longue et poussiéreuse jusqu'au **Cabo de la Vela**, avant-poste battu par les vents où vous trouverez quelques *rancherías* gérées par des Wayúus qui proposent le gîte et le couvert, et des écoles de **kitesurf**. Selon la croyance wayúu, c'est le lieu où l'âme des morts se repose un moment avant de poursuivre vers l'au-delà. Les vivants, eux, peuvent se baigner aux plages d'**Ojo de Agua** et de **Pilón de Azúcar**, entre les falaises, à l'abri de l'alizé qui ne tombe presque jamais. Impossible de ne pas être subjugué par l'arc-en-ciel qui surgit des embruns sur les rochers de la **Playa Arcoiris** ou de l'étendue de sable d'un orange éclatant de la **Playa del Pilón**, particulièrement spectaculaire au lever et au coucher du soleil.

Après une inoubliable nuit à la belle étoile dans un *chinchorro*, hamac géant tissé par les Wayúus, vous repartirez pour un trajet cahoteux jusqu'à **Punta Gallinas**, le point le plus au nord de l'Amérique du Sud, marqué par un phare, certes

OÙ SE LOGER À RIOHACHA

Bona Vida Hostel
Auberge calme et conviviale. Dortoirs, piscine, bar sur le toit. Petit-déjeuner offert. **€€**

Hostel Laguna Salá by FSL
Auberge moderne avec chambres et dortoirs (sdb attenante) climatisés. Piscine sur le toit et terrasse. **€**

Nueve Uno Hostel
Dortoirs-capsules climatisés, cuisine commune – pratique, le supermarché est juste à côté. **€**

décevant. En revanche, voir le sable ondoyer sur les immenses **dunes de Taroa** vaut le détour.

Observer des flamants roses

OISEAUX ET PLAGES DE CAMARONES

D'octobre à mars, des milliers de flamants roses affluent dans les lagunes peu profondes du **Santuario de Fauna y Flora Los Flamencos**, qui s'étend sur 7 000 ha, à **Camarones**, à une heure de route au nord-est de Palomino, sur la route Troncal del Caribe. À la saison des pluies (septembre-novembre), ce paisible sanctuaire accueille jusqu'à 10 000 flamants roses, qui se rassemblent par groupes pouvant atteindre 2 000 individus dans l'une des quatre lagunes que compte le parc. L'entrée est gratuite, mais il est recommandé de faire appel aux services d'un habitant pour voir les oiseaux de plus près, à bord d'un *cayuco* (pirogue). Yordan Pushaina (☎312-661-4529), qui réside en face de l'embarcadère, propose des visites pour 35 000 COP par personne. Comme d'autres membres de sa communauté, il vit du tourisme et de la pêche. La nuit, ces habitants peuvent pêcher jusqu'à 200 kg de poisson ; le jour, ils emmènent des touristes jusqu'aux groupes de flamants roses. Ceux-ci, qui doivent leur couleur à leur régime alimentaire à base d'algue microscopique riche en caroténoïdes et minuscules artémies, partagent ce territoire avec des mouettes, des frégates, des spatules rosées ainsi que des ibis, qui peuvent arborer un plumage rouge vif à l'âge adulte. Avant de venir, vérifiez l'état des lagunes et la présence des flamants roses pour éviter toute déception. Pendant la saison sèche (décembre-avril), l'eau s'évapore et les oiseaux partent ailleurs.

Après la visite, marchez jusqu'à la **Playa de Camarones** pour déguster poisson et fruits de mer pêchés du jour et servis avec du riz et des bananes plantain, au Restaurante Los Cocos ou au Restaurante Viña del Mar. El Remanso de Sanctuario et Playa Samara Hostel proposent des chambres face à la mer à des prix abordables.

CHOISIR LE BON MOMENT

Si vous prévoyez de visiter **Punta Gallinas**, mieux vaut éviter la saison des pluies (septembre-novembre) : les trajets sont interminables car les routes de terre se transforment en flaques de boue (quand elles ne sont pas carrément impraticables).

TROUBADOURS

Le style vallenato est né des *juglares*, qui arpentaient la côte caraïbe et colportaient nouvelles et potins en chanson. À Riohacha, le **Festival Francisco El Hombre** (en mars) rend hommage à un célèbre troubadour : la légende raconte qu'il jouait si bien de l'accordéon qu'il battit le diable lors d'un duel musical.

Valledupar, berceau du vallenato, accueille chaque année en avril, durant 4 jours, le **Festival de la Leyenda Vallenata**. Un musicien est sacré "roi des rois" après un affrontement des plus épiques. Si vous n'êtes pas présent pendant le festival, le talentueux Yeraldin Hernández, gérant de **YH Music Tours**, vous fait visiter la ville en chanson. Pour en savoir plus sur ce genre musical, reportez-vous p. 322.

COMMENT CIRCULER

Riohacha est LA grande ville de La Guajira : vous pouvez donc gagner Bogotá, Cali et Medellín en avion, ou Valledupar, Palomino, Santa Marta (2 heures 30), Barranquilla (5 heures), Cartagena (7 heures) et Bogotá (21 heures) en bus.

Dès qu'ils sont complets, les *colectivos* de Cootrauri partent pour Uribia tous les jours de 5h à 18h de la gare routière de Riohacha : vous descendrez à Cuatro Vías, un carrefour non loin d'Uribia, d'où des 4x4 transportant marchandises et passagers rallient les destinations les plus reculées de La Guajira, comme Cabo de la Vela (dernier départ à 13h). De là, vous pouvez emprunter un autre 4x4 pour rejoindre Punta Gallinas.

Le désert de l'Alta Guajira est rude et isolé, le balisage des routes souvent effacé, voire inexistant : mieux vaut s'en remettre aux professionnels. Laissez votre véhicule à Riohacha, à l'hôtel ou dans un parking sécurisé de la ville.

SAN ANDRÉS, PROVIDENCIA ET SANTA CATALINA

L'envoûtant archipel de San Andrés, Providencia et Santa Catalina, qui fait pourtant bien partie de la Colombie, semble se démarquer du reste du pays. Géographiquement parlant, il est plus proche du Nicaragua ; il est lié à l'Angleterre par l'histoire et à la Colombie sur le plan politique. Ici s'étirent des plages désertes et des récifs coralliens virginaux, le tout marqué d'une douceur insulaire où affleure la culture, vieille de 300 ans, des Raizales, les Afro-Colombiens de langue anglo-créole. L'archipel abrite par ailleurs le troisième plus grand récif au monde, et la réserve de biosphère de Seaflower offre un cadre de rêve pour la plongée sous-marine et le snorkeling.

San Andrés, la plus grande île de l'archipel, est aussi la plus touristique. À 90 km au nord, Providencia, plus petite, montagneuse et moins fréquentée, brille d'une beauté naturelle. Peu facile d'accès, elle n'a pas été autant imprégnée d'influences extérieures que San Andrés, et ses traditions sont plus ou moins demeurées intactes. On entend encore parler le créole anglais local, et les panneaux portent les anciens noms de lieu anglais plutôt que leur transcription espagnole. En 2020, l'ouragan Iota a dévasté l'archipel, en particulier Providencia, détruisant 98% de ses infrastructures. Mais la petite île et sa voisine Santa Catalina (île sans voiture reliée au nord de Providencia par une passerelle reconstruite depuis) remontent la pente.

Pour les infos pratiques, voir le Carnet d'adresses p. 154

À SAVOIR

Avant de décoller, les visiteurs doivent payer une taxe (116 800 COP) donnant droit à une "carte touristique", auprès de la compagnie aérienne qui assure la liaison jusqu'à San Andrés. Les avions atterrissent au nord de San Andrés, près de la plage bordée d'hôtels, de boutiques duty free, de restaurants et de bars.

LAURA WATILO BLAKE / LONELY PLANET ©

Providencia (p. 152)

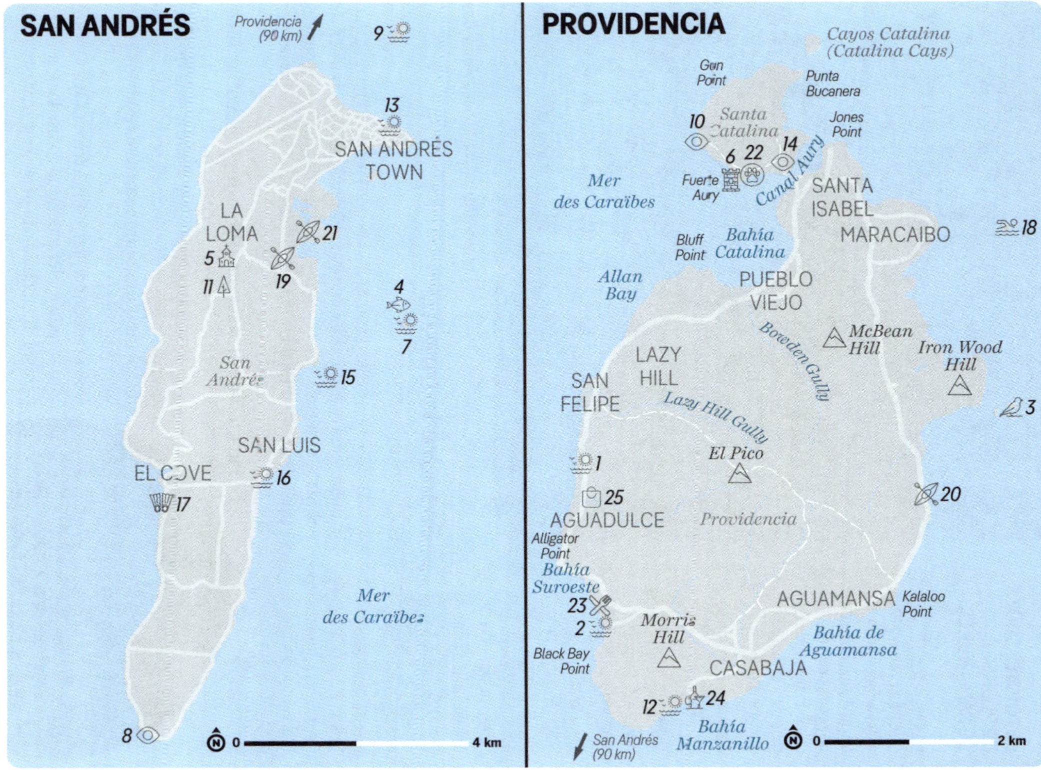

VOIR
1 Bahía Aguadulce (Freshwater Bay)
2 Bahía Sur Oeste (Southwest Bay)
3 Cayo Tres Hermanos
4 El Acuario
5 église baptiste de La Loma
6 Fort Warwick
7 Haynes Cay
8 Hoyo Soplador
9 Parque Natural Regional Johnny Cay
10 Cabeza de Morgan
voir 17 La Piscinita
11 Parque Nacional Natural (PNN) Old Providence McBean Lagoon
12 Playa Manzanillo
13 Playa Spratt Bight
14 Puente de los Enamorados
15 Rocky Cay
16 San Luis
voir 6 Statue de la ViergeMarie

ACTIVITÉS
17 Aquanautas
voir 17 Eco Parque West View
18 Cayo Cangrejo
19 Ecofiwi
voir 6 Fort Bay
20 Muelle Punta Rocosa
voir 20 Posada Ocean View
21 Parque Regional Natural Old Point Mangrove
22 Posada Fort View
voir 17 Reggae Roots
voir 22 Shell Sea B&B

SE RESTAURER
23 El Divino Niño

PRENDRE UN VERRE ET FAIRE LA FÊTE
voir 23 La Sirenita
24 Roland Roots Reggae Bar

SHOPPING
25 Supermercado Morgan

LE TOP DES SPOTS DE PLONGÉE DE SAN ANDRÉS

La Piramide
Site peu profond (9 m max) adapté à tous les niveaux. Poissons de récifs colorés, raies pastenagues, pieuvres et anguilles au programme.

Dedos de Morgan
Jardin de corail de profondeur (10-20 m) abritant requins, raies, homards, tortues et murènes.

Blue Wall
Spectaculaire paroi corallienne pour plongeurs aguerris (8-50 m). Requins gris de récif, tortues marines, et éponges de mer sur les grottes et canyons.

Banda Dive Shop et San Andrés Divers
Deux écoles proposant des sorties double plongée et des cours d'initiation.

Parque Natural Regional Johnny Cay

Prendre le large...

LES ÎLOTS DE SAN ANDRÉS

San Andrés s'apprécie d'autant mieux que l'on s'éloigne du tohu-bohu du centre-ville. Îlots de rêve et bancs de sable bordés de palmiers et léchés par "la mer aux sept couleurs" se trouvent à une courte distance en bateau de la Playa Spratt Bight, sur San Andrés.

Le **Parque Natural Regional Johnny Cay**, îlot corallien de 4 ha en forme de cœur, abrite sous de grands cocotiers une colonie d'iguanes. C'est le site le plus visité de la réserve de biosphère de Seaflower, et la plage de sable blanc qui entoure cette oasis est bondée, au point que l'accès au parc a récemment été limité à 854 personnes par jour. Arrivez à l'ouverture (9h) si vous voulez louer une chaise longue et un parasol. Bien que cette plage soit parfaite pour profiter du soleil, il faut faire attention en cas de baignade, car les courants sont dangereux. Il est interdit d'apporter son pique-nique, prévoyez donc de la monnaie pour acheter des boissons et déguster un plat de poisson pêché du jour.

VUE À 360°

Grimpez dans le clocher de la première église baptiste de l'île, à **La Loma** (page ci-contre) bourgade située dans les terres, en haut d'une colline, et admirez la vue panoramique sur l'île de San Andrés. Un petit don est demandé à l'entrée.

OÙ SE LOGER SUR SAN ANDRÉS

Rocky Cay Lodging
Appartements avec vue partielle sur la mer, à quelques pas de Playa Zarpada. Service de petit-déjeuner. **€€**

Viajero Hostel San Andrés
Auberge de jeunesse dans un grand immeuble. Dortoirs, chambres et espaces communs. Bon rapport qualité-prix. **€**

Siloe Cove
Sympathique adresse à l'ouest de l'île. Chambres spacieuses, jardin avec piscine hors-sol et animaux en liberté. **€€**

El Acuario (l'aquarium), parfois appelé Rose Cay, est un mouillage prisé des bateaux. Ce mince banc de sable en plein soleil, bordé d'un ruban de corail, forme une piscine peu profonde d'eau cristalline où grouillent raies et poissons tropicaux – et oursins. Apportez votre équipement de **snorkeling** et vos chaussures d'eau, surtout si vous voulez traverser et vous installer à l'ombre des palmiers de **Haynes Cay** (Cayo Haynes), non loin de là.

Il est possible de rejoindre **Rocky Cay** à la nage, voire à pied à marée basse, en partant du rivage près de l'Hotel Cocoplum Beach. On peut aussi préférer gagner l'îlot rocheux en bateau de location et siroter un *coco loco* après une sortie snorkeling.

... ou faire le tour de l'île

BOUCLE DE SAN ANDRÉS

Passez une journée à la découverte de San Andrés, le long de la route côtière qui fait le tour de l'île (30 km). Depuis El Centro, roulez vers le sud pendant 15 minutes sur la Carrera 1 puis partez en excursion de 2 heures dans le **Parque Regional Natural Old Point Mangrove** en louant un kayak transparent chez Ecofiwi, qui lutte pour la conservation de l'habitat de la mangrove. Au niveau d'Orange Hill Rd, tournez à droite, puis de nouveau à droite sur l'Avenida Loma Barrack pour jeter un œil à l'**église baptiste de La Loma**, bâtie en 1847, et son toit rouge. Le bois de construction fut acheminé d'Alabama, aux États-Unis. Poursuivez tout droit jusqu'à la route principale et faites une pause baignade sur l'une des jolies plages de l'est de l'île, comme **Rocky Cay** ou **Sound Bay**, respectivement au nord et au sud de **San Luis**.

Parcourez le sud de l'île en vous arrêtant au site de **Hoyo Soplador**, petit geyser maritime qui projette de l'eau de mer (jusqu'à 20 m de hauteur) par un trou naturel dans la roche au gré de la marée. Pour assister au spectacle, achetez une boisson à un vendeur : elle fait office de billet d'entrée.

La partie ouest de San Andrés compte de nombreuses criques où des récifs coralliens bas bordent la mer transparente. Ces piscines naturelles, telle **La Piscinita** (West View), vous invitent à venir nager avec les poissons tropicaux ou faire du snorkeling. Vous pouvez louer masque, tuba et gilet de sauvetage à **Eco Parque West View** – avec accès à un toboggan et un plongeoir en bonus. À côté, **Reggae Roots** est moins fréquenté et moins cher, l'eau y est aussi moins profonde. Les plus téméraires pourront nager jusqu'à la **statue de Poséidon** qui gît à 8 m de profondeur. C'est la destination sous-marine des plongeurs munis de scaphandres qui participent à la sortie proposée par Aquanautas.

Terminez la boucle sur un **coucher de soleil** quelque part sur la côte ouest de l'île.

LE *RONDÓN* : SPÉCIALITÉ AFRO-CARRIBÉENNE

Le *rondón* est une soupe très nourrissante, à base de poisson, de fruits de mer et, parfois, de queue de porc, avec des fruits et légumes racines et des ravioles, le tout mijoté dans du lait de coco et des épices. Il tire son nom de l'anglais *run down* (pourchasser), car le cuisinier y mettait les ingrédients qu'il avait pu dénicher ce jour-là.

Les week-ends et jours fériés, dégustez cette spécialité chez **Carolina Cooking & Baking**, restaurant au bord de la route, au niveau du km 10 sur San Andrés. Par ailleurs, le circuit proposé par **Rondón Tour** (rondontour.com), vous permettra de découvrir l'histoire de ce plat et de le cuisiner (sam 10h30-13h30).

OÙ SE RESTAURER SUR SAN ANDRÉS

La Regatta
Sur un ponton s'avançant sur la mer, carte de la mer aux influences méditerranéennes. Succulent, réservez. **€€€**

EAT Alley
Dégustez une pizza à pâte fine et croustillante ou un burger dans une ruelle piétonne d'El Centro. **€€**

Gourmet Shop Assho
Excellente adresse de poisson, fondues et fruits de mer servis dans une miche de pain artisanal. **€€€**

LES MEILLEURS RESTAURANTS DE PROVIDENCIA

Caribbean Place Donde Martín
Spécialités de la mer du chef Martín Quintero, dont le crabe noir à la sauce coco, mais il faut réserver tôt. €€€

Henny's Place
Avis aux aventuriers culinaires : le menu de plats traditionnels maison change tous les jours. €€

La Terraza
Coucher de soleil et cocktails à tomber, petites assiettes ou dîner "terre et mer" à déguster en terrasse. €€€

Providencia par la mer

EXCURSIONS EN BATEAU AUTOUR DE PROVIDENCIA

La plupart des pensions et des hôtels proposent des balades en bateau autour de l'île avec des pauses snorkeling. À Aguadulce, la supérette **Morgan's Market** fait office d'épicerie et de loueur de motos, et c'est aussi le point de départ des excursions de Schneider Tours (tlj 9h15). Le **Cayo Cangrejo** ("crabe" en espagnol), îlot corallien au milieu de l'eau turquoise, est le site le plus impressionnant, et compte d'excellents spots de plongée et de snorkeling. Marchez jusqu'au sommet pour admirer la vue à 360°, puis nagez dans le périmètre. Cet îlot fait partie du **Parque Nacional Natural (PNN) Old Providence McBean Lagoon**, qui s'étend sur 10 km² et abrite le **Cayo Tres Hermanos**, refuge d'oiseaux de mer. Vous pouvez louer des kayaks à l'Ocean View Posada, près du **Muelle Punta Rocosa**, à Rocky Point, et vous rendre à d'autres excellents spots de snorkeling sur la côte est de l'île.

La **Cabeza de Morgan**, formation rocheuse sur le versant ouest de **Santa Catalina**, ressemble à une tête humaine vue de profil. Elle doit son nom au célèbre flibustier britannique Henry Morgan (XVIIe siècle), qui cachait sur Providencia et Santa Catalina les trésors volés sur les galions espagnols, comme vous le raconteront les guides du petit musée dédié au bandit. **Shell Sea B&B**, à Santa Catalina, loue des kayaks sur la promenade en front de mer. Pagayez autour de la petite île dans le sens inverse des aiguilles d'une montre : vous bénéficierez de meilleures conditions et apercevrez la tête de Morgan à la fin de votre excursion.

L'art du farniente

PROVIDENCIA DE PLAGE EN PLAGE

Bahía Sur Oeste (Southwest Bay, "la baie du sud-ouest"), la plus belle plage de sable blanc de l'île, accueille traditionnellement des courses de chevaux le samedi après-midi. En semaine, vous verrez peut-être un pur-sang s'entraîner au bord de l'eau pendant que vous flânerez sous un palmier ou enchaînerez les assiettes de fruits de mer chez **El Divino Niño**. Dégustez un mojito passion à **La Sirenita** près du feu qui tient les puces de sable à distance (elles sortent en fin de journée).

Alternez baignade et boissons fraîches sur la belle et farouche **Playa Manzanillo** (Manchineel Beach). À la tombée du jour, rejoignez le **Roland Roots Reggae Bar**. Cette adresse incontournable adulée des voyageurs illustre à elle seule la vie dans les îles. Son irrésistible bar de plage, dont les paillotes se dressent çà et là sur le sable, vibre au son du reggae. Assis sur une balançoire au-dessus de l'eau, un *coco loco* à la main, vous en jugerez par vous-même.

Au nord de Providencia, traversez le **Puente de los Enamorados** ("pont des amoureux"), une passerelle piétonne, pour

OÙ SE LOGER SUR PROVIDENCIA

Shell Sea B&B
Pension paisible et propre face à la mer tenue par des hôtes chaleureux, sur l'île piétonne de Santa Catalina. €

Cabañas Aguadulce
Cabanons typiques des îles, rénovés après l'ouragan, posés autour d'une piscine et d'un jardin luxuriant. €€€

Golden Sea Casa Boutique
Demeure chic et sophistiquée avec un toit de style *palapa*. Piscine et accès direct à la mer. €€€

Statue de Poséidon (p. 151)

rejoindre l'île de **Santa Catalina**. Prenez à gauche et suivez le sentier côtier jusqu'à la petite plage isolée de **Fort Bay**, un bon spot de snorkeling. La promenade dure une quinzaine de minutes, mais vous mettrez plus de temps si vous vous arrêtez observer les tortues à la **Posada Fort View**, les canons du **Fort Warwick** et la **statue de la Vierge Marie**, qui fait face à la mer.

En 2020, l'ouragan Iota a pulvérisé la plage de la **Bahía Aguadulce** (Freshwater Bay, "baie d'eau douce"). Il ne reste qu'un minuscule carré de sable tout au sud du littoral aujourd'hui rocheux, si bien que la plupart des gens vont désormais ailleurs.

Pas chassés

AU RYTHME DES CRABES DE PROVIDENCIA

Pendant la **migration des crabes noirs** sur Providencia, des milliers de femelles descendent jusqu'à la mer pour pondre leurs œufs. Les véhicules les laissent passer, sous l'œil ébahi des visiteurs. La pêche au crabe est interdite d'avril à juillet, le temps de la pondaison – et du spectacle.

PAROLE D'HABITANT : À L'ASSAUT DU PIC

Rodolfo Hawkins, guide à Providencia, (☎316-327-7486) nous livre ses conseils pour randonner en toute sécurité dans le **Parque Natural Regional El Pico**, point culminant de l'île.

Ne partez pas seul
Vous devrez obligatoirement être accompagné d'un guide professionnel. Attention, beaucoup de prétendus guides postés au départ du sentier racontent n'importe quoi. Si je ne suis pas disponible, je vous mettrai en contact avec Big Boi. Comptez 75 000 COP.

Partez entre 6h et 7h
Il fait plus frais. La randonnee dure entre 3 et 4 heures.

Faune et flore
En chemin, vous verrez des iguanes, nos fameux crabes noirs et les plantes médicinales que nous utilisons régulièrement.

COMMENT CIRCULER

Vous pouvez arpenter **San Andrés** en bus, en taxi, en car de tour-opérateurs, en scooter ou en voiturette de golf (*mula*). Moyennant quelques pesos, **Isla Tour Renta Car** (islatourrentacar.com) peut déposer votre véhicule à l'hôtel. Les bus **Coobusan**, très fréquents, partent non loin de la Cueva de Morgan, desservent l'aéroport et la zone commerciale, puis les itinéraires varient selon les lignes : "El Cove" traverse La Loma, au centre de l'île, "San Luis" dessert le Hoyo Soplador, via l'est.

La compagnie **Satena** (satena.com) assure un vol quotidien entre San Andrés et **Providencia**. Deux fois moins chère, la traversée en **catamaran** dure 3 heures 30, mais peut être mouvementée. Le catamaran de **Conocemos Navegando** (conocemosnavegando.com) part du Muelle Toninos, sur San Andrés. Sur Providencia, il n'y a pas de bus et les taxis sont rares, mais les locaux vous transporteront volontiers. Le plus simple est de louer une voiturette ou un scooter.

Carnet d'adresses

CARTAGENA

Arte Getsemaní
Voir p. 123 (321-868-5655 ; instagram.com/artegetsemani ; C. de San Juan n°25-122)

Castillo San Felipe de Barajas
Voir p. 122 (fortificaciones cartagena.com.co/es/planee-su-visita/castillo-de-san-felipe-de-barajas ; Av. Arévalo ; tarif plein/réduit 30 000/12 500 COP ; 7h-18h)

Catedral de Santa Catalina de Alejandría
Voir p. 125 (5-664-5308 ; C. de los Santos de Piedra ; 7h-20h)

Convento de la Popa
Voir p. 122 (Convento de Nuestra Señora de la Candelaria ; 5-665-5029 ; santuariolapopa.com ; tarif plein/réduit 13 000/8 000 COP ; 8h30-17h30)

Convento de Santo Domingo
Voir p. 125 (Plaza de Santo Domingo ; 8h-18h)

Iglesia de Santo Toribio de Mogrovejo
Voir p. 124 (304-288-3652 ; facebook.com/psantotoribio ; Carr. 7 n°38-15 ; San Diego ; 8h-12h et 14h-18h)

Museo de Arte Moderno
Voir p. 124 (MAMC ; 316-521-6883 ; mamcartagena.org ; Plaza de San Pedro Claver ; tarif plein/réduit 10 000/5 000 COP ; 11h-18h mar-dim)

Museo del Oro Zenú
Voir p. 124 (5-660-0808 ; banrepcultural.org/cartagena/museo-del-oro-zenu ; Parque de Bolívar, Carr. 4 n°33-26 ; entrée libre ; 9h-17h mar-sam, 9h-14h dim)

Museo Historico de Cartagena de Indias
Voir p. 125 (5-660-6025 ; muhca.gov.co ; Palacio de la Inquisición, Plaza de Bolívar ; tarif plein/réduit 22 000/19 000 COP ; 9h-18h lun-sam, 10h-16h dim)

Museo Naval del Caribe
Voir p. 122 (5-664-2440 ; facebook.com/MuseoNavalDelCaribe ; C. San Juan de Dios n°3-62 ; tarif plein/réduit/enfant 16 000/5 000/2 000 COP ; 10h-18h)

Santuario de San Pedro Claver
Voir p. 124 (310-443-7519 ; sanpedroclaver.co ; Plaza de San Pedro Claver, Carr. 4 n°30-01 ; tarif plein/réduit 24 000/15 000 COP ; 10h-17h)

Beyond Cartagena
Voir p. 123 (322-898-8557 ; beyondcolombia.com ; Camellón de los Mártires ; 10h-13h et 16h-19h)

Ecotours Boquilla
Voir p. 127 (304-430-6645, 311-420-4439 ; ecotoursboquilla.com ; La Boquilla, Carr. 2 Sector Boca Natural ; 7h-20h)

Free Tour Cartagena
Voir p. 123 (freetour.com ; Plaza Santa Teresa ; 9h30-16h)

Casa de Alba
Voir p. 125 (350-280-6080 ; hotelsalbagroup.com ; C. de los Santos de Piedra n°34-39)

Casa del Pozo
Voir p. 123 (5-679-9066 ; facebook.com/casadelpozohostel ; Carr. 10B n°25-95)

Casa Movida
Voir p. 122 (318-707-5378 ; casamovidahostel.com ; C. del Tablon n°7-35)

Casa Pizarro
Voir p. 123 (5-643-6867 ; hotelcasapizarro.com ; Carr. 10B n°25-56)

Hotel Casa San Agustín
Voir p. 122 (5-681-0000 ; hotelcasasanagustin.com ; C. de la Universidad n°36-44)

La Passion by Masaya
Voir p. 123 (310-594-1837 ; masaya-experience.com ; Carr. 5 n°35-81, El Centro)

Maloka Boutique Hostel
Voir p. 122 (316-306-1291 ; malokahostelcartagena.com ; C. 36 n°9-111)

Celele
Voir p. 126 (301-742-0389 ; celelerestaurante.com ; C. del Espíritu Santo, Carr. 10C n°29-200 ; 12h-23h lun-sam)

La Cocina de Pepina
Voir p. 126 (5- 665-1975 ; facebook.com/p/La-Cocina-de-Pepina-100026331857610 ; C. 25 n°9A-06 local 2 ; 12h-16h, 19h-21h30 mar-sam)

Mar y Zielo
Voir p. 126 (317-691-1393 ; maryzielo.com ; Carr. 5 n°34-63 ; 12h-15h et 18h30-22h mer-lun, 18h30-22h mar)

51 Sky Bar
Voir p. 122 (5-6517-303 ; 51skybar.com ; Carr. 1 n°11-116 ;

17h-2h mar-jeu et dim, jusqu'à 3h ven-sam)

Ábaco Libros y Café
Voir p. 127 (5-652-9059 ; abacolibros.com ; angle C. de la Iglesia et C. de la Mantilla, C. 36 n°3-86 ; 8h-21h lun-sam, 11h-19h dim)

Café del Mar
Voir p. 122 (5-664-2945 ; cafedelmarcartagena.com.co ; Baluarte de Santo Domingo ; 16h30-00h30 lun-jeu, 16h-1h sam-dim)

Café del Mural
Voir p. 127 (321-288-9323 ; facebook.com/CafedelMural ; C. de San Juan n°25-60 ; 15h-20h lun-sam)

Café San Alberto
Voir p. 127 (318-796-4457 ; cafesanalbertoint.com ; Plaza Santo Domingo, Carr. 3 n°35-18 ; 9h-21h)

Época Espresso Bar
Voir p. 127 (315-800-8072 ; epocacafe.co ; C. de Arzopispado, Carr. 5 n°34-52 ; 7h30-21h lun-mer, 7h30-22h jeu-sam, 7h30-18h dim)

Libertario Coffee Roasters
Voir p. 127 (322-511-2476 ; libertariocoffee.co ; Carr. 10 n°30-14 ; 8h-17h)

Mirador Gastro Bar
Voir p. 122 (322-510-9747 ; miradorgastrobar.com ; Carr. 8 n°32-77 ; 8h-3h)

Townhouse Rooftop
Voir p. 122 (304-355-1068 ; townhousecartagena.com ; Townhouse Boutique Hotel, Carr. 7 n°36-88 ; 12-1h)

Club Los Carpinteros
Voir p. 126 (324-574-4839 ; C. 28 n°10B-111)

El Coreano
Voir p. 126 (301-679-0611 ; facebook.com/ElCoreano Cartagena ; Carr. 65A, Transv. 54 n°65-28 ; 19h-minuit ven, 12h-2h sam-dim)

JON_CHICA/STOCK.ADOBE.COM ©

Palenquera (p. 127), Cartagena

Tertulia de Getsemaní
Voir p. 126 (317-502-4221 ; facebook.com/tertuliadegetsemani ; C. 30 n°9-57 local 3 ; 19h30-3h lun, 15h-3h mar-dim)

Las Bóvedas
Voir p. 125 (315-831-2478 ; Playa del Tejadillo ; 9h-19h)

ENVIRONS DE CARTAGENA

Iglesia de Santa Bárbara
Voir p. 131 (Carr. 1 et C. 14, Mompós ; clocher 2 000 COP)

Museo del Carnaval
Voir p. 130 (5-319-7616 ; museocarnavaldebarranquilla.org ; Carr. 54 n°49B-39, Barranquilla ; tarif plein/réduit 14 000/8 000 COP 9h-12h et 14h-16h mar-sam, 9h-16h dim)

Parque Nacional Natural (PNN) Corales del Rosario y San Bernardo
Voir p. 129 (parquesnacionales.gov.co ; Islas del Rosario ; secteur San Bernardo 11 000 COP)

Mompox Retro
Voir p. 132 (312-669-9882 ; mompoxretro.co ; C. de la Albarrada 1 n°9A-85, Mompós ; 8h-18h)

Tranq It Easy
Voir p. 133 (301-404-3633 ; tranqiteasy.com ; EdificioBanco de Bogotá, Av. Escallon, oficina 505, Cartagena)

Bahía Lodge
Voir p. 132 (314-812-2727 ; bahialodge.com ; Bahia Aguacate, Capurganá)

Casa en el Agua
Voir p. 130 (304-555-7877 ; casaenelagua.com ; au large de l'Isla Tintipán, Islas de San Bernardo)

Dos Aguas Lodge
Voir p. 130 (321-485-8941, 300-813-3163 ; dosaguas.co ; Rincón del Mar)

El Hamaquero Hostal Econativo
Voir p. 129 (316-830-7888 ; elhamaquero.com ; Muelle del Palmar, Islas del Rosario)

Hostal Doña Manuela
Voir p. 131 (316-878-1089 ; hostaldonamanuela.co ; C. Real del medio n°17-41, Mompós)

Hostel Beach House
Voir p. 130 (317-427-9899 ; hostelbeachhouse.com ; Carr. 3 n°12-24, Rincón del Mar)

Hostel Mamallena
Voir p. 130 (☎ 304-658-9029 ; hostelmamallenarincondelmar.com ; C. Principal, Rincón del Mar)

Hotel Isla del Sol
Voir p. 129 (☎ 316-740-6058 ; hotelisladelsol.com ; Isla Grande, Islas del Rosario)

Hotel IslaBela
Voir p. 129 (☎ 320-719-8815 ; islabela.co ; Isla Marina, Islas del Rosario)

Portal de la Marquesa
Voir p. 131 (☎ 300-833-9746 ; facebook.com/HotelPortaldeLaMarquesa ; Carr. 1 n°15-21, Mompós)

Posada del Gecko
Voir p. 132 (☎ 314-525-6037, 314-629-1829 ; posadadel gecko.com ; Capurganá)

Pueblito Mágico Hostel
Voir p. 131 (☎ 302-443-3530 ; facebook.com/pueblitomagicohostel ; Carr. 1 n°14-37, Mompós)

Sapzurro La Posada
Voir p. 132 (☎ 310-410-2245 ; sapzurrolaposada.com ; Sapzurro)

Café del Mar
Voir p. 133 (☎ 320-394-5689 ; La Diana, Sapzurro ; 7h-21h)

Comedor Costeño
Voir p. 132 (☎ 6-855-263 ; instagram.com/comedor.costeno ; Carr. 1, Mompós ; 7h-16h)

Crónicas
Voir p. 132 (☎ 304-606-6267 ; Plaza real de la concepcion, Mompós ; 12h30-22h)

Hotel Doña Triny
Voir p. 133 (☎ 312-751-8626 ; hoteltriny.com ; Costado derecho de la Iglesia, Sapzurro)

Paraíso Cangrejales
Voir p. 133 (☎ 320-750-6615 ; facebook.com/sapzurroparaisoccangrejales ; Sapzurro)

Café 1700
Voir p. 132 (☎ 322-247-9385 ; facebook.com/cafe1700mompox ; Carr. 1 n°15-55, Mompós ; 8h-20h jeu-mar)

Blue Apple Beach Club
Voir p. 129 (☎ 316-750-6979 ; blueapplebeach.com ; Playa Mamón, village de Bocachica, Isla Tierra Bomba)

Bomba Beach Club
Voir p. 129 (☎ 300-678-0848 ; bombabeachcartagena.com ; Playa Ubicado, Isla Tierra Bomba)

Bora Bora Beach Club
Voir p. 129 (☎ 324-502-6025 ; boraboracartagena.com ; Isla Grande, Islas del Rosario)

Namasté
Voir p. 129 (☎ 312-658-2577 ; namastebeachclub.com ; Isla Tierra Bomba)

Joyería Wamaris
Voir p. 131 (☎ 301-410-6992 ; joyeriawamaris.com ; Carr. 2 n°17A-48, Mompós ; 8h-18h lun-sam, 8h-14h dim)

Las Delicias Duty Free
Voir p. 133 (☎ 507-671-58214 ; lasdeliciasdf.com ; La Miel, Playa Blanca, Panama)

SANTA MARTA

Acuario Mundo Marino
Voir p. 136 (☎ 5-422-1133 ; facebook.com/AcuarioMundoMarino ; Carr. 2 n°11-68 ; tarif plein/réduit 20 000/18 000 COP ; 8h-18h lun, 8h-21h mar-dim)

Catedral Basílica de Santa Marta
Voir p. 136 (☎ 315-678-2845 ; Plaza de La Catedral ; 11h30-13h et 16h30-18h lun-sam, 6h30-13h et 16h30-18h dim)

Museo del Oro Tairona
Voir p. 136 (☎ 5-421-0251 ; banrepcultural.org/santa-marta/museo-del-oro-tairona ; Casa de la Aduana, angle Carr. 2 et C. 14, Parque de Bolívar ; entrée libre ; 9h-17h mar-sam, 10h-15h dim)

Cabo San Juan (p. 138), PNN Tayrona

Quinta de San Pedro Alejandrino
Voir p. 135 (Museo Bolivariano ; 5-433-1021 ; museobolivariano.org.co ; Av. Libertador ; tarif plein/réduit 23 000/15 000 COP ; 9h-16h30)

Velero Santa Marta
Voir p. 136 (304-665-4637 ; velerosantamarta.com ; Marina internationale de Santa Marta, Carr. 1 n°22-93 ; 7h-20h)

Dreamer Hostel
Voir p. 135 (300-251-6534 ; thedreamer.com ; Los Trupillos, Carr. 51 n°26D-161, Mamatoco)

Hotel Casa Rosa
Voir p. 135 (311-362-7605 ; casarosasantamarta.com ; C. 16 n°2-34)

Masaya Santa Marta
Voir p. 135 (5-439-5236, 311 533-8348 ; masaya-experience.com ; C. 14 n°4-80)

ENVIRONS DE SANTA MARTA

Casa Museo Gabriel García Márquez
Voir p. 139 (5-425-6588 ; casamuseogabo.unimagdalena.edu.co ; Carr. 5 n°6-35, Aracataca ; entrée libre ; 8h-13h et 14h-17h mar-sam, 9h-14 dim)

Cascadas de Marinka
Voir p. 138 (310-741-4672 ; lavictoriacoffee.wordpress.com ; Minca ; 10 000 COP ; 9h-17h)

Finca La Victoria
Voir p. 138 (314-868-9779 ; facebook.com/LaVictoria1892 Minca ; visite 25 000 COP ; 9h-16h30)

Parque Nacional Natural (PNN) Tayrona
Voir p. 138 (parquesnacionales.gov.co ; basse/haute saison 62 000/73 500 COP ; entrée El Zaino 7h-12h, sortie 14h-17h, entrée Calabazo 7h-11h, sortie 13h-15h)

Refugio Gotsezhy
Voir p. 139 (village wiwa ; 310-354-3289 ; facebook.com/RefugioGotsezhy ; Sierra Nevada de Santa Marta, Ciudad Perdida)

Baquianos Travel
Voir p. 140 (317-661-1635 ; baquianos.com ; Carr. 21 n°16-54, Santa Marta)

Expotur
Voir p. 140 (5-430-7161 ; expotur-eco.com ; Carr. 3 n°17-27, Santa Marta)

Jungle Joe Minca
Voir p. 138 (317-308-5270 ; junglejoeminca.com ; Minca)

Magic Tour Colombia
Voir p. 140 (317-679-2441, 5-421-5820 ; magictourcolombia.com ; C. 17 n°3-69, Santa Marta)

Reserva Natural El Dorado
Réserve naturelle de protection des oiseaux, avec hébergement et guide naturaliste inclus dans le prix d'entrée. Véhicule tout-terrain indispensable. Voir p. 138. (323-434-3487 ; conservation.co/reserva-natural-el-dorado)

Turcol
Voir p. 140 (310-640-1875 ; turcol.co ; Carr. 1C n°18-67, Santa Marta)

Wiwa Tours
Voir p. 139 et p. 140 (320-510-9287, 5-423-5817 ; wiwatour.com ; C. 16 n°4-71, Santa Marta)

Ecohabs Tequendama Parque Tayrona
Voir p. 138 (320-921-5393 ; ecohabsantamarta.com ; Cañaveral, Parque Nacional Natural Tayrona)

Finca Barlovento
Voir p. 138 (314-626-9789 ; fincabarlovento.com ; Km 33 Vía Riohacha, Parque Nacional Natural Tayrona)

Viajero Tayrona Hostel
Voir p. 138 (315-855-0709 ; viajerohostels.com/es/destinos-colombia/tayrona ; Km 48 Vía Riohacha, Parque Nacional Natural Tayrona)

Panadería Bere
Voir p. 139 (instagram.com/panaderiabere ; Parque Nacional Natural Tayrona)

Punta Las Gaviotas
Voir p. 139 (Parque Nacional Natural Tayrona ; 6h-17h)

PALOMINO

Palomino Surf & Bodyboard School
Voir p. 144 (301-694-0849 ; facebook.com/palominosurfbodyboardschool ; plage de Palomino ; 7h-17h)

Surf con José
Voir p. 144 (instagram.com/surf_con_jose)

Tide – Escuela de Surf
Voir p. 144 (300-587-9767 ; facebook.com/tideescueladesurf ; 6h-18h30)

Tour Adventure Palomino
Voir p. 143 (315-405-1561 ; instagram.com/palominoadventure1)

Casa Coraje
Voir p. 143 (314-284-9408 ; facebook.com/casacoraje ; C. 8, front de mer)

Free Soul Hostel
Voir p. 143 (318-608-7197 ; facebook.com/freesoulhostelpalominoface ; angle Carr. 6 et C. 7)

Kanta Sana Hostal
Voir p. 143 (301-326-0301 ; kantasana.com ; Carr. 10 n°3-40)

Makao Beach Hotel
Voir p. 144 (301-368-3969 ; makaopalomino.com ; C. 8, front de mer)

Finca Escondida
Voir p. 144 (315-610-9561, 310-456-3159 ; fincaescondida.com.co)

Playa La Ola
Voir p. 144 (318-431-3337 ; instagram.com/playalaola ; Carr. 10 ; 10h-22h)

The Beach by Selina Palomino
Voir p. 144 (301-539-8441 ; selina.com/colombia/palomino ; Carr. 3 n°3-534 ; 7h30-23h)

ENVIRONS DE PALOMINO

Santuario de Fauna y Flora Los Flamencos
Voir p. 147 (parquesnacionales.gov.co ; Camarones ; accès libre)

ExpoTur
Voir p. 146 (320-511-1458 ; expotur-eco.com ; Carr. 5 n°3A-2, Riohacha)

Macuira Tours
Voir p. 146 (313-863-7284, 313-864-6102 ; macuiratours.com ; Comunidad de Piedras Blancas, Uribia)

Pura Guajira Travel
Voir p. 146 (323-321-0077 ; puraguajiratravel.com ; C. 3 n°7-02, Riohacha)

YH Music Tours
Voir p. 147 (323-345-0960 ; instagram.com/yhtours ; Valledupar)

Bona Vida Hostel
Voir p. 146 (314-637-0786 ; bonavidahostel.com ; C. 5 n°7-24, Riohacha)

El Remanso de Sanctuario
Voir p. 147 (300-815-5480 ; elremansodelsantuario.com ; Boca de Camarones, Km 1,6, Riochacha)

Hostel Laguna Salá by FSL
Voir p. 1476 (5-729-2462, 304-362-3583 ; lagunasala.com ; C. 3 n°4-81, Riohacha)

Playa Samara Hostel
Voir p. 147 (300-629-4289 ; facebook.com/playasamara10 ; Vía Playa Camarones, Riochacha)

Nueve Uno Hostel
Voir p. 146 (312-833-1899 ; nueveunohostel.com ; Carr. 9 n°1-32, Riohacha)

La Jaus by Trece
Voir p. 146 (310-653-1743 ; facebook.com/lajaustrece ; C. 4 n°9-78, Riochacha ; 12h-14h et 18h-22h mar-ven, 18h-22h sam, 8h-14h et 18h-22h dim)

Restaurante Los Cocos
Voir p. 147 (301-321-5524 ; Boca de Camarones, Riochacha ; 6h-18h30)

Restaurante Viña del Mar
Voir p. 147 (320-546-0714 ; restaurante-pastora-choles-vina-del-mar.negocio.site ; Boca de Camarones, Riochacha ; 7h-18h)

SAN ANDRÉS, PROVIDENCIA ET SANTA CATALINA

Église baptiste de La Loma
Voir p. 151 (C. 4 n°18-134, San Andrés ; 10 000 COP ; 8h30-18h lun-ven)

Parque Regional Natural Old Point Mangrove
Voir p. 151 (8-513-1130 ; facebook.com/parqueoldpoint ; San Andrés ; 9h-17h)

Parque Nacional Natural (PNN) Old Providence McBean Lagoon
Voir p. 152 (8-514-8885 ; parquesnacionales.gov.co ; Providencia ; 21 500 COP ; 9h-16h30)

Parque Natural Regional Johnny Cay
Voir p. 150 (sanandres.gov.co/index.php/254-gobernacion/5206-johnny-cay-regional-park ; San Andrés ; 15 000 COP, transfert en bateau inclus ; 8h-14h)

Aquanautas
Voir p. 151 (318-453-5896 ; aqua-nautas.com ; Av. Newball n°3A-54, San Andrés)

Banda Dive Shop
Voir p. 150 (315-303-5428 ; bandadiveshop.com ; Hotel Lord Pierre, Av. Colombia, San Andrés)

Eco Parque West View
Voir p. 151 (8-512-9588 ; San Andrés ; 8 000 COP)

Ecofiwi
Voir p. 151 (316-567-4988 ; facebook.com/EcofiwiTurismo Ecologico ; San Andrés ; 9h-16h lun-sam, 9h-11h30 dim)

San Andrés Divers
Voir p. 150 (312-448-7230 ; instagram.com/sanandresdivers ; Av. Circunvalar, Km 10, San Andrés)

Reggae Roots
Voir p. 151 (322-367-9803 ; instagram.com/reggae.roots_/ ; San Andrés ; 5 000 COP)

Rondon Tour
Voir p. 151 (320-215-6005, 315-401-5337 ; rondontour.com ; Km 11, West View, San Andrés)

Cabañas Aguadulce
Voir p. 152 (311-445-9116 ; cabanasaguadulce.com ; Bahía Aguadulce (Freshwater Bay), Providencia)

Golden Sea Casa Boutique
Voir p. 152 (321-227-2744 ; goldenseaprovidence.com ; Providencia)

Hotel Cocoplum Beach
Voir p. 151 (8-513-2121 ; cocoplumhotel.com ; Vía San Luis n°43-39, San Andrés)

Rocky Cay Lodging
Voir p. 150 (318-402-2293 ; facebook.com/p/Rocky-Cay-Lodging-100057670200351 ; Rocky Cay, Vía San Luis, San Andrés)

Shell Sea B&B
Voir p. 152 (313-853-4120 ; Isla Santa Catalina, Providencia)

Siloe Cove
Voir p. 150 (310-284-8254 ; siloecovesai.com ; Km 9 Vía circunvalar, San Andrés)

Viajero Hostel San Andrés
Voir p. 150 (316-493-8340 ; viajerohostels.com/es/destinos-colombia/san-andres ; Av. 20 de Julio n°3A-122, San Andrés)

Caribbean Place Donde Martín
Voir p. 152 (Donde Martin ; 318-493-8945 ; Bahía Aguadulce (Freshwater Bay), Providencia ; 19h-22h)

EATalley
Voir p. 151 (315-226-1109 ; instagram.com/eatalley_sai ; Callejón de la Peatonal, en face de l'hôtel Portofino, San Andrés ; 16h-22h30)

El Divino Niño
Voir p. 152 (316-827-7489 ; divinoninojesusprovidencia.blogspot.com ; Bahía Sur Oeste (Southwest Bay), Providencia ; 11h-21h)

Gourmet Shop Assho
Voir p. 151 (315-770-0140 ; facebook.com/restaurantegourmetshop ; Av. Newball, San Andrés ; 12h-15h et 18h-22h lun-sam)

Henny's Place
Voir p. 152 (Bahía Aguadulce (Freshwater Bay), Providencia ; 6h30-17h30 mar-dim)

La Regatta
Voir p. 151 (8-512-0437 ; restaurantelaregatta.com ; Carr. 1 n°3-121, San Andrés ; 12h-15h et 18h30-22h30 lun-sam)

Dunes de Taroa, Punta Gallinas (p. 147)

La Terraza
Voir p. 152 (311-445-9116 ; Cabañas Agua Dulce, Freshwater Bay (Bahia de Aguadulce), Providencia ; 17h-22h)

La Sirenita
Voir p. 152 (instagram.com/sirenita.sunset.bar ; Bahía Sur Oeste (Southwest Bay), Providencia ; 11h-22h lun-sam, 15h-22h dim)

Roland Roots Reggae Bar
Voir p. 152 (315-238-5980 ; Bahía Manzanillo, Providencia ; 10h-minuit)

Morgan's Market
Voir p. 152 (317-399-4562 ; facebook.com/morgansmarketprovidencia ; Av. Las Americas, C. 4 n°1-167, San Andrés ; 7h-21h)

ALEXANDER CANAS ARANGO/SHUTTERSTOCK ©

Ci-dessus : centre-ville de Medellín (p. 170) ; à droite : récolte du café, Manizales (p. 189)

MEDELLÍN ET LA ZONA CAFETERA

MÉTROPOLE SCINTILLANTE ET CULTURE PAISA

Entre la modernité de Medellín et la mosaïque de villages anciens de la zone caféière, préparez-vous à des aventures dopées à la caféine dans les Andes occidentales.

Bienvenue en terres *paisas*, la région la plus haute en couleur de Colombie. Connue dans tout le pays pour son chic, Medellín sera votre portée d'entrée vers ce mélange vibrant de plantations de café, de villages accueillants, de forêts de nuages luxuriantes et de majestueux sommets enneigés.

Ses habitants, les *paisas*, connus pour leur gentillesse et leur éthique au travail, ont développé une riche culture marquée par leur isolement dans les montagnes. Ici, on savoure chaque interaction sociale : les gens des environs sont donc incroyablement ouverts et accueillants. Même à Medellín, seconde métropole du pays, fière de ses hautes tours et de son réseau de transports en commun ultramoderne, les influences rurales ne sont jamais très loin. La culture *paisa* imprègne toujours les quartiers montagneux en constante évolution, qui furent fondés par des familles de paysans venues de toute la région de l'Antioquia.

Avec son climat d'éternel printemps, ses excellents restaurants, son milieu artistique branché et sa vie nocturne trépidante, la capitale de l'Antioquia est une étape incontournable.

Plus au sud, la Zona Cafetera forme une riche mosaïque de villages anciens, de superbes réserves naturelles, de charmantes plantations de café, de sources termales brûlantes et de montagnes grandioses. Forte d'une très riche biodiversité, c'est une région où s'adonner à l'observation des oiseaux, à de mémorables randonnées dans les Andes et, bien sûr, à la dégustation de cafés de premier choix. Ici, le café est plus qu'un produit de récolte : c'est un art de vivre. Il y a fort à parier que vous ne verrez plus du même œil votre petit café du matin...

SITES PRINCIPAUX

MEDELLÍN
La métropole la plus chic du pays.
p. 166

JARDÍN
Cascades, randonnées et profusion d'oiseaux.
p. 184

MANIZALES
Glaciers et eaux thermales.
p. 189

SALENTO
La caféiculture version carte postale.
p. 199

S'orienter

La région montagneuse de Medellín et de la Zona Cafetera est petite mais déploie des paysages grandioses. On y trouve les plus belles routes du pays, parfois encombrées par une circulation dense, surtout durant les nombreux week-ends prolongés.

BUS

Des bus fréquents et confortables relient Medellín aux villes caféières du sud-ouest de l'Antioquia et aux trois grandes villes de la Zona Cafetera (Manizales, Pereira et Armenia). De là, des bus locaux partent pour chaque village, passant à proximité de la plupart des plantations et sites naturels. Des lignes longue distance rallient également Bogotá, Cali et la côte caraïbe.

VOITURE

Avec ses villes peu éloignées les unes des autres, ses charmants villages à proximité des grands axes et de superbes points de vue tout le long du chemin, la Zona Cafetera est l'un des plus beaux endroits du pays à parcourir en voiture. Évitez les trajets longue distance par la route durant les périodes de pluies torrentielles (généralement avril-mai et septembre-octobre), car les glissements de terrain sont fréquents.

AVION

Une flotte d'avions à hélices relie régulièrement Olaya Herrera, l'aéroport des vols domestiques régionaux de Medellín, aux grandes villes de la Zona Cafetera : Manizales, Pereira et Armenia.

Jardín, p. 184
Des maisons antioquiennes traditionnelles aux couleurs vives bordent la jolie place centrale de cette ville fascinante. Tout autour, des plantations de café s'accrochent aux flancs de montagnes luxuriantes.

Medellín, p. 166

Installée dans une splendide vallée, la ville la plus chic du pays attire les visiteurs grâce à son architecture moderne audacieuse, sa gastronomie, sa vie nocturne animée et son climat délicieux.

Manizales, p. 189

Bâtie sur une crête montagneuse, cette agréable ville universitaire permet d'accéder aux splendides paysages du nord de la Zona Cafetera et au Parque Nacional Natural (PNN) Los Nevados.

Salento, p. 199

Le café est omniprésent dans cette charmante petite ville à l'architecture typique, porte d'entrée vers la vallée de Cocora et ses palmiers à cire géants.

Planifier son séjour

Avant d'élaborer votre itinéraire, notez que Medellín est plus joyeuse le week-end, tandis que les villes de caféiculture sont plus tranquilles et moins encombrées en semaine.

Comuna 13, Medellín (p. 172)

Si vous avez peu de temps

- Arrivez à **Medellín** (p. 166), où vous établirez votre point d'attache pendant la durée de votre séjour. Apprenez son histoire récente lors d'une **promenade à pied dans le centre** (p. 169), puis d'une découverte du *barrio* de **Comuna 13** (p. 172) et du **Museo Casa de la Memoria** (p. 171).

- Gardez une journée pour prendre les **téléphériques** (p. 172) qui surplombent la vallée et admirer les sculptures de l'enfant prodigue de la ville, **Fernando Botero** (p. 170).

- Partez ensuite pour la journée à **Guatapé** (p. 180), escaladez son rocher, et savourez la vue à 360° sur le lac et son dédale d'îles et de péninsules.

AU FIL DES SAISONS

Le climat de Medellín est printanier. Il peut faire froid dans la Zona Cafetera pendant les fortes pluies (mars-avril et octobre-novembre).

JANVIER

Durant le plus grand festival de la Zona Cafetera, la **Feria de Manizales** (p. 189), concerts, défilés et danses traditionnelles se succèdent.

FÉVRIER

Moins de monde, prix en baisse : c'est le moment idéal pour visiter les villes de la **Zona Cafetera**.

MARS

La **mitaca**, ou seconde récolte du café, offre au visiteur l'occasion de s'essayer à la cueillette en compagnie de cueilleurs aguerris.

Si vous avez dix jours

- Quand vous aurez pris vos repères à **Medellín** (p. 166) et visité **Guatapé** (p. 180), continuez vers l'est pour vous immerger dans l'eau transparente du **Río Claro** (p. 182), qui traverse un canyon calcaire couvert de jungle.

- Ensuite, dirigez-vous vers le sud, puis l'ouest, par le Páramo de Letras, jusqu'à **Manizales** (p. 189) pour explorer ses réserves naturelles urbaines et vous baigner dans ses thermes.

- Après une journée au **Parque Nacional Natural (PNN) Los Nevados** (p. 195), faites le court trajet jusqu'à **Salento** (p. 199), au sud, pour passer les derniers jours à tout apprendre de la **culture du café** (p. 200) et marcher parmi les palmiers à cire géants de la **vallée de Cocora** (Valle de Cocora, p. 201).

Si vous avez plus de temps

- Commencez par **Medellín** (p. 166). Donnez-vous trois ou quatre jours pour explorer la ville, puis partez pour **Guatapé** (p. 180) et **Santa Fe de Antioquia** (p. 182) à l'architecture coloniale préservée.

- Faites vos valises et prenez la route vers le sud-ouest, à **Jardín** (p. 184), belle introduction à la région du café et l'occasion de faire quelques balades dans la campagne environnante. Visitez la **Cueva del Esplendor** (p. 186) avant de prendre la route moins fréquentée et non asphaltée qui traverse les montagnes via Riosucio jusqu'à **Manizales** (p. 189).

- Terminez votre périple par un trek de plusieurs jours à travers le **Parque Nacional Natural (PNN) Los Nevados** (p. 195) jusqu'à **Salento** (p. 199) en passant par la belle **Laguna de Otún** (p. 205).

JUIN

La **Feria de las Flores** (p. 176) envahit les rues de Medellín. Les fleurs sont partout, fête et fanfare aussi.

AOÛT

La météo en général clémente est signe de chemins secs et vues dégagées sur les sommets durant vos treks au **PNN Los Nevados** (p. 195).

SEPTEMBRE

L'activité atteint son pic dans les plantations et les villes de toute la région à l'occasion de la **récolte principale du café**.

OCTOBRE

D'innombrables jeeps Willys défilent dans les rues d'Armenia (p. 205), près de Salento lors d'une procession délirante, le **Desfile de Yipao**.

MEDELLÍN

S'étendant au fond d'une étroite vallée, nichée entre deux splendides massifs montagneux, Medellín, qui fut autrefois isolée, est devenue l'une des métropoles les plus chics du continent. Long-temps connue comme un théâtre de violences, la capitale de l'Antioquia a su se réinventer et séduit désormais les visiteurs grâce à son architecture moderne élégante, ses superbes musées, ses œuvres d'art en plein air, sa gastronomie internationale et sa vie nocturne trépidante.

Ses tours modernes illuminées, tendues vers le ciel, illustrent son ambition de devenir l'un des moteurs du renouveau du pays, et ses *barrios* autrefois mal famés ouvrent aujourd'hui leurs ruelles pentues et leurs points de vue panoramiques aux visiteurs. Ajoutez-y un climat presque parfait, des habitants (les Paisas) connus pour leur sens de l'hospitalité, un réseau de transports en commun moderne et des espaces verts tropicaux, et vous comprendrez pourquoi beaucoup de voyageurs s'y attardent plus longtemps qu'ils ne l'avaient prévu.

Pour les infos pratiques, voir le Carnet d'adresses p. 206

À SAVOIR

Achetez la Tarjeta Civica, carte de transports rechargeable, dans n'importe quelle station en arrivant à Medellín, pour prendre le métro et le Metrocable. Elle vous évitera ainsi de faire la queue pour acheter vos billets et garantira des correspondances plus faciles.

FABIAN SCHMIEDLECHNER/EYEEM/GETTY IMAGES ©

Vue sur Medellín

VOIR
1 El Pájaro
2 La Gorda
3 Museo Casa de la Memoria
4 Museo de Antioquia
voir 4 Plaza Botero

ACTIVITÉS
5 Son Havana

SE RESTAURER
6 Carmen
7 Oci.Mde
8 Provenza

PRENDRE UN VERRE ET FAIRE LA FÊTE
9 Bar Octavia
10 El Guanábano
11 Tíbiri

SORTIR
12 9+1
13 Amarna
14 Barrio Colombia
voir 12 Blue
voir 10 Parque del Periodista
15 Parque Lleras
16 Siente el Bajo
17 Trilogia Bar

LES DIVIDENDES DE PABLO ESCOBAR

Même après sa mort, Pablo Escobar continue à générer des profits. Des tour-opérateurs ont vite mis sur pied des circuits guidés ayant pour thème le célèbre baron de la drogue. Il va sans dire que nombre de Colombiens voient d'un mauvais œil ce qu'ils considèrent comme la glorification d'un terroriste sanguinaire. D'autres considèrent tout de même Escobar comme une figure historique d'importance et comparent ces circuits à ceux consacrés aux gangsters de Chicago.

Paisa Road reçoit de bons échos car ses visites sont instructives et impartiales. Mieux encore, allez visiter le **Museo Casa de la Memoria** (p. 170) pour découvrir les conséquences désastreuses pour la ville du règne d'Escobar.

Museo de Antioquia (p. 170)

Une ville au passé contrasté

DE L'ARRIVÉE DES ESPAGNOLS À PABLO ESCOBAR

Les Espagnols arrivèrent dans la vallée d'Aburrá dans les années 1540, mais Medellín ne fut fondée qu'en 1616. Les historiens pensent que nombre des premiers colons étaient des juifs espagnols qui fuyaient l'Inquisition. Ceux-ci divisèrent la terre en petites haciendas (exploitations agricoles), qu'ils cultivaient eux-mêmes – un schéma très éloigné du modèle esclavagiste qui prédominait dans la majeure partie de la Colombie. Avec cette aspiration profonde à l'autarcie, ces premiers *paisas* eurent bientôt la réputation de travailleurs durs à la tâche et au tempérament farouchement indépendant – des qualités qu'ils diffusèrent à travers toute la Zona Cafetera.

Medellín devint la capitale de l'Antioquia en 1826, mais elle resta longtemps une ville provinciale de seconde zone, ce qui explique pourquoi ses édifices coloniaux ne sont ni nombreux ni somptueux. La croissance rapide de la cité ne date que du début du XXe siècle, lorsque l'arrivée du chemin de fer se conjugua au boom très lucratif de la culture du café. Les propriétaires de mines et les barons du café investirent alors leurs profits dans l'industrie naissante du textile, et leur pari se révéla payant au-delà de leurs espérances, transformant Medellín en grande métropole en seulement quelques années.

Dans les années 1980, l'esprit d'entreprise de la ville montra sa face sombre. Sous la férule sanglante de Pablo Escobar, Medellín devint la capitale mondiale du commerce de la cocaïne. Les affrontements avec armes à feu étaient alors monnaie courante, et le taux d'homicides parmi les plus élevés au monde. La mort d'Escobar en 1993 ouvrit la voie au déclin de la violence et aujourd'hui, Medellín est l'une des destinations les plus accessibles du pays.

OÙ SE LOGER À MEDELLÍN

Hotel Dann Carlton
Édifice solennel idéalement situé, avec grande piscine et chambres soignées. **€€€**

Celestino Boutique Hotel
Chambres confortables, design chic et service excellent, au milieu de tous les points d'intérêt. **€€€**

Prado 61
Explorez le centre-ville depuis cet hôtel élégamment rénové de l'historique Prado Centro. **€€**

PROMENADE DANS LE CENTRE DE MEDELLÍN

La grande majorité des sites culturels de Medellín se trouve dans le centre, souvent négligé par les visiteurs. Commencez par le **1 Parque de Bolívar**, bordé d'arbres, la plus jolie des places du centre-ville, où s'élève la gracieuse **Catedral Metropolitana**. Découvrez ensuite le **2 Pasaje Junín**, centre commercial animé au sud de la place. Prenez un café au célèbre **3 Salón Versalles**, apprécié des Paisas de toute classe sociale. Après avoir traversé La Playa, prenez à l'ouest la petite Calle 51, où l'on vous vendra de tout, pour arriver à la plus vieille église de la ville, **4 l'Iglesia de La Candelaria**. Édifiée dans les années 1770 à l'emplacement d'une église plus ancienne en bois, elle abrite un orgue de fabrication allemande apporté par bateau sur le Río Magdalena, puis à dos de cheval.

Faites une pause sur les marches du **5 Parque Berrío**, où musiciens et danseurs sauront vous divertir, avant de passer sous la voie ferrée pour arriver au **6 Palacio de la Cultura Rafael Uribe Uribe**, palais néogothique de l'architecte belge Agustín Goovaerts, coiffé d'un imposant dôme que l'on peut rejoindre après avoir arpenté à sa guise les salles richement décorées. Repartez vers le sud pour admirer un autre chef-d'œuvre signé Goovaerts, le **7 Palacio Nacional**, transformé en centre commercial et doté d'une intéressante galerie d'art au dernier étage.

Dégustez, devant, un verre de *guarapo* avant de marcher jusqu'à la **8 Plaza Cisneros**, l'ancien marché municipal. C'est aujourd'hui une place moderne illuminée par 300 flèches fluorescentes. À l'est de la place, **9 les Edificios Vásquez y Carré**, dont le plus ancien fut construit en 1893 par l'architecte français Charles Émile Carré, donnent une idée de l'architecture originelle en brique.

Enfin, traversez l'artère animée de San Juan pour arriver au **10 Monumento a la Raza**, un gigantesque bronze sculpté par Rodrigo Arenas Betancourt (1919-1995) en hommage aux Antioqueños. Finissez à la **11 Estación del Ferrocarril de Antioquia**, ancienne gare magnifiquement réhabilitée.

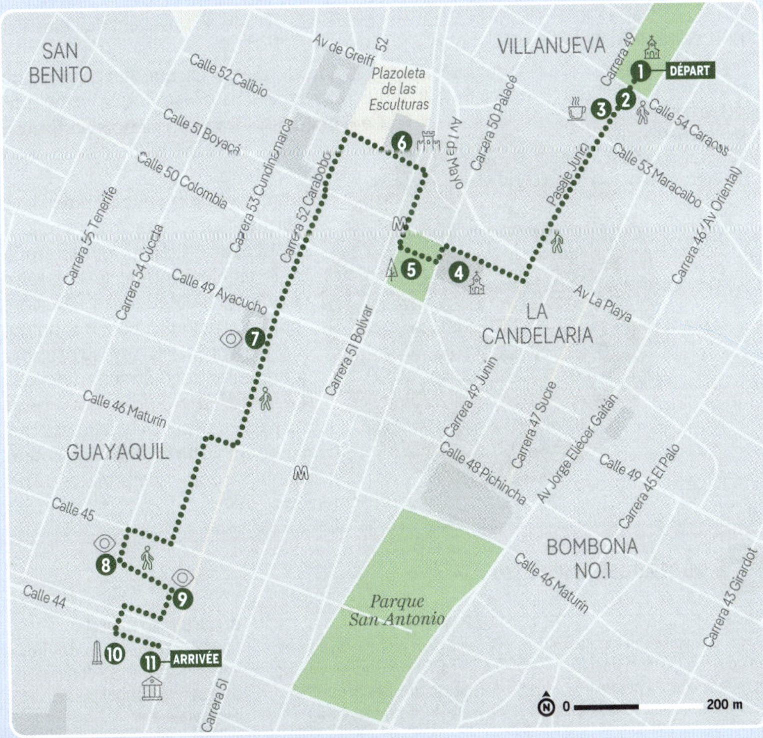

Œuvres de Fernando Botero

UN GÉANT DE L'ART COLOMBIEN

Instantanément reconnaissables à leurs courbes voluptueuses, les sculptures de bronze aux proportions hors normes de **Fernando Botero** (né en 1932) sont réputées dans le monde entier, mais c'est à Medellín qu'on trouve ses œuvres les plus emblématiques, le plus souvent dans des lieux publics en accès libre. Les créations de l'artiste, révéré dans sa ville natale, sont aussi des commentaires sociaux et politiques acérés.

Première étape incontournable d'un circuit consacré au sculpteur, la bien nommée **Plaza Botero**, proche du métro Parque Berrío, regroupe 23 grandes sculptures dans un petit parc animé.

Juste derrière la place, le **Museo de Antioquia**, installé dans le somptueux Palacio Municipal de style Art déco, est le deuxième plus ancien musée de Colombie – derrière le Museo Nacional de Bogotá. Essentiellement consacré aux beaux-arts, il abrite au 3e niveau la **Collección Botero**, comprenant un grand nombre de tableaux issus de la collection personnelle de l'artiste, réalisés par lui-même ou d'autres grands peintres. Le musée expose aussi l'*Escena con Jinete*, seule peinture murale signée Botero en Colombie. D'autres œuvres d'art moderne (les grands courants internationaux du XXe siècle sont au 3e niveau), d'art contemporain (essentiellement colombien, dont une salle dévolue à l'artiste bogotanais Luis Caballero ; 2e niveau) ainsi que d'art colonial et d'art précolombien (dont un espace consacré à la poterie à travers les siècles ; 1er niveau) peuvent également y être admirées.

Tout près de la station de métro Parque Berrío, face au Banco de la República, se dresse le *Torso de Mujer*, surnommé ici **La Gorda**, une des plus célèbres sculptures de Botero – et un point de rendez-vous très populaire.

Enfin, le visiteur peut admirer dans le Parque San Antonio deux versions d'**El Pájaro**, l'œuvre de Botero la plus emblématique de l'histoire moderne de Medellín : détérioré par un attentat à la bombe qui tua 23 personnes en 1995, l'original a été laissé à côté d'une nouvelle version, le *Pájaro de la Paz* (oiseau de la paix), créé spécialement par l'artiste dans un geste de défiance. Botero exigea lui-même que les deux pièces soient présentées côte à côte.

MERVEILLEUX MUSÉES

Medellín séduit les amateurs d'art grâce à ses nombreux musées de qualité.

Les œuvres de l'un des artistes les plus prolifiques de la ville, le muraliste Pedro Nel Gómez (1899-1984), se découvrent au **Museo de Antioquia** et dans le passage à l'est de la station Parque Berrío. Son atelier d'Aranjuez, dans le nord de la ville, est devenu un musée, la **Casa Museo Pedro Nel Gómez**, qui accueille parfois de grandes expositions.

Pour vous frotter à l'art moderne local, visitez le **Museo de Arte Moderno de Medellín**, dans le quartier de Ciudad del Río. La vaste nouvelle aile renferme des œuvres percutantes de l'enfant de Medellín, Débora Arango (1907-2005), surnommée "la Frida Kahlo colombienne".

POUR ALLER PLUS LOIN

Pour découvrir d'autres œuvres majeures de Fernando Botero, faites un tour au **Museo Botero** (p. 50), à Bogotá. On peut y admirer plus de 120 dessins, peintures et sculptures du maître.

OÙ SE LOGER À MEDELLÍN

Masaya
Décor d'inspiration locale haut en couleur. Confort parfait et jolie vue. Il y a même un *escape game* sur place ! **€€€**

Los Patios
Paradis pour jeunes voyageurs fortunés. Design industriel chic, dortoirs modernes et cuisine ouverte impeccable. **€€€**

Black Sheep Hostel
Idéal pour rencontrer d'autres voyageurs ; parties communes agréables et atmosphère conviviale. **€€**

Plaza Botero

Museo Casa de la Memoria

UNE VERSION ÉMOUVANTE DE L'HISTOIRE

En se promenant sous les arbres des rues bordées de cafés ou à bord du métro moderne, on a peine à croire que Medellín était il y a peu l'une des villes les plus dangereuses au monde et que beaucoup de ses habitants ont longtemps subi la violence qui a gangréné le pays.

Les histoires des victimes du conflit armé sont conservées au **Museo Casa de la Memoria**, qui présente une émouvante série de témoignages des Medellínenses ordinaires. Le lieu est incontournable pour qui s'intéresse à l'histoire agitée du pays.

Installée dans un beau bâtiment moderne proche du centre, la collection permanente, interactive, détaille les causes du conflit et ses conséquences sur la population : extorsions, meurtres, kidnappings et persécution des personnes LGBTQI+, notamment. Mais les installations les plus frappantes restent les projections vidéo grandeur nature où des victimes du conflit racontent, l'une après l'autre, leur histoire, presque face au visiteur.

L'essentiel des témoignages est sous-titré en anglais, mais l'audioguide gratuit à télécharger sur votre téléphone fournit encore plus d'informations.

Le musée présente aussi des expositions temporaires sur le conflit armé colombien et dispose d'une vaste bibliothèque en accès libre.

PAROLE D'HABITANT : LA MEDELLÍN AUTHENTIQUE

Jorge Melguizo est professeur spécialisé dans le développement urbain. Il nous dévoile ses endroits préférés pour profiter d'un repas local authentique et d'un aperçu de la culture *paisa*.

Au marché **La América**, dans l'ouest du centre de Medellín, on trouve plusieurs restaurants tout simples. J'adore le **Sazón América**, où Nelson prépare un fantastique *calentao* – aussi disponible en version végétarienne.

Pour changer un peu en soirée, 15 compagnies de théâtre se produisent dans le centre de Medellín, chacune disposant de son propre lieu. L'une d'entre elles, le **Teatro Matacandelas**, a même son *cantadero*, un bar équipé d'une scène où prendre une bière, écouter de la musique et discuter avec des habitants de tous horizons.

OÙ PETIT-DÉJEUNER À MEDELLÍN

Café Revolución
Lisez vos mails en savourant le meilleur petit-déjeuner de Laureles et un délicieux café local. **€**

Desayunadero La 10
Petits-déjeuners colombiens variés dans cet établissement abordable d'El Poblado. **€€€**

Betty's Bowls
Bols et jus de fruits joliment préparés servis en plein air dans un café branché. Très bons toasts. **€€**

DELBO ANDREA/SHUTTERSTOCK ©

Comuna 13

Les barrios de Medellín

RENAISSANCE À FLANC DE MONTAGNE

Accrochés aux flancs abrupts des montagnes, bien au-dessus des quartiers chics et modernes, les *barrios* périphériques de Medellín, autrefois connus pour leur violence, accueillent aujourd'hui les visiteurs dans leurs ruelles étroites. Leur transformation est le symbole de la résurrection de la métropole.

S'il est un lieu qui représente cette renaissance, c'est bien **Comuna 13**, dans l'ouest de la ville. Au début du siècle, le quartier, l'un des plus pauvres et des plus dangereux de Medellín, était en proie à de féroces combats de rue entre groupes armés rivaux et à de violentes incursions de l'armée colombienne. À l'époque, la plus grande partie du secteur était interdite aux étrangers, trop dangereuse même pour les habitants des quartiers voisins. Ceux qui étaient pris dans le conflit devaient souvent se cacher dans leurs maisons pendant que les combats faisaient rage dans les rues. Beaucoup d'innocents furent tués par des balles perdues et plus de 400 habitants disparurent après avoir été accusés, sans preuve, de liens avec des groupes ennemis.

Aujourd'hui, Comuna 13 est le quartier le plus visité de Medellín. Conduites par de jeunes résidents dynamiques devenus guides touristiques, des vagues de touristes arpentent son artère principale pour admirer ses œuvres de street art, boire un cocktail ou profiter d'un splendide panorama.

Les visites à pied des principaux quartiers sont passionnantes. Les guides expliquent comment les habitants se sont attachés

TRANSPORT AVEC VUE

Pas besoin de se ruiner pour profiter d'une vue splendide sur Medellín : pour le prix d'un ticket de métro, on peut voir la ville d'en haut grâce au **Metrocable**, un réseau de télécabines ultramodernes qui grimpent sur les flancs des montagnes.

Ligne K
Survolez les quartiers les plus denses de Medellín.

Ligne L
Rejoint le Parque Arví (p. 176) depuis la station Santo Domingo.

Ligne M
Cette courte ligne vers l'est offre la plus belle vue sur le centre-ville.

Ligne J
Contemplez Comuna 13 d'en haut, entre San Javier et La Aurora.

OÙ SE RESTAURER À MEDELLÍN

Delicias del Tolima
Vous trouverez les meilleurs *lechonas* et *tamales* dans cet établissement traditionnel du centre. **€**

El Taxista
Grandes assiettes pour une honnête cuisine colombienne dans cette gargote du Parque El Poblado qui ne désemplit pas. **€**

Arepamix
Arepas goûteuses et servies rapidement avec garniture au choix – n'oubliez pas le guacamole. **€**

sans relâche à détourner la jeunesse pauvre de la violence par le biais de l'art et de la musique, permettant ainsi la transformation du quartier. Différentes œuvres d'art racontant la résistance à l'occupation militaire du secteur sont décortiquées, notamment des images des tanks qui furent envoyés par le gouvernement pour tirer sur les zones résidentielles durant la tristement célèbre Operación Orión (2002) ainsi qu'une représentation de la décharge de l'*escombrera* ("le dépotoir" en français), où des centaines de jeunes auraient été assassinés par des groupes paramilitaires.

La plupart des visites guidées commencent ou s'achèvent près des **escalators** extérieurs qui mènent au cœur du quartier. Ces escalators jouèrent un grand rôle dans le désenclavement de Comuna 13. Vous pouvez les visiter seul mais nous vous recommandons fortement de faire appel à un guide, car l'un des intérêts majeurs d'une visite de Comuna 13 tient au fait que les habitants eux-mêmes vous racontent son histoire très émouvante.

On trouvera des guides indépendants près de la station de métro San Javier, mais la qualité des circuits est variable. La très bonne association **Casa Kolacho** propose des visites quotidiennes avec d'excellents professionnels profondément liés au quartier.

Si la transformation de Comuna 13 fut spectaculaire, elle est loin d'être unique à Medellín et beaucoup d'autres quartiers sont parvenus à s'arracher à la pauvreté et à la violence. Pour découvrir une renaissance urbaine plus discrète, visitez le quartier de **Moravia**, au nord du jardin botanique. Cette ancienne décharge de Medellín était peuplée des habitants les plus pauvres, qui survivaient en fouillant parmi ses ordures. C'est aujourd'hui une oasis de verdure et de calme en plein milieu de la ville.

Une bonne partie de la montagne de déchets sur laquelle le *barrio* s'est construit est à présent couverte de **jardins communautaires** abritant plus de 70 espèces de plantes. Ils sont devenus des lieux de repos et de tranquillité pour les résidents du dédale de ruelles animées, en contrebas.

Real City Tours propose d'intéressantes visites guidées à pied de Moravia, tout comme le **Centro de Desarollo Cultural de Moravia**, qui peut vous mettre en contact avec des habitants de longue date pour découvrir le quartier.

LES MEILLEURES BANDEJAS PAISAS

Le plat phare de la région, la *bandeja paisa*, peut se décrire comme un solide assortiment de haricots rouges, de couenne de porc, de saucisses, de bœuf haché et d'autres copieuses garnitures. On en trouvera de très bonnes dans les restaurants suivants :

Hacienda Origen
Chaîne servant une cuisine traditionnelle, avec plusieurs antennes en ville.

Hato Viejo
Une institution de la ville, où les classiques *antioqueños* sont généreusement servis.

Restaurante San Joaquín
Gargote affichant un très bon rapport qualité/prix, dans le quartier de Laureles.

Medellín pour les gourmets

GASTRONOMIE DANS UN ÉCRIN DE VERDURE

Avec ses rues arborées traversées par un petit torrent bourdonnant, **Provenza**, le quartier gastronomique de Medellín, est l'endroit idéal pour une promenade en soirée et un excellent repas.

Situé en amont du Parque Lleras et de sa vie nocturne tape-à-l'œil, Provenza est beaucoup plus distingué, avec ses élégants

OÙ SE RESTAURER À MEDELLÍN

Malevo
Fantastique grill argentin, au cœur du secteur gastronomique de Manila. Commencez par les *empanadas*. **€€**

Tal Cual
Cuisine moderne inventive et ambiance bohème. On y sert les meilleurs desserts de Medellín. **€€**

Café Zorba
Lieu branché donnant sur le Parque La Presidenta. Cuisine sans viande et délicieuses pizzas. **€€**

MEDELLÍN ET CAFÉINE

Pergamino
Le café le plus prisé d'El Poblado, à raison : votre boisson sera préparée à la perfection, selon la méthode de votre choix.

Hijamia
Café haut de gamme et brunch délicieux servis toute la journée, dans un coin agréable de Manila.

Urbania
Ce charmant petit café soutient les producteurs victimes du conflit. Service sympathique.

Rituales
Délicieux cafés de petits producteurs de Medellín – montez à l'étage pour en savoir plus sur leurs fermes.

JOAQUIN SARMIENTO/GETTY IMAGES ©

Provenza

restaurants haut de gamme, décorés de plantes et de mobilier en bois naturel qui se fondent sans effort dans leur cadre verdoyant.

Le quartier s'étend de la Carrera 32 à la Carrera 36, entre les Calle 7 et 10, mais son cœur se trouve le long de la Carrera 35 : cette artère piétonne à l'ambiance festive est un véritable océan de tables en plein air.

On compte plus de restaurants au mètre carré ici que partout ailleurs en ville. Le choix est étourdissant, entre cuisines de rue philippines, *cantinas* mexicaines et restaurants gastronomiques décorés dans un style industriel chic.

Les jolis cafés et bars à vins accueillant de **Provenza** sont un bon point de départ pour la soirée. Pour le dîner, essayez d'obtenir une table à l'**Oci.Mde**. On y sert une excellente cuisine contemporaine d'inspiration latino-américaine et européenne – poulpe grillé et *asado de tira* (côtelettes grillées) sont délicieux.

Juste de l'autre côté de la Calle 10, **Carmen**, pionnier de la scène gastronomique de Medellín, propose l'un des meilleurs menus dégustation de la ville et de délicieux plats de saison.

Vie nocturne de Medellín

TOUS EN PISTE !

Les Paisas savent s'amuser aussi intensément qu'ils travaillent. Ajoutez-y leur sens de l'hospitalité légendaire et vous compren-

OÙ SE RESTAURER À MEDELLÍN

In Situ
Refuge par excellence, entièrement entouré de verdure, à l'intérieur du jardin botanique. €€€

El Cielo
Premier restaurant étoilé du chef Juan Manuel Barrientos, célèbre pour sa cuisine moléculaire colombienne. €€€

La Provincia
Vaste carte, délicieux fruits de mer, atmosphère chic et service impeccable, dans le secteur luxueux de Medellín. €€€

drez pourquoi Medellín est l'un des meilleurs endroits du pays où faire la fête.

Les alentours du **Parque Lleras**, à El Poblado, sont la *zona rosa* (zone festive) officielle de Medellín. Bars vibrant au son tonitruant du reggaeton, petites discothèques, et même quelques bars rock pour faire bonne mesure, sont regroupés dans ce secteur illuminé de néons. L'endroit n'est pas très chic, mais il est extrêmement populaire : on s'y amuse beaucoup, passant d'un lieu à l'autre en titubant à moitié.

Le décontracté **Bar Octavia**, dont les tables installées sous une véranda donnent sur la frénésie du parc Lleras, fait un bon point de départ. La suite de la soirée dépendra de vos goûts musicaux. Pour vous déhancher sur du rock, optez pour le **Blue**, une discothèque qui attire une joyeuse clientèle de tous horizons. Les amateurs de musique latine préféreront le **Siente el Bajo**, petit club populaire et plutôt jeune où l'on passe du reggaeton. Les amateurs de techno adoreront le **9+1**, un club informel qui diffuse trance et house authentiques dans une atmosphère intimiste et sans prétention.

Pour du clubbing à plus grande échelle, dirigez-vous vers l'ancien quartier industriel du **Barrio Colombia**, où d'anciens entrepôts et ateliers ont été transformés en salles de concert et clubs géants de plusieurs étages. À l'**Amarna**, on peut danser sur des sons variés, sous l'œil attentif des pharaons incrustés dans le décor égypto-kitsch, tandis que le **Trilogia Bar** est une salle de concert pleine d'énergie, emmenée par la musique latine contemporaine du groupe résident.

Aux alentours du **Parque del Periodista**, juste à l'est du centre-ville, les fêtards arty et bohèmes se retrouvent dans les bars bon marché du quartier – et finissent souvent par boire dans la rue. Si ce parc étrange et merveilleux est trop agité pour vous, réfugiez-vous à **El Guanábano**, un bar bohème sympathique et confortable, qui diffuse un excellent choix de musique indé.

Pour ceux qui veulent tester leur niveau en danse, le quartier résidentiel de **Laureles** compte plusieurs excellents bars à salsa, allant du boui-boui en sous-sol où l'on engloutit des boissons à petit prix avec la musique à fond au club plus élégant où de grands orchestres au complet font danser leurs clients. Ne manquez pas le **Tíbiri** : dans ce petit bar légendaire, les habitués sympathiques ne snobent pas les danseurs amateurs. Pour

ET LE TANGO ?

Buenos Aires a beau être loin, les *paisas* portent le tango dans leur cœur : c'est la musique préférée de bon nombre des Medellínenses les plus âgés. Depuis que les premiers succès modernes du genre ont envahi les ondes, la ville s'est prise de passion pour le tango et des clubs spécialisés ont surgi un peu partout.

Après la mort de l'icône Carlos Gardel dans un accident d'avion à l'aéroport de Medellín en 1935, l'âme de la cité s'est retrouvée liée à jamais au tango.

Dans le centre-ville, le **Salon Malaga** offre une belle introduction à la version *paisa* du genre. Les plus anciens s'y réunissent pour écouter tangos et boléros classiques devant un café.

CONTINUER LA FÊTE

Si faire la fête est votre priorité, ne manquez pas les légendaires bars et clubs de salsa de **Cali** (p. 221), une ville idéale pour apprendre de nouveaux pas de danse.

OÙ BOIRE UNE (BONNE) BIÈRE À MEDELLÍN

Cervecería Libre
Large choix de bières artisanales, ambiance sympathique et musique de qualité au volume raisonnable.

20Mission Cerveza
Brasserie artisanale servant six bières maison et de bons en-cas, avec des concerts de qualité.

Berlín 1930
Bar à l'éclairage tamisé avec patio et recoins cosy, billards et bonne ambiance sonore indé.

CICLOVÍA : UN SPORT COLLECTIF

Chaque dimanche matin, plusieurs grandes artères de la ville sont fermées à la circulation pour laisser la place aux cyclistes, promeneurs, et joggeurs participant à la Ciclovía (p. 318). Certaines routes sont également barrées les mardis et jeudis soirs.

El Poblado
Pratique car non loin de beaucoup d'hôtels, cette section longe le "kilomètre d'or" (Golden Mile), secteur luxueux de Medellín.

Ave del Río
La plus longue des sections va de la gare d'Aguacatala, au sud, jusqu'à Solla, au nord.

Estadio
Circuit autour du stade Atanasio Girardot.

Cerro el Volador
Section escarpée et arborée qui passe par le plus grand parc de Medellín.

Parque Arví

un concert de salsa, **Son Havana** accueille d'excellents groupes. Le son y est excellent et la piste de danse très animée. On y donne souvent des cours gratuits et bon enfant en début de soirée.

Si l'on peut se distraire toute la semaine à Medellín, la fête bat vraiment son plein du jeudi au dimanche, lorsque bars, clubs et salles de concerts restent ouverts jusqu'au petit matin. Dans certains clubs, les tables sont réservées à ceux qui achètent une bouteille d'alcool au bar ; si vous êtes plutôt amateur de bière, vous risquez de passer la soirée debout !

Escapade au Parque Arví

ÉCHAPPÉE EN PLEINE NATURE

À seulement 20 minutes de téléphérique de Medellín, le Parque Arví, vaste zone montagneuse dominant le **Valle de Aburrá**, fait une escapade idéale hors de la ville. Paisible et relaxant, loin de l'agitation urbaine, ce parc se situe dans le district de Santa Elena. Ses 1 750 ha de montagnes (à 2 500 m d'altitude) sont parfaits pour la randonnée, le vélo, l'observation des oiseaux ou un simple pique-nique dans l'air frais des hauteurs.

Des activités y sont proposées (location de barque, parcours dans les arbres...), et on y trouve une serre à papillons (*mariposario*) ainsi qu'un hôtel avec vue sur le lac. Le plus agréable reste cependant de suivre les sentiers qui mènent à la forêt. Des **randonnées guidées** partent du point d'information, à l'entrée principale du parc, mais les passionnés de nature préféreront

FESTIVALS DE MEDELLÍN

Festival Internacional de Tango
En juin, la ville célèbre son amour du tango au travers de concours, de concerts et d'ateliers lors du Festitango.

Feria de las Flores
En août, la fête la plus spectaculaire de Medellín culmine avec le Desfile de Silleteros : 400 paysans chargés de fleurs défilent dans les rues.

Medejazz
En septembre, de nombreux groupes américains participent à ce festival, qui programme quelques concerts gratuits.

sans doute explorer le parc en toute indépendance. Pour plus de sécurité, n'hésitez pas à vous déplacer en groupe.

L'un des sentiers les plus difficiles, le **Sendero Ancestral** (6 km), traverse une épaisse forêt et passe par les points les plus élevés, jusqu'aux zones humides de Laguna de Guarne et Laguna Seca. Plus facile, le **Sendero Arroyuelo** (2,5 km) longe un ruisseau bordé d'arbres jusqu'au cœur du parc.

Le Parque Arví est aussi un lieu de pique-nique très apprécié, avec ses tables ombragées installées un peu partout. Il y a peu de commerces près de l'entrée du parc : emportez vos provisions.

Rejoindre le parc est une aventure en soi. Depuis la station Santo Domingo, les télécabines du **Metrocable** (ligne L) survolent des quartiers densément peuplés avant de franchir le bord de la vallée et de filer par-dessus les arbres jusqu'au centre d'accueil des visiteurs.

Le week-end, il y a foule et il faut parfois faire la queue aux télécabines ; en semaine, même les parties les plus fréquentées du parc sont très calmes. La ligne de Metrocable est fermée le lundi, mais on peut alors prendre un bus depuis le centre de Medellín (Transacoop, départ angle Carrera 42 et Calle 50). Les marcheurs les plus acharnés pourront monter au parc à pied depuis le terminus de la ligne M du Metrocable.

Parapente dans le Valle de Aburrá

SURVOLER LA VILLE

Medellín est superbe sous tous ses angles, mais le plus beau panorama est sans conteste celui que l'on découvre en suivant les courants chauds ascendants au-dessus du **Valle de Aburrá** à l'occasion d'une session de parapente en tandem.

Sous la supervision d'un pilote expérimenté, les visiteurs peuvent profiter de la vue tout en flottant dans les airs, avec parfois un oiseau de proie pour seule compagnie.

Les départs ont lieu au petit village de **San Felix**, perché dans les montagnes sur le flanc ouest de la vallée et réputé pour son *panchocha* (pain fourré au fromage). Selon la météo, on atterrit au même endroit ou plus bas, dans la municipalité de **Bello**.

Depuis le point de départ, on peut déjà voir une partie de Medellín. Mais une fois dans les airs, c'est toute la métropole qui s'offre au regard. Elle apparaît alors petite et paisible, dans son écrin de montagnes majestueuses. Cherchez la tour Coltejer, qui marque le centre de la ville, et, au loin, les tours d'El Poblado et d'Envigado, semblables à des champignons poussant sur des pentes.

Plusieurs opérateurs spécialisés du village organisent des sessions en parapente. **Zona de Vuelo**, l'un des plus expérimentés, propose des sorties quotidiennes lorsque la météo le permet. Il faut marcher beaucoup pour rejoindre le point de départ – téléphonez avant de partir pour vous assurer que les conditions météorologiques sont favorables.

PASSION FOOTBALL

Les Colombiens adorent le foot, et les habitants de Medellín encore plus. On trouve deux grands clubs en ville : le **Deportivo Independiente Medellín** ("El Poderoso de la Montaña", en rouge et bleu) ; et l'**Atlético Nacional**, l'équipe la plus titrée du pays, (en vert). Les deux se produisent à domicile au **stade Atanasio Girardot**, et assister à un de leur match est toujours un bon moment. Les touristes sont en général bien accueillis par les supporters, surtout s'ils portent les couleurs de l'équipe qui joue à domicile. Pour une immersion totale, prenez des billets pour le "Clasico Paisa", le derby local.

Paisa Road (p. 206) organise des circuits incluant transport et places dans la section la plus animée du stade, derrière les buts.

PARAPENTE AU CHICAMOCHA

Autre endroit fantastique pour s'essayer au parapente, le superbe **Cañon del Chicamocha** (p. 99), près de San Gil, dans le Santander, permet de survoler une immense vallée fluviale désertique.

DOLEESI/STOCK.ADOBE.COM ©

Metrocable de Medellín

COMMENT CIRCULER

Les transports en commun modernes de Medellín font la fierté des Paisas. Être motorisé ici est plus un inconvénient qu'un avantage.

Le **Metro de Medellín** (metrodemedellin.gov.co) est l'unique train de banlieue de Colombie. Il consiste en 2 lignes (nord-sud et est-ouest). Il existe également 6 lignes de télécabines, appelées **Metrocable**, construites pour desservir les quartiers pauvres des collines environnantes, ainsi que le Parque Arví à Santa Elena, et une ligne de **tramway** qui traverse l'est du centre-ville. Avec un ticket, on peut passer d'un service à l'autre et voyager à travers la cité.

Medellín compte deux aéroports. Les vols internationaux et domestiques à destination des grandes villes partent de l'**Aeropuerto Internacional José María Córdova**, à 35 km au sud-est de la ville. Plus petit, l'**Aeropuerto Olaya Herrera** situé en ville, juste à côté de la gare routière Terminal del Sur, accueille les vols domestiques régionaux.

Medellín possède deux gares routières : le **Terminal del Norte**, pour les bus à destination du nord, de l'est et du sud-est (Santa Fe de Antioquia, Cartagena, Santa Marta, Bogotá) ; et le **Terminal del Sur**, pour les liaisons vers l'ouest et le sud (Manizales, Pereira, Armenia et Cali).

Environs de Medellín

Quittez la ville pour un rythme plus tranquille entre rivières tropicales, superbes lacs et villes chargées d'histoire.

En grimpant dans les montagnes, les collines verdoyantes remplacent bientôt Medellín, qui disparaît au fond de la vallée.

Au nord, la route s'enfonce dans le climat chaud de Santa Fe de Antioquia. Cette ville coloniale endormie, ancienne capitale du département, abrite le magnifique pont suspendu qui enjambe le Río Cauca.

Si vous préférez la fraîcheur des montagnes, mettez le cap vers l'est. Un lac artificiel, l'Embalse de Guatapé, s'étend au pied de l'imposante Piedra del Peñol. La route se poursuit jusqu'à la réserve naturelle intacte du Río Claro. La paisible rivière qui la traverse est idéale pour une baignade revigorante.

Pour les infos pratiques, voir le Carnet d'adresses p. 206

À SAVOIR

Privilégiez un voyage en semaine : il y a moins de monde et les hébergements sont moins chers. Si vous n'êtes là que pour la journée, et non motorisé, prenez un billet retour dès votre arrivée pour être sûr de pouvoir rentrer.

Puente de Occidente, Santa Fe de Antioquia (p. 182)

À VÉLO DANS L'ANTIOQUIA RURAL

Les routes montagneuses de l'Antioquia se prêtent parfaitement au vélo, du fait des paysages spectaculaires, des automobilistes habitués aux cyclistes et de la présence de beaucoup de pratiquants pour vous tenir compagnie. Le week-end, vous verrez des groupes de tous âges parcourir la campagne à vélo, souvent prompts à inviter les visiteurs à les rejoindre.

La descente de **Guatapé** à **San Rafael** ainsi que les parcours entre Santa Fe de Antioquia et Sopetrán ou Caldas et Fredonia via Piedra Verde, au sud, comptent parmi les plus belles sorties à la journée. **Pedaleando Alma** propose régulièrement des petites excursions dans le département ou des aventures de plusieurs jours.

Piedra del Peñol

Guatapé

À L'ASSAUT DU ROCHER DE L'ANTIOQUIA

Né de la main de l'homme, mais embelli par la nature, le spectaculaire **Embalse de Guatapé**, niché dans les montagnes à 2 heures de route à l'est de Medellín, fait partie des plus beaux lacs du pays. Formé lors de la construction d'un barrage hydroélectrique sur le Río Nare dans les années 1970, il s'épanouit au cœur de magnifiques paysages où des péninsules couvertes de pins frôlent ses eaux émeraude.

Englobant pas moins de 74 km², ce lac traverse plusieurs municipalités, et ses branches les plus éloignées sont entourées de montagnes intactes. La plupart des visiteurs y accèdent par la petite ville touristique colorée de **Guatapé**.

Depuis la route qui mène à cette ville, bien avant d'arriver, on aperçoit la **Piedra del Peñol**. Cet immense monolithe de granit haut de 200 m domine le lac et tout le paysage, semblant émerger des collines vertes comme un pain de sucre andin.

Assurez-vous de monter à son sommet pour profiter de la vue à 360° sur le réservoir et les environs. Vous emprunterez pour ce faire un escalier de brique et de ciment de **740 marches**

OÙ SE LOGER À GUATAPÉ

Lake View Hostel
Auberge de jeunesse conviviale. Dortoirs corrects et très bonnes chambres privatives à l'étage, avec vue sur le lac. **€**

Sotavento Cabañas
Hamacs sur les balcons et vue sur le rocher, depuis une péninsule tranquille. **€€€**

Mumu Hotel
Entouré de nature mais accessible à pied depuis le centre. Chambres modernes, et restaurant au bord du lac. **€€€**

dans une large fissure sur le côté du rocher. Arrivé en haut, vous trouverez des snacks vendant jus de fruits, glaces et *salpicón* (salade de fruits dans du jus de pastèque), bienvenus après la rude montée. Si l'escalier vous paraît trop facile à gravir, faites appel à des guides locaux pour **escalader** l'une des faces du rocher. Si vous venez en excursion d'une journée depuis Medellín, il est judicieux de faire l'ascension de la Piedra del Peñol avant de vous rendre à Guatapé, car, l'après-midi, les nuages et la pluie sont parfois au rendez-vous.

À Guatapé, le ***malecón*** sur les berges du lac s'anime grâce aux touristes venus de Medellín. Le centre-ville est connu pour ses ***zócalos***, des fresques peintes sur les murs des maisons, recréant des scènes de la vie quotidienne. Les plus beaux exemples se trouvent à un pâté de maisons au sud de la place principale, dans la Calle de los Recuerdos, une rue pavée qui forme un coude en remontant.

Guatapé est également l'endroit le plus pratique pour une **sortie en bateau** sur le lac. Les plus grands comptent plusieurs étages et sont équipés de bars, de grosses sonos et même de pistes de danse. Ils ne naviguent cependant pas très loin, se contentant de rester face à la ville. Ces sorties sont parfaites pour sociabiliser avec des Paisas (habitants de Medellín) de passage, mais si vous préférez les beaux paysages, montez plutôt dans l'un des petits hors-bord qui permettent de découvrir plusieurs sites d'intérêt sur les rives du lac.

Les circuits classiques passent par une île au milieu du lac et par **El Cruz**, un monument consacré à la ville de Viejo Peñol, qui fut submergée lors du remplissage du réservoir. Beaucoup marquent aussi l'arrêt au **Museo del Viejo Peñol**, une maison vieille de 200 ans qui fut la seule à échapper à la montée des eaux. On y trouve des photos de la ville avant la construction du barrage. Pour explorer le lac à votre guise, louez un **kayak**, mais gardez à l'esprit que s'il est relativement simple de pagayer au départ, l'exercice se complique en plein milieu du lac, où le vent est plus fort.

Les cyclistes raffolent des environs de Guatapé, notamment pour la descente entre la ville et **San Rafael**. En revanche, seuls les plus acharnés tentent la remontée : la plupart embarquent leur vélo dans l'un des nombreux bus qui reviennent à Guatapé. Au départ de celle-ci beaucoup d'autres routes non asphaltées, presque dépourvues de voitures, se prêtent bien à une exploration tranquille.

DÉLICIEUSE CUISINE DU MONDE À GUATAPÉ

Koi Comida Asiatica
Tenu par des Japonais : authentiques sushis, *ramen* et autres spécialités d'Asie à prix abordables. **€**

La Fogata
Le meilleur restaurant sur les berges du lac de Guatapé, spécialisé dans la cuisine *paisa*. Excellents steaks et truites. **€€**

Thai Terrace
Régalez-vous de plats thaïlandais et de la vue sur le lac, dans ce restaurant niché sur un toit-terrasse. **€€**

El Bretón
Tout est bon dans ce restaurant français, mais les crêpes tiennent forcément le haut du pavé. Dans une petite rue tranquille. **€**

VILLES HISTORIQUES

Si le charme de Santa Fe de Antioquia ne vous laisse pas indifférent, partez à la découverte d'autres villes historiques comme **Villa de Leyva** (p. 86) dans le Boyacá, **Barichara** (p. 101) dans le Santander ou **Popayán** (p. 226) dans le Cauca.

Mansion Oriente
Excellente adresse de milieu de gamme entre le lac et le rocher. Maison rurale avec belle vue et grande piscine. **€€**

Tau House
Mètre-étalon du luxe, au bord du lac, avec chambres spacieuses lumineuses et espaces extérieurs chics. **€€€**

Hotel Portobelo
Hôtel raffiné en plein centre, sur le *malecón* avec vue sur le lac. Chambres avec balcons et vue sur l'eau. **€€€**

LES FESTIVALS DE SANTA FE

Santa Fe de Antioquia aime la fête et accueille diverses célébrations qui méritent le détour depuis Medellín.

La plus importante, la **Fiesta de los Diablitos**, se déroule la dernière semaine de chaque année depuis 1653. Cette fête était à l'origine un jour de congé accordé aux esclaves, qui entreprirent de se déguiser en imitant leurs oppresseurs espagnols. Aujourd'hui, les costumes y jouent toujours un grand rôle : les participants défilent dans les rues coiffés de masques d'argile peints à la main.

Autres événements importants : la **Semana Santa**, pleine de pompe et de solennité, et le **Festival de Cine de Antioquia**.

Santa Fe de Antioquia

UNE ANCIENNE CAPITALE DÉPARTEMENTALE PLEINE D'ALLURE

Lovée dans une vallée moite à 1 heure 30 de bus au nord-ouest de Medellín, l'ancienne capitale départementale de **Santa Fe de Antioquia** est une ville coloniale paisible, bien différente de la métropole moderne qui a été choisie pour la remplacer. Fondée en 1541, la plus ancienne localité de la région fut un centre de commerce et d'agriculture prospère avant que le siège administratif ne soit déplacé à Medellín en 1826. Depuis, la ville est tombée dans un oubli relatif, mais son centre colonial n'a jamais été détruit ; il ressemble toujours beaucoup à ce qu'il était au XIXe siècle. Ici, les rues étroites sont bordées de maisons blanches à un étage, souvent ordonnées autour d'une jolie cour. Des boiseries sculptées, typiques de la région, ornent les contours des portes et des fenêtres. Admirez l'intérieur de l'une des anciennes maisons les mieux préservées de la ville au **Museo Juan del Corral**, qui présente l'histoire de l'Antioquia.

Parmi les belles églises de Santa Fe, l'**Iglesia Santa Bárbara**, construite par les Jésuites au milieu du XVIIIe siècle, présente une jolie façade baroque et un retable ancien. Juste à côté, le **Museo de Arte Religioso**, qui occupe l'ancien collège jésuite construit dans les années 1730, expose une belle collection d'art religieux colonial comprenant notamment des tableaux de Gregorio Vásquez de Arce y Ceballos (1638-1711). Pour autant, les trésors architecturaux ne se limitent pas au centre historique. En lisière de la ville, le beau **Puente de Occidente** enjambe le large Río Cauca. Avec ses 291 m de long, il était l'un des premiers ponts suspendus des Amériques lorsqu'il fut achevé, en 1895. José María Villa, son concepteur, participa également à la création du pont de Brooklyn, à New York. Suivez le chemin de terre derrière l'entrée pour prendre des photos panoramiques de la construction. La descente de 45 minutes pour y accéder est fastidieuse, d'autant plus qu'il fait chaud. Mieux vaut prendre une moto-taxi.

Si Santa Fe fait une belle excursion à la journée depuis Medellín, y passer la nuit permet d'apprécier le charme romantique du centre-ville en début de soirée. Et ne partez pas sans avoir goûté le *dulce de tamarindo*, une confiserie acidulée faite avec les fruits des tamariniers qui poussent dans la vallée environnante.

Reserva Natural Cañon del Río Claro

CANYON DE MARBRE ET FORÊT VIERGE

Étonnamment située juste à côté de l'autoroute reliant Medellín à Bogotá, à 3 heures de route à l'est de la capitale antioquienne, la nature intacte de la **Reserva Natural Cañon del Río Claro** offre le cadre d'une expédition particulièrement satisfaisante.

Dans une épaisse forêt où l'eau cristalline du Río Claro a creusé un étonnant **canyon de marbre**, cette réserve est un

OÙ SE LOGER À SANTA FE DE ANTIOQUIA

Hotel Mariscal Robledo
Le plus bel hôtel de Santa Fe. Grandes chambres décorées de meubles anciens autour d'une jolie cour intérieure. €€€

Hotel Santa Barbara Colonial
Chambres abordables au cœur de la ville, avec une belle piscine. Service sympathique. €€

Hostería de La Plaza Menor
Paisible hôtel à l'ancienne au mobilier désuet. Vue sur les montagnes depuis la piscine. €€

JIANN/SHUTTERSTOCK ©

Reserva Natural Cañon del Río Claro

bout de nature accessible où l'on peut passer la journée à nager, randonner ou faire du rafting et de l'escalade.

À mi-chemin, au bord de la rivière, l'entrée de la **Cueva de los Guácharos** ouvre sur une grotte spectaculaire. Profonde de 1 km, elle se compose de nombreuses cavernes de marbre aussi hautes et vastes que des cathédrales, reliées par un cours d'eau. Ces cavernes sont gardées par des volées de *guácharos* (oiseaux nocturnes rappelant les chauves-souris) aux cris perçants. Elles ne se visitent qu'avec un guide, qui vous fournira un gilet de sauvetage car vous aurez à marcher dans l'eau. Pourtant, nul besoin d'être très actif pour profiter de la nature à Río Claro. On peut simplement y prendre le soleil sur les énormes rochers en bord de rivière, lire ou méditer, entouré d'un paysage inaltéré.

La réserve se visite en une journée, mais pour un repos total, mieux vaut s'arrêter dans l'un des trois hébergements répartis le long du Claro. Des chambres rustiques mais confortables donnent sur la jungle : vous vous endormirez au son de la rivière toute proche, et vous réveillerez en admirant la brume qui monte du canyon couvert d'arbres.

LA PETITE ROUTE VERS LA ZONA CAFETERA

Depuis le Río Claro, inutile de repasser par Medellín pour se rendre dans la Zona Cafetera. Une petite route pittoresque conduit jusqu'à Manizales en passant par des sites peu visités. Elle suit le Río Magdalena vers le sud et le port historique de **Honda**, qui donnait autrefois accès à l'intérieur du pays et dont le centre ancien surplombe les rapides. Un peu plus loin, dans une vallée discrète, la **Ciudad Perdida de Falán** abrite les ruines de la mine d'or espagnole de Santa Ana, aujourd'hui envahies par la jungle. La route monte ensuite à travers le spectaculaire **Páramo de Letras** et contourne la pointe nord du PNN Los Nevados, avant d'arriver à **Manizales** (p. 189) par l'est.

COMMENT CIRCULER

Les destinations rurales hors de Medellín sont accessibles facilement grâce aux bus qui quittent régulièrement la ville dans toutes les directions. Pour Guatapé et Río Claro, les bus partent du **Terminal de Norte**, près de la station de métro Caribe. Pour Jardín et le sud-ouest, ils partent du **Terminal del Sur**, près d'El Poblado.

Les bus Medellín-Bogotá, à l'exception de certains bus express, vous déposeront à l'entrée de la réserve naturelle de Río Claro. Au départ de Medellín, les bus **Coonorte** (coonorte.com.co) pour Doradal et au-delà y marquent tous l'arrêt. Depuis le Terminal del Norte de Medellín, des bus relient Guatapé (1 heure) et Santa Fe de Antioquia (2 heures). Des *colectivos* font régulièrement la navette entre l'embranchement menant à la Piedra del Peñol et Guatapé (10 min).

Le week-end, les bus sont pleins et il peut y avoir des bouchons à l'entrée des villes : prévoyez beaucoup de temps si vous avez des correspondances à prendre.

JARDÍN

Pour les infos pratiques, voir le Carnet d'adresses p. 206

Difficile de lui donner tort quand Jardín se vante d'être la plus belle ville de l'Antioquia. Ses adorables maisons peintes de couleurs vives et ornées de plantes sont entourées de petites exploitations de café qui semblent accrochées, en équilibre précaire, aux pentes abruptes des montagnes majestueuses. Dans le centre-ville, une immense église néogothique domine la large place pavée. Débordant de tables en bois et de chaises multicolores, la *plaza* est, en journée, le repaire des anciens qui aiment se retrouver en sirotant lentement un café. Le soir, on croirait que toute la ville s'y donne rendez-vous pour un verre tandis que des cavaliers défilent en faisant danser leurs montures.

À l'extérieur de cette charmante petite ville, la campagne spectaculaire abrite grottes secrètes, hautes cascades et points de vue grandioses. Les conditions sont ainsi réunies pour de belles randonnées sur des routes paisibles ou de vieux chemins de pierre, menant à de très bons spots d'observation des oiseaux et de sports de plein air.

À SAVOIR

Pas besoin de revenir jusqu'à la grand-route au nord pour aller de Jardín à l'Eje Cafetero (l'"axe du café"). Chaque jour, des bus Cootransio (cootransrio.co) suivent une route non asphaltée à travers les montagnes jusqu'à Ríosucio. De là, des bus réguliers desservent Manizales, Pereira et Salento.

MEHDI33300/SHUTTERSTOCK ©

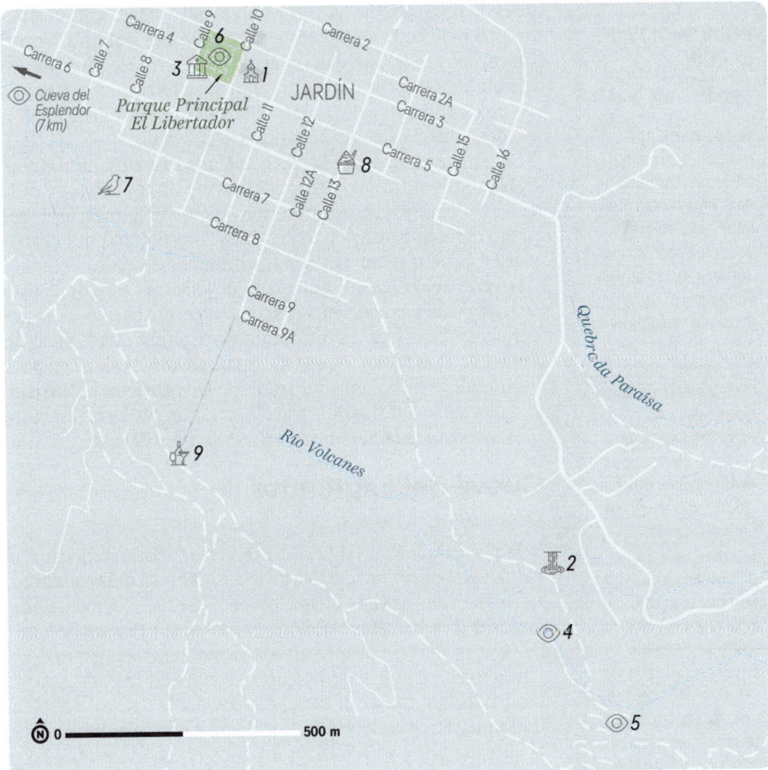

VOIR
1 Basilica Menor de la Inmaculada Concepción
2 Cascada del Amor
3 Charco Corazon
4 Cueva de los Murcielagos
5 Museo Clara Rojas Pelaez
6 Parque El Libertador
7 Reserva Natural Jardín de Rocas

SE RESTAURER
8 Dulces del Jardín

PRENDRE UN VERRE ET FAIRE LA FÊTE
9 Estadero La Garrucha

Parque El Libertador

UNE PLACE DE CARTE POSTALE

Le pays compte peu de places centrales aussi belles que celle de **Jardín**. Bordée de maisons soigneusement entretenues et dont le rez-de-chaussée abrite restaurants, boutiques, bars et cafés peints de couleurs vives, elle concentre à elle seule toute l'atmosphère de la région du café. Dominant la place, l'imposante **Basilica Menor de la Inmaculada Concepción**,

OÙ SE LOGER À JARDÍN

Hotel Diana Campestre
Très bon rapport qualité/prix et jolie vue sur un décor rural, à quelques pas de la place principale. €

40 Amigos Hotel
Hôtel coloré et confortable en lisière de la ville, avec des chambres impeccables et bien équipées. €€

Casa Passiflora Hotel Boutique
Maison traditionnelle rénovée avec soin. Chambres luxueuses. €€€

de style néogothique (XXe siècle), semble un peu grande pour une ville de cette taille. Faite de granit gris dont les pierres furent extraites par des habitants de la bourgade, elle est couronnée de flèches en aluminium qui contrastent nettement avec le décor coloré de la place. Son bel intérieur bleu, simple, est orné d'arches et de chapiteaux plaqués or.

Du côté nord-ouest de la place, la **Casa Museo Clara Rojas Peláez** présente diverses expositions détaillant l'histoire de la ville. On peut y admirer poteries précolombiennes, archives photo et mobilier ancien, mais on y vient surtout pour découvrir l'intérieur d'une maison traditionnelle locale.

Le centre de la place est quadrillé de jolies tables et de chaises en bois, peintes aux couleurs des commerces auxquels elles appartiennent. Choisissez un restaurant pour profiter d'un repas au milieu de l'animation de la ville, mais gardez de la place pour les friandises de la confiserie traditionnelle **Dulces del Jardín**, installée sur le côté l'est de la place. Notre coup de cœur : l'*arequipe de arracacha* (à la pomme de terre-céleri des Andes).

POURQUOI J'AIME JARDÍN

Alex Egerton, auteur

Dans les régions caféières, les jolies villes ne manquent pas. Pourtant, à mes yeux, aucune n'est aussi reposante que Jardín, mon escapade week-end préférée. Je passe mes journées à marcher dans les montagnes au gré de mon humeur, profitant simplement du magnifique paysage et des conversations avec les gens du coin. Quand mes muscles commencent à fatiguer, je cherche un point de vue pour admirer le centre-ville multicolore qui scintille au soleil. Et puis je redescends prendre une boisson chaude sur la place et regarder les gens aller et venir dans ce lieu enchanteur de l'Antioquia.

Cueva del Esplendor

UNE GROTTE MAGIQUE

Si la place de Jardín est la star des sites touristiques locaux, la palme du meilleur second rôle revient à la **Cueva del Esplendor**. Le sommet de cette magnifique grotte située dans les montagnes, au sud de la ville, est percé d'un grand trou. Une **cascade** haute de 10 m s'y déverse jusqu'à un bassin, au fond de la grotte.

L'excursion d'une demi-journée, à 2 200 m d'altitude, dans la forêt luxuriante striée de lianes qui entoure la Cueva del Esplendor suffit à être transporté dans un autre monde. Par beau temps, la cascade brille au soleil, semblable à un énorme sabre laser qui tomberait dans la grotte sombre. À l'intérieur, l'obscurité contraste joliment avec la verdure qui mange la pierre.

La plupart des visiteurs se contentent de profiter du spectacle : on peut s'y baigner, mais l'eau est glacée. Les visites (avec guide, en-cas et transport aller-retour à bord d'un 4×4 bondé) partent chaque matin de Jardín et déposent les passagers au début du sentier. Il faut ensuite marcher 20 minutes jusqu'à la grotte. Le chemin, équipé de rampes et de marches, est raide et boueux, et il faut traverser un ruisseau : prenez de vieilles chaussures.

Si vous êtes motorisé, envisagez de conduire jusqu'à Alto de las Flores, d'où il vous faudra 2 heures de marche pour arriver au sentier, ou commencez à Jardín pour un trek de 4 heures.

GROTTES EN STOCK

San Gil (p. 96), au nord de Bogotá, dans le département du Santander, abrite plusieurs grottes superbes et profondes, ornées de splendides formations rocheuses. Explorez-les en compagnie de guides locaux.

OÙ SE LOGER À JARDÍN

Valdivia Plaza
Bon choix de milieu de gamme, du côté calme de la place, loin de l'agitation des discothèques. **€€**

Gulupa Ecolodge
Vue splendide depuis les filets et les baies vitrées et ambiance cosy. Randonnées et tyrolienne partent presque de votre porte. **€€€**

Hotel Plantacíon
Design mettant la nature en valeur, *rooftop* reposant et écoresponsabilité authentique. **€€€**

Cueva del Esplendor

Reserva Natural Jardín de Rocas

MERVEILLEUSES DANSES NUPTIALES

À Jardín, il suffit de s'éloigner un peu de la place pour découvrir l'une des plus belles merveilles de la nature : la **danse nuptiale des coqs-de-roche** (*gallitos de las rocas* ou *rupicola*) au plumage somptueux, dans la **Reserva Natural Jardín de Rocas**.

Il faut normalement marcher des heures dans la brousse pour observer ces oiseaux très particuliers, mais il semble que les *gallitos* de Jardín raffolent autant que les touristes du charme bucolique de la ville. Chaque soir, ils descendent en nombre sur les arbres qui bordent le Río Volcanes, et les mâles rouge vif, avec leurs grandes crêtes, cherchent à attirer l'attention des femelles, reconnaissables à leur couleur brune plus discrète.

On a pu observer jusqu'à 30 individus se produire dans l'**aire de parade** (le lek) sans paraître le moins du monde gênés par la présence des visiteurs, bouche bée devant cet étonnant spectacle. Depuis les deux plateformes d'observation et le belvédère principal, le spectacle est impressionnant.

On peut apercevoir les volatiles aux environs de la ville, notamment près de la route qui mène à la **Cascada La Escalera**, mais si vous voulez être sûr d'assister à une parade nuptiale, convoquez l'ornithologue qui sommeille en vous à la réserve entre 16h30 et 18h.

D'autres lieux propices à l'**observation des oiseaux** sont facilement accessibles autour de Jardín, où plus de 400 espèces ont été répertoriées.

La route qui monte vers le *páramo* en direction de **Ríosucio**, au sud, est un des meilleurs endroits pour apercevoir des espèces rares. Traversant une zone peu peuplée, elle est bordée

AVENTURES DE PLEIN AIR

Les montagnes qui entourent Jardín ouvrent la voie à d'innombrables aventures, de la plus facile à la plus délirante.

Descente en rappel et canyoning
Avec sa nuée de cascades et de torrents bouillonnants, Jardín est un très bon endroit pour faire du rappel le long de parois rocheuses ou descendre d'étroits canyons. La descente par paliers de la **Cascada La Escalera**, notamment, est très divertissante.

Équitation
Routes de campagne peu fréquentées, vastes panoramas et climat idéal : tout se prête à de fantastiques chevauchées dans les montagnes.

Parapente
Survolez monts verdoyants et jolis toits de tuiles à l'occasion d'un vol en tandem. Le départ se fait à flanc de montagne, juste au sud de la place principale.

OÙ SE RESTAURER À JARDÍN

Cocina Clandestina
Jolie ferme donnant sur les montagnes et servant une cuisine péruvienne authentique et pleine de saveur. **€€**

Restaurante Gloria
La meilleure cuisine familiale colombienne de la ville. Ouvert seulement en journée. **€**

Restaurante Zodiaco
Plats traditionnels aux portions gargantuesques, parfaits après une longue journée d'exploration. **€**

LES MEILLEURS CAFÉS DE JARDÍN

Café Jardín
Dans une jolie ferme ancienne perchée dans les montagnes : la vue depuis ce café paisible justifie à elle seule le voyage.

Del Alto Café
Établissement de quartier sympathique servant un café de qualité cultivé dans la ferme familiale. Demandez à visiter la plantation.

Café Macanas
Lieu accueillant sur la place principale, près de l'église. Buvez votre café dans le patio fleuri.

Cocoa Café Frances
Café chaleureux proposant l'alliance parfaite de crêpes françaises et de café colombien. Très bonnes glaces également.

de forêts vierges : vous n'aurez donc pas à vous éloigner beaucoup du chemin pour apercevoir des animaux.

Essayez de surprendre, entre autres, deux oiseaux endémiques et menacés : la conure à joues d'or, une espèce de perroquet, et l'inca de Wetmore, un colibri. Vous apercevrez peut-être aussi des cervidés et des ours à lunettes dans la région.

Petite balade au départ de Jardín

RESPIRER L'AIR FRAIS DES MONTAGNES

D'où que l'on se positionne, la campagne verdoyante plantée de caféiers aux alentours de Jardín appelle à l'exploration. Nous vous proposons donc une balade d'une demi-journée au départ de cette ville, à la découverte de quelques lieux originaux et de superbes points de vue.

Partez du vieux chemin de pierre au croisement de la Carrera 6 et la Calle 13, puis suivez la rive du Río Volcanes jusqu'à la **Cascada del Amor**, une jolie petite cascade couverte de mousse, toute proche de la route. Quelques centaines de mètres plus au sud, un court embranchement mène au **Charco Corazón**, délicat bassin en forme de cœur. La baignade y est désormais interdite, mais vous pourrez vous immerger dans l'eau glacée de quelques bassins plus petits situés en amont.

Après avoir traversé la rivière, cherchez l'entrée de la **Cueva de los Murcielagos**. Ce tunnel creusé à la main dans la roche mène à une petite cascade. Longez la rive nord-ouest en profitant de la vue sur la ville jusqu'au bar-restaurant l'**Estadero La Garrucha**, où vous pourrez prendre un verre. Cette pause vous donnera peut-être assez de courage pour monter à bord du petit **téléphérique artisanal**, actionné par le serveur qui viendra de vous verser à boire et mû par un moteur de camion. Vous traverserez ainsi la vallée pour rentrer en ville.

Si l'incroyable ingéniosité locale vous rend nerveux, continuez sur la même route et passez devant de jolies petites fermes. Depuis le pont qui traverse la rivière, la ville est à 30 minutes de marche.

OBSERVER LES OISEAUX DANS LES ANDES

D'autres lieux sont propices à l'observation des oiseaux dans les réserves naturelles des environs de **Manizales** et **Salento** (p. 199), plus au sud dans l'Eje Cafetero, ainsi qu'à **Pance** (p. 224), près de Cali.

COMMENT CIRCULER

Jardín est petite et délicieuse à visiter à pied mais, pour rejoindre les hôtels des alentours ou par mauvais temps, une flottille de petits tuks-tuks vous emmènera absolument partout. Les prix sont fixes et affichés sur un tableau derrière le chauffeur. Vous pouvez les héler dans la rue ou demander à votre hôtel d'en appeler un.

Deux téléphériques bien différents traversent la vallée de chaque côté de la ville. L'un, ultra-moderne, construit par l'État d'après une technologie européenne, monte au **belvédère du Cristo Rey**, mais il est souvent hors-service. À l'inverse, la vieille **Garrucha** fabriquée à partir de pièces détachées automobiles fonctionne parfaitement.

Plusieurs services sont assurés chaque jour pour Jardín (3 heures) depuis le terminal sud des bus de Medellín. Assurez-vous d'acheter votre billet aller-retour à l'avance, car les places s'arrachent en période d'affluence.

MANIZALES

À l'extrémité nord de l'Eje Cafetero ("l'axe du café"), Manizales est une ville universitaire de taille moyenne, où règne une agréable fraîcheur et dont les rues pentues sont entourées de superbes montagnes. Aujourd'hui capitale du département du Caldas, Manizales fut fondée en 1849 par un groupe de colons venus d'Antioquia qui fuyaient les guerres civiles de l'époque. Son développement fut entravé par deux séismes en 1875 et 1878, et par un incendie en 1925, ce qui explique qu'il ne reste guère de bâtiments historiques. Aujourd'hui, Manizales sert de porte d'entrée vers les hautes montagnes du Parque Nacional Natural (PNN) Los Nevados. Pourtant, la ville voit passer peu de visiteurs, ce qui lui permet de conserver une atmosphère authentique et sans prétention. Lors de votre séjour dans ce lieu idéal pour tout apprendre sur la culture du café colombien, ne manquez pas de savourer une tasse brûlante produite à partir de grains cultivés dans la campagne environnante.

Manizales est également l'une des villes les plus vertes du pays. Une forêt protégée poussant dans la ville même se prête parfaitement à l'observation des oiseaux et à la randonnée, à quelques minutes seulement d'hôtels élégants et d'excellents restaurants.

Pour les infos pratiques, voir le Carnet d'adresses p. 206

À SAVOIR

La météo à Manizales est notoirement capricieuse. Même le jour le plus ensoleillé peut tourner au grand froid. Emportez des vêtements chauds et de pluie à chaque sortie. Les températures nocturnes sont les plus fraîches de toute la Zona Cafetera.

VOIR
1 Chipre
2 Iglesia de la Inmaculada Concepción
3 Monumento a Los Colonizadores
4 Parque Bolívar

ACTIVITÉS
5 Recinto de Pensamiento
6 Reserva Ecológica Río Blanco
7 Ecoparque Los Alcazares-Arenillo
8 Ecoparque Los Yarumos
9 Termales del Ruiz
10 Termales El Otoño
11 Termales Tierra Viva

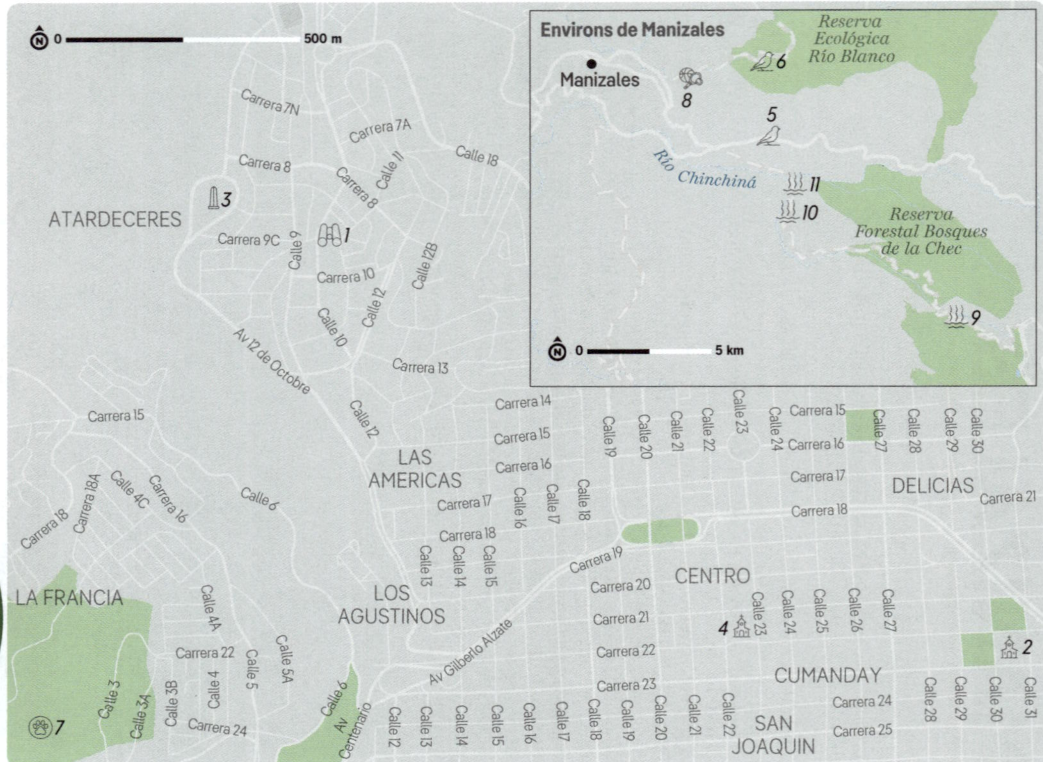

FANS D'ORNITHOLOGIE

Vous pourrez facilement observer des oiseaux à **Pance** (p. 224), sur les contreforts du Parque Nacional Natural Farallones de Cali, et à **Dapa** (p. 224). Les deux sites sont proches de Cali en voiture.

Centre-ville de Manizales

UNE VILLE SUR LE FIL

Manizales ne ressemble à aucune autre ville de Colombie. Si beaucoup de bourgades du pays sont bâties au pied de sommets impressionnants, la capitale du Caldas est directement construite le long d'une crête, en altitude : où que vous soyez en ville, la vue sera donc incroyable.

Le cœur de la cité se trouve au **Parque Bolívar**, au centre de laquelle se dresse une statue du libérateur, mi-homme mi-condor, du sculpteur Rodrigo Arenas Betancourt (1919-1995). Une imposante cathédrale néogothique de béton, la plus haute du pays (106 m), domine la place. Montez au sommet de son interminable escalier en spirale pour profiter d'une fantastique vue panoramique. À quelques rues de là, l'**Iglesia de la Inmaculada Concepción**, du début du XXe siècle, est très différente, avec son bel intérieur en bois poli évoquant la coque d'un bateau. Pour la meilleure vue sur les alentours luxuriants, dirigez-vous vers le nord-ouest du centre-ville, dans le quartier de **Chipre**, au sommet d'une colline où trône une tour panoramique, haute de 30 m, aux airs de vaisseau spatial. Réputé pour ses couchers de soleil spectaculaires, son long boulevard est un lieu d'exercice apprécié des passionnés de fitness locaux.

Du côté nord de la route, se dresse le spectaculaire **Monumento a Los Colonizadores** (50 tonnes de bronze composées notamment de clés et d'objets ménagers donnés par les habitants de la ville), qui rend hommage aux fondateurs de la ville.

Réserves naturelles urbaines

OBSERVER LA RICHE BIODIVERSITÉ

Si l'Eje Cafetero est réputé comme le paradis des amateurs de nature, à Manizales, nul besoin de quitter la ville pour braquer ses jumelles sur une faune remarquablement diverse : on trouve plusieurs réserves naturelles à seulement quelques minutes du centre-ville. À l'**Ecoparque Los Alcazares-Arenillo**, un îlot planté d'une forêt tropicale épaisse et sillonné de sentiers, vous pourrez tenter d'apercevoir quelques-unes des 40 espèces de mammifères qui y vivent.

Situé dans le quartier de Minitas, à l'est de la ville, l'**Ecoparque Los Yarumos** est un parc municipal de 53 ha où l'on peut pratiquer randonnée, descente en rappel, tyrolienne et d'autres sports d'aventure. Ce lieu paisible, idéal pour se reposer par un bel après-midi, ouvre la vue jusqu'aux sommets couverts de glaciers du Parque Nacional Natural Los Nevados.

Dans la vallée en contrebas de Manizales, le **Recinto de Pensamiento** abrite un bel enclos à papillons et une forêt couverte d'orchidées. Des circuits d'observation des oiseaux avec guide sont régulièrement organisés au petit matin. Essayez d'apercevoir le tocro marron endémique.

AVIFAUNE DE L'EJE CAFETERO

L'une des régions les plus riches en biodiversité d'un pays déjà réputé pour sa faune et sa flore, l'**Eje Cafetero** est un haut lieu de l'ornithologie. Les oiseaux y sont si nombreux que l'on n'a pas besoin d'aller bien loin dans la campagne pour en apercevoir, et que l'on peut même souvent repérer des dizaines de spécimens sans quitter sa table de petit-déjeuner.

Au dernier recensement, plus de 800 espèces ont été identifiées dans la région, dont 32 endémiques. Les meilleurs endroits pour voir une grande variété d'oiseaux se situent en général entre 1 000 m et 2 000 m d'altitude.

Cherchez en particulier la pénélope de Cauca (endémique), la superbe coracine ignite, le coq-de-roche, bruyant et connu pour sa danse nuptiale particulière (p. 187), ou la conure à joues d'or, en grand danger.

OÙ SE LOGER ET SE RESTAURER À MANIZALES

Finca Mirador Morrogacho
Détente totale et vue magique sur les montagnes, avec un jardin enchanteur plein de colibris. **€€**

Ananka
Café haut en couleur servant les menus les plus intéressants de Manizales et de délicieuses viennoiseries. **€€**

Los Geranios
Plats *paisas* traditionnels, très généreusement servis : parfait après une longue randonnée. **€**

OÙ BOIRE UN BON CAFÉ

Caferatto
La carte toujours renouvelée de grains venus de tout le pays fait de chaque visite une nouvelle expérience. Belle vue également.

Tazzioli Café
Déguster un arabica tout frais dans un des clochers de la cathédrale est simplement... divin.

Specialty Coffee Boutique
Crus de café de la plantation maison, à Chinchiná, filtrés selon différentes méthodes.

Café Coloquio
Les employés serviables vous révéleront le processus de production du café tout en préparant le vôtre à la perfection.

La **Reserva Ecológica Río Blanco** est la réserve naturelle de la ville la plus compliquée à visiter – il faut demander une autorisation au service municipal des eaux (p. 210), en s'y prenant bien à l'avance et en s'armant de persévérance – mais aussi la plus spectaculaire. À seulement 3 km de Manizales, elle englobe 3 600 ha de l'une des forêts pluviales les plus riches en biodiversité de la région. Plusieurs espèces menacées y trouvent refuge, comme l'*oso andino* (ours à lunettes des Andes), ainsi que 370 espèces d'oiseaux, dont une grande variété de colibris.

Thermes avec vue

SE DÉTENDRE DANS UNE EAU RICHE EN MINÉRAUX

Les forces telluriques qui engendrèrent les magnifiques montagnes des environs sont toujours à l'œuvre dans les profondeurs. Elles chauffent des eaux souterraines riches en minéraux, qui se transforment en sources thermales dans les sommets entourant Manizales. Ces eaux brûlantes, auxquelles on prête des vertus curatives, sont idéales pour se détendre après une rude randonnée ou un long trajet en voiture.

À courte distance de la ville en bus ou en taxi, les **Termales Tierra Viva** déploient trois bassins de pierre dans un joli jardin peuplé de colibris et de papillons. Un peu plus loin sur la route, le luxueux resort **Termales El Otoño** jouit d'un emplacement privilégié, dans une campagne luxuriante entourée de collines. Ce complexe hôtelier compte plusieurs bassins, ainsi qu'une série de bains séparés, un peu à l'écart à l'autre bout du domaine.

Si vous voulez goûter à l'expérience d'un vrai spa naturel, il vous faudra une voiture (ou un chauffeur) pour rejoindre les **Termales del Ruiz**, installés dans un incroyable paysage andin à 3 500 m d'altitude, à la lisière du PNN Los Nevados. Ici, l'air est froid et l'eau des bassins, tout proches de la source, brûlante. Regarder la brume descendre sur la flore fragile du *páramo* alors qu'on est immergé dans l'eau a quelque chose de magique. Certains visiteurs ont du mal à quitter l'endroit mais, heureusement, on peut passer la nuit dans le superbe hôtel aux airs de lodge, qui occupe un ancien sanatorium rénové.

Les trois complexes thermaux sont alimentés par la même source, qui peut avoir des effets irritants, et la forte odeur de soufre peut subsister bien après que vous aurez quitté les bassins. Évitez de plonger visage et cheveux dans l'eau, au risque de devoir subir des semaines de lavage intensif. Ne portez aucun vêtement délicat.

THERMALISME

Si vous aimez vous détendre dans une onde chauffée par les volcans, les eaux thermales qui s'épanouissent dans l'écrin de nature du territoire autochtone de **Coconuco** (p. 231), près de Popayán, dans le sud-ouest du pays, vous raviront certainement.

COMMENT CIRCULER

Le centre de Manizales se visite facilement à pied, et on peut marcher tout le long de l'Av. Santander jusqu'au quartier des hôtels et des divertissements de Cable Plaza. Des **bus** passent toutes les 30 secondes (!) dans l'avenue et vous déposeront à quelques minutes à pied de la plupart des sites touristiques. Un **téléphérique** relie le centre-ville aux quartiers en contrebas, avec un arrêt à la gare routière moderne. Une seconde ligne de téléphérique part de la gare située en face de Villamaría, tout au bout de la vallée.

Environs de Manizales

Des routes sinueuses serpentant à travers les montagnes verdoyantes partent de Manizales pour s'enfoncer dans la Zona Cafetera et les splendides Andes centrales.

Pour bien apprécier la Zona Cafetera, il faut s'éloigner des villes et s'enfoncer dans la campagne. La culture *paisa* y fait preuve d'une grande vitalité, entre fermes verdoyantes, villages colorés et jeeps bondées de cueilleurs de café qui sillonnent chaque coin de la région.

À proximité de Manizales, les visiteurs peuvent s'essayer à la récolte du café et apprendre à préparer le parfait nectar avant de passer la nuit dans une *finca* traditionnelle ou de partir marcher jusqu'aux lacs de montagnes scintillants et aux glaciers du Parque Nacional Natural (PNN) Los Nevados. Si les distances entre tous ces sites sont réduites, les adorables stands bordant la route et les points de vue exceptionnels qui vous cueillent à chaque virage font souvent durer le voyage bien plus que prévu.

Pour les infos pratiques, voir le Carnet d'adresses p. 206

À SAVOIR

Évitez de partir en randonnée dans le PNN Los Nevados ou d'escalader l'un de ses sommets durant les week-ends prolongés colombiens : il y a alors trop de monde sur les chemins.

JESS KRAFT/SHUTTERSTOCK ©

COMPRENDRE LA RÉGION DU CAFÉ

Les trois départements colombiens du Caldas, du Risaralda et du Quindío composent ce qu'on appelle l'**Eje Cafetero**, l'"axe du café". Les précieux arbustes d'où naissent les grains noirs sont cultivés dans tout le pays, mais cette région montagneuse en est le principal centre de production, comptant plus de caféiers au mètre carré que partout ailleurs. En la parcourant, vous verrez que même les pentes les plus abruptes sont couvertes de plants verts d'arabica.

Le café joue un tel rôle dans l'identité et l'économie locales que toute la région, avec le nord du département du Valle del Cauca voisin, a été classée au patrimoine culturel immatériel de l'Unesco, sous l'appellation de "paysage culturel du café de la Colombie".

FOTOS593/SHUTTERSTOCK ©

Hacienda Venecia

Fincas de café

SE RÉVEILLER AVEC L'ARÔME DU CAFÉ

Les superbes forêts montagneuses qui entourent Manizales bénéficient d'un climat frais et très pluvieux, idéal pour la culture du café. On y trouve certaines des plus anciennes plantations du pays, et quelques-unes des premières fermes à s'être lancées dans le tourisme du café.

Vaste plantation à 20 minutes de route de Manizales, l'**Hacienda Venecia** a remporté de nombreux prix pour ses excellents crus. Elle propose des visites guidées en anglais, qui commencent dans les champs et se terminent par un cours où vous apprendrez à préparer une tasse parfaite. Pour tout savoir sur le café, passez une nuit ou deux dans la ferme

UN AUTRE CAFÉ ?

D'autres plantations de café sont ouvertes aux visiteurs aux environs de **Salento** (p. 199) et de **Filandia** (p. 204) dans le Quindío. Elles proposent des visites des champs de café en plus d'ateliers plus longs expliquant tout le processus de production.

OÙ SE RESTAURER AUX ENVIRONS DE MANIZALES

Los Arrieros
Solides portions d'une cuisine rurale sans chichis, à déguster dans des kiosques surplombant la forêt. Sur la route de Chinchiná. €

Restaurante Alejandria
Restaurant élégant évoquant une hacienda, tout proche de Chinchiná. Grillades et plats traditionnels. €€

La Chocolera
Décor moderne, saveurs traditionnelles et vue intemporelle, à la lisière des montagnes. €€

typiquement *paisa* reconvertie en charmant hôtel où vous aurez une vue panoramique sur les montagnes. L'établissement s'épanouit dans un jardin soigné décoré de bassins remplis de nénuphars, et on y sert un délicieux café à toute heure.

Près de la ville animée de Chinchiná, à 30 minutes au sud de Manizales, l'**Hacienda Guayabal** est une ferme paisible, parfaite pour un jour ou deux de détente. On y propose une très bonne visite guidée interactive et personnalisée autour du café, qui se termine par un atelier dégustation très divertissant. L'hébergement se fait dans d'accueillantes *cabañas* privatives accrochées à flanc de montagne. Leurs balcons vous donneront envie de vous installer avec un livre ou d'écouter le chant des oiseaux en savourant une tasse du café cultivé juste à vos pieds.

Parque Nacional Natural (PNN) Los Nevados

ESCALADER DES GLACIERS

Le **Parque Nacional Natural (PNN) Los Nevados**, l'un des plus beaux parcs nationaux de Colombie, se situe à 1 heure 30 de route de Manizales. Il suit la chaîne de sommets volcaniques enneigés qui sépare l'axe du café de la vallée du Río Magdalena.

Connu pour ses **glaciers**, ce parc ne se résume pourtant pas à ses sommets photogéniques. Ses quelque 600 km² varient fortement en altitude et abritent une grande diversité d'écosystèmes, ce qui en fait l'une des régions les plus fascinantes des Andes colombiennes. En une journée, les randonneurs traversent des forêts de nuages humides, des *páramos* (plaines d'altitude) et des paysages de sable lunaires, avant d'arriver au bord de glaciers séculaires.

Le plus haut sommet du parc, le magnifique **Nevado del Ruiz** (5 321 m) compte trois cratères : Arenas, Olleta et Piraña. D'un diamètre imposant (800 m), le cratère Arenas, le plus élevé et le seul actif des trois, est entouré d'un immense anneau de glace.

Le Nevado del Ruiz est un volcan très actif : en 1985, son éruption a fait plus de 20 000 victimes et rayé de la carte la ville d'Armero, au bord du Río Lagunillas. Aujourd'hui, le volcan gronde toujours et l'accès à son sommet est interdit. On peut cependant approcher le bord du glacier d'assez près et explorer les sables du **Valle de las Tumbas** (4 450 m) en une journée depuis Manizales. À l'heure où nous écrivons ces lignes, l'activité du volcan a fortement augmenté, notamment dans le cratère Arenas, passant au niveau d'alerte orange. Vérifiez son degré d'activité sur le site sgc.gov.co.

Contrairement à celle d'El Ruiz, l'ascension des deux autres géants couverts de glace du parc reste possible. À cheval sur trois départements, Caldas, Risaralda et Tolima, le **Nevado de Santa Isabel** est un titan endormi, dont le dôme est surmonté d'un glacier de 2 km² qui alimente le Río Otún. C'est le glacier le moins haut du pays, et celui qui recule le plus vite.

On accède à ce volcan par le village de **Potosí**, près de Santa Rosa de Cabal. Il est possible de rejoindre le bord du glacier en un jour depuis Manizales, mais l'effort est intense et il faut

LA DISPARITION DES GLACIERS COLOMBIENS

Les sommets couverts de glace du nord des Andes sont rendus très spectaculaires par leur luxuriante végétation tropicale qui fait graduellement place à des cônes d'un blanc scintillant. Malheureusement, le réchauffement climatique se révèle catastrophique pour ces merveilles délicates. La hausse des températures et les dérèglements de la météo les fait fondre à un rythme alarmant.

Tous les glaciers équatoriaux du monde reculent de la même façon. Selon les scientifiques, les trois derniers glaciers du PNN Los Nevados pourraient disparaître totalement d'ici 2050. Ces montagnes alimentant en eau douce une bonne partie du pays, l'impact de la fonte se ferait sentir bien au-delà des limites du parc.

Nevado del Tolima, PNN Los Nevados

faire très attention aux effets du changement d'altitude sur votre endurance. La montée jusqu'au sommet (4 965 m) nécessite de passer une nuit sur place et de s'équiper de matériel spécialisé. Il est conseillé d'engager un guide expérimenté.

Perchée à 3 950 m d'altitude, la **Laguna del Otún**, spectaculaire lac d'altitude posé au cœur du magnifique *páramo*, s'étend au pied du Nevado de Santa Isabel. Une randonnée y mène depuis Potosí, une autre depuis la vallée de Cocora (décrite p. 205).

Le **Nevado del Tolima** (5 215 m), deuxième plus haut volcan de la chaîne, est aussi le plus beau car il compte un cône d'une symétrie parfaite. Par temps clair, on peut le voir depuis Bogotá.

À FLANC DE VOLCAN

Si les plus hauts sommets de Colombie sont souvent inaccessibles aux simples randonneurs, le **Volcán Puracé** (p. 230), dans le parc national éponyme près de Popayán, est une montagne relativement facile à gravir.

OÙ SE LOGER DANS LA RÉGION DU PNN LOS NEVADOS

Finca El Jordan
Sur le chemin du lac d'Otún (p. 205), la réputation de l'hospitalité de la famille Machete n'est plus à faire. **€**

Finca Berlín
Ferme traditionnelle au pied du Paramillo del Quindío (p. 205), où l'on sert de solides repas. **€**

Finca La Primavera
Ancienne ferme d'élevage du Páramo de Romerales (p. 205), dominant la vallée de Cocora. **€**

Deux routes mènent au sommet. Les débutants préféreront effectuer la boucle de 4 jours aller-retour à travers la **vallée de Cocora** (p. 201), près de Salento. Les randonneurs aguerris pourront tenter l'ascension en 3 ou 4 jours depuis **Ibagué**, la capitale du Tolima. Dans les deux cas, ce trek reste difficile et, à cause de l'état des glaciers, l'ascension est plus technique que celle des autres sommets du PNN Los Nevados. Il est donc indispensable d'être bien équipé et accompagné d'un guide de montagne expérimenté.

Toutes les autres activités se déroulant dans le parc national nécessitent la présence d'un guide officiel. Avant de partir à l'assaut d'un des sommets et d'entrer dans le parc, passez quelques jours à vous acclimater en altitude.

À Los Nevados, les mois les plus enneigés vont d'octobre à novembre et de mars à mai. Le reste du temps, la météo sèche et venteuse est propice au trek et la vue est dégagée.

Nature autour de Pereira

ARRÊTS HORS DES SENTIERS BATTUS

À 50 km au sud de Manizales, sur le chemin de Salento, l'industrieuse **Pereira** n'est pas une destination touristique. Capitale du département de Risaralda, cette ville est le moteur économique de la Zona Cafetera, et un haut lieu du négoce peu attirant pour les visiteurs. C'est toutefois le point d'accès au Parque Ucumarí et au Santuario Otún Quimbaya, deux splendides réserves naturelles, ainsi qu'aux agréables sources thermales de Santa Rosa et San Vicente

Perchée sur les hauteurs de Pereira, la *finca* **Café Don Manolo** est une plantation de café familiale à flanc de montagne. Don Manolo, son sympathique propriétaire, vous fera découvrir tout le processus de fabrication (culture, cueillette et conditionnement). Après la visite, vous dégusterez du café frais de la *finca* avec un biscuit tout en admirant la vue.

À 18 km au sud-est de Pereira, le **Santuario de Fauna y Flora Otún Quimbaya** couvre un terrain de 489 ha riche d'une grande biodiversité, à une altitude variant entre 1 800 m et 2 400 m. Située au bord du Río Otún, cette réserve compte plus de 200 espèces d'oiseaux et de papillons, ainsi que deux espèces rares de singes. Les berges de la rivière et la forêt sont sillonnées de plusieurs sentiers, qu'il est interdit d'emprunter sans guide. Vous acquitterez le droit d'entrée au centre d'accueil des visiteurs de **Verada La Suiza**. Si vous ne venez qu'une journée, le pack compre-nant l'entrée, le déjeuner et une randonnée guidée sur l'un des sentiers est une bonne option.

Un peu plus loin, à 30 km au sud-est de Pereira (1 heure 30 de *chiva* jusqu'à El Cedral, puis 5 km à pied ou à cheval jusqu'à La Pastora), juste à côté de la lisière ouest du PNN Los Nevados, le **Parque Regional Natural Ucumarí** délimite un terrain boisé de 4 000 ha, au relief accidenté, à hauteur du Río Otún. Plus de 185 espèces d'oiseaux y ont été recensées. Des sentiers écologiques sont tracés dans les collines verdoyantes, et permettent d'observer de près la végétation luxuriante et quelques-uns des représentants de la riche faune du parc, mais aussi d'aller jusqu'à la grande cascade située à 30 minutes de marche du

TROUVER UN GUIDE DE MONTAGNE

Point d'entrée usuel du Parque Nacional Natural (PNN) Los Nevados, **Manizales** reste le meilleur endroit où trouver un guide de montagne professionnel dans la région. Que vous souhaitiez partir en randonnée ou escalader un glacier d'altitude, les opérateurs suivants ont beaucoup d'expérience et pourront vous aider à préparer votre expédition.

Ecosistemas
Un des plus anciens opérateurs de la région, proposant régulièrement excursions ou circuits de plusieurs jours, notamment jusqu'aux sommets des Nevado de Santa Isabel et Nevado del Tolima.

Kumunday Adventures
Expéditions vers les principaux sommets du PNN Los Nevados et d'autres montagnes du pays, ainsi que des circuits à vélo dans les Andes. Location de tentes et de matériel d'escalade.

DÉTENTE AVEC VUE

Perchés au-dessus de Santa Rosa de Cabal, les **Termales de Santa Rosa** sont posés au pied d'impressionnantes cascades. Ils disposent de bassins de tailles et de températures variées et proposent toute une gamme de soins. On s'y presse le week-end, mais en semaine l'atmosphère y est bien plus détendue.

Les **Termales San Vincente**, à 18 km à l'est de Santa Rosa, comptent quant à eux sept bassins ainsi qu'un spa avec une gamme complète de soins et des saunas naturels construits sur des sources chaudes à 80-90°C. La **Piscina de las Burbujas**, un bassin naturel entouré de verdure, se trouve près de l'entrée principale. Un peu plus bas dans la vallée, le vivifiant **Río Termal** forme un splendide spa naturel entouré d'une épaisse forêt.

JKRAFTS/STOCK.ADOBE.COM ©

Santa Rosa de Cabal

"camp de base" de La Pastora. Les téléphones ne captent pas dans le parc, mais vous pouvez contacter à l'avance l'agence de tourisme communautaire **Yarumo Blanco** pour réserver un hébergement dans le refuge de La Pastora et un guide pour un trek.

Avant de quitter le secteur, autorisez-vous un moment de détente aux agréables sources thermales de **Santa Rosa** et **San Vicente** (voir ci-contre). Des jeeps peuvent vous y emmener depuis le marché (*galería*) de Santa Rosa de Cabal.

COMMENT CIRCULER

Plus on monte dans les montagnes, plus les transports en commun sont rares. Aucun service ne dessert l'entrée du **PNN Los Nevados**, mais on peut louer à l'heure une jeep avec chauffeur dans la plupart des petites villes. Vous les trouverez souvent alignées sur un côté de la place principale ou près du marché.

Certaines **plantations de café** de la région disposent de navettes s'arrêtant sur réservation dans les hôtels de Manizales. Pour les fermes du sud de la région, prenez un bus jusqu'à Chinchiná. De là, un court trajet en taxi vous emmènera dans les haciendas des alentours.

Depuis Manizales, des minibus pour **Pereira** (1 heure 15) et Armenia (2 heures 15) circulent à peu près tous les quarts d'heure. De Pereira, un bus rejoint Santa Rosa de Cabal (30-40 min). **Transporte Florida** (atransec.com/transportes-florida-servicios) assure des liaisons quotidiennes en *chiva* (1 heure 30) de Pereira à Vereda La Suiza (Otún Quimbaya) et El Cedral (Parque Ucumarí).

SALENTO

Avec ses maisons traditionnelles bien peintes, ses jeeps anciennes et ses habitants accueillants vêtus de ponchos, cette petite ville colorée se dressant dans un écrin vert montagneux, à 24 km au nord-est d'Armenia, semble sortie d'un conte de fées qui se déroulerait au pays du café. Si Salento vivait autrefois de l'agriculture – café et élevage de truites essentiellement –, elle dépend de plus en plus du flux de visiteurs attirés par ses rues pittoresques, son architecture *paisa* et sa proximité avec la très belle vallée de Cocora, connue pour ses palmiers à cire géants.

Fondée en 1850 et fermement accrochée à ses traditions, Salento est l'une des plus vieilles villes du Quindío. On s'y promène avec bonheur au milieu de rues élégantes bordées de cafés et de restaurants. La campagne environnante donne l'occasion de belles randonnées et de très intéressantes visites guidées interactives sur le thème du café.

Pour les infos pratiques, voir le Carnet d'adresses p. 206

À SAVOIR

Salento accueille beaucoup de touristes colombiens. Elle peut être bondée le week-end et les routes, son centre-ville et les sites alentour encombrés. Venez en milieu de semaine : les hôtels sont moins chers et il y a moins de monde.

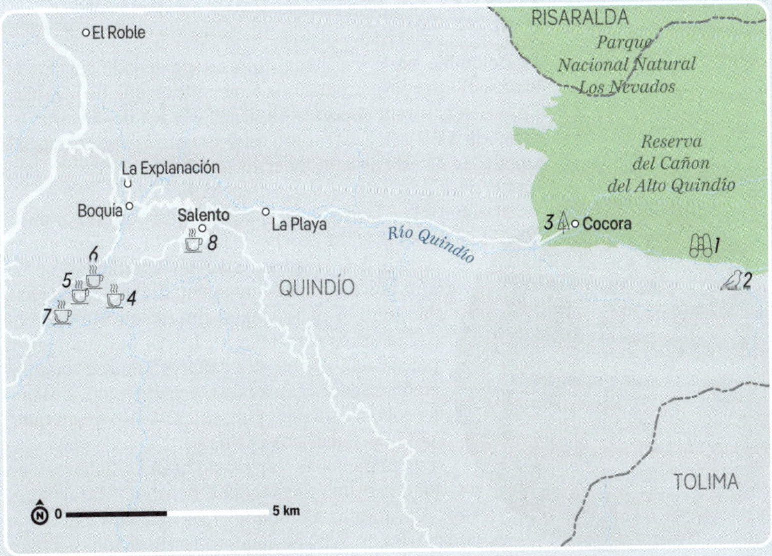

VOIR
1 Finca La Montaña
2 Reserva Natural Acaime
3 Valle de Cocora

ACTIVITÉS
4 Finca Acacia
5 Finca Don Elias
6 Finca El Ocaso
7 Finca El Recuerdo

PRENDRE UN VERRE
8 Café Jesús Martín

LA CALLE REAL

Montant vers le nord depuis la Plaza de Bolivar, l'étroite **Calle Real**, jalonnée de cafés, restaurants et boutiques d'artisans, est la jolie artère principale de Salento. Au bout de la rue, une rude volée de marches mène à l'**Alto de la Cruz**, une colline coiffée d'une croix. De là, le regard embrasse d'un côté, la ville, et de l'autre, la vallée de Cocora et le PNN Los Nevados. Lorsque le ciel est dégagé (en principe tôt le matin), on aperçoit au loin les sommets enneigés des volcans.

Finca El Ocaso

À la découverte du café colombien

DU GRAIN À LA TASSE

La Colombie est le troisième exportateur de café au monde, et le seul gros pays producteur à ne cultiver que de l'arabica. Les caféiers furent apportés du Venezuela par des Jésuites au début du XVIIIe siècle. D'abord cultivés dans la région appelée aujourd'hui Norte de Santander, ils se diffusèrent ensuite dans tout le pays.

Le climat local s'avère idéal pour la culture du café arabica. La Colombie étant proche de l'équateur, on peut y faire pousser le café très haut dans les montagnes, où les grains mûrissent plus lentement. Ils deviennent alors plus durs et plus denses, produisant une saveur stable après torréfaction. Les pluies fréquentes permettent d'avoir des caféiers presque toujours en fleurs et de réaliser deux récoltes par an. Même les sols volcaniques, riches en matières organiques, sont bénéfiques aux caféiers.

Les principales variétés d'arabica cultivées en Colombie se nomment Typica, Bourbon, Maragogipe, Tabi, Caturra et Colombia. Les grains d'une seule plante mûrissant à des périodes différentes, tous les cafés colombiens doivent être récoltés à la main.

POUR ALLER PLUS LOIN

Pour savourer le café colombien sous toutes ses formes, rendez-vous p. 293. Vous y trouverez un aperçu des différentes régions productrices et des conseils pour commander différents types de breuvages.

OÙ SE LOGER À SALENTO

Las Terrazas de Salento
Boutique-hôtel sur les hauteurs en lisière de la ville. Chambres élégantes, parquet ciré et balcons privés. **€€€**

Coffee Tree Boutique Hostel
Auberge de jeunesse de luxe, avec chambres bien décorées et jolie vue. **€€€**

Hostal Tralala
Auberge de jeunesse accueillante, propre et bien agencée, dans une maison typique joliment rénovée. **€**

Les pluies fréquentes ne permettent pas de faire sécher les grains en plein air comme on le fait dans d'autres régions productrices de café. En Colombie, on les "lave" avant séchage pour retirer le fruit entourant la graine. Cette méthode enlève beaucoup d'acidité aux grains et donne au produit fini un arôme plus riche.

La région de Salento est l'un des meilleurs endroits pour tout apprendre sur la production du café, du grain à la tasse. Des fermes de toutes sortes, allant de la petite affaire familiale à la grande plantation tournée vers l'exportation, accueillent les visiteurs pour des visites guidées passionnantes et instructives.

La **Finca El Recuerdo** est une petite exploitation familiale sensible aux pratiques écologiques où l'on propose d'intéressantes visites guidées personnalisées. Non loin, la **Finca Don Elias** est la première ferme de Salento à avoir ouvert ses portes aux visiteurs, avec des circuits modestes et authentiques, guidés par des agriculteurs respectant les traditions. Autre ferme familiale, la **Finca Acacia**, la plus proche de la ville, a trouvé un bon équilibre entre visite intimiste et richesse des informations.

La visite la plus sophistiquée des environs se fait à la **Finca El Ocaso**, une grande exploitation dotée de jolis champs et d'une belle ferme. Elle propose une présentation sommaire ou des circuits plus longs (3 heures), qui s'achèvent par une dégustation où les participants apprennent à identifier les différentes notes aromatiques.

Toutes ces fermes se trouvent sur la route entre **Salento** et **Vereda Palestina**. On peut s'y rendre à pied en suivant une jolie route de campagne, dans un beau paysage de montagne. Sinon, des 4×4 partent de la place principale à intervalles réguliers.

Pour un excellent café local, poussez la porte du **Café Jesús Martín**, installé dans une maison typique de Salento. Renseignez-vous auprès des propriétaires sur les visites guidées de leur ferme, située de l'autre côté de la vallée.

Valle de Cocora

VALLÉE DE PALMIERS GÉANTS

Dans un pays où les paysages d'exception sont légion, le **Valle de Cocora**, à l'est de Salento, figure parmi les plus beaux. Large vallée verte entourée de sommets acérés, sur les contreforts du Parque Nacional Natural (PNN) Los Nevados, elle est constellée de *palmas de cera* (palmiers à cire), le plus grand palmier du monde (il peut faire jusqu'à 60 m de haut) et l'arbre national de la Colombie. Se dressant au milieu de collines verdoyantes embrumées, ils offrent un spectacle magique.

En bas de la vallée, l'urbanisation galopante a donné lieu à une prolifération de panoramas spécialement sélectionnés pour les réseaux sociaux, mais plus haut, la nature garde tous ses

DESCENTES À VTT

Les montagnes entourant Salento offrent le cadre idéal pour de belles descentes à vélo, avec des routes tranquilles traversant les paysages époustouflants des Andes centrales.

On trouve plusieurs parcours près de la ville. Le plus beau descend sur 25 km jusqu'à Salento depuis la ligne de partage des eaux andine, au sud du PNN Los Nevados. Exigeant, il suit l'ancien **Camino Nacional**, la première des pistes tracées par les autochtones dans ces montagnes.

Les départs se font souvent tôt le matin. Un 4x4 emmène les cyclistes au point de départ, à 3 400 m d'altitude. Il ne reste alors qu'à descendre la piste cahoteuse, ponctuée de points de vue spectaculaires.

OÙ SE RESTAURER À SALENTO

Wabi
Petit établissement sympathique servant une délicieuse cuisine japonaise authentique et très bon marché. €€

Etnia Arte y Sabor
Cuisine maison pleine de saveur. L'un des rares endroits à proposer un menu fixe le soir. €

Café Bernabé
Lieu branché adossé à un petit jardin proposant une carte variée et du très bon café. €€

PAROLE D'HABITANT : UNE FORÊT SECRÈTE

Luis Hincapie, propriétaire et guide de l'agence de trek Fog Walkers, nous fait part de ses endroits préférés pour une marche en montagne.

La vallée de Cocora est connue à juste titre pour ses palmiers spectaculaires, mais si vous voulez vous promener dans une vraie forêt de palmiers à cire, il faut aller au **Santuario de Palma de Cera de La Carbonera**, où vous trouverez plus de 400 000 spécimens dans un canyon embrumé.

Les fermiers du coin, d'une gentillesse incroyable, invitent souvent les visiteurs chez eux pour prendre une boisson chaude et bavarder comme s'ils étaient de vieux amis.

Valle de Cocora

droits. La randonnée la plus populaire, une boucle de 12 km (4 heures), part du hameau de Cocora, longe la rivière et revient par un chemin surplombant la vallée, qui offre une vue stupéfiante sur les palmeraies en contrebas.

La première partie du chemin coupe une prairie boueuse puis pénètre dans une forêt de nuages enchanteresse, souvent nimbée de brume, qu'on explore sur quelques kilomètres en traversant sans cesse des ponts au-dessus du même cours d'eau. Arrivé à la **Reserva Natural Acaime**, vous pourrez reprendre des forces devant un chocolat chaud et un morceau de fromage tout en observant des volées de colibris.

Après un retour en arrière sur 1 km jusqu'au chemin principal, un sentier éprouvant monte une pente abrupte de 1,5 km jusqu'à la **Finca La Montaña**, où une vue panoramique sur la vallée récompense les marcheurs. De la *finca*, la descente vers Cocora est facile et traverse les étendues de palmiers les mieux préservées. N'oubliez pas de faire halte aux deux points de vue juste en retrait du sentier. Vous pourrez y embrasser du regard une vaste partie de la vallée.

Il faut payer une somme modique dans trois propriétés différentes pour effectuer la boucle en entier. La partie du chemin qui longe la rivière peut être boueuse : emportez de bonnes chaussures imperméables – on peut louer des bottes en caoutchouc autour de Salento.

COMMENT CIRCULER

Des bus circulent régulièrement entre Salento et Pereira, à une heure de route au nord, ou Armenia, à 45 minutes au sud, en complément des bus quotidiens longue distance depuis/vers Medellín, proposés notamment par Flota Occidental (flotaoccidental.com ; 7 heures). Achetez vos billets à l'avance afin d'être sûr d'avoir une place. Si vous êtes motorisé, notez que la circulation peut être dense le week-end et les endroits où se garer, difficiles à trouver.

Environs de Salento

Depuis Salento, partez vers l'est pour la nature sauvage du Parque Nacional Natural (PNN) Los Nevados ou vers l'ouest à la découverte d'autres charmantes villes où l'on cultive le café.

Salento ne doit pas son rang de première ville colombienne du café à sa seule apparence envoûtante. Elle est aussi très bien située, à proximité de parcs nationaux, de canyons boisés, de sites ornithologiques et d'autres localités rurales pleines de charme, chacun pouvant être visité en une journée.

Prévoyez au moins deux jours pour admirer les panoramas de Filandia, la ville voisine, ou pour partir en randonnée dans les paysages irréels du Parque Nacional Natural (PNN) Los Nevados.

Où que vous alliez, vous trouverez un accueil chaleureux – et du bon café.

Pour les infos pratiques, voir le Carnet d'adresses p. 206

À SAVOIR

Dans la Zona Cafetera, il pleut souvent plus l'après-midi ; essayez de programmer vos activités de plein air tôt dans la journée.

Filandia (p. 204)

MUSEO DE ORO QUIMBAYA

Armenia, la ville la plus proche de Salento, ne gagnerait pas un concours de beauté, mais elle abrite le plus beau musée de la Zona Cafetera. Le fantastique **Museo del Oro Quimbaya** expose de superbes pièces des orfèvres quimbayas, considérés comme les plus talentueux du continent à l'ère précolombienne, ainsi que de jolies poteries et des objets de cérémonie mis au jour dans la région. La culture des Quimbayas, qui habitaient la Zona Cafetera au moment de la colonisation, y est décrite en détail.

En venant de Salento, le musée est situé près du rond-point à l'entrée de la ville – inutile d'aller jusqu'au centre-ville.

Pour en savoir plus, scannez ce QR code.

Paramillo del Quindío

Filandia

ARTISANAT ET PANORAMAS

À 20 km de Salento en jeep, de l'autre côté de la vallée, **Filandia** est une bourgade caféière assoupie, aussi charmante que sa voisine plus connue mais beaucoup moins visitée. Organisée autour d'une jolie place arborée, la ville présente une architecture magnifiquement préservée avec ses maisons peintes aux couleurs vives, réputées pour leurs fenêtres et leurs balcons ornés de balustres de bois faits à la main.

Filandia est aussi célèbre pour ses **vanniers**. Ces artisans, qui produisaient à l'origine des paniers pour la récolte des grains de café, fabriquent maintenant toutes sortes d'objets tressés à partir de fibres récoltées sur place. Un petit musée est consacré cet artisanat : le **Centro de Interpretación del Bejuco**. Les visiteurs peuvent y apprendre à faire leur propre panier, aidés par un maître vannier.

Perché sur une colline en lisière de la ville, le **Mirador Colina Iluminada** est un gigantesque mirador en bois de 19 m de hauteur, au design original, qui offre une belle vue sur la campagne environnante, les bois et les villages de la région.

Pour voir la nature de près, partez pour la **Reserva Natural Barbas-Bremen**. Elle protège une superbe forêt de nuages dans le canyon du Río Barbas, traversée de chemins de

OÙ SE LOGER À FILANDIA

El Reloj Casa Hotel
L'hôtel le plus luxueux du centre mêle design élégant et confort absolu. €€€

Bidea Hostel
Auberge de jeunesse lumineuse dans une maison ancienne proche de la place principale. Bonnes parties communes. €

Hostal Colina de Lluvia
Auberge de jeunesse confortable et familiale, avec des jolies chambres et une cour agréable. €

randonnée. On peut y admirer de nombreuses espèces d'oiseaux et des **singes hurleurs**. Mieux vaut y aller le matin, quand les animaux sont le plus actifs. La réserve abrite aussi tapirs, ours à lunettes, cervidés, loutres, petits félins et beaucoup d'espèces de grenouilles et de papillons. Si le territoire protégé n'est pas immense, son réseau de sentiers peut désorienter le visiteur et s'avère dangereux par endroits. Il est indispensable de vous y rendre avec un guide qui vous ouvrira le chemin et vous montrera des animaux difficiles à voir autrement.

Randonnée à la Laguna del Otún

UN LAC DE MONTAGNE SEREIN

La **Laguna del Otún** est un des sites les plus paisibles du Parque Nacional Natural (PNN) Los Nevados. À 15 km au nord-est de Salento, ce lac entouré d'un magnifique *páramo* se déploie à 3 950 m d'altitude, au pied du superbe **Nevado de Santa Isabel** (p. 195).

Depuis Salento, une randonnée de 3 jours aller-retour monte au lac, en partant du Valle de Cocora. Le premier jour, vous suivrez le Río Quindío sur 14 km dans une épaisse forêt de nuages jusqu'au **Páramo de Romerales**, sauvage, avant de passer la nuit à plus de 3 700 m dans l'une des rares fermes situées dans le parc. Le lendemain matin, le départ vers le nord se fait très tôt. On longe alors le **Paramillo de Quindío** (4 750 m), l'un des plus hauts sommets des environs en dehors des glaciers. Après avoir traversé des paysages de sable coloré à l'aspect irréel, vous découvrirez la verdure de la rive sud du lac.

La plupart des marcheurs rentrent par le même chemin, mais il est aussi possible de continuer vers l'ouest et de quitter le parc à **La Pastora**, près de Pereira, ou à **Potosí**, près de Manizales. Les agences de trek de Salento peuvent faire suivre vos bagages jusqu'à votre point d'arrivée.

Il fait très froid sur les hauteurs du PNN Los Nevados, et pour visiter le lac, il vous faudra prendre un guide et louer un équipement spécialisé à Salento. **Páramo Trek** et **Fog Walkers** proposent régulièrement des excursions vers le lac avec des guides de montagne expérimentés, ainsi que d'autres treks dans le parc.

RANDONNER PLUS LOIN

Pour une autre belle randonnée menant à un lac d'altitude, tentez celle du **Santuario de Flora y Fauna Iguaque** (p. 90), un lac sacré, tout proche de Villa de Leyva.

EMBLÉMATIQUE JEEP

Les transports en commun, dans la région du café, ne sont pas des bus mais de bonnes vieilles **jeeps Willys**. On les voit alignées sur les places centrales de tout l'Eje Cafetero, peintes de couleurs vives, où elles attendent d'embarquer voyageurs, écoliers, sacs de café ou régimes de bananes plantain. Ces robustes montures ont même droit à leur propre parade, le **Desfile de Yipao**, à Armenia, point fort du festival du café, en octobre.

Les premières jeeps arrivées en Colombie étaient issues des surplus de production de la Seconde Guerre mondiale. Les fermiers locaux tombèrent vite amoureux de leur durabilité. En effet, aucune route n'est trop dure pour ces véhicules qui, malgré leur petite taille, emportent souvent jusqu'à 15 passagers. La plupart des jeeps suivent des itinéraires fixes, mais on peut aussi les louer comme taxis pour de petits trajets.

COMMENT CIRCULER

Depuis Salento, des jeeps partent régulièrement en journée vers Filandia. Autrement, vous pouvez prendre un bus à destination de Pereira (45 min) jusqu'à Las Cruces et traversez la route pour une correspondance vers Filandia.

À Filandia, les jeeps sont regroupées près de la place centrale ; elles peuvent vous déposer à tous les sites d'intérêt des environs.

Des bus circulent également entre Armenia et Filandia (1 heure).

Carnet d'adresses

MEDELLÍN

Casa Museo Pedro Nel Gómez
Voir p. 170 (4-444-2633 ; museopedronelgomez.org ; entrée libre ; Carr. 51B n°85-24 ; 10 000 COP ; 9h-17h lun-sam)

Catedral Metropolitana
Voir p. 169 (aussi appelée cathédrale de l'Immaculée-Conception ; 4-423-8592 ; lamedellin.org ; Carr. 48 n°56-64)

Edificios Vásquez y Carré
Voir p. 169 (4-512-9965 ; Plaza Cisneros, Carr. 52 n°4431 ; 8h-18h lun-ven)

Iglesia de La Candelaria
Voir p. 169 (4-231-4907 ; C. 50 n°49-112 ; 6h-18h30 lun-sam, 7h-19h30 dim)

Jardín Botánico
Voir p. 174 (4-444-5500 ; botanicomedellin.org ; C. 73 n°51D-14 ; accès libre ; 9h-16h mar-dim)

Museo Casa de la Memoria
Voir p. 171 (4-520-2020 ; museocasadelamemoria.gov.co ; entrée libre ; C. 51 n°36-66 ; 9h-17h30 mar-ven, 10h-15h30 sam-dim)

Museo de Antioquia
Voir p. 170 (4-251-3636 ; museodeantioquia.co ; Plaza Botero, Carr. 52 n°52-43 ; tarif réduit 24 000/12 000 COP ; 10h-17h30 lun-sam)

Museo de Arte Moderno de Medellín
Voir p. 170 (MAMM ; 4-444-2622 ; elmamm.org ; Carr. 44 n°19A-100 ; tarif plein/réduit 20 000/16 500 COP ; 11h-19h mar-ven, 11h-18h sam-dim)

Palacio de la Cultura Rafael Uribe Uribe
Voir p. 169 (4-320-9780 ; culturantioquia.gov.co ; Carr. 51 n°52-03 ; entrée libre ; 8h-12h et 14h-17h30 lun-ven, 8h-13h sam)

Parque Arví
Voir p. 176 (parquearvi.org ; Veredas Mazo et Piedras Blancas, Santa Elena ; accès libre, visite guidée 50 000 COP ; Metrocable, Linea L)

Casa Kolacho
Voir p. 173 (311-347-3131 ; facebook.com/LaCasaKolacho ; Carr. 100B n°45-5 ; vistie guidée 30 000 COP ; 10h-20h lun-sam)

Centro de Desarollo Cultural de Moravia
Voir p. 173 (4-213-2809 ; centroculturalmoravia.org ; C. 82A n°52-25 ; gratuit ; sur rdv)

Paisa Road
Voir p. 168 et p. 177 (317-489-2629 ; paisaroad.com)

Real City Tours
Voir p. 173 (319-262-2008 ; realcitytours.com ; Carr. 51 n°41-76)

Zona de Vuelo
Voir p. 177 (301-535-8330 ; zonadevuelo.com ; Km 5,6 Via San Pedro de los Milagros, San Felix)

Black Sheep Hostel
Voir p. 170 (4-311-1589, 317-518-1369 ; blacksheepmedellin.com ; Transversal 5A n°45-133, Patio Bonito)

Celestino Boutique Hotel
Voir p. 168 (301-452-9320 ; hotelcelestino.com ; C. 37 n°8a-60)

Hotel Dann Carlton
Voir p. 168 (4-444-5151 ; danncarlton.com ; Carr. 43A n°7-50)

Los Patios
Voir p. 170 (305-323-9897 ; lospatioshb.com ; Carr. 43E n°11-40)

Masaya
Voir p. 170 (311-275-7688 ; masaya-experience.com/medellin ; C. 8 n°43A-89)

Prado 61
Voir p. 168 (4-254-9743 ; 61prado.com ; C. 61 n°50A-60)

Arepamix
Voir p. 172 (305-320-7470 ; facebook.com/Arepamix2017 ; C. 51 n°40-193 ; 14h-22h lun-sam, 17h-22h dim)

Betty's Bowls
Voir p. 171 (305-469-6582 ; bettysbowls.com ; Carr. 32D n°7A-77 ; 8h-17h)

Café Zorba
Voir p. 173 (4-604-4529 ; cafezorba.com.co ; C. 8 n°42-33, Parque La Presidenta ; 17h-22h dim-jeu, 17h-22h30 ven-sam)

Carmen
Voir p. 174 (316-625-4896 ; carmenmedellin.com ; Carr. 36 n°10A-27, Provenza ; 18h30-22h lun, 12h-14h30 et 18h30-22h mar-jeu et sam, jusqu'à 22h30 ven)

Delicias del Tolima
Voir p. 172 (4-239-4336 ; facebook.com/deliciasdeltolimamedellin ; Carr. 45 n°50A-48 ; 9h-21h)

Desayunadero La 10
Voir p. 171 (4-266-1515 ; finstagram.com/desayunadero

la10 ; C. 10 n°40-44 ; 7h-14h lun-sam, 8h-14h dim)

El Cielo
Voir p. 174 (320-681-4821 ; elcielorestaurant.com ; C. 7D n°43C-36 ; 12h-15h et 18h-23h)

El Taxista
Voir p. 172 (323-417-3856 ; Carr. 43B n°10-22 ; 7h-16h lun-ven, 7h-15h30 sam)

Hacienda Origen
Voir p. 173 (4-448-9030 ; haciendaorigen.com ; Carr. 49 n°52-98 ; 11h-20h lun-ven, 9h-20h sam, 11h-18h dim)

Hato Viejo
Voir p. 173 (4-322-8998 ; hatoviejo.com; Av. La Playa con Sucre, Carr. 47 N°52-17 ; 8h-21h)

In Situ
Voir p. 174 (300-912-7200 ; botanicomedellin.org/vivenos/alimentos-y-bebidas/restaurante-in-situ ; Jardín Botánico de Medellín, C. 73N n°51D-14 ; 9h-11h mar-dim, 12h-14h mar-jeu, 12h-14h30 ven-dim, 18h30-22h ven-sam)

La Provincia
Voir p. 174 (4-322-0192 ; laprovinciarestaurante.com ; Carr. 42 n°3-81 local 305 ; 12h-15h et 18h30-22h30 lun-sam)

Malevo
Voir p. 173 (4-580-2150 ; malevo.com.co ; Carr. 43E n°11A-20, Manila ; 12h-22h30 lun-sam, 12h-16h30 dim)

Oci.Mde
Voir p. 174 (4-448-8203 ; ocimde.com ; Carr. 33 n°7-21 ; 12h-14h30 et 18h30-22h30 mar-jeu, 12h-15h et 18h30-23h ven-sam)

Restaurante San Joaquín
Voir p. 173 (300-424-6924 ; Carr. 69 n°42-15 ; 8h-16h)

Salón Versalles
Voir p. 169 (317-800-2742 ; facebook.com/people/Salon-Versalles/100063662555679 ; Pasaje Junín 53-39 ; 7h-21h lun-sam, 8h-18h dim)

CAMARALUCIDA1/STOCK.ADOBE.COM ©

Comuna 13, Medellín (p. 172)

Sazón América
Voir p. 171 (4-250-4430 ; Carr. 45 n°79A-100 ; 7h-16h30 lun-ven, 6h30-16h30 sam, 6h-14h dim)

Tal Cual
Voir p. 173 (316-478-4555 ; talcualrestaurante.com.co ; C. 12 n°43D-12, Manila ; 12h-15h et 16h-22h lun-jeu, 12h-23h ven-sam)

20Mission Cerveza
Voir p. 175 (314-236-9478 ; 20missioncerveza.com ; C. 16 n°43F-66 ; 17h-minuit jeu, 17h-2h ven-sam)

9+1
Voir p. 175 (302-721-1199 ; facebook.com/calle9.club ; C. 10 n°40-10 ; 22h-3h45 mer et dim, 22h-4h45 jeu-sam)

Amarna
Voir p. 175 (318 550 5050 ; amarnaunica.com ; Carr. 43G n°27-10 ; 31h30-4h ven-sam)

Bar Octavia
Voir p. 175 (324-267-2585 ; C. 8 n°37A-49 ; 18h-4h)

Berlín 1930
Voir p. 175 (4-266 2905 ; instagram.com/bar_berlin_1930 ; C. 10 n°41-65 ; 18h-4h jeu-sam, 18h-2h dim-mar)

Blue
Voir p. 175 (4-266-3047 ; facebook.com/bluemedellin ; C. 10 n°40-20 ; 21h-4h jeu-sam)

Cervecería Libre
Voir p. 175 (300-606-0492 ; cervecerialibre.com ; Carr. 44 n°25-31 ; 17h-minuit mar-jeu, 17h-2h ven-sam)

Hijamia
Voir p. 174 (4-366-3788 ; hijamiacoffee.com ; C. 11A n°43B-9 ; 7h-20h lun-ven, 7h-15h sam-dim)

El Guanábano
Voir p. 175 (4-216-3742 ; Carr. 43 n°54-2 ; 16h-1h)

Pergamino
Voir p. 174 (318-821-1303 ; pergamino.co ; Carr. 37 n°8A-37 ; 8h-20h lun-sam, 9h-19h dim)

Rituales
Voir p. 174 (304-114-3372 ; ritualescafe.co ; C. 74A n°39b-22 ; 8h-20h lun-sam, 10h-19h dim)

Siente el Bajo
Voir p. 175 (305-419-5032 ; facebook.com/sienteelbajo9 ;

Carr. 36 n°10-37 ; 21h-4h ven-sam)

Tíbiri
Voir p. 175 (310-849-5461 ; instagram.com/tibiribar ; C. 44B n°70-03)

Urbania
Voir p. 174 (314-769-3978 ; urbaniacafe.com ; Carr. 43A n°6S-15 ; 7h-20h30 lun-sam, 7h-19h dim)

Teatro Matacandelas
Voir p. 171 (350-215-1100 ; matacandelas.com ; C. 47 n°43-47)

Salon Malaga
Voir p. 175 (4-408-8249 ; salonmalaga.com ; Carr. 51 n°45-80 ; 8h-2h lun-sam, 8h-minuit dim)

Son Havana
Voir p. 176 (320-451-2267; sonhavana.co ; Carr. 73 n°44-56 ; 20h-2h mar-mer, 21h-3h jeu-ven, 21h-4h sam)

Trilogia Bar
Voir p. 175 (322-264-5728 ; trilogiabar.com ; Carr. 43G n°24-08 ; 19h30-minuit jeu, 19h30-2h ven-sam)

Palacio Nacional
Voir p. 169 (4-513-4422 ; instagram.com/ccpalacio nacional ; Carr. 52 n°48-45 ; 8h-19h lun-sam)

Pasaje Junín
Voir p. 169 (4-512-6956 ; boulevarddejunin.com ; Carr. 49 n°52-141 ; 7h-20h lun-sam, 10h-17h dim)

ENVIRONS DE MEDELLÍN

Cueva de los Guácharos
Voir p. 183 (visite guidée 35 000 COP)

Iglesia Santa Bárbara
Voir p. 182 (facebook.com/parroquiasantabarbarasantafe deantioquia ; C. 11n°8-53, Santa Fe de Antioquia ; 8h-12h et 14h-17h lun-ven, 8h-12h sam)

Museo del Viejo Peñol
Voir p. 181 (310-374-7595 ; museohistoricoelpenol.com ; Tv. 6 n°9-71, El Peñol ; entrée libre ; 13h30-17h jeu-dim)

Museo Juan del Corral
Voir p. 182 (4-853-4605 ; instagram.com/museojuan delcorral ; C. 11 n°9-77, Santa Fe de Antioquia ; entrée libre ; 9h-17h jeu-mar)

Piedra del Peñol
Voir p. 180 (Peñón de Guatapé ; ascension 25 000 COP ; 8h-18h)

Reserva Natural Cañon del Río Claro
Voir p. 182 (4-322-9641, 311-354-0119 ; rioclaroreservanatural.com ; Km 152 Autopista Medellín-Bogotá ; 25 000 COP ; 8h-18h)

Pedaleando Alma
Voir p. 180 (319-566-9339 ; pedaleandoalma.com)

Hostería de La Plaza Menor
Voir p. 182 (316-481-7881 ; hosteriadelaplazamenor.com ; angle C. 9 et Carr. 12, Santa Fé de Antioquia)

Hotel Mariscal Robledo
Voir p. 182 (313-760-0099 ; hotelmariscalrobledo.com ; Carr. 12 n°9-70, Santa Fé de Antioquia)

Hotel Portobelo
Voir p. 181 (312-783-4050 ; hotelportobeloguatape.com ; C. 32 n°28-29, Guatapé)

Hotel Santa Barbara Colonial
Voir p. 182 (314-206-0957 ; facebook.com/santabarbara colonial ; C. 11 n°7-40, Santa Fé de Antioquia)

Lake View Hostel
Voir p. 180 (321-493-7060 ; lakeviewhostel.com ; Carr. 22 n°29B-29, Guatapé)

Santa Fe de Antioquia (p. 182)

Mansion Oriente
Voir p. 181 (300-253-1816 ; hotelmansionguatape.com ; Vereda La Piedra, Guatapé)

Mumu Hotel
Voir p. 180 (304-559-2542 ; hotelmumuguatape.com ; Guatapé)

Sotavento Cabañas
Voir p. 180 (304-384-5148 ; sotaventocabanas.com.co ; Km 26 Vía Marinilla, Guatapé)

Tau House
Voir p. 181 (305-208-2353 ; tauhouse.com.co ; Vereda La Piedra, Finca 202, Guatapé)

El Bretón
Voir p. 181 (302-336-3351 ; facebook.com/elbretonguatape ; Carr. 28 n°27A-60, Guatapé ; 12h-22h mer-lun)

Koi Comida Asiatica
Voir p. 181 (211-651-8839 ; facebook.com/koiguatape ; Carr. 32 n°31-24, Guatapé ; 12h30-21h30 lun-sam, 13h-21h dim)

La Fogata
Voir p. 181 (4-861-1040 ; facebook.com/lafogataguatape ; Carr. 30 n°31-32, Guatapé ; 9h-17h)

Thai Terrace
Voir p. 181 (321-493-7060 ; facebook.com/thaiterrace guatape ; Lake View Hostel, Carr. 22 n°29B-29, Guatapé ; 18h-22h sam-jeu)

JARDÍN

Basilica Menor de la Inmaculada Concepción
Voir p. 185 (4-845-5525 ; facebook.com/BasilicaMenor Jardin ; C. 11 n°2-43 ; 8h-17h lun-mar et jeu-ven, 8h-12h sam-dim)

Casa Museo Clara Rojas Peláez
Voir p. 186 (C. 11 n°2-43 ; entrée libre, don bienvenu ; 9h-17h mer-lun)

La Garrucha
Voir p. 188 (321-8311-859 ; droit de passage 10 000 COP ; 9h30-18h lun-ven, jusquà 19h sam-dim, ttes les 30 min)

Reserva Natural Jardín de Rocas
Voir p. 187 (312-756-2650 ; jardinderocas.org ; C. 9 ; 12 000 COP ; 15h-17h30)

40 Amigos Hotel
Voir p. 185 (320-261-6467 ; 40amigoshotel.com ; Carr. 2A C. 15 n°16)

Casa Passiflora Hotel Boutique
Voir p. 185 (318-242-1000 ; hotelesmemorables.com/es/hotel-casa-passiflora ; Carr. 5 n°11-48)

Gulupa Ecolodge
Voir p. 186 (302-380-1155 ; facebook.com/gulupaecolodge ; Vereda La Selva, Km 4 depuis la place principale sur la route non asphaltée)

Hotel Diana Campestre
Voir p. 185 (311-374-7003 ; facebook.com/hoteldulce campestrejardin ; Carr. 1 n°7-04)

Hotel Plantacíon
Voir p. 186 (313-850-1833 ; hotelplantacion.com ; Carr. 9 n°12-56)

Valdivia Plaza
Voir p. 186 (4-845-5055 ; hotelvaldiviaplaza.co ; Carr. 5 n°9-47)

Cocina Clandestina
Voir p. 187 (321-500-2525 ; jardin.antioquia.in/alimentacion/restaurantes/jardin-cocina-clandestina ; km 2 vía Jardín-Riosucio, Sector La Esmeralda ; 12h30-19h lun-ven, 12h30-20h sam-dim)

Restaurante Gloria
Voir p. 187 (4-845-6531 ; instagram.com/restaurante gloria_jardin ; Carr. 1 n°9-77 ; 8h-16h30)

Restaurante Zodiaco
Voir p. 187 (Carr. 4 n°8-71 ; 8h-22h)

Café Jardín
Voir p. 188 (323-290-7008; jardin.antioquia.in/comercio/cafes/cafe-jardin-la-salada ; Vereda La Salada ; 10h-18h30 mar-dim)

Café Macanas
Voir p. 188 (312-783-9243 ; facebook.com/Macanasjardin ; Carr. 5 n°9-43, Parque Principal ; 7h-20h)

Cocoa Café Frances
Voir p. 188 (310-409-9666 ; facebook.com/CocoaCafefrances ; C. 8 n°2-57 ; 10h-18h mer-lun)

Del Alto Café
Voir p. 188 (320-717-1397 ; facebook.com/cafedelalto ; C. 8 n°3-02 ; 9h30-20h lun-ven, 9h-20h sam-dim)

Estadero La Garrucha
Voir La Garrucha, ci-contre.

Dulces del Jardín
Voir p. 186 (4-845-6584 ; facebook.com/dulcesdeljardin ; C. 13 n°5-47 ; 8h-18h)

MANIZALES

Iglesia de la Inmaculada Concepción
Voir p. 191 (6-883-5474 ; arquidiocesisdemanizales.com/-de-manizale ; angle C. 30 et Carr. 22)

Monumento a Los Colonizadores
Voir p. 191 (Carr. 9A ; 10h-19h)

Ecoparque Los Alcazares-Arenillo
Voir p. 191 (6-874-9710 ; culturayturismomanizales.gov.co/ecoparque-los-alcazares ; 8h-16h30)

Ecoparque Los Yarumos
Voir p. 191 (6-875-5511 ; culturayturismomanizales.gov.co/ecoparque-los-yarumos ; C. 61B n°15A-01, Minitas ; 8h30-17h mar-dim)

Recinto de Pensamiento
Voir p. 191 (305-356-1715 ; recintodelpensamiento.com ; Km 11 Via al Magdalena ; 35 000 COP ; 9h-16h mar-dim)

Reserva Ecológica Río Blanco
Voir p. 192 (312-226-1116 ; reservarioblanco.co ; Av. Kevin Ángel n°59-181 ; sentier avec guide sur réservation, 14 300 COP ; 7h30-17h lun-ven)

Termales del Ruiz
Voir p. 192 (310-455-3588 ; hoteltermalesdelruiz.com ; Paraje de Termales, Villamaría)

Termales El Otoño
Voir p. 192 (313-438-6552 ; termaleselotono.com ; Km 5 Antigua Via al Nevado ; tarif plein/réduit demi-journée 40 000-50 000/25 000 COP, journée 80 000/40 000 COP ; 9h-22h45 mar-jeu, 9h-23h45 sam-dim)

Termales Tierra Viva
Voir p. 192 (300-644-9996 ; termalestierraviva.com ; Km 2 Via Enea-Gallinazo ; adulte/enfant 32 000/16 000 COP ; 9h-23h)

Finca Mirador Morrogacho
Voir p. 191 (317-661-6117 ; facebook.com/majidjromi ; Morrogacho, Villa Jordan, Enseguida Padres Salvatorianos)

Ananka
Voir p. 191 (313-413-8088 ; facebook.com/anakacasa ; Carr. 27 n°68-38 ; 9h-19h lun-sam)

Los Geranios
Voir p. 191 (6-886-8400 ; facebook.com/losgeraniosmanizales ; Av. Santander n°71-67 ; 9h-16h)

Café Coloquio
Voir p. 192 (321-886-6940 ; facebook.com/cafecoloquio ; C. 60 n°24A-42 ; 9h-20h lun-mer, 9h-21h jeu-sam, 13h-19h dim)

Caferatto
Voir p. 192 (320-476-8574 ; facebook.com/Caferatto ; Carr. 23C n°62-72 ; 9h-20h lun-jeu, 9h-17h30 ven, 19h-2h sam, 10h-20h dim)

Specialty Coffee Boutique
Voir p. 192 (304-545-0700 ; facebook.com/specialtycoffeeboutique ; Av. Santander n°75-145 ; 9h-21h lun-ven, 9h-22h sam, 15h-21h dim)

Tazzioli Café
Voir p. 192 (322-677-8960 ; facebook.com/tazziolicafe ; Carr. 23 n°23-15 ; 9h30-17h30 lun-mar, 9h30-19h mer-sam, 12h-18h dim)

ENVIRONS DE MANIZALES

Café Don Manolo
Voir p. 197 (318-788-0930 ; cafedonmanolo.simdif.com ; Vereda El Estanquillo, Pereira ; visite espagnol/anglais 60 000/67 000 COP sur rendez-vous)

Hacienda Guayabal
Voir p. 194 (317-280-4899, 314-772-4856 ; haciendaguayabal.com ; Km 3 Via Peaje Tarapacá, Chinchiná ; 8h-17h)

Hacienda Venecia
Voir p. 194 (320-636-5719 ; haciendavenecia.com ; Vereda El Rosario, San Peregrino ; circuits organisés à partir de 80 000 COP ; 8h30)

Parque Nacional Natural (PNN) Los Nevados
Voir p. 195 (6-887-1611 ; parquesnacionales.gov.co ; 54 000 COP ; secteur nord 8h-15h30, centre 7h-15h)

Parque Regional Natural Ucumarí
Voir p. 197 (Fecomar 312 200 7711, Refugio La Pastora 332-200-7711 ; fecomarisaralda.org ; La Pastora)

Santuario de Fauna y Flora Otún Quimbaya
Voir p. 197 (parquesnacionales.gov.co ; réservation reservas.otun@parquesnacionales.gov.co ; Vía La Suiza, Pereira ; 14 500 COP ; visite 1 journée 10h30 lun-ven, plus 14h30 sam-dim)

Termales de Santa Rosa de Cabal
Voir p. 198 (6-365-5237/3421 ; termales.com.co ; Km 10 Vereda San Ramón, Santa Rosa de Cabal ; lun-ven 59 000 COP, sam-dim 71 000 COP ; 6h30h-18h)

Termales San Vincente
Voir p. 198 (320-693-3707 ; sanvicente.com.co ; Km 17 Vía Laguna del Otún, Santa Rosa de Cabal ; à partir de 70 000 COP ; 8h-23h)

Ecosistemas
Voir p. 197 (315-746-1714, 315-492-9938 ; ecosistemastravel.co ; Carr. 20 n°20-19, Manizales ; 9h-12h et 14h-17h lun-ven)

Kumunday Adventures
Voir p. 197 (6-896-1508, 315-590-7294 ; kumanday.com ; C. 58 n°23-51 ; 9h-16h lun-ven)

Yarumo Blanco
Voir p. 198 (310-363-5001 ; yarumoblanco.co ; Km 14 Vía Pereira-La Suiza Hacienda Buenos Aires)

Finca Berlín
Voir p. 196 (314-844-0746 ; Vereda El Laurel, Quimbaya)

Finca El Jordan
Voir p. 196 (317-416-6119 ; Pereira, Risaralda)

Finca La Primavera
Voir p. 196 (310-832-7879 ; Ibagué, Nevado del Tolima)

La Chocolera
Voir p. 194 (310-396-6409 ; instagram.com/lachocolera ; Km 7 Via Cerritos-Cartago, Pereira ; 8h-20h)

Los Arrieros
Voir p. 194 (323-563-9100 ; facebook.com/losarrierosmanizales ; Bajo Tablazo, Km 5 Vía Chinchiná ; 8h-18h jeu et sam-dim)

Restaurante Alejandria
Voir p. 194 (311-362-8699 ; instagram.com/restaurantealejandria ; Km 3 Vía Chinchiná ; 8h30-19h)

SALENTO

Reserva Natural Acaime
Voir p. 202 (Valle de Cocora ; entrée boisson comprise 20 000 COP)

Finca Acacia
Voir p. 201 (310-463-8585 , acaciascoffeefarm.com ; Vereda Palestina ; 9h-16h30)

Finca Don Elias
Voir p. 201 (318-344-1202 ; doneliascoffee.com ; Carr. 15 n°72-30 ; 8h-17h)

Finca El Ocaso
Voir p. 201 (313-425-3669 ; fincaelocasosalento.com ; Vereda Palestina ; 9h-17h30)

Finca El Recuerdo
Voir p. 201 (310-376-4672 ; instagram.com/elrecuerdo_coffeetour ; Vereda Palestina)

Coffee Tree Boutique Hostel
Voir p. 200 (318-890-6999 ; coffeetreebh.com ; Carr. 9 n°9-06)

Hostal Tralala
Voir p. 200 (314-850-5543 ; Carr. 7 n°6-45)

Las Terrazas de Salento
Voir p. 200 (317-430-4640 ; facebook.com/HotelTerrazasdeSalento ; Carr. 4 n°1-30)

Café Bernabé
Voir p. 201 (315-596-1447 ; facebook.com/CafeBernabe ; Carr. 6 n°3-29 ; 13h-22h sam-jeu)

Etnia Arte y Sabor
Voir p. 201 (304-245-0557 ; facebook.com/etniaays ; C. 4 n°6-45 ; 19h-21h30 mer-lun)

STREETFLASH/STOCK.ADOBE.COM ©

Filandia (p. 204)

Wabi
Voir p. 201 (310-846-7609 ; facebook.com/Wabi.Salento ; C. 2 n°4-61 ; 18h-21h30 jeu-lun, 12h-15h sam-dim)

Café Jesús Martín
Voir p. 201 (300-735-5679 ; cafejesusmartin.com ; Carr. 6A n°6-14 ; 8h-20h)

ENVIRONS DE SALENTO

Centro de Interpretación del Bejuco
Voir p. 204 (311-327-1031 ; centro-de-interpretacion-bejuco-al-canasto.negocio.site ; angle Carr. 5 et C. 6, Casa del Artesano, Filandia ; entrée libre ; 10h30-18h)

Mirador Colina Iluminada
Voir p. 204 (6-758-2195 ; Km 1 Via Quimbaya, Filandia ; 8 000 COP ; 9h-18h)

Museo del Oro Quimbaya
Voir p. 204 (6-741-3300 ; banrepcultural.org/armenia/museo-del-oro-quimbaya ; Av. Bolivar n°40N-80 ; durant travaux : coll. permanente Carr. 16 n°21-14, Armenia ; entrée libre ; 10h-18h lun-sam)

Reserva Natural Barbas-Bremen
Voir p. 204 (318-243-7465 ; facebook.com/fundacionfilandiareservanaturalbarbasbremen ; Filandia ; 80 000 COP ; 9h-14h)

Fog Walkers
Voir p. 205 (315-464-4539 ; fogwalkerscolombia.com ; C. 3 n°4-31, Salento)

Páramo Trek
Voir p. 205 (311-745-3761 ; paramotrek.com ; Carr. 5 n°9-33, Salento)

Bidea Hostel
Voir p. 204 (302-521-8306 ; facebook.com/bideahostal ; Carr. 3 n°6-54, Filandia)

El Reloj Casa Hotel
Voir p. 204 (314-820-7755 ; facebook.com/elrelojcasahotel ; Carr. 5 n°3-37, Filandia)

Hostal Colina de Lluvia
Voir p. 204 (321-715-6245 ; facebook.com/hostalcolinadelluvia ; C. 5 n°4-08, Filandia)

CALI ET LE SUD-OUEST

RYTHMES INTEMPORELS ET MYSTÉRIEUX VESTIGES

De la moiteur des bars où danser la salsa à la fraîcheur des villages de montagne, le Sud-Ouest offre un parfait équilibre entre authenticité culturelle et nature.

Bienvenue sur une terre de contrastes : andin et africain, moderne et précolombien, le sud-ouest de la Colombie maintient tous les sens en éveil et laisse aux visiteurs intrépides d'innombrables souvenirs. Après les mystérieuses civilisations ayant érigé des monuments dans les terres, l'Empire inca, puis les colons européens qui ont débarqué avec leurs esclaves africains, la région a vu passer différents groupes qui ont tous laissé leur trace dans la culture unique de la région.

JSANCHEZFOTOS/SHUTTERSTOCK ©

Loin des sentiers battus et longtemps boudé par les voyageurs en raison des problèmes de sécurité notoires, le Sud-Ouest s'ouvre désormais aux visiteurs, sans perdre son ambiance frontalière brute. Le processus de paix entre le gouvernement et les FARC a permis de remettre sur les cartes touristiques certains sites de cette région si propice aux aventures.

On y trouve les meilleurs sites archéologiques du pays et des bijoux d'architecture coloniale. Mais tout n'est pas qu'histoire ancienne dans cette région qui reste le cœur autochtone de la Colombie : des cultures fièrement indépendantes préservent leurs inestimables connaissances ancestrales sur leurs terres montagneuses.

En outre, le Sud-Ouest renferme une immense biodiversité : on peut dans la même journée traverser désert, jungle et *páramo* (plaine de haute montagne). Pour les amoureux de la nature, volcans actifs, sources thermales et chaînes de montagnes spectaculaires sont facilement accessibles depuis de florissantes métropoles connues pour leur musique et leur vie nocturne trépidantes.

SITES PRINCIPAUX

CALI
Capitale mondiale de la salsa.
p. 218

POPAYÁN
Ville de montagne historique aux bâtiments chaulés.
p. 226

SAN AGUSTÍN
Énigmatique statues précolombiennes.
p. 236

OSCAR GARCES/SHUTTERSTOCK ©

Ci-dessus : centre-ville de Cali (p. 219) ; à gauche : Feria de Cali (p. 221)

S'orienter

Si les distances entre les sites d'intérêt culturel du sud-ouest du pays ne sont pas énormes, l'impressionnante topographie montagneuse et les routes souvent en mauvais état rallongent considérablement les temps de trajet.

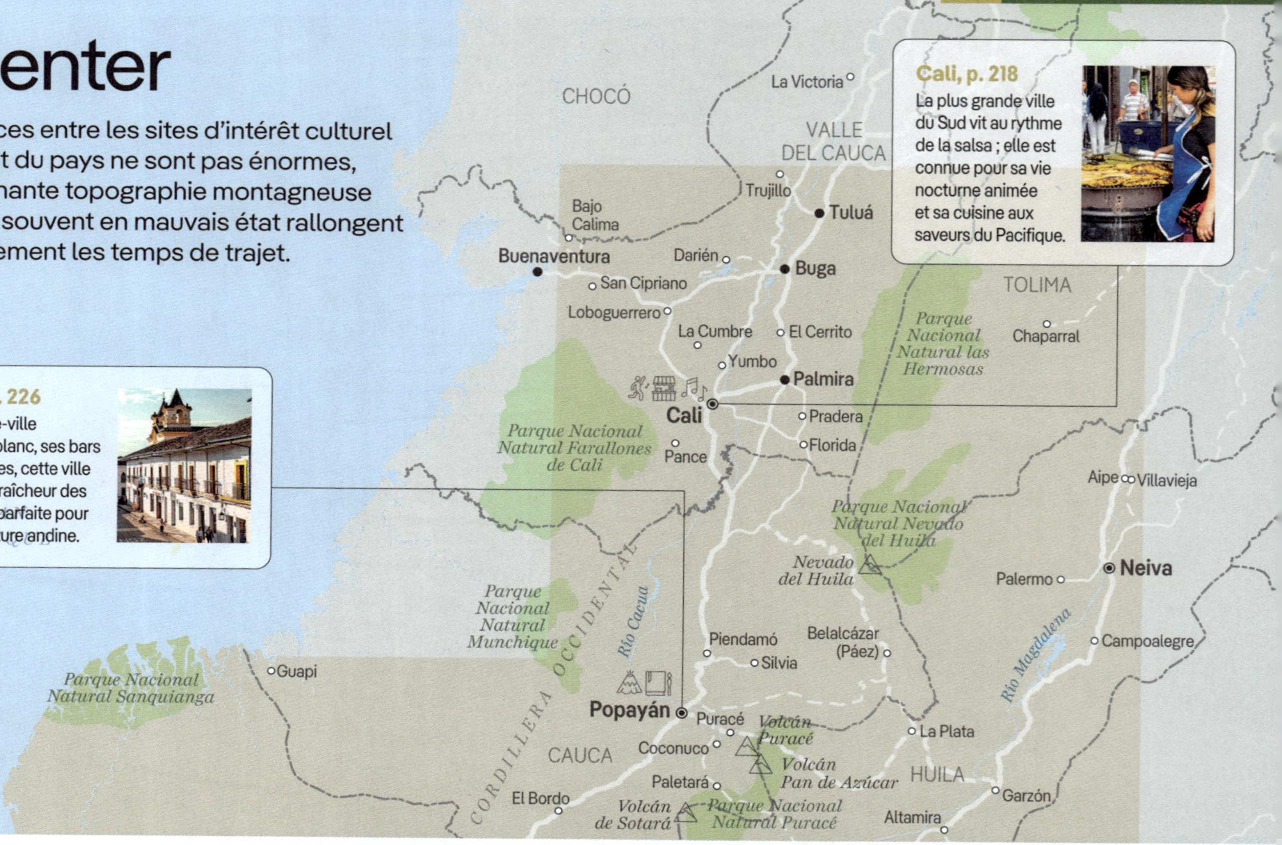

Cali, p. 218
La plus grande ville du Sud vit au rythme de la salsa ; elle est connue pour sa vie nocturne animée et sa cuisine aux saveurs du Pacifique.

Popayán, p. 226
Avec son centre-ville historique tout blanc, ses bars et cafés bohèmes, cette ville nichée dans la fraîcheur des montagnes est parfaite pour découvrir la culture andine.

BUS

Qu'il s'agisse d'un car moderne de luxe avec Wi-Fi et films à bord ou d'une *chiva* ouverte aux quatre vents, le bus est le meilleur moyen pour se déplacer jusqu'aux plus petits villages du Sud-Ouest.

VOITURE

Pour profiter pleinement des paysages du Sud-Ouest et s'arrêter en route, la voiture est le mode de transport idéal. Il n'y a pas de réseau téléphonique dans certaines zones reculées ; il peut donc être utile d'avoir quelques connaissances de base en mécanique (en cas de panne) et de télécharger la carte de la région avant le départ.

VÉLO

Les magnifiques paysages et les routes généralement peu fréquentées du Sud-Ouest attirent de plus en plus de voyageurs à vélo. Vu les dénivelés, mieux vaut être en forme pour se lancer, surtout dans les montagnes.

San Agustín, p. 236

Le site archéologique le plus important de Colombie abrite d'immenses sculptures en pierre disséminées sur les collines verdoyantes autour de cette accueillante petite ville.

Planifier son séjour

Dans le Sud-Ouest, vous êtes loin des sentiers battus : inutile de suivre un itinéraire précis. Laissez-vous porter et arpentez les montagnes à votre rythme.

Popayán (p. 226)

Si vous avez peu de temps

- Rendez-vous directement à **Popayán** (p. 226), l'une des anciennes cités coloniales les mieux préservées du pays, et posez-y vos valises. Entrez dans certains des bâtiments les plus impressionnants de la ville en visitant ses **musées** (p. 228), puis dirigez-vous vers la **Galería del Barrio Bolívar** (p. 230) pour un repas traditionnel dans une ambiance animée.

- Le lendemain, rejoignez la ville de **Silvia** (p. 233), dans les montagnes, pour découvrir les traditions du peuple misak (ou guambiano) et randonner à cheval jusqu'à de magnifiques lacs haut perchés.

- Le dernier jour, prélassez-vous dans les sources thermales en pleine campagne à **Coconuco** (p. 231).

AU FIL DES SAISONS

La plupart des grands événements ont lieu entre août et décembre. En montagne, c'est de fin août à novembre que tombent les plus fortes pluies.

JANVIER

Le temps généralement clément permet de gravir dans de bonnes conditions le **Volcán Puracé** (p. 230), non loin de Popayán.

AVRIL

Les zones humides au nord de **Cali** (p. 218) accueillent chaque année plus de 70 espèces d'oiseaux migratoires.

JUIN

Le ciel dégagé est idéal pour randonner et dévoile de vastes panoramas dans le **PNN Farallones de Cali** (p. 224).

Si vous avez une semaine

- Prolongez votre séjour à **Popayán** (p. 226) afin de visiter le **Parque Nacional Natural (PNN) Puracé** (p. 230), qui abrite un volcan en activité et des fumerolles de soufre.

- Ensuite, montez jusqu'à **Tierradentro** (p. 234), de l'autre côté des Andes, et partez pour une randonnée panoramique dans les environs de la petite bourgade de **San Andrés de Pisimbalá**, à la découverte de chambres funéraires creusées à même la roche volcanique.

- L'archéologie est encore à l'honneur à **San Agustín** (p. 236), avec les statues en pierre du **Parque Arqueológico de San Agustín** (p. 237). Une excursion en 4x4 autour d'**Isnos** (p. 238) vous permettra ensuite de voir d'autres vestiges précolombiens. Finissez la journée en beauté devant le **Salto de Bordones** (p. 238), une spectaculaire cascade.

Si vous avez plus de temps

- Posez vos valises à San Antonio, l'un des plus anciens quartiers de **Cali** (p. 218), et prenez quelques cours de salsa dans l'une des écoles les plus conviviales de la ville avant de vous lancer sur la piste de danse des clubs légendaires comme le **Topa Tolondra** (p. 221).

- Ensuite, dégustez des fruits de mer à la **Galería Alameda** (p. 221) avant de partir vers **San Cipriano** (p. 225) pour descendre une rivière cristalline à travers la jungle.

- Repassez par Cali et descendez jusqu'à **Popayán** (p. 226). Flânez dans les rues romantiques du centre historique, puis traversez les *páramos* du sud du **Parque Nacional Natural (PNN) Puracé** (p. 230) jusqu'à **San Agustín** (p. 236).

JUILLET

Période propice au tourisme à vélo dans les montagnes du **Cauca** (p. 231) : davantage de soleil et moins de circulation.

AOÛT

Les rythmes afro-colombiens de la côte Pacifique sont à l'honneur lors du **Festival Petronio Álvarez** (p. 224) à Cali.

SEPTEMBRE

C'est le temps des festivals : Cali accueille en toute logique le **Festival Mundial de Salsa** (p. 221) et Popayán, le **Congreso Gastronómico** (p. 229).

DÉCEMBRE

La **Feria de Cali** (p. 221) conclut l'année par des concerts, des défilés et des bals salsa dans la rue.

CALI

Pour les infos pratiques, voir le Carnet d'adresses p. 240

Cali (Santiago de Cali, de son nom complet et moins usité) est la plus grande ville de la moitié sud du pays. Animée d'une vie brute, cette ville séduit, puis envoûte quiconque vient à elle. Elle compte peu de sites touristiques, mais son charme et l'ambiance électrisante qui y règne compensent ce manque. Cali ne se dévoile pas facilement (rares sont les Caleños qui font du tourisme une priorité), mais pour peu que vous cherchiez, vous dénicherez d'excellents lieux de sortie, de bons restaurants et pléthore d'activités, surtout le soir, quand un vent frais venu de la montagne tempère la chaleur de la journée.

Des quartiers pauvres aux grands clubs ultrachics, tout le monde danse sur le même rythme : à Cali, capitale mondiale de la salsa, c'est plus qu'un loisir, c'est un élément fédérateur.

Les Caleños sont fiers de leur culture, qui met à l'honneur l'héritage afro-colombien : la ville de Cali reflète comme aucune autre la diversité et l'harmonie du pays.

À SAVOIR

Il fait chaud et humide à Cali, mais une légère brise souffle dans les quartiers sur les hauteurs de l'ouest de la ville, où il fait donc souvent un peu plus frais. Généralement, les températures chutent autour de 16h : c'est le moment idéal pour les activités de plein air.

Musiciens de rue, Cali

VOIR
1 Iglesia de La Merced
2 Iglesia La Ermita
3 Museo Arqueológico La Merced – MUSA Cali
4 Museo de Arte Moderno La Tertulia
voir 1 Museo de Arte Colonial y Religioso
5 Museo de Oro Calima
6 Cerro de las Tres Cruces

ACTIVITÉS
7 Topa Tolondra
8 Zaperoco

À la découverte du centre-ville de Cali

ART, ARCHITECTURE ET HISTOIRE

Commencez votre visite du centre-ville par l'**Iglesia de La Merced**. Cette église à la façade chaulée est la plus ancienne de Cali (elle a été édifiée en 1545). À l'intérieur, vous découvrirez un immense autel doré de style baroque.

Le couvent attenant à l'église, également construit au XVIe siècle, abrite le **Museo de Arte Colonial y Religioso** qui intéressera même les non-amateurs d'art religieux : sa belle architecture et ses trois cours intérieures valent le détour. Le matin en semaine, on peut voir les religieuses confectionner les *hostias* (hosties).

OÙ SE LOGER À CALI

Casa de Alférez
Chambres luxueuses avec salles de bain spacieuses et petits balcons donnant sur une jolie rue arborée. **€€€**

La Sucursal Hostel
Auberge de jeunesse récente. Chambres colorées réparties sur plusieurs étages, cours de salsa, *rooftop* et bar en plein air. **€**

Jardín Azul
Petit hôtel impeccable et calme, à flanc de colline. Chambres lumineuses et spacieuses. **€**

LE QUARTIER DE SAN ANTONIO

En partant du centre de Cali, de l'autre côté de la très fréquentée Calle 5A, le quartier historique de **San Antonio** offre un contraste saisissant, avec ses rues étroites longées d'anciennes demeures coloniales qui abritent désormais, souvent, cafés, bars et restaurants.

L'ambiance de village qui y règne en fait l'endroit idéal pour se balader et échapper un moment à l'agitation de la ville. Ne manquez pas le **Parque San Antonio**, seul espace vert du centre-ville, ni la ravissante **Iglesia de San Antonio**, datant du XVIIIe siècle, qui abrite des statues en bois gravé.

JESS KRAFT/SHUTTERSTOCK ©

Église et couvent de La Merced

À côté, aménagé dans une annexe datant du XVIIIe siècle du couvent, l'incontournable **Museo Arqueológico La Merced** (MUSA Cali) expose une intéressante collection de céramiques des grandes cultures précolombiennes du centre et du sud du pays, comme Tierradentro, Tolima et San Agustín. Les figurines de la culture Tumaco et les récipients finement ouvragés de la culture quimbaya font partie des plus belles pièces.

Pour des artefacts précolombiens plus étincelants, le **Museo del Oro Calima** (créé en 1991), au coin de l'Iglesia de La Merced, réunit plus de 600 pièces d'orfèvrerie et en céramique attribuées à la culture calima, établie dans la vallée, au nord-ouest de Cali, de 200 avant notre ère à l'an 400 environ. Quittez les salles climatisées et prenez l'air en marchant jusqu'à l'église surplombant le Río Cali, l'**Iglesia La Ermita**. De style néogothique, elle renferme *El señor de la caña* ("le seigneur de la canne à sucre"), tableau du XVIIIe siècle auquel sont attribués maints miracles.

Enfin, remontez le fleuve (15 minutes à pied du centre-ville) jusqu'au **Museo de Arte Moderno La Tertulia** pour découvrir une facette plus moderne de la scène artistique de la ville. À mi-chemin entre la galerie d'art et le centre culturel, ce musée accueille des expositions temporaires de peintures, sculptures et photographies contemporaines d'artistes colombiens et, plus largement, sud-américains. Il abrite aussi le meilleur cinéma d'art et d'essai de Cali. La petite place devant le musée est un lieu de rendez-vous prisé des artistes et intellectuels en début de soirée.

Magnifiques points de vue

PRENDRE DE LA HAUTEUR

Haut de 26 m (hors piédestal) pour 21 m d'envergure, le monumental **Cristo Rey**, qui rappelle à divers égards la célèbre

OÙ SE RESTAURER À CALI

Platillos Voladores
Délicieux plats aux influences asiatiques, européennes et afro-colombiennes, avec beaucoup d'ingrédients locaux. **€€€**

Zea Maiz
Restaurant branché dans un sous-sol coloré. Excellentes *arepas* servies avec quatre sauces maison. **€**

Portal Marino
Une des meilleures adresses dans l'Alameda pour les fruits de mer : le *sancocho* est à tomber. **€**

statue du Christ rédempteur de Río, offre, du sommet du **Cerro los Cristales**, une vue panoramique sur la ville. Ne manquez pas non plus de monter (2 à 3 heures aller-retour) au **Cerro de las Tres Cruces**, un calvaire surmonté de trois croix. Le panorama sur la ville et les alentours y est impressionnant. N'emportez aucun objet de valeur et n'y allez pas seul : le site est isolé et des vols n'y sont pas rares.

Capitale mondiale de la salsa

EN PISTE !

Si la salsa puise ses origines aux Grandes Antilles et en Amérique du Nord, peu d'endroits au monde accordent autant d'importance à ce style musical que Cali. Envahissant tout d'abord les quartiers ouvriers de la ville, la salsa est devenue l'ADN de chaque habitant. Pour eux, leur ville est tout simplement la capitale mondiale de cette musique de danse au tempo vif et qui s'est popularisée dans le monde entier. Des groupes légendaires y sont nés.

L'histoire d'amour de la ville avec la salsa est célébrée chaque année à l'occasion du **Festival Mundial de Salsa** : d'incroyables danseurs et danseuses de tous âges et de toutes origines s'affrontent alors dans des costumes toujours plus extravagants, et des artistes de renom sont programmés. La fête continue dans la rue lors de la **Feria de Cali**, où des centaines de danseurs défilent le long d'une grande avenue baptisée le *salsadromo*.

Cali est l'endroit rêvé pour apprendre à danser la salsa : on y trouve nombre d'**écoles professionnelles**, chacune avec sa philosophie et sa méthode bien à elle.

Vous avez les pas de base ? Allez donc mettre vos connaissances en pratique dans l'un des célèbres clubs de salsa, tels que le **Topa Tolondra**, où l'on danse jusque dans les moindres recoins, ou le légendaire **Zaperoco**, où des groupes viennent faire bouger la foule, les vinyles des grands classiques s'enchaînant entre chaque set. Pour une liste à jour des événements programmés en ville, consultez la rubrique divertissement du journal local *El País* (elpais.com.co).

LES MEILLEURES ÉCOLES DE SALSA

Son de Luz
École dirigée par une danseuse reconnue de la région. Professeurs patients qui vous aideront à perfectionner votre technique.

Sabor Manicero
Excellents cours en groupe dans une ambiance conviviale ; idéal pour rencontrer d'autres danseurs.

Swing Latino
École de renommée internationale dont les danseurs participent à de nombreux événements.

Rumba y Salsa
Emplacement central, ambiance détendue et conviviale, et nombreuses sorties entre élèves : pas étonnant que cette école soit prisée.

La Galería Alameda

À LA DÉCOUVERTE DES DÉLICES DE CALI

Pour une plongée multisensorielle dans la culture *caleña*, rien de tel qu'une matinée à arpenter la **Galería Alameda**, juste au sud du centre-ville.

Si la halle principale abrite un marché de produits frais, on trouve aussi dans les allées étroites toutes sortes de petits étals d'épices, d'huiles essentielles, d'artisanat, d'herbes médicinales, d'art religieux et de porte-bonheurs, entre autres.

UN MARCHÉ PLUS LOIN

Les amateurs de poisson seront ravis de découvrir, à Cartagena, le **Mercado de Bazurto** (p. 126) et ses étals de produits ultrafrais. Dégustez-y des plats traditionnels préparés sous vos yeux.

El Zaguan de San Antonio
Plats typiques de la région et jus de fruits à déguster sur le toit-terrasse pour profiter de la vue. **€€**

Waunana
Cuisine colombienne moderne, soigneusement présentée, à base d'ingrédients locaux. Excellents cocktails. **€€€**

Zahavi
Boulangerie chic qui propose de délicieux sandwichs et le meilleur brownie de Cali. **€**

PAROLE D'HABITANT : CUISINE DE RUE

Carlos Mayorga Ramirez (*@cemayorga*), journaliste et fin gourmet, partage ses adresses pour manger pas cher.

Je vis à San Antonio depuis plus de 10 ans. Les restaurants y ont beaucoup changé, mais je préfère les adresses où règne encore l'âme du quartier, comme **La Fritanga** (angle C. 4 et Carr. 12), qui sert des *vaquitas* (banane plantain farcie à la viande effilochée), des *repollitas* (banane plantain avec du poulet) et des *empanadas*. J'adore aussi les pommes de terre farcies que je trouve Calle 4, au niveau de la Carrera 6, et les *marranitas* de la joyeuse **Anita** (C. 2, au niv. de Carr. 6) : ce sont les meilleures de la ville.

La Galería Alameda est un lieu fascinant à toute heure, mais c'est en début de journée que le marché bat son plein. Perché sur un tabouret, vous pourrez y déguster un *tamal* tout chaud pour le petit-déjeuner. Les étals de fruits frais valent le détour : vous y trouverez des produits de saison comme le *zapote*, le *mamoncillo*, le *chachafruto*, et l'en-cas typique de Cali, le *chontaduro* – fruit du palmier pêche cuit à l'eau –, dont le goût rappelle un peu celui de la patate douce.

Gardez quand même de la place pour un plat traditionnel à base de fruits de mer, sans quoi votre visite dans le quartier de l'Alameda ne serait pas complète. Vous trouverez quelques stands au marché, mais la plupart des meilleures adresses sont dans les rues adjacentes. Une ribambelle de petits restaurants servent de délicieux plats de poisson tirés des livres de recettes familiales. Si vous hésitez, la *cazuela de mariscos* (fruits de mer dans une sauce épaisse à base de noix de coco) est une valeur sûre.

Festival Petronio Álvarez

PLONGÉE AU CŒUR DES RYTHMES AFRO-COLOMBIENS

Dans tout le pays, Cali est connue pour ses fêtes bouillonnantes qui ponctuent l'année. À tous les coups, on danse, on boit et on sort ses plus belles tenues, mais pour beaucoup, c'est le **Festival Petronio Álvarez** – une semaine dédiée à la musique enivrante de la côte pacifique – qui remporte la palme.

Largement influencées par les rythmes africains des esclaves qui travaillèrent dans les mines de la côte colombienne du Pacifique, la musique afro-colombienne du Pacifique, très percussive, et les techniques de chant caractéristique ont été transmises de génération en génération dans les villes et villages reculés de la région. Inscrite au patrimoine culturel immatériel de l'Unesco, cette musique se joue sur plusieurs instruments, notamment des flûtes et un large éventail de percussions, mais la vraie star est le *marimba de chonta* – inspiré d'un instrument africain. Ce "piano de la jungle" est fabriqué à la main à partir de bois de palmier chonta naturel. Ses notes mélodieuses vous transportent immédiatement dans la nature sauvage de la côte pacifique.

Le Festival Petronio Álvarez se tient en août dans le grand stade de la ville et réunit des groupes de toute la région, qui s'affrontent dans diverses catégories. Ce festival est incroyable de bout en bout ; il va crescendo pendant le week-end jusqu'aux finales. Le rythme des percussions entraîne la foule en liesse dans une danse déchaînée où le *viche*, un alcool fort afro-colombien artisanal, coule à flots : personne ne résiste à ce cocktail explosif.

MUSIQUE COLOMBIENNE

Pour en savoir plus sur l'incroyable diversité des styles musicaux en Colombie, en particulier sur la musique des Caraïbes, lisez le chapitre sur le vallenato (p. 322).

COMMENT CIRCULER

La plupart des sites touristiques sont rapidement accessibles en **taxi** depuis les quartiers où se trouvent les hôtels, sur les deux rives du fleuve. Les bus climatisés **Mio** (mio.com.co) relient généralement le nord de la ville au sud ; pensez-y si vous devez traverser la ville, vous irez peut-être plus vite qu'en taxi. La **gare routière**, La Terminal, est à 2 km au nord du centre-ville.

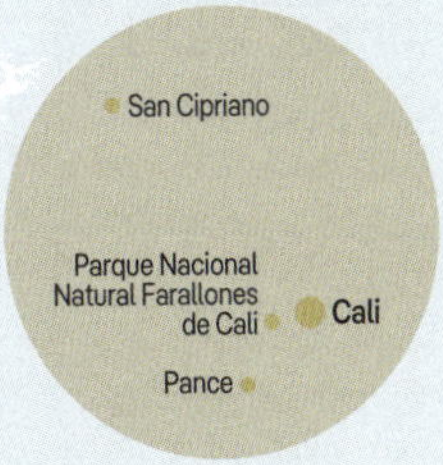

Environs de Cali

Les montagnes qui dominent Cali abritent des cours d'eau en pleine jungle, de paisibles lacs et un parc national sauvage.

Cali a beau être l'une des plus grandes villes de Colombie, le calme et la nature ne sont pas bien loin. À l'est, la chaude vallée est couverte de champs de canne à sucre ; à l'ouest, dans les montagnes, l'air est plus frais et les forêts immaculées résonnent des chants des oiseaux.

L'eau rafraîchissante du Río Pance s'écoule du Parque Nacional Natural (PNN) Farallones de Cali – le parc national le plus proche d'une grande ville dans le pays. De l'autre côté se trouve San Cipriano, un minuscule village perché au bord d'une rivière limpide en pleine jungle.

Pour les infos pratiques, voir le Carnet d'adresses p. 240

À SAVOIR

Le réseau téléphonique est peu fiable en zone rurale. Il vaut mieux télécharger avant de partir les cartes et les instructions concernant votre randonnée.

Cours d'eau près de San Cipriano (p. 225)

LE TOP DES SITES D'OBSERVATION DES OISEAUX AUTOUR DE CALI

Avec plus de 500 espèces différentes recensées, Cali affiche la plus grande diversité d'oiseaux du pays. Nul besoin d'aller bien loin pour les observer dans leur habitat.

Kilómetro 18 et Dapa
Basses montagnes humides abritant tangaras et colibris endémiques.

Pance
Guettez le fameux tangara à crête rouge dans les forêts brumeuses andines intactes.

Laguna de Sonso
Dans ces zones humides près de Buga, observez un vaste éventail d'oiseaux aquatiques depuis des plateformes surélevées.

ARTURO LARRAHONDO/SHUTTERSTOCK ©

***Bruja*, San Cipriano**

Pance

À L'ORÉE DES MONTAGNES SAUVAGES

Perché au milieu des imposants sommets boisés du **Parque Nacional Natural (PNN) Farallones de Cali**, le petit village de **Pance** n'est qu'à une heure de route de Cali et semble pourtant si loin de la ville. Installé au bord de l'eau bouillonnante et cristalline du Río Pance, il attire, le week-end, les Caleños en quête de fraîcheur. On y trouve des restaurants simples ainsi que des bars, mais la plupart sont fermés en semaine et il est parfois difficile à trouver de quoi se restaurer, surtout le soir. Un conseil : prévoyez des en-cas.

Le parc national de 1 500 km², à l'ouest de Pance, s'étend sur une large partie de la chaîne de montagnes entre le Valle del Cauca et la côte pacifique, et où plus de 30 cours d'eau prennent leur source. La plus grande partie du parc est interdite aux visiteurs ; seules deux randonnées sont accessibles. Il faut réserver un guide avant de se lancer dans le trek d'une journée qui mène au **Pico de Loro** (2 860 m). Le parcours exigeant, une boucle de 7 heures avec des passages raides et 1 200 m de dénivelé, traverse la dense forêt humide andine peuplée d'une infinité d'oiseaux. Il est

RANDONNÉES EN MONTAGNE

Pour de plus longues randonnées en montagne, de nombreux sentiers bien balisés sillonnent le **Parque Nacional Natural Los Nevados** (p. 195) dans l'Eje Cafetero.

OÙ SE LOGER À PANCE

Hostal Casa Batará
Bon marché et bien située, pension avec chambres modernes impeccables, en pleine nature. **€**

Reserva Ari Munani
Vaste terrain avec piscine d'eau fraîche et vue sur les montagnes. On y croise des agoutis. **€**

Reserva Natural Anahuac
Chambres simples et petites cabanes rondes rudimentaires avec étage, juste à côté du Río Pance. Calme assuré. **€**

conseillé de dormir la veille dans un des nombreux petits gîtes autour du village, car vous devrez entrer dans le parc avant 10h.

L'autre sentier, plus court, peut se parcourir sans guide. Longeant le Río Pance jusqu'au pont de la **Quebrada El Pato**, il passe par certains des plus beaux tronçons de la rivière.

À la frontière du parc, la petite réserve naturelle **El Topacio** comprend deux courts sentiers : le "Barranquero" conduit à une cascade de 40 m de haut et le "Naturaleza" mène à une cataracte haute de 130 m. Demandez à voir "La Nevera" (le réfrigérateur), un bassin de baignade glacial alimenté par l'eau fraîche des montagnes.

San Cipriano

LA FORÊT, AU FIL DE L'EAU

San Cipriano est isolé dans la jungle humide des plaines de la côte pacifique, à 3 heures de bus (100 km) de Cali : un voyage que vous n'êtes pas près d'oublier. Puisque ce minuscule village est situé sur la ligne ferroviaire Cali-Buenaventura, jadis très fréquentée, à 15 km de toute route, les habitants ont imaginé un mode de transport ingénieux : les *brujas*. Ces **wagons faits maison** avancent à l'aide de motos : la roue avant est fixée sur la plateforme et la roue arrière est posée sur un des rails. Les passagers prennent place sur de petits bancs en bois et traversent à toute vitesse la jungle luxuriante. Comme il n'y a qu'une voie et que nombre de wagons n'ont pas de bons freins, si un autre arrive en face, le chauffeur qui transporte le moins de passagers finit par laisser passer l'autre en écartant sa *bruja*.

San Cipriano se trouve sur les rives d'un cours d'eau cristallin cerné par la forêt tropicale – idéal pour une baignade. Laissez-vous flotter le long de l'eau ou randonnez jusqu'à de ravissantes piscines naturelles. Plusieurs jolies chutes d'eau sont aussi accessibles à pied, avec un guide local.

Quelques hôtels rudimentaires se trouvent au bord de l'eau pour ceux qui veulent passer la nuit au milieu des sons de la forêt.

VOUS REPRENDREZ BIEN UN PEU D'EAU FRAÎCHE

Entre Medellín et Bogotá, dans la forêt, l'eau cristalline et fraîche du **Río Claro** (p. 182) passe dans un étroit canyon bordé d'énormes rochers où il fait bon prendre le soleil.

LAGO CALIMA

Lorsqu'un barrage hydroélectrique fut construit dans les années 1960 dans la vallée du Darién, au nord de Cali, les ingénieurs étaient loin de se douter que le lac ainsi créé, le **Lago Calima**, deviendrait l'un des meilleurs spots du continent pour le **kitesurf** ; des vents thermiques y soufflent toute l'année et apportent l'air frais des montagnes aux *riders* de tout niveau. Au bord du lac, plusieurs écoles proposent cours et location d'équipement.

Ceux qui préfèrent profiter des collines vertes et de l'air de la montagne sans forcer peuvent tranquillement faire le tour du lac en bateau.

Les transports étant aléatoires, le Lago Calima n'est pas la destination idéale d'une excursion à la journée : mieux vaut venir pour une nuit ou deux, en particulier le week-end, quand l'affluence crée une ambiance festive.

COMMENT CIRCULER

Depuis Cali, les départs en bus pour **Pance** (devant la gare routière) sont irréguliers et le voyage, interminable ; c'est tout de même une option pour une courte escapade. Pour arriver tôt le matin et partir en longue randonnée, il vaut mieux louer un véhicule ou prévoir un taxi.

Pour rejoindre **San Cipriano**, des bus, vans et véhicules partagés font régulièrement et à toute heure le trajet entre Cali et Buenaventura et peuvent vous déposer à Córdoba (2 heures 40). Tâchez d'arriver avant 18h pour ne pas rater la dernière *bruja*.

POPAYÁN

Connue pour ses façades chaulées, la “Ciudad Blanca” (ville blanche) est une ancienne cité coloniale dont la beauté n’a de rivale, en Colombie, que celle de Cartagena. Fondée en 1537 par Sebastián de Belalcázar, Popayán devint une halte importante sur la route menant de Cartagena à Quito, et la capitale d’une région couvrant une grande partie de la moitié sud de la Colombie. Son climat tempéré attira les riches familles propriétaires d’haciendas sucrières dans l’étouffant Valle del Cauca, qui y bâtirent à partir du XVIIe siècle des demeures, des écoles, des églises et des monastères.

En mars 1983, alors que la grande procession du jeudi saint était sur le départ, un violent séisme ébranla Popayán, faisant des centaines de victimes et détruisant le toit de la cathédrale. Ses stigmates ne sont plus guère visibles aujourd’hui.

Forte de plusieurs universités, la ville tire sa vitalité d’une importante population étudiante.

Malgré son charme indéniable, Popayán est peu touristique et a gardé son âme authentique. La ville est parfaite pour découvrir la culture andine colombienne. Popayán est aussi la porte d’entrée pour la fascinante région rurale du Cauca ; de fériques montagnes sauvages empreintes d’une forte culture autochtone.

Pour les infos pratiques, voir le Carnet d’adresses p. 240

À SAVOIR

Pour un véritable aperçu de l’histoire de Popayán, séjournez dans le centre historique. Arpentez les rues étroites en soirée lorsque les boutiques ferment, la circulation se fait moins dense et le charme suranné de la ville se dévoile à la lueur des lanternes.

Cathédrale, Parque Caldas

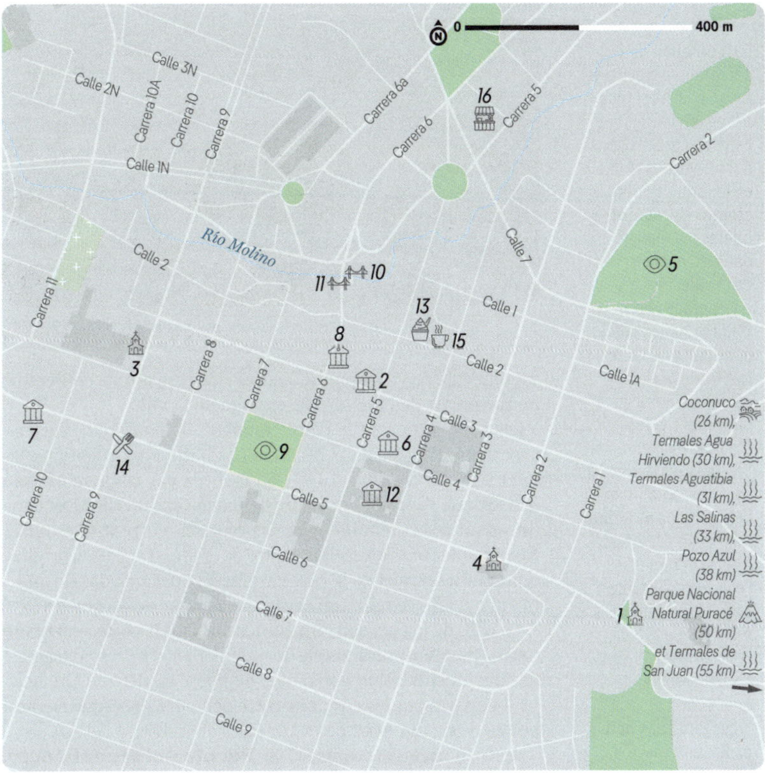

VOIR
1 Capilla de Belén
2 Casa Museo Mosquera
3 Iglesia de San Francisco
4 Iglesia La Ermita
5 Morro de Tulcán
6 Museo Arquidiocesano de Arte Religioso
7 Museo Edgar Negret
8 Museo Guillermo Valencia
9 Parque Caldas
10 Puente de la Custodia
11 Puente del Humilladero
12 Universidad del Cauca

SE RESTAURER
13 Aplanchados Doña Chepa
14 La Fresa
15 Mora Castilla

SHOPPING
16 Galería del Barrio Bolívar

Centre historique de Popayán

ARCHITECTURE, ART ET TRADITIONS LOCALES

Planté au milieu de la place centrale historique de Popayán, une des plus élégantes de Colombie, le **Parque Caldas** est le point de départ parfait pour découvrir la vieille ville. Bordée de demeures grandioses blanchies à la chaux, le côté nord est dominé par la **Catedral Nuestra Señora de la Asunción**, de style néoclassique, tandis que le centre

OÙ SE LOGER À POPAYÁN

El Caracol
Petit hôtel chaleureux, moderne et confortable au cœur de l'action. Personnel très serviable. Café sur place. **€**

Hotel Dann Monasterio
Dans un ancien monastère franciscain plein de caractère, chambres élégantes disposées autour d'un cloître. **€€€**

Hotel La Plazuela
Demeure chaulée à la jolie cour, dotée de confortables chambres modernisées. À une rue du parc. **€€**

SEMANA SANTA

La réputation des célébrations pascales à Popayán n'est plus à faire, en particulier celle des processions nocturnes des jeudi et vendredi saints qui attirent visiteurs et fidèles par milliers dans les rues étroites de la ville.

Les processions traditionnelles ont peu changé depuis leur introduction par les colons il y a plusieurs siècles. D'autres événements ont lieu pendant la semaine, notamment le festival de musique religieuse. C'est aussi à cette époque de l'année que le Museo Arquidiocesano de Arte Religioso (voir ci-contre) ouvre son coffre de reliques précieuses.

Les tarifs des hôtels explosent à cette période ; réservez longtemps à l'avance.

Parque Caldas, vue aérienne

est parsemé de vieux pins à l'écorce ridée qui ont vu défiler une bonne partie de l'histoire fascinante de la ville.

Les rues entourant la place comptent de nombreux musées, l'occasion d'entrer dans certains des bâtiments coloniaux les mieux préservés de la ville. Commencez par la **Casa Museo Mosquera**, l'ancienne demeure de Tomás Cipriano de Mosquera, président de la Colombie à quatre reprises (entre 1845 et 1867). Ne manquez pas l'étincelant lustre de cristal français, d'origine, qui fit tout le trajet de la côte caraïbe à Popayán à dos de mule, ni l'urne dans le mur, qui renferme le cœur de Mosquera.

Au coin de la rue, dans un édifice du XVIIIe siècle, le **Museo Guillermo Valencia** recèle du mobilier ancien, des tableaux et des documents ayant appartenu au poète Guillermo Valencia, né à Popayán, qui vécut dans cette demeure ; presque rien n'a bougé depuis sa mort dans l'une des chambres à l'étage.

Juste derrière le musée, le **Puente del Humilladero**, monument emblématique de la ville, est un pont de brique à 11 arches, long de 240 m. Il a été construit au milieu du XIXe siècle pour améliorer l'accès au centre des faubourgs nord, défavorisés. Plus modeste, son charmant voisin le **Puente de la Custodia** fut bâti en 1713 pour permettre aux prêtres de franchir, autrement qu'à gué, le Río Molino afin de se rendre au chevet des malades.

Le **Museo Edgar Negret**, dédié au sculpteur de Popayán connu pour ses œuvres géométriques, ravira les amateurs d'art. Dans un tout autre style, le **Museo Arquidiocesano de Arte Religioso** abrite une des plus impressionnantes collections d'art religieux en Colombie, dont un coffre de reliques précieuses ouvert uniquement pendant la Semaine sainte.

AUTRES DESTINATIONS PASCALES

Si la Semana Santa est célébrée en grande pompe dans toutes les anciennes villes coloniales de Colombie, les célébrations organisées à **Villa de Leyva** (p. 88) et **Santa Fe de Antioquia** (p. 182) valent le détour.

OÙ SE RESTAURER À POPAYÁN

Carmina
Joli petit café accueillant aux saveurs méditerranéennes. Très bons petit-déj et menu midi et excellents desserts. **€**

Tienda Regional del Macizo
Association de soutien aux agriculteurs du Macizo : plats à prix dérisoire à base de produits ultrafrais. **€**

Restaurante Italiano
Excellentes pizzas et plats de pâtes, et le meilleur steak en plein centre historique. **€€**

Le dernier vendredi du mois, Popayán organise la **Noche de Museos** (nuit des musées). Des stands de nourriture et d'objets artisanaux envahissent alors les trottoirs et le centre historique est piétonnisé. De nombreux musées de la ville sont gratuits et ferment plus tard.

Vous trouverez d'autres œuvres d'art religieux dans l'**Iglesia de San Francisco**, la plus grande et la plus belle des églises coloniales de Popayán. Elle renferme un délicat maître-autel et une précieuse série de sept autels latéraux. Le séisme de 1983 fendit l'ossuaire et mit au jour sept momies non identifiées. Deux demeurent sur place bien que l'accès au site soit restreint. Ne manquez pas non plus l'**Iglesia La Ermita**, la plus vieille église de Popayán (1546), pour le beau retable de son maître-autel et les vestiges de fresques anciennes découverts après le séisme.

Sans doute la perle architecturale de la ville, l'**Universidad del Cauca** est installée dans un ancien couvent de carmélites, un bâtiment sur deux niveaux, organisé autour de charmants patios.

Pour finir la visite en beauté, montez au sommet du **Morro de Tulcán**, monticule verdoyant à l'extrémité de la ville sur lequel se serait dressée jadis une pyramide précolombienne. La grande statue de bronze représentant l'impérialiste Sebastián de Balalcázar, ancien point de repère, a été déboulonnée en 2020 par des groupes autochtones ; il n'en reste que le socle en béton.La vue sur les toits de tuiles du centre historique et jusqu'aux Andes occidentales est magique, surtout au coucher du soleil. C'est à cette heure-ci que la population étudiante de la ville se retrouve pour boire un verre et discuter.

La **Capilla de Belén**, une chapelle perchée à flanc de colline à l'est du centre, offre également une belle vue sur la ville – le site est assez isolé, n'emportez aucun objet de valeur.

Popayán pour les fins gourmets

ATTENTION, PAPILLES EN ÉMOI

Forte de sa cuisine mêlant influences européennes et autochtones, Popayán mérite bien sa place de capitale gastronomique du sud du pays, célébrée chaque année à l'occasion du festival **Congreso Gastronómico de Popayán**.

Pendant une semaine, la nourriture de la région est à l'honneur – banquets, marchés de rue, cours de cuisine – et les chefs du pays invité chaque année viennent faire goûter leurs plats aux habitants de Popayán.

C'est une formidable expérience, mais vous pourrez aussi découvrir les spécialités de la ville en dehors du festival. Le petit café **Mora Castilla** sert ainsi une large gamme de plats et boissons typiques. Goûtez les *carantantas*, maïs blanc soufflé servi avec du *hogao*, un chutney de tomates chaud.

PAROLE D'HABITANTE : BARS CACHÉS

Martha Alegria travaille au Caracol Café (p. 230) et milite pour les droits des LGBTQI+. Elle partage ses meilleures adresses pour goûter à la vie nocturne bohème de Popayán.

Je pense que le centre de Popayán est propice à la vie sociale car on y trouve des bars pour tous les goûts.

Monk Coffee
Espaces élégants et service excellent. Musique à la demande.

El Closet
Lieu où tout le monde se sent bien accueilli et respecté. Très apprécié de la communauté LGBTQI+. Musique éclectique.

Paradise
Petit bar rock agréable : ambiance très sympa et boissons à petits prix.

La Semilla Escondida
Près de l'aéroport, excellentes crêpes et autres desserts dans une ambiance conviviale. €€

Pita
Délicieux plats et boissons moyen-orientaux servis dans une ancienne demeure décorée avec classe. €€

El Quijote
Vaste choix de succulents plats colombiens typiques à déguster au-dessus d'un petit parc. €€

POURQUOI J'AIME POPAYÁN

Alex Egerton, auteur

Lorsque j'ai déménagé en Colombie, c'est à Popayán que j'ai décidé de m'installer car j'étais tombé amoureux de l'élégant centre-ville blanchi à la chaux et blotti au pied des collines andines verdoyantes. J'avais parcouru tout le continent et me demandais comment une ville aussi préservée et pittoresque pouvait rester si authentique. Le centre historique n'est pas devenu un musée : c'est un véritable centre-ville où la vie quotidienne se déroule sous les yeux des visiteurs. En soirée, lorsque la foule se dissipe, j'aime me perdre dans les rues, si romantiques, éclairées aux lanternes : j'ai alors l'impression d'être dans un roman historique.

Pour un en-cas plus consistant, optez pour les minuscules *empanadas de pipián*, garnies de purée de pommes de terre créoles et servies avec une sauce piquante aux arachides. Calmez le feu dans votre bouche en sirotant une boisson maltée glacée. La meilleure adresse est **La Fresa**, minuscule épicerie poussiéreuse où l'on cuisine les *empanadas* à la chaîne.

Pour un vrai plat, installez-vous à la *mesa larga* du marché de la **Galería del Barrio Bolívar**, où une équipe de cuisiniers chevronnés préparent des plats traditionnels rustiques dans un dédale de 70 minuscules cuisines.

Enfin, pour la note sucrée, commandez la spécialité d'**Aplanchados Doña Chepa**, un biscuit feuilleté que l'on pourrait qualifier de mille-feuille des Andes croustillant.

Parque Nacional Natural Puracé

FUMEROLLES, CHUTES D'EAU ET CONDORS

Par temps clair, le matin, l'imposant sommet du **Volcán Puracé** se détache au-dessus du centre historique de Popayán : une vraie carte postale. De loin, la montagne semble calme et léthargique, surtout lorsqu'elle est couverte d'un manteau de neige fraîche, mais ceux qui monteront jusqu'au **Parque Nacional Natural (PNN) Puracé** découvriront sous un autre jour ce volcan, l'un des plus actifs du pays.

À 45 km à l'est de Popayán par la route non goudronnée de **La Plata**, les 830 km² du parc couvrent une grande partie de la chaîne volcanique de Coconuco dont le point culminant, le Puracé, s'élève à 4 750 m. Le parc abrite de nombreux écosystèmes, notamment des *páramos* délicatement tapissés de *frailejónes* et des sommets arides couverts de sable. La grande majorité du parc fait presque intégralement partie du Resguardo Indígena Puracé, le territoire officiel des Indiens Puracé ; il est possible de faire appel à l'un d'entre eux comme guide.

Si vous disposez de votre propre véhicule, vous devrez vous arrêter à côté de l'école de Puracé pour acheter votre billet d'entrée et louer les services d'un guide. Si vous arrivez par bus, l'arrêt se fait au niveau du Cruce de la Mina, sur la route principale.

Lorsqu'il fait beau, on peut grimper jusqu'au sommet du Volcán Puracé et jeter un coup d'œil aux fumerolles de soufre. Le sentier est parfois fermé en période d'activité volcanique accrue, mais rassurez-vous, il y a de quoi faire dans le parc !

À LA RECHERCHE DU CONDOR DES ANDES

Le Condor des Andes vole parfois dans le ciel au-dessus du **Valle de Cocora** (p. 201), à la sortie de Salento, et dans le **Parque Nacional Natural Los Nevados** (p. 195), près de Manizales.

OÙ BOIRE UN (BON) CAFÉ À POPAYÁN

Togoima Café Ancestral
Vaste choix de boissons chaudes et froides à base de café de qualité cultivé dans le pays.

Cafe La Colombiana
Pour les fins amateurs de café : grande variété de grains récoltés en Colombie, à déguster de mille façons.

Caracol Café
Petit café paisible où l'on sert de bons plats. Le café est issu de grains de choix qui poussent à San Agustín, non loin de là.

Le Parque Nacional Natural Puracé est le meilleur endroit en Colombie pour observer de près l'énorme **Condor des Andes**. Vous pourrez en voir au cours d'une randonnée ardue de 13 km qui passe par de superbes lacs et cascades, sans oublier les **Termales de San Juan**, féeriques bassins d'eau bouillonnante au milieu de sublimes plaines de montagne. On ne se baigne pas dans ces sources, mais de nouveaux bassins remplis d'eau moins chaude ont été construits à côté des bureaux administratifs du parc ; parfait pour une pause détente après une longue randonnée.

Les liaisons en bus de Popayán vers le parc n'étant pas toujours régulières, il peut être intéressant, si vous n'êtes pas véhiculé, d'opter pour un circuit organisé afin de visiter les sites plus isolés.

Coconuco

RELAXATION VOLCANIQUE

Au milieu de collines vertes ondoyantes à 30 km au nord-est de Popayán, la bourgade de **Coconuco** (2 360 m) abrite trois sources thermales dont l'eau est chauffée grâce à l'activité volcanique des confins de la chaîne de montagnes voisine de Puracé. La fraîcheur du climat local rend ces sources chaudes d'autant plus agréables.

Gérée par la communauté autochtone locale, **Agua Hirviendo** est la source thermale la plus chaude. On y trouve deux grands bassins et plusieurs petits, et un sauna aux herbes sauvages. Le béton est trop omniprésent pour se sentir en pleine nature, mais les thermes sont ouverts 24/24h – à vous la détente sous les étoiles – et il y a un bon restaurant sur place.

Également gérée par la communauté, **Las Salinas** comprend une piscine naturelle faite de rochers et un grand bassin en béton. Simples et en pleine nature, ces thermes sont toutefois assez loin de Coconuco. Vous pourrez en profiter pour grimper sur la montagne et traverser des paysages de campagne jusqu'aux geysers du **Pozo Azul**.

Nichés milieu d'une magnifique vallée, près de la route principale, les **Termales Aguatibia** possèdent six bassins donnant sur un ruisseau de montagne, un bassin de boue, un joli lac et un toboggan de 53 m de long (vos fesses s'en souviendront). Plusieurs options possibles donc, mais l'eau est souvent plus tiède que chaude.

HORS DES SENTIERS BATTUS

Des thermes moins fréquentés se trouvent près du village d'**Iza** (p. 93), dans la campagne du Boyacá, où l'on peut rejoindre à pied les bassins d'eau riche en minéraux d'**El Batán** (p. 93), dans une magnifique vallée boisée.

DÉVALER DES PENTES INTERMINABLES

Les paisibles routes de montagnes à l'ouest de Popayán sont le cadre rêvé pour une aventure à vélo. **Popayán Tours** propose trois circuits à travers de superbes paysages de montagne sur des routes très peu fréquentées.

Option relaxante : les cyclistes démarrent par un moment détente dans les sources thermales de Coconuco (ci-contre) avant de descendre au village, 30 km plus bas. Option un peu plus sportive : relier le Parque Nacional Natural (PNN) Puracé à Coconuco (35 km) en passant par une vallée enchanteresse couverte de *frailejónes*. Les plus téméraires peuvent grimper à pied jusqu'au sommet du volcan Puracé et redescendre à vélo (54 km) plus de 2 200 m de dénivelé.

COMMENT CIRCULER

Le centre historique de Popayán, compact, se visite facilement à pied. Aucun des principaux sites n'est bien loin du Parque Caldas. Il y a beaucoup de taxis et les courses sont peu chères, compte tenu des courtes distances.

Les bus pour Puracé, Coconuco et autres destinations voisines partent de la gare routière (Panamericana), à 1 km au nord du centre-ville. Si vous voyagez léger, vous pouvez rejoindre à pied la gare et l'aéroport Guillermo León Valencia, situé juste derrière la gare routière.

Environs de Popayán

Encore plus haut dans les Andes du Sud vous attendent villages de montagne isolés, vestiges précolombiens et marchés colorés.

À l'orée des imposantes montagnes des Andes du Sud, Popayán est le point de départ d'aventures moins balisées, à la découverte des fascinantes cultures autochtones passées et présentes. Dans cette région peu touristique, on se sent l'âme d'un explorateur. Le manque de confort matériel est largement compensé par l'authenticité des expériences vécues.

Au nord-est de Popayán, s'étend la bourgade de Silvia. Entourée de magnifiques sommets, elle se trouve à l'entrée des territoires du peuple misak, une des cultures les plus traditionnelles de Colombie. Plus loin, au-delà des *páramos* brumeux du Parque Nacional Natural (PNN) Puracé, Tierradentro abrite de mystérieuses sépultures souterraines précolombiennes au milieu d'un joli paysage de campagne.

Pour les infos pratiques, voir le Carnet d'adresses p. 240

À SAVOIR

Certaines zones reculées du Cauca sont encore concernées par les problèmes de sécurité : mieux vaut voyager de jour.

Femmes misaks sur le marché de Silvia

BARNA TANKO/SHUTTERSTOCK ©

JAVARMAN/SHUTTERSTOCK ©

***Chiva*, Silvia**

Silvia

BASTION DE LA CULTURE ANDINE

Affectueusement surnommée "la Suisse sud-américaine" tant sa beauté rappelle celle des Alpes, la petite ville de **Silvia**, paisible et rafraîchissante, perchée dans la montagne à 90 minutes de bus au nord-est de Popayán, offre de superbes vues sur les Andes.

Silvia est aussi la porte d'entrée du **Guambia**, territoire des Misaks (ou Indiens guambianos), une des communautés les plus traditionnelles de Colombie. Ils sont très attachés à leur langue, à leur costume traditionnel et à leurs techniques agraires, toutes rudimentaires qu'elles soient, et ce sont par ailleurs d'excellents tisserands. On les reconnaît facilement à leur tenue traditionnelle : les hommes portent une jupe bleue à liserés roses, un haut noir et un chapeau trilby, tandis que les femmes arborent une jupe noire et un haut bleu, ainsi que des colliers de perles et un chapeau différent selon leur situation matrimoniale. Les Misaks vivent généralement dans des hameaux isolés dans la montagne et se rendent en ville pour faire des courses ou vendre leurs produits, surtout le mardi, au **marché de Silvia**. Les Misaks n'appréciant guère d'être pris en photo, nous vous recommandons de garder, par respect élémentaire, votre appareil dans votre sac.

Vous pouvez visiter, à pied, en voiture ou à cheval, le **Resguardo de Guambia**, territoire d'origine du peuple misak, et ainsi en apprendre davantage sur cette culture. À **Sierra Morena**, vous trouverez un musée sur trois niveaux dédié aux traditions misaks et une pharmacie traditionnelle où des *taitas* (guérisseurs) concoctent des remèdes à base de plantes sauvages. Le **Jardín Botanico Las Delicias** se visite aussi ; on y cultive selon les méthodes ancestrales des plantes utilisées lors des cérémonies.

Pour arpenter le *resguardo* (réserve), vous devrez faire appel aux services d'un guide de la communauté. María Elena

ŒUVRES D'ART ROULANTES

Jadis le moyen de transport en commun le plus répandu en Colombie, la *chiva* est une sorte de bus-camion construit presque exclusivement en bois. Ces véhicules roulent lentement, mais les bancs en bois ouverts sur l'extérieur se remplissent et se vident en un clin d'œil. Généralement ornés de dessins élaborés et de motifs colorés, les *chivas* sont de vraies œuvres d'art roulantes.

Si l'on n'en croise plus beaucoup sur les grandes routes, elles restent le principal mode de transport dans les montagnes reculées, car elles peuvent transporter beaucoup de monde et de marchandises à bas prix. Si vous n'avez pas l'occasion de faire un trajet à bord de ces bus colorés, vous pourrez tout de même en voir dans les rues autour des marchés traditionnels de la région.

OÙ SE LOGER À SILVIA

Leremita Biohotel
Le top du confort à Silvia. Hôtel de charme avec vue splendide. Meubles élégants et Jacuzzi face aux montagnes. **€€€**

La Casa de los Sueños
Charmantes cabanes en bois en pleine nature, à la sortie de la ville. Bon restaurant sur place. **€€**

Posada Nakku
Chambres avec vue sur la montagne, dans une maison haute en couleur en plein centre-ville. Bon rapport qualité-prix. **€**

LE CAUCA POST-CONFLIT

Pendant des décennies, de vastes zones du Cauca furent inaccessibles aux voyageurs en raison du conflit violent dans les régions rurales entre l'armée colombienne et des groupes dissidents armés, en particulier les Forces armées révolutionnaires de Colombie (FARC). Pauvreté persistante, désintérêt de l'État et topographie impénétrable ont fait du département un terrain propice au recrutement et une base solide pour le groupe rebelle. Depuis la signature des accords de paix, en 2016, et la démobilisation de la plupart des guérilleros, certaines zones reculées s'ouvrent peu à peu au tourisme.

Pour un aperçu de cette période, rendez-vous à **La Trocha – Sentires de la Montaña**, un café de Popayán tenu par d'anciennes combattantes. La décoration du lieu est inspirée de leur vie dans la jungle.

(☎310-456-6547), interprète de la langue misak, se fera un plaisir de partager ses connaissances sur son peuple.

Outre ses richesses culturelles, Silvia est une bonne base pour rayonner dans les magnifiques **montagnes du Cauca**. Un sentier part de la ville et rejoint la **Laguna Magarital**, lac paisible offrant une superbe vue sur Silvia et jusqu'aux montagnes découpées des Andes centrales.

Parque Arqueológico Tierradentro

EXPLORER DE MYSTÉRIEUX TÉMOIGNAGES DU PASSÉ

Deuxième trésor de l'archéologie en Colombie (juste derrière San Agustín, p. 236), les mystérieuses sépultures souterraines de Tierradentro attirent étonnamment peu de visiteurs. Loin des sentiers battus, à 4 heures de bus de Popayán, elles sont disséminées dans les superbes montagnes autour de la paisible bourgade de **San Andrés de Pisimbalá**.

Inscrit au patrimoine mondial de l'Unesco, le **Parque Arqueológico Tierradentro** se compose de cinq sites distincts (quatre de sépultures souterraines, et un de statues en surface), plus deux musées. D'un diamètre de 2 à 7 m, les chambres funéraires ont été creusées à même la roche volcanique tendre par un peuple autochtone dont on sait peu de chose. Les Páez (ou Nasa), Indiens vivant aujourd'hui dans la région, n'ont vraisemblablement aucun lien avec ces vestiges. Certains chercheurs situent la "culture des tombeaux" entre le VIIe et le IXe siècle de notre ère, tandis que celle dite "des statues" serait à associer à une phase plus tardive de la culture de San Agustín, laquelle se serait manifestée quelque 500 ans plus tard. À ce jour, les archéologues ont trouvé une centaine de constructions de ce type, les seules en Amérique.

De profondeurs variables, certaines sépultures sont situées juste sous le niveau du sol, tandis que les plus profondes mesurent 9 m de haut et sont accessibles par d'étroits escaliers en colimaçon. La coupole des plus grandes est soutenue par des piliers, et nombre des tombeaux sont ornés de motifs géométriques rouges et noirs sur fond blanc ou de curieux visages et animaux.

Tous les sites de Tierradentro peuvent se visiter en une bonne journée de marche (14 km) à travers de superbes paysages de montagne, depuis l'entrée du parc. Vous serez souvent seul dans l'obscurité des chambres funéraires. Armé de votre lampe torche, vous serez alors dans la peau d'un archéologue. Comptez au moins 7 heures pour parcourir la boucle en prenant votre temps. Visitez le **Museo Arqueológico** du parc avant les sépultures, car les explications sont rares sur place.

Depuis les musées, une ascension de 20 minutes conduit à **Segovia** (1 650 m), le principal site funéraire : il rassemble 25 tombeaux, dont certains présentent des décors géométriques

OÙ SE LOGER À TIERRADENTRO

La Portada
Sans aucun doute le meilleur logement à San Andrés de Pisimbalá. Hôtes chaleureux et excellent restaurant. €

Hotel Albergue El Refugio
Près de l'entrée du parc, hôtel géré par la communauté locale. Chambres confortables et grand terrain. €

Mi Casita
Chambres basiques près du parc archéologique. Jardin agréable avec vue sur les montagnes. €

REISEGRAF.CH/SHUTTERSTOCK ©

Tierradentro

merveilleusement préservés. Il resterait dans les alentours une quarantaine de tombeaux encore à découvrir. De Segovia, 15 minutes d'ascension supplémentaires vous mènent à **El Duende** (1 850 m), où se trouvent 13 tombeaux, dont cinq ouverts aux visiteurs. Suivez la route pendant 30 minutes pour rejoindre **El Tablón** (1 700 m), où sont rassemblées neuf statues anthropomorphes de pierre érodée, semblables à celles de San Agustín, mises au jour dans la région et réunies ici.

Revenez vers la ville et remontez vers l'**Alto de San Andrés** (1 750 m), qui compte sept grands tombeaux. Le tombeau n°5, qui arbore des peintures remarquablement préservées, est considéré comme l'un des plus beaux du parc. Enfin, **El Aguacate** (2 000 m) est le plus isolé des sites de Tierradentro, mais le panorama vaut le détour. Il est à 1 heure 30 de marche le long de la montagne (en montée) et compte 42 tombeaux, mais la plupart ont été saccagés par des *guaqueros* (pillards). Orné de salamandres, le tombeau n°1 est le plus intéressant.

De là, vous rejoindrez les musées à l'entrée après 1 heure de marche (en descente). Vous pouvez aussi faire la boucle en sens inverse, mais vous commencerez alors par une rude montée.

VESTIGES ÉNIGMATIQUES

D'autres mystérieux vestiges précolombiens se trouvent dans le **Parque Arqueológico Zaquencipa** (p. 90), à la sortie de Villa de Leyva. Vous y découvrirez un observatoire en pierre bâti par les Muiscas.

ROAD TRIP SUR LA PANAMÉRICAINE

Au sud de Popayán, la route panaméricaine, long ruban de bitume reliant l'ensemble des Amériques, serpente dans les montagnes du sud de la Colombie jusqu'à la frontière avec l'Équateur, à **Rumichaca**. Les 200 premiers kilomètres traversent des terres cultivées faiblement peuplées et des cols de montagne jusqu'à **Pasto**, la plus grande ville de l'extrême sud-ouest du pays, à 2 heures de l'Équateur, porte d'accès à la **Laguna de la Cocha**, paisible lac d'altitude.

La portion de route après Pasto est la plus belle : elle grimpe le long d'une vallée escarpée jusqu'à **Ipiales**, à 7 km de la frontière équatorienne, où l'une des plus impressionnantes églises du pays, le **Santuario de Las Lajas**, est adossée directement à la montagne, au-dessus d'un étroit canyon.

COMMENT CIRCULER

Les bus entre **Popayán** et **Silvia** (1 heur 30) sont fréquents, mais ils ne roulent pas tard ; mieux vaut réserver le retour dès l'arrivée pour ne pas se retrouver bloqué sur place. Autour de Silvia, des 4x4 plus ou moins réguliers arpentent les routes de terre jusqu'au *resguardo* des Misaks. Vous pouvez aussi louer une des vieilles berlines défoncées qui font aussi office de taxis.

Pour rejoindre **Tierradentro** depuis Popayán, prenez un bus pour La Plata via Inzá (4 heures 30) et descendez au **Crucero de San Andrés**. Il faut ensuite marcher 25 minutes jusqu'à l'entrée du parc et 25 minutes supplémentaires jusqu'à San Andrés de Pisimbalá. Au carrefour, vous trouverez parfois des motos-taxis ou bien des pick-up (moins fréquents).

SAN AGUSTÍN

Pour les infos pratiques, voir le Carnet d'adresses p. 240

Au beau milieu de la magnifique campagne colombienne, la petite ville animée de San Agustín donne accès à l'un des principaux sites archéologiques d'Amérique du Sud, qui abrite plus de 500 statues de pierre précolombiennes dispersées dans les collines verdoyantes autour du Río Magdalena naissant. Si la plupart des statues anciennes se trouvent dans trois parcs archéologiques instructifs et facilement accessibles, on peut en apercevoir d'autres dans des fermes et sur des collines plus éloignées de la ville. La région recèle aussi des pétroglyphes disséminés un peu partout.

On se rend souvent à San Agustín pour ce patrimoine archéologique, parmi les plus précieux du continent, mais la ville et ses environs offrent aussi de remarquables sites naturels : immenses cascades, canyons spectaculaires et fleuves rapides propices aux sports extrêmes. Après l'effort, le réconfort dans un charmant logement à la ferme ou un restaurant traditionnel est appréciable, le tout dans un sympathique cadre rural.

À SAVOIR

À l'achat du billet d'entrée de l'un des trois parcs archéologiques, on vous remettra un bracelet valable trois jours consécutifs pour la visite des deux autres parcs. Un conseil : ne visitez pas les trois parcs dans la foulée, vous risqueriez de faire une overdose de statues.

Parque Arqueológico de San Agustín

VOIR
1 Parque Arqueológico Alto de las Piedras
2 Parque Arqueológico Alto de los Ídolos
3 El Purutal
4 Isnos
5 La Chaquira
voir 3 La Pelota
voir 7 Museo Arqueológico
6 Parque Arqueológico de Obando
7 Parque Arqueológico de San Agustín
8 Salto de Mortiño

ACTIVITÉS
9 Río Magdalena

Parque Arqueológico de San Agustín

MONUMENTS D'UNE CULTURE DISPARUE

Si vous ne devez en voir qu'un, visitez le **Parque Arqueológico de San Agustín** (prévoyez environ 3 heures de visite) qui abrite l'ensemble le plus complet et impressionnant de vestiges précolombiens du pays. Situé à 2,5 km à l'ouest de San Agustín, ce parc archéologique de 78 ha, inscrit au patrimoine mondial de l'Unesco depuis 1995, renferme la plus vaste nécropole du monde. Il compte quelque 130 statues, trouvées sur place ou apportées depuis d'autres sites. Vous y verrez aussi de magnifiques gravures à même le lit d'un cours d'eau et des sépultures mises au jour.

À l'entrée du parc, le **Museo Arqueológico** expose des statues plus petites, de la céramique et d'autres objets, et fournit un éclairage intéressant sur la culture de San Agustín. De bons guides (certains parlent plusieurs langues) se postent autour du guichet ; il est vivement recommandé de faire appel à leurs services car les informations sont très rares *in situ* et, par ailleurs, certains sites ne sont pas très sûrs.

PAROLE D'HABITANTE : SAVEURS LOCALES

Dasheira Franco Tejada, torréfactrice au Bici Café (p. 238), dévoile son adresse préférée pour débuter la journée.

La Galería

Peu fréquenté par les touristes, le marché de la ville, **La Galería**, est mon lieu de prédilection pour un délicieux et copieux petit-déjeuner.
Il y règne une ambiance rurale et authentique. Dans l'aire de restauration commune, on peut commander une soupe traditionnelle, de succulents *tamales* et toutes sortes de pains (le week-end seulement) à base de *yuca* ou d'*arracacha*, et des *achiras*, biscuits traditionnels locaux. Une fois rassasié, vous pouvez arpenter les allées et découvrir les nombreux fruits de la région.

OÙ SE LOGER À SAN AGUSTÍN

La Casa de François
Auberge écologique créative et paisible non loin du centre-ville de San Agustín. Superbe vue sur les Andes. **€**

Hospedaje El Jardín
Adresse familiale bon marché, centrale et accueillante. Parfait pour les petits budgets. **€**

Hotel Huaka-Yo
Chambres spacieuses dans un grand hôtel situé près du parc archéologique. Bon rapport qualité-prix. **€€**

HÔTELS RURAUX DE CHARME

Optez pour l'une des charmantes propriétés rurales aux portes de San Agustín.

Masaya
Élégantes huttes au toit de chaume, perchées sur une montagne surplombant le Río Magdalena. Belle vue dégagée. €€€

Hotel Monasterio
L'hébergement le plus luxueux de San Agustín. Plafonds en bois, superbes sdb et vue sur la plantation de café de la *finca* attenante. €€€

Finca El Cielo
Jolie chambre d'hôtes conçue avec des matériaux naturels. Vue splendide sur les collines vertes brumeuses. €€

Finca El Maco
Cabanes confortables et jardin dans un lieu paisible. Offre d'activités dans toute la région. €€

Après l'entrée, le sentier monte jusqu'aux quatre collines sacrées – *mesitas* A, B, C1 et C2 –, chacune avec ses tombeaux et ses ensembles de statues. Beaucoup de statues sont anthropomorphes, certaines réalistes, d'autres évoquant des monstres masqués, tandis que d'autres représentent des animaux tels l'aigle, le jaguar ou la grenouille. Celles de *mesita* B sont les plus connues. Non loin de là, la **Fuente de Lavapatas** est un réseau complexe de rigoles et de petits bassins en terrasses creusé à même le lit du cours d'eau, et gravé de serpents, de lézards et de représentations humaines. Les archéologues estiment que ces bains servaient à des ablutions rituelles.

Ensuite, le chemin monte vers l'**Alto de Lavapatas**, le plus ancien et le plus impressionnant site de San Agustín, où des statues veillent sur plusieurs sépultures. Le panorama sur la campagne environnante est magnifique.

Excursion dans les environs d'Isnos

AVENTURE ARCHÉOLOGIQUE TOUT-TERRAIN

À 26 km au nord-est de San Agustín, de l'autre côté du Río Magdalena, le hameau d'**Isnos** abrite d'incroyables sites archéologiques et de superbes paysages. Pour les découvrir, rien de tel qu'une excursion en 4x4 d'une journée ; le circuit classique peut être emprunté dans les deux sens et les chauffeurs adapteront volontiers l'itinéraire en fonction de votre choix.

Quoi qu'il en soit, ne manquez pas de vous arrêter au **Parque Arqueológico Alto de los Ídolos**, le deuxième site archéologique de la région. Couvrant deux collines reliées par un pont, il est bien plus petit que le parc principal, mais il renferme la plus imposante statue découverte à ce jour, haute de 7 m. Encore plus petit, le **Parque Arqueológico Alto de las Piedras** est le moins visité. Il contient des sépultures bordées de dalles et la statue la plus célèbre de San Agustín, le *Doble Yo* ("double moi"), finement sculptée, qui réunit en réalité quatre personnages.

Le **site archéologique d'Obando** est différent : on y visite plusieurs tombeaux souterrains mis au jour sous l'ancienne place du marché de la ville.

La richesse archéologique de la région ne doit pas faire oublier sa beauté naturelle, notamment deux belles cascades. D'une part, le **Salto de Mortiño**, une étroite cascade impressionnante coulant à l'extrémité d'un profond ravin. Notez que les alentours sont très construits : stands et restaurants se succèdent sur le plateau. D'autre part, un peu plus isolée que la première, la bruyante cascade du **Salto de Bordones**, qui se déverse au-dessus d'une falaise boisée, en pleine nature.

STATUES JUMELLES

Plusieurs statues semblables à celles de San Agustín sont réunies à flanc de coteau à **El Tablón** (p. 235), dans le Parque Arqueológico Tierradentro, qui fait le lien entre les deux principaux sites précolombiens de Colombie.

OÙ SE RESTAURER À SAN AGUSTÍN

Bici Café
Plats végans délicieux et originaux, gâteaux divins et le meilleur café de la ville, torréfié sur place. €

El Fogón
Les incontournables colombiens grillés au feu de bois dans la cuisine ouverte. Portions généreuses. €

El Faro
Café-restaurant convivial où l'on sert des pizzas cuites au feu de bois, des pâtes et une vaste sélection de cocktails. €

San Agustín à cheval

À LA DÉCOUVERTE DE VESTIGES ÉLOIGNÉS

Le cheval est un excellent moyen de visiter des sites archéologiques moins connus autour de San Agustín, le long de paisibles sentiers de campagne. Par rapport à d'autres régions du pays, les animaux sont généralement très bien traités et les collines sont le cadre parfait pour un petit trot.

L'itinéraire classique passe par **La Pelota** et **El Purutal**, deux ensembles de statues postées sur deux collines se faisant face – notez les traces des ornements rouges, noirs et jaunes d'origine, remarquablement conservés –, et par **La Chaquira**, site spectaculaire où de nombreux pétroglyphes ont été sculptés à même la montagne, au-dessus d'une magnifique gorge du Río Magdalena.

Des excursions à cheval de plusieurs jours peuvent être organisées, notamment jusqu'au **Páramo de las Papas**.

BALADES ÉQUESTRES

Des excursions à cheval sont proposées dans les environs de **Villa de Leyva** (p. 89), à la découverte d'impressionnantes chutes d'eau et de fossiles préhistoriques, et autour de **Jardín** (p. 187), sur des sentiers de montagne, au milieu des exploitations de café.

Rafting sur le Río Magdalena

DESCENTE DANS DES GORGES MAGNIFIQUES

Dans le massif colombien à l'ouest de San Agustín, un joli lagon de montagne (la Laguna del Magdalena) laisse échapper un cours d'eau si étroit que l'on peut passer d'un bond d'une rive à l'autre. C'est la source du fleuve le plus important de Colombie, le **Río Magdalena**, qui serpente sur 1 500 km à travers le cœur du pays, jusqu'à la côte caraïbe.

Au niveau de San Agustín, le fleuve est déjà un torrent tumultueux, qui traverse plusieurs canyons spectaculaires à la sortie de la ville. Certains tronçons sont praticables en rafting, un moyen palpitant de découvrir un des paysages les plus saisissants du sud-ouest de la Colombie. Généralement, vous parcourrez 11 km (1 heure 30-2 heures) entre le Puente Isnos et le Puente de Versalles, sur des rapides de classes II et III. **Magdalena Rafting** organise des sorties de tous niveaux sur les eaux de classe II à V.

SAVEURS DU HUILA

À San Agustín, on peut goûter plusieurs plats typiques du département de Huila, connu aux quatre coins du pays pour sa réconfortante cuisine rustique. Testez les spécialités suivantes :

Asado huilense
Cuisse de porc marinée dans un jus d'orange amer aux herbes (thym, laurier...), puis rôtie à petit feu dans un plat en terre cuite.

Lechona huilense
Cochon de lait farci aux pois, au riz et aux épices, et rôti à la broche.

Bizcocho de achira
Biscuits salés traditionnels à base de farine d'*achira* (tubercule du sagou), une plante locale, de fromage blanc et de beurre.

COMMENT CIRCULER

Le centre-ville de San Agustín est compact et se visite bien à pied. Il est généralement accessible depuis les logements dans les fermes. La nuit, ou si vous séjournez dans un hôtel plus éloigné, quelques taxis (tarifs fixes) sont disponibles mais ils sont parfois difficiles à trouver. Demandez à la réception de l'hôtel le numéro de plusieurs chauffeurs de confiance.

Pour atteindre les sites archéologiques et autres lieux en dehors de la ville, vous trouverez des 4x4 tout confort près des guichets des compagnies de bus.

Carnet d'adresses

CALI

Iglesia de La Merced
Voir p. 219 (2-889-2309 ; facebook.com/convento lamercedcali ; Carr. 3 n°6-62)

Iglesia La Ermita
Voir p. 220 (2-881-8553 ; angle Av. Colombia et C. 13 ; 7h30-17h lun-sam, 10h-17h dim)

Iglesia de San Antonio
Voir p. 220 (317-523-6589 ; Carr. 10 ; 8h-21h)

Museo Arqueológico La Merced
Voir p. 220 (MUSA Cali ; 2-889-3434 ; museoarqueologicomusa.com ; Carr. 4 n°6-59 ; tarif plein/réduit 4 000/3 800 COP ; 9h-18h lun-sam)

Museo de Arte Moderno La Tertulia
Voir p. 220 (2-893-2939 ; museolatertulia.com ; Av. Colombia n°5 Oeste-105 ; tarif plein/réduit 17 000/7 000 COP ; 10h-19h mar-sam, 14h-18h dim)

Museo de Arte Colonial y Religioso La Merced
Voir p. 219 (2-888-0646 ; facebook.com/museocolonial.lamercedcali ; Carr. 4 n°6-117 ; tarif plein/réduit 5 000/2 000 COP ; 14h-17h lun-ven, 9h-12h sam)

Museo del Oro Calima
Voir p. 220 (2-883-7700 ; banrepcultural.org/cali/museo-del-oro-calima ; C. 7 n°4-69 ; entrée libre ; 9h-17h mar-ven, 10h-17h sam)

Rumba y Salsa
Voir p. 221 (313-778-1713 ; facebook.com/Rumbaysalsainter nationaldanceschool ; C. 5 n°13-83 ; 10h-21h)

Sabor Manicero
Voir p. 221 (315-289-4040 ; facebook.com/Academiadebaile sabormanicero ; C. 5 n°39-71, 3e ét ; 14h-21h lun-ven, 9h-21h sam)

Son de Luz
Voir p. 221 (310-377-9586 ; sondeluz.co ; C. 5B n°26-65)

Swing Latino
Voir p. 221 (317-893-3072 ; swinglatino.com.co ; Carr. 31 n°7-25)

Casa de Alférez
Voir p. 219 (1-521-5050 ; movichhotels.com ; Av. 9N n°9-24)

Jardín Azul
Voir p. 219 (2-556-8380 ; jardinazul.com ; Carr. 24A n°2A-59)

La Sucursal Hostel
Voir p. 219 (312-735-9626 ; facebook.com/lasucursalhostel ; Av. 9AN n°14-61)

El Zaguan de San Antonio
Voir p. 221 (2-893-8021 ; instagram.com/elzaguandesan antonio ; Carr. 12 n°1-29 ; 17h-23h dim-jeu, 10h-23h ven-sam)

Galería Alameda
Voir p. 220 (marché ; facebook.com/GaleriaAlameda ; angle C. 8 et Carr. 26 ; 6h-17h lun-sam, 6h-15h dim)

La Fritanga
Voir p. 222 (angle C. 4 et Carr. 12)

Platillos Voladores
Voir p. 220 (2-668-7750 ; platillosvoladores.com ; Av. 3N n°7-19 ; 12h-15h et 19h-23h lun-ven, 12h-15h et 19h-minuit sam)

Portal Marino
Voir p. 220 (318-524-0793, 2-348-1686 ; facebook.com/RestaurantePortalMarinoCali ; C. 7A n°2379 ; 9h-18h)

Waunana
Voir p. 221 (2-345-0794 ; facebook.com/waunana restaurante ; C. 4 n°9-23 ; 12h-22h mar-jeu, 12h-22h30 ven, 18h-22h30 sam)

Zahavi
Voir p. 221 (317-313-1509 ; zahavigourmet.com ; Carr. 10 n°3-81 ; 8h-19h lun-sam, 8h-18h dim)

Zea Maíz
Voir p. 220 (Arepas Cuadradas ; 311-846-2774 ; facebook.com/zeamaizrestaurante ; Carr. 12 n°1-21 Oeste ; 17h30-22h30 mar-dim)

Topa Tolondra
Voir p. 221 (323-597-2646 ; facebook.com/Latopabar ; C. 5 n°13-27 ; 18h-tard jeu-lun)

Zaperoco
Voir p. 221 (315-520-1370 ; zaperocobar.co ; Av. 5N n°16-46 ; 20h-4h jeu-sam)

ENVIRONS DE CALI

Parque Nacional Natural (PNN) Farallones de Cali
Voir p. 224 (parquesnacionales.gov.co ; 32 000 COP ; 6h-18h)

Hostal Casa Batará
Voir p. 224 (319-661-8334 ; facebook.com/casabatara pancecali ; Pance)

Reserva Ari Munani
Voir p. 224 (314-701-7616 ; facebook.com/arimunanipance ; Pance)

Reserva Natural Anahuac
Voir p. 224 (316 524 4891 ; reservanaturalanahuac.com ; Pance)

POPAYÁN

Casa Museo Mosquera
Voir p. 228 (2-820-1129 ; C. 3 n°5-14 ; entrée libre ; 9h-17h mar-dim)

Iglesia de San Francisco
Voir p. 229 (2-824-0160 ; angle Carr. 9 et C. 4)

Museo Arquidiocesano de Arte Religioso
Voir p. 228 (2-824-2759 ; arquidiocesisdepopayan.org/web/dependencias/museo-de-arte-religioso ; C. 4 n°4-56 ; entrée libre ; 8h-12h30 et 14h-18h lun-ven, 9h-14h sam)

Museo Edgar Negret y Museo Iberoamericano de Arte Moderno de Popayán (MIAMP)
Voir p. 228 (2-824-4546 ; facebook.com/museocasanegretymiamp ; C. 5 n°10-23 ; 8h-12h et 14h-18h mar-dim)

Museo Guillermo Valencia
Voir p. 228 (2-820-6160 ; facebook.com/museonacional.guillermovalencia.3 ; Carr. 6 n°2-69 ; entrée libre ; 10h-12h et 14h-17h mar-dim)

Parque Nacional Natural (PNN) Puracé
Voir p. 230 (parquesnacionales.gov.co ; 32 000 COP ; 8h-17h)

Pozo Azul
Voir p. 230 (314-559-3146 ; Puracé, Cauca ; 8h-17h)

Termales Agua Hirviendo
Voir p. 231 (321-934-1746 ; aguahirviendo1.wixsite.com/coconuco ; Km 3 Vía Comfandi, Coconuco ; tarif plein/réduit 10 000/7 000 COP ; 24h/24)

JHAMPIER GIRON/STOCK.ADOBE.COM ©

Termales de San Juan, PNN Puracé (p. 231)

Termales Aguatibia
Voir p. 231 (315-578-6111 ; termalesaguatibia.com ; Km 4 Vía Cocuna-Paletará, Coconuco ; tarif plein/réduit à partir de 25 000/10 000 COP ; 9h-17h)

Universidad del Cauca
Voir p. 229 (2-820-9900 ; unicauca.edu.co ; C. 5 n°4-70)

Popayán Tours
Voir p. 231 (314-685-9225 ; popayantours.com)

El Caracol
Voir p. 227 (310-421-5887 ; elcaracol.co ; C. 6 n°2-31)

Hotel Dann Monasterio
Voir p. 227 (2-824-2191 ; hotelesdann.com ; C. 4 n°10-14)

Hotel La Plazuela
Voir p. 227 (2-824-1084 ; hotellaplazuela.com.co ; C. 5 n°8-13)

Aplanchados Doña Chepa
Voir p. 230 (317-644-7714 ; meserodigital.co/donachepacentro ; C. 2 n°4-46 ; 7h-18h)

Carmina
Voir p. 228 (310-515-4934 ; Carr. 2 n°3-58 ; 12h-14h30 et 17h-21h lun-ven, 12h-15h et 18h30-21h30 sam)

El Quijote
Voir p. 229 (2-823-4104 ; facebook.com/elquijotepopayan ; C. 9N n°830 ; 11h-23h)

Galería del Barrio Bolívar
Voir p. 230 (C. 8N n°335 ; 9h-17h lun-sam)

La Fresa
Voir p. 230 (350-356-0767 ; C. 5 n°8-89 ; 8h-12h lun-sam)

La Semilla Escondida
Voir p. 229 (2-820-0857 ; facebook.com/restaurantelasemillaescondida ; C. 9N n°10-29 ; 18h30-21h30 lun-mer, 11h30-14h30 et 18h30-23h jeu-sam)

Mora Castilla
Voir p. 229 (305-326-5508 ; moracastilla.com ; C. 2 n°4-42 ; 11h-19h)

Pita
Voir p. 229 (304-549-3224 ; facebook.com/pitartesanal ; C. 1 n°2-17 ; 16h-22h mar-sam)

Restaurante Italiano
Voir p. 228 (2-824-0607 ; facebook.com/restauranteitalianoco ; C. 4 n°8-83 ; 11h-22h)

Tienda Regional del Macizo
Voir p. 228 (facebook.com/TiendaMacizo ; Carr. 4 n°0-54 ; 8h-17h lun-ven)

Cafe La Colombiana
Voir p. 230 (317-520-8271 ; facebook.com/cafelacolombiana ; C. 4 n°4-62 ; 8h-19h lun-sam, 13h-17h dim)

Caracol Café
Voir p. 230 (310-421-5887 ; elcaracol.co ; C. 6 n°2-31 ; 8h-20h lun-ven, 8h-13h sam-dim)

El Closet
Voir p. 229 (313-441-8594 ; instagram.com/elclosetpopayan ; Carr. 9 n°4-42 ; 21h-3h ven-dim)

La Trocha – Sentires de la Montaña
Voir p. 234 (304-551-0073 ; facebook.com/LaTrochaCafeGaleria ; Carr. 1Nte n°2-25 ; 15h-minuit lun-mar, 15h-1h mer, 15h-3h jeu-sam)

Monk Coffee
Voir p. 229 (312-298-3443 ; facebook.com/MonkCoffee Popayan ; Carr. 5 n°1-17 ; 8h-minuit lun-mer, 8h-1h30 jeu-ven, 15h-1h30 sam, 15h30-23h dim)

Paradise
Voir p. 229 (317-618-6411 ; facebook.com/paradisecaferock ; C. 3 n°2-83 ; 16h-23h lun-mer, 16h-1h jeu, 16h-3h ven, 17h-2h30 sam)

Togoima Café Ancestral
Voir p. 230 (310-257-1219 ; facebook.com/togoimacafe ; Carr. 5 n°3-34 ; 8h-19h30 lun-ven, 9h-19h sam, 14h-18h dim)

ENVIRONS DE POPAYÁN

Jardín Botanico Las Delicias
Voir p. 233 (311-685-1608, 314-581-7054 ; facebook.com/Jardin.Botanico.Delicias ; Vereda de San Fernando, Guambia, Silvia ; 9h-17h lun-sam)

JKRAFT5/STOCK.ADOBE.COM ©

Parque Arqueológico de San Agustín (p. 237)

Parque Arqueológico Tierradentro
Voir p. 234 (311-390-0324 ; icanh.gov.co ; Resguardo San Andrés de Pisimbalá, Tierradentro ; 65 000 COP ; 8h-16h)

Santuario de Las Lajas
Voir p. 235 (basilique Notre-Dame-du-Rosaire ; 315-220-1157 ; laslajas.org ; Ipiales ; téléphérique tarif plein/réduit 15 000/10 000 COP ; 8h-19h)

Hotel Albergue El Refugio
Voir p. 234 (321-811-2395 ; hotelalbergueelrefugio@gmail.com ; Tierradentro)

La Casa de los Sueños
Voir p. 233 (310-4675-122 ; facebook.com/lacasasilviacauca ; Lago Chiman, Silvia)

La Portada
Voir p. 234 (311-601-7884 ; laportadahotel.com ; San Andrés de Pisimbalá)

Leremita Biohotel
Voir p. 233 (312-891-2937, 313-373-1473 ; instagram.com/leremita_bio_hotel ; C. 16, Chiman, Silvia)

Mi Casita
Voir p. 234 (312-764-1333 ; Tierradentro)

Posada Nakku
Voir p. 233 (310-249-8910 ; facebook.com/posadaturistica nakku ; angle Carr. 4 et C. 2, Silvia)

SAN AGUSTÍN

Parque Arqueológico Alto de las Piedras
Voir p. 238 (65 000 COP ; 8h-16h)

Parque Arqueológico Alto de los Ídolos
Voir p. 238 (65 000 COP ; 8h-16h)

Parque Arqueológico de Obando
Voir p. 238 (65 000 COP ; 8h-16h)

Parque Arqueológico de San Agustín
Voir p. 237 (311-852-0150 ; icanh.gov.co ; 65 000 COP ; 8h-16h)

Magdalena Rafting
Voir p. 239 (311-271-5333 ; magdalena rafting.com ; C. 1 n°18-69)

Finca El Cielo
Voir p. 238 (313-493-7446 ; facebook.com/fincaelcielo sanagustin ; Vía El Estrecho)

Finca El Maco
Voir p. 238 (320-375-5982 ; elmaco.ch ; Vereda El Tablón, Vía Parque Arqueológico)

Hospedaje El Jardín
Voir p. 237 (8-837-3455 ; Carr. 11 n°4-10)

Hotel Huaka-Yo
Voir p. 234 (320-846-9763 ; huaka-yo.com)

Hotel Monasterio
Voir p. 238 (311-277-5901 ; monasteriosanagustin.com ; Vereda La Cuchilla, San Augustin)

La Casa de François
Voir p. 237 (8-837-3847 ; lacasadefrancois.com ; Vía El Tablón)

Masaya
Voir p. 238 (312-418-7927 ; masaya-experience.com/san-agustin ; Vereda El Tablon)

Bici Café
Voir p. 238 (314-661-6337 ; bicicafesanagustin.com ; C. 5 n°15-21 ; 10h-17h sam-mer)

El Faro
Voir p. 238 (Ambrosia ; 311-287-6696 ; facebook.com/Ambrosia cafearte ; Carr. 13 n°6-60 ; 16h-22h)

El Fogón
Voir p. 238 (320-834-5860 ; C. 5 n°144 ; 7h-21h45)

La Galería
Voir p. 237 (marché ; angle C. 2 et Carr. 11 ; 5h-16h)

EXPLORELIXIR/SHUTTERSTOCK ©

Ci-dessus : Nuquí (p. 254) ; à droite : baleine à bosse (p. 251)

CÔTE PACIFIQUE

NATURE, PLAGES ET AVENTURE

Ici, la forêt ne rencontre pas la mer, elle s'y jette littéralement. Dans cette région spectaculaire, la jungle bien préservée empiète sur le rivage, les cascades se déversent sur de stupéfiantes plages de sable noir et le littoral accidenté foisonne de vie sauvage.

Mal reliée par la route au reste de la Colombie, la côte pacifique ne figure pas toujours au programme des voyageurs. Mais ceux qui s'y aventurent ne le regrettent pas. Si la région n'a pas les villes animées de la côte caraïbe, elle peut se prévaloir d'une intéressante culture afro-colombienne et de plages bien moins fréquentées, souvent cernées par la jungle qui couvre une grande partie de l'ouest du pays.

Ainsi, vous pourrez vous détendre sur des étendues de sable noir après une randonnée éprouvante à travers une forêt tropicale peuplée de serpents, de singes et de grenouilles colorées. Des sorties d'observation des baleines vous permettront d'admirer l'un des plus grands mammifères de la planète s'ébattre près des côtes. Et, pour changer de l'océan, vous trouverez de rafraîchissantes cascades à proximité.

La côte pacifique est principalement habitée par des populations autochtones et afro-colombiennes, qui s'impliquent de plus en plus dans la protection de la forêt. Elles ont récemment combattu les plans de construction d'un grand port près de la ville de Nuquí.

Préparez-vous à la pluie : c'est l'une des régions les plus humides du monde, avec environ 300 jours de précipitations par an. Il pleut parfois si fort qu'on n'a d'autres choix que de rester allongé et à l'abri dans son hamac toute la journée, ce qui n'est pas si mal. En effet, la côte pacifique mêle aventures et rythme de vie délicieusement lent.

SITES PRINCIPAUX

EL VALLE
Treks dans la jungle, plages et observation des baleines.
p. 250

NUQUÍ
Excursions en bateau à la recherche de baleines.
p. 254

CÔTE DE NUQUÍ
Randonnées, villages et plages isolées.
p. 256

PNN ISLA GORGONA
Plongée, baleines et les vestiges d'une prison.
p. 258

S’orienter

La côte pacifique de la Colombie s’étend sur environ 1 300 km. Montagnes et forêt tropicale dense séparent cette région peu peuplée du centre du pays. Certaines villes ne sont accessibles que par la mer ou les airs.

El Valle, p. 250

Dans cette petite ville afro-colombienne animée, séjournez dans un bungalow sur la plage, et partez observer les baleines ou explorer la jungle de nuit.

Côte de Nuquí, p. 256

Visitez de paisibles villages, randonnez le long des plages impressionnantes, surfez, explorez la jungle avec un guide et séjournez dans un écolodge.

Nuquí, p. 254

Visitez le Parque Nacional Ensenada (PNN) de Utría, achetez des objets artisanaux traditionnel et goûtez le *viche*, alcool afro-colombien à base de jus de canne.

AVION

La plupart des voyageurs se rendent sur la côte pacifique en avion depuis Medellín ou Cali. Des vols rallient Bahía Solano, Nuquí et Guapi, la ville la plus proche du Parque Nacional Natural (PNN) Isla Gorgona.

BATEAU

De petits hors-bord de 10 à 20 places, moyen de transport le plus courant le long de la côte, relient quotidiennement la zone urbaine de Nuquí aux villages côtiers. Des liaisons Nuquí-El Valle (2 heures) sont aussi assurées les lundis et vendredis.

TUK-TUK

Les tricycles motorisés, nombreux à El Valle et Bahía Solano, constituent le meilleur moyen de transport entre ces deux villes. Vous pouvez aussi en arrêter un pour vous déplacer dans la zone urbaine de Nuquí, où la pluie peut rendre les routes boueuses.

Parque Nacional Natural Isla Gorgona, p. 258

Autrefois colonie pénitentiaire, ce parc national riche en faune est aujourd'hui un paradis pour les plongeurs.

Planifier son séjour

La côte pacifique, l'une des régions les moins développées de Colombie, offre détente et aventure. Il n'y a pas de route entre les villes principales, mais des bateaux relient Nuquí à El Valle le lundi et le vendredi.

Capucins, Isla Gorgona (p. 258)

Si vous avez peu de temps

- Envolez-vous pour **Nuquí** (p. 254) et rejoignez l'embarcadère avant midi pour prendre le bateau quotidien qui dessert les villages et les écolodges de la **côte de Nuquí** (p. 256).
- Parcourez à pied la superbe portion de côte entre **Guachalito** et **Termales** (p. 257) pour franchir des rivières à gué, découvrir des cascades, surfer et, dans le village d'arrivée, vous immerger dans des sources chaudes.
- De juin à octobre, des pêcheurs organisent des **excursions d'observation des baleines** le long de la côte (p. 255). À **Termales** (p. 257) et à **Arusí** (p. 257), des guides proposent aussi des randonnées dans la jungle. Vous avez un petit creux ? Découvrez les **restaurants** (p. 255) de ces villages afro-colombiens.

AU FIL DES SAISONS

De juin à octobre, les baleines à bosse attirent des milliers de visiteurs. Février et mars sont les mois les plus secs.

JANVIER

Nuquí accueille le **festival de musique et de danse tamborito** la première semaine de janvier, coïncidant avec l'Épiphanie.

MARS

L'un des mois les plus secs, rendant plus faciles randonnées sur les plages et exploration de la forêt tropicale.

JUIN

Parties de l'Antarctique, les baleines à bosse arrivent sur la côte pacifique, ce qui marque le début de la saison d'**observation des baleines** (p. 251).

Si vous avez une semaine

- Après un ou deux jours à Nuquí, prenez un bateau pour **El Valle** (p. 250) et séjournez sur la plage d'El Almejal, où vous pourrez partir en randonnée nocturne dans la jungle environnante ou visiter un centre de reproduction des tortues pour aider les écologistes locaux à relâcher les bébés tortues.

- Lorsque vous serez prêt à vivre d'autres aventures, prenez un tuk-tuk jusqu'à **Bahía Solano** (p. 253) pour réserver une sortie de plongée ou vous reposer sur les plages isolées de **Huina** et **Mecana** (p. 253), à un court trajet en bateau. Vous pouvez regagner Medellín en avion depuis Bahía Solano.

Si vous avez plus de temps

- Réservez une excursion de trois à quatre jours au **Parque Nacional Natural (PNN) Isla Gorgona** (p. 258), qui comprend certains des meilleurs sites de plongée de Colombie. On y croise requins, tortues de mer et bancs de maquereaux et l'on y entend les baleines à bosse chanter.

- Sur la terre ferme, visitez les sinistres ruines d'une **prison** (p. 258) utilisée jusque dans les années 1980, prenez en photo les capucins et organisez de courtes promenades guidées vers deux plages préservées.

- Des **excursions d'observation des baleines** (p. 259) sont proposées de juin à octobre.

JUILLET

La **fête de la Virgen del Carmen** se tient le 16 juillet : El Valle accueille des fêtes de rue et une parade de radeaux décorés.

AOÛT

Le meilleur mois pour l'**observation des baleines** (p. 255), lorsqu'elles sont les plus nombreuses sur la côte pacifique ; les chambres sont prises d'assaut.

OCTOBRE

La **saison des baleines** se termine vers la troisième semaine d'octobre, quand elles regagnent les eaux de l'Antarctique en quête de nourriture.

DÉCEMBRE

Des rassemblements de musique traditionnelle appelés ***arruyos*** sont organisés à El Valle pendant la semaine précédant Noël.

EL VALLE

Pour les infos pratiques, voir le Carnet d'adresses p. 260

Entre deux rivières qui se jettent dans l'océan Pacifique, El Valle attire les voyageurs qui souhaitent se détendre sur le sable, mais recherchent aussi des aventures dans la nature : sorties d'observation des baleines, randonnées dans la forêt tropicale et visites nocturnes en saison de nidification des tortues. La plupart des hébergements, entre autres auberges de jeunesse et *cabañas* avec véranda donnant sur la mer, se trouvent à 15 ou 20 minutes de marche du centre, le long de la plage d'El Almejal. La semaine précédant le 16 juillet, El Valle célèbre la fête de la Virgen del Carmen, lors de laquelle la statue de la Vierge Marie descend le Río Tundó sur un radeau couvert de fleurs, suivie par des bateaux de musiciens, avant de défiler à travers la ville lors d'une procession mouvementée parmi la foule qui boit et danse au son de la *chirimía*.

À SAVOIR

Si les plages sont chaudes et attrayantes, attention aux courants marins, qui peuvent être forts dans cette partie de la Colombie ; des touristes se sont noyés. Les auberges de jeunesse vous indiqueront les périodes les plus sûres pour surfer et vous baigner.

Cascada del Tigre

Plage à El Valle

La saison des baleines à bosse

ADMIRER DE PRÈS L'UN DES PLUS GROS MAMMIFÈRES DU MONDE

Les **baleines à bosse** visitent les eaux chaudes d'El Valle chaque année de fin juin à mi-octobre. Certaines mettent bas à cette période avant de migrer de nouveau vers les côtes glaciales du sud du Chili, où la nourriture est plus abondante. On peut apercevoir ces mammifères de 25 tonnes depuis la plage, mais de nombreux tour-opérateurs locaux proposent des excursions qui permettent de voir de près les mères et leurs petits.

Des bateaux de 9 à 15 places quittent le tout petit port d'El Valle presque tous les jours pendant la **saison d'observation des baleines**. Ils vous emmènent également sur quelques plages isolées de la côte, notamment la **Playa Juná**, en forme de croissant de lune avec palmiers et eaux calmes dignes d'une carte postale.

Une difficile randonnée de 4 heures au nord d'El Valle, dans la forêt et le long du rivage, conduit à la **Cascada del Tigre**, une impressionnante cascade. Des escaliers en bois mènent à ses bassins rafraîchissants. Le sentier n'étant pas bien balisé, mieux vaut être accompagné d'un guide. L'excursion d'une journée est épuisante si l'on fait l'aller-retour à pied : pensez à la location d'un bateau pour le retour (30 min). L'endroit est spectaculaire tôt le matin, lorsque le bruit de la cascade s'accompagne d'un concert de chants d'oiseaux. La nature à l'état pur.

EXPLORER LA JUNGLE

Avec l'essor des sorties d'observation des baleines à El Valle et la voisine Bahía Solano, certains habitants ont compris le potentiel touristique de la **forêt tropicale du Chocó**, l'un des écosystèmes les plus humides et riches en biodiversité du monde.

À El Valle, le guide local **Mailer Mosquera** (p. 260) a commencé à organiser des **treks à travers la forêt humide** il y a une dizaine d'années, après avoir rencontré un voyageur obsédé par les serpents.

Au cours de ces randonnées nocturnes de 4 heures, les participants peuvent observer dendrobates aux couleurs vives, grenouilles de verre translucides, champignons bioluminescents et plusieurs espèces de serpents. Des bottes en caoutchouc, indispensables sur les sentiers boueux de la jungle, sont fournies.

OÙ SE LOGER À EL VALLE

La Tarima del Colibrí
Paisibles bungalows dotés d'une véranda, au milieu d'un jardin luxuriant. Savoureux petit-déjeuner avec crêpes. **€**

The Pelican House House
Grande auberge en bois sur pilotis. Confortables cabanes face à la mer, dortoirs, hamacs, vue mer et salon convivial. **€€**

El Almejal
Écolodge sur la plage du même nom, avec restaurant, piscine et bungalows dotés de hamacs et terrasses. **€€€**

Environs d'El Valle

Pêcher, plonger, observer des tortues et profiter de plages tranquilles, à un court trajet en tuk-tuk.

Dans les environs d'El Valle, on peut notamment observer des tortues marines, plonger ou explorer des plages de sable noir isolées. Vers le nord, environ 45 minutes de tuk-tuk sur la seule route asphaltée de la région conduisent à Bahía Solano, point de départ de sorties de pêche sportive. On y trouve aussi un centre de plongée. Vers le sud, des tuk-tuks vous emmènent à la plage de La Cuevita, où des centres d'éclosion de tortues donnent aux touristes l'occasion de relâcher dans la mer les tortues fraîchement écloses. Comme il pleut souvent, prévoyez un vêtement de pluie et un sac en plastique pour protéger téléphone et appareil photo.

Pour les infos pratiques, voir le Carnet d'adresses p. 260

À SAVOIR

Les tuk-tuks sont le meilleur moyen de se déplacer. Après 15h, il est plus difficile de trouver un transport pour El Valle.

STREETFLASH/SHUTTERSTOCK ©

Tuk-tuks, Bahía Solano

GUILLERMO OSSA/SHUTTERSTOCK ©

Bébés tortues olivâtres

Activités aquatiques à Bahía Solano

PLONGÉE, PÊCHE ET OBSERVATION DES BALEINES

Sur la rive sud d'une baie en forme de U, **Bahía Solano** est la plus grande agglomération de la région. Cette bourgade de 5 000 habitants dotée du seul aéroport des environs, mais dont aucune des rues n'est asphaltée, est une destination prisée des amateurs de **pêche sportive** à la recherche de gros spécimens de thon, de daurade coryphène et de marlin bleu. En face de l'hôtel Costa Chocó, un magasin vend du matériel de pêche et peut vous mettre en contact avec des capitaines de bateaux.

Ankla Azul (p. 260) organise des **plongées** vers des formations rocheuses submergées et un bateau de la Seconde Guerre mondiale coulé pour créer un récif artificiel. Madre Agua (p. 260), dirigé par des biologistes, vous emmène **observer les baleines** et écouter leur chant sous-marin grâce à des hydrophones.

Depuis la petite jetée de Bahía Solano, des bateaux gagnent en 20 minutes **Huína** et **Mecana**, deux villages afro-colombiens posés aux extrémités opposées de la baie, sur des plages de sable noir et doré souvent désertes. Pour un prix réduit, joignez-vous à un groupe sur un bateau rapide (8 passagers) ou demandez à un villageois de vous y emmener en bateau. Il est possible de rejoindre Mecana à pied, mais il faut partir avant ou pendant la marée basse (1 heure aller). Ourlée de cocotiers et assortie d'une poignée d'hôtels sans prétention, la **Playa Huína** est sans conteste la meilleure plage du secteur pour la baignade. Les deux villages proposent des hébergements simples.

SAUVER LES BÉBÉS TORTUES

Toute l'année, des tortues olivâtres viennent pondre sur la **Playa Cuevita**, à 5 km au sud d'El Valle. Leurs œufs, considérés comme un mets délicat, ont longtemps été braconnés mais, ces dernières années, des familles ont créé des **centres d'éclosion**, en partie financés par le tourisme.

Ces écologistes sillonnent la plage le soir pour ramasser les œufs avant les braconniers, les conservent sous le sable jusqu'à leur éclosion dans leurs centres et relâchent les bébés tortues près du rivage au coucher du soleil ou tôt le matin. Moyennant finance, on peut visiter certains de ces centres et assister à la remise en liberté des petits.

COMMENT CIRCULER

Aucune route ne relie El Valle et Bahía Solano au reste de la Colombie. Des **cargos** vous y emmènent depuis Buenaventura, mais mieux vaut prendre l'**avion**. Satena (satena.com) et Easyfly (easyfly.com.co) assurent des vols réguliers entre Medellín et Bahía Solano.

Les **tuk-tuks** sont le meilleur moyen de se déplacer entre Bahía Solano, El Valle et Cuevita. Le lundi et le vendredi matin, un **hors-bord public** relie en 2 heures El Valle à Nuquí. Protégez vos bagages dans des sacs plastiques. Les hôtels d'El Valle fournissent tarifs et heures de départ.

NUQUÍ

Petit ensemble de maisons aux toits de chaume du début du XXe siècle, Nuquí compte aujourd'hui quelque 9 000 habitants et reçoit un nombre croissant de voyageurs venus observer les baleines à bosse, surfer, explorer la forêt tropicale et se balader sur les magnifiques plages de la région. La ville comprend un aéroport, des hôtels, une plage et quelques quartiers animés de maisons sur pilotis au-dessus de la rivière. C'est l'endroit idéal pour s'inscrire à une sortie d'observation des baleines entre juin et octobre ou à une excursion au Parque Nacional Natural (PNN) Ensenada de Utría. Vous pouvez aussi y visiter un bar qui fabrique du *viche*, alcool traditionnel afro-colombien à base de jus de canne. Demandez à n'importe quel habitant de vous indiquer le chemin d'El Bombillo Rojo. La côte de Nuquí est parsemée d'écolodges, uniquement accessibles en bateau. Les villages de la côte proposent des hébergements moins chers (p. 257).

Pour les infos pratiques, voir le Carnet d'adresses p. 260

À SAVOIR

Les quais étant rares, vous devrez sauter dans l'eau pour débarquer des bateaux vous emmenant vers les plages et les villages autour de Nuquí. Portez des sandales ou des chaussures que vous ne craignez pas de mouiller.

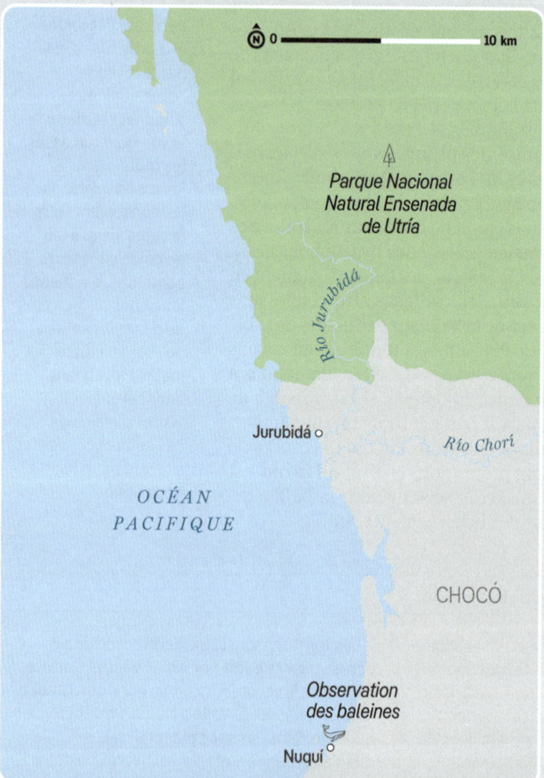

Le *viche*

Baleine à bosse, Nuquí

Voir le saut des baleines

BAL DES BALEINES ET EXPLORATIONS CÔTIÈRES

En juin, les baleines à bosse arrivent au large de Nuquí pour s'accoupler et mettre bas loin de l'hiver glacial du Pacifique Sud. Elles repartent vers la mi-octobre, à la recherche de plus grandes quantités de krill. On peut les admirer à l'occasion des **excursions en hors-bord** organisées quotidiennement par les tour-opérateurs et les hôtels de Nuquí, comprenant aussi certains des sites les plus pittoresques de la côte. Des circuits de deux jours sont aussi proposés : le circuit sud vous emmène à la plage de **Guachalito**, à la **Cascada del Amor** et aux sources chaudes de **Termales**, aménagées avec goût par la communauté, tandis que le circuit nord s'arrête au **Parque Nacional Natural (PNN) Ensenada de Utría**, où un chemin en bois traverse une **mangrove**, permettant ainsi d'observer crabes rouges et poissons-globes. L'entrée du parc se règle séparément. Devant le centre des visiteurs, un bateau coulé abrite aujourd'hui un récif. Il est possible de faire du **snorkeling**, mais vous devrez apporter votre propre matériel. Les écolodges et les guides des villages côtiers de Nuquí (p. 257) organisent aussi des excursions d'observation des baleines.

PAPILLES EN FÊTE À NUQUÍ

Pour changer des plantains et des poissons frits.

Apapache
Dirigé par un ancien participant de *MasterChef Chili*, ce restaurant de Termales sert des créations aux produits locaux, notamment merlu pané au thym, curry de lentilles et ceviche de bar à la sauce mangue. €€

Poleo
Le poisson grillé est ici servi avec des sauces aux fruits locaux tels que les caramboles et les *arazá*. À Arusí. €€

Hotel Obega Pacific
Dans le restaurant de cet hôtel, on sert régulièrement du thon grillé, avec un dessert à la papaye verte, mais on peut aussi commander de la *piangua*, sorte de coque des mangroves locales. €

COMMENT CIRCULER

Aucune route ne relie Nuquí au reste du pays. Prenez un vol Satena (satena.com) ou Easyfly (easyfly.com.co) au départ de Medellín.

Un bateau part de Nuquí tous les jours à 13h pour desservir Guachalito, Termales, Arusí, et, sur demande, les écolodges. Les hors-bord privés sont beaucoup plus chers (mais plus flexibles sur les horaires). Le bateau public retour part d'Arusí à 6h pour arriver à Nuquí à 8h. Les hors-bord en direction d'El Valle, au nord, partent le lundi et le vendredi matin. Les hôtels de la ville fournissent les horaires de départ.

CÔTE DE NUQUÍ

De nombreux voyageurs gagnent directement les villages côtiers de Guachalito, Termales et Arusí, sans passer par Nuquí, pour découvrir des chutes d'eau, randonner dans la jungle, faire du surf et s'endormir au son des vagues dans des cabanes rustiques construites face au Pacifique. Cette partie de la côte est émaillée d'écolodges plus isolés, aux formules tout compris.

Guachalito est l'un des premiers villages desservis par le bateau qui part de Nuquí (30 minutes). Sa demi-douzaine d'hôtels est regroupée autour d'une calme plage de sable gris sur laquelle déborde la forêt. Plus au sud, le village afro-colombien de Termales compte plusieurs restaurants, des sources chaudes naturelles et des guides locaux qui organisent des treks dans la jungle. Le bateau public va jusqu'à Arusí, où des guides proposent des sorties en canoë sur la rivière et des randonnées dans la forêt humide.

Pour les infos pratiques, voir le Carnet d'adresses p. 260

À SAVOIR

Prenez en compte les marées lorsque vous randonnez sur la côte : à marée haute, il se peut que vous ne puissiez franchir les cours d'eau à gué.

Cabaña Tellin

Sources chaudes de Termales

Jungle sur la côte de Nuquí

Parcourir à pied la côte et la jungle

RANDONNÉES ENTRE PLAGES DÉSERTES ET FORÊT HUMIDE

Guachalito et **Arusí** sont séparés par 9 km de plages de sable noir reliées par des sentiers. Le long de cette côte sauvage, vous aurez souvent les plages et les vagues pour tout vous seul, et pourrez faire des détours par la jungle. On peut parcourir à pied ce tronçon en deux jours, en passant la nuit dans un village ou un écolodge. Partez à marée basse pour atteindre votre destination avant la marée haute, qui rend les rivières infranchissables à gué.

Les plages de **Terco** et de **Terquito**, le long des 5 km séparant Guachalito et Termales, sont les plus belles. Là, des promontoires rocheux recouverts de forêt humide s'avancent dans la mer. Un court sentier partant d'El Terquito mène à la **Cascada del Amor**. Les guides de Termales vous y conduisent lors de treks dans la jungle d'une demi-journée ou moins.

À **Arusí**, Haider Moreno (p. 251) organise des randonnées de 3 heures dans la forêt humide pour repérer des grenouilles venimeuses et, avec de la chance, des singes hurleurs. Le sentier gravit une crête abrupte, puis descend vers une plage, où un bateau vous ramène à Arusí.

PAROLE D'HABITANT : OÙ SURFER À NUQUÍ

Dionisio Tello (*@cabanatellinnuqui*), moniteur de surf à Termales, recommande les spots suivants :

El Terco
Des vagues de 3 m arrivent sur cette plage dominée par un énorme rocher boisé qui s'avance dans la mer.

Terquito
De bonnes vagues pour les débutants, à côté d'une autre formation rocheuse. Le Paraisurf loue des planches.

Termales
Le beach break en face du village est un bon endroit où s'initier au surf.

Pico de Loro
Les vagues les plus longues, les plus hautes et les plus puissantes de Colombie se brisent sur cette plage, près du complexe hôtelier El Amargal. Ce point break au rivage rocheux est réservé aux surfeurs chevronnés.

OÙ SE LOGER SUR LA CÔTE DE NUQUÍ

Cabaña Tellin
Des dortoirs et une chambre double face à la plage de Termales. Location de planches de surf. **€**

Madre Agua
Des huttes au toit de chaume, un jardin et un restaurant gastronomique au bord de la mer, à Arusí. **€€**

Piedra Piedra Lodge
Cabañas confortables avec balcon, hamacs et vue dégagée sur l'océan, à 10 minutes à pied d'El Terquito. **€€€**

PARQUE NACIONAL NATURAL ISLA GORGONA

Ancienne prison, cette île de 11 km de long et 2,3 km de large, a été transformée en retraite nature haut de gamme. De 1960 à 1984, le bagne renferma dans des conditions sordides quelque 900 détenus et 120 gardiens, qui détruisirent la forêt tropicale en se servant du bois pour cuisiner. Depuis la fermeture de la prison en 1984 (après des années de protestations contre les conditions d'incarcération) et la désignation de l'île comme parc national, la forêt tropicale s'est reconstituée, de même que le récif au large de la côte orientale, attirant des espèces marines par dizaines et des plongeurs. Les activités terrestres – courtes randonnées vers deux plages, observation des baleines et visite des vestiges de la prison – sont strictement organisées par le service du parc national, qui ne proposait que des circuits en espagnol lors de nos recherches. Les plongeurs tireront le meilleur parti de cette destination sauvage.

Pour les infos pratiques, voir le Carnet d'adresses p. 260

À SAVOIR

Pour passer la nuit sur l'Isla Gorgona, vous devrez réserver un séjour tout compris dans le seul hôtel de l'île via un tour-opérateur. Les plongeurs peuvent participer à une excursion de plongée sur un bateau équipé de petites cabines. Réservez plusieurs semaines à l'avance.

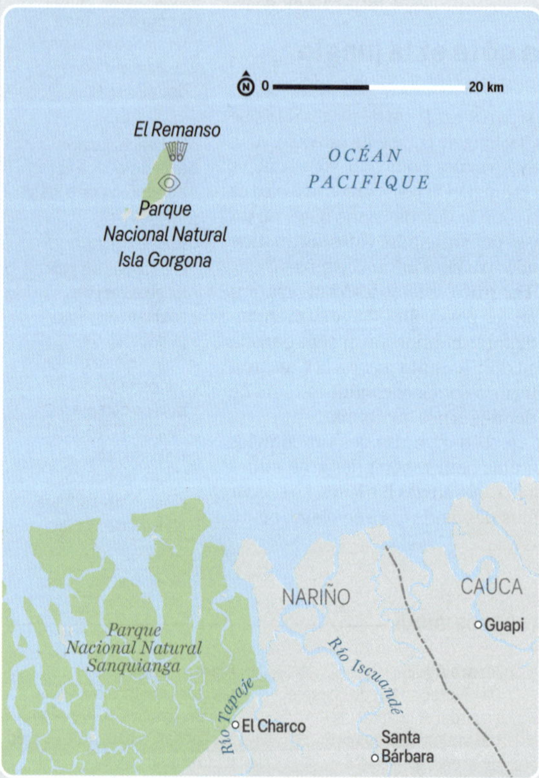

Vestiges du bagne de l'Isla Gorgona

Plongeur, Isla Gorgona

Plonger à Gorgona

TORTUES, REQUINS, RAIES ET BALEINES

De juin à octobre, les plongeurs peuvent entendre le **chant des baleines à bosse** et, avec de la chance, en voir une. Il y a cependant beaucoup d'autres espèces à voir le reste de l'année, notamment maquereaux, requins à aileron blanc, tortues marines et, de mai à juin, des requins-baleines. Le parc national compte 15 sites de plongée. Les débutants apprécient **El Remanso**, spot calme de la côte nord-est fréquenté par des tortues, des poissons-papillons et des espèces plus grandes comme le vivaneau. Les plongeurs plus expérimentés explorent les formations rocheuses sous-marines recouvertes de corail mou plus loin au large, où ils sont quasiment assurés de rencontrer des requins. Les plongées se réservent auprès des agences qui proposent des forfaits de séjour sur l'île. Certains circuits offrent la possibilité de passer la nuit sur un bateau au large de la côte.

LE PARC DANS LA TOURMENTE

Le Parque National Natural (PNN) Isla Gorgona a récemment été impliqué dans la "guerre contre la drogue". En 2015, la marine colombienne a installé une petite base sur l'île pour patrouiller dans la zone et intercepter les hors-bord transportant de la cocaïne vers l'Amérique centrale. Elle prévoit d'étendre ses capacités en construisant une jetée de 170 m de long, un dépôt de carburant et un radar sur le point le plus élevé de l'île. Les défenseurs de l'environnement s'opposent à ce projet en partie financé par le gouvernement américain, qui perturberait la faune, attirerait de plus grands bateaux et éloignerait les baleines de la côte.

COMMENT S'Y RENDRE

Des forfaits comprenant le transport en *lancha* depuis Guapi, l'hébergement à l'hôtel de l'île, les repas et les randonnées sont entre autres proposés par **Destino Pacifico**, qui gère l'hôtel, et par **Frontera Travel**. On peut ajouter des plongées avec moniteur, ainsi que des excursions d'observation des baleines de juin à octobre. **Arrecifes del Pacifico**, magasin de plongée à Cali, organise une fois par mois des excursions de plongée tout compris à bord du *Sea Wolf* (21 places) au départ de Buenaventura. **Scubaventura** et **Diving Life** organisent des excursions similaires. Les croisières sont les plus nombreuses de juin à octobre.

Sur réservation (islagorgona.co), des vedettes rapides font la navette entre Guapi et l'île les lundis, mercredis et vendredis à 13h (1 heure 30).

Carnet d'adresses

EL VALLE

Mailer Mosquera
Voir p. 251 (321-587-1034 ; mailerhenismosqueralima@gmail.com)

El Almejal
Voir p. 251 (320-674-6023, 305-345-6586 ; almejal.com.co ; Playa El Aljemal)

La Tarima del Colibrí
Voir p. 251 (301-3846-733 ; facebook.com/kolibrisbuhne ; Playa El Aljemal)

The Pelican House Hostel
Voir p. 251 (318-638-1354 ; facebook.com/thepelicanhousehostel ; Playa El Aljemal)

ENVIRONS D'EL VALLE

Ankla Azul
Voir p. 253 (311-281-1079 ; anklaazul.com ; Bahía Yubarta Hotel, Mutis ; 8h-18h)

Madre Agua
Voir p. 253 (310-525-0023 ; madreagua.co ; Hotel Costa Chocó, Carr. 2 n°6-73, Mutis ; 9h-12h et 14h-18h)

Hotel Costa Chocó
Voir p. 253 (310-422-3377, 323-318-4887; hotelcostachoco.co ; Carr. 2 n°6-73, Mutis)

NUQUÍ

Parque Nacional Natural (PNN) Ensenada de Utría
Voir p. 255 (parquesnacionales.gov.co ; 63 500 COP ; 7h-16h)

Sources chaudes de Termales
Voir p. 255 (12 000 COP, massage 70 000 COP/heure)

Hotel Obega Pacific
Voir p. 255 (316-447-1749 ; hotelobegapacific.wixsite.com/obega ; Barrio La Unión)

Apapache
Voir p. 255 (319-299-5195 ; instagram.com/apapacherestaurantpacifico ; 13h-20h)

ALBERTO/STOCK.ADOBE.COM ©

Playa El Almejal, El Valle (p. 250)

Poleo
Voir p. 255 (instagram.com/poleo_arusi ; Arusí)

CÔTE DE NUQUÍ

Cabaña Tellin
Voir p. 257 (322-522-4649 ; instagram.com/cabanatellin nuqui ; Termales)

Madre Agua
Voir p. 257 (350-878-5564 ; facebook.com/madreaguahostel ; Paraje Bellavista, Arusí)

Piedra Piedra Lodge
Voir p. 257 (313-300-9824, 318-383-3271 ; piedrapiedralodge.com ; Playa de Guachalito, El Terquito)

PARQUE NACIONAL NATURAL (PNN) ISLA GORGONA

Parque Nacional Natural (PNN) Isla Gorgona
Voir p. 258 (parquesnacionales.gov.co ; 61 500 COP ; 8h-17h)

Nageoire pectorale de baleine

Arrecifes del Pacifico
Voir p. 259 (321-642-4963 ; arrecifesdelpacifico.com ; C. 9 n°42-37, Cali)

Destino Pacifico
Voir p. 259 (312-689-7122, 314-751-6944, 321-768-0539 ; destinopacifico.com ; Av. 6N n°18-54, Cali)

Diving Life
Voir p. 259 (323-432-5818 ; divinglife.co)

Frontera Travel
Voir p. 259 (1-841 8111 ; fronteratravel.co ; Car. 6 n°80A-33, Bogotá)

Scubaventura
Voir p. 259 (312-720-8391 ; scubaventura.net ; Car. 36 n°5B1-06, local 106, Cali)

BASSIN AMAZONIEN

DANS LA MOITEUR DE LA JUNGLE

Peu peuplée et moins courue que Cartagena ou Medellín, l'Amazonie colombienne séduit le visiteur dès qu'il pose un pied dans la jungle.

Bienvenue en Amazonie, la plus vaste forêt pluviale tropicale du monde, qui s'étend sur neufs pays, et mérite son surnom de "poumon de la planète". La partie colombienne de cet immense écosystème complexe et fragile peut sembler minime, mais elle couvre tout de même un tiers de la superficie totale du pays. Pas de routes ici, les grands axes de transport sont les rivières. Sur les berges se déploie une nature impénétrable et luxuriante, grâce à laquelle, jusqu'à présent, l'activité humaine a eu relativement peu d'impact, du moins à l'intérieur des terres, où les peuples autochtones du cœur de la jungle ont réussi à préserver leurs cultures.

Leticia, sur les rives du fleuve Amazone, est la seule ville d'importance de la partie colombienne, et la seule dotée d'un aéroport. C'est un avant-poste pour les voyageurs désireux de s'aventurer dans la jungle et un sas de décompression pour ceux qui en reviennent. La forêt pluviale et ses rivières sont les atouts du lieu, avec des lodges isolés en pleine jungle, des réserves naturelles périodiquement inondées, des *botos* (dauphins roses d'eau douce), de nombreuses cultures autochtones, et une population très diverse, caractéristique de cette région frontalière du Brésil et du Pérou.

Encore peu développé, le tourisme dans ce département de l'Amazonas, reste concentré sur les abords du fleuve et de ses principaux affluents. La qualité des équipements peut varier. Si le terminal de l'aéroport de Leticia est récent, ses quais longent une rive boueuse bordée de plateformes flottantes en mauvais état. Préparez-vous à vivre une aventure et laissez vos grosses valises à la maison.

SITES PRINCIPAUX

LETICIA
La capitale animée de l'Amazonas.
p. 268

PUERTO NARIÑO
Une ville sans voitures sur le fleuve Amazone.
p. 275

RHETT AYERS BUTLER - MONGABAY/GETTY IMAGES ©

Ci-dessus : Amazonie colombienne ; à gauche : singe-écureuil

S'orienter

Leticia est le nœud de correspondance de la région, entre avions et bateaux. Elle n'est cependant pas reliée par la route au reste du pays. La navigation fluviale est donc le principal mode de transport, que ce soit pour rester dans la partie colombienne de l'Amazonie ou pour se rendre au Brésil et au Pérou.

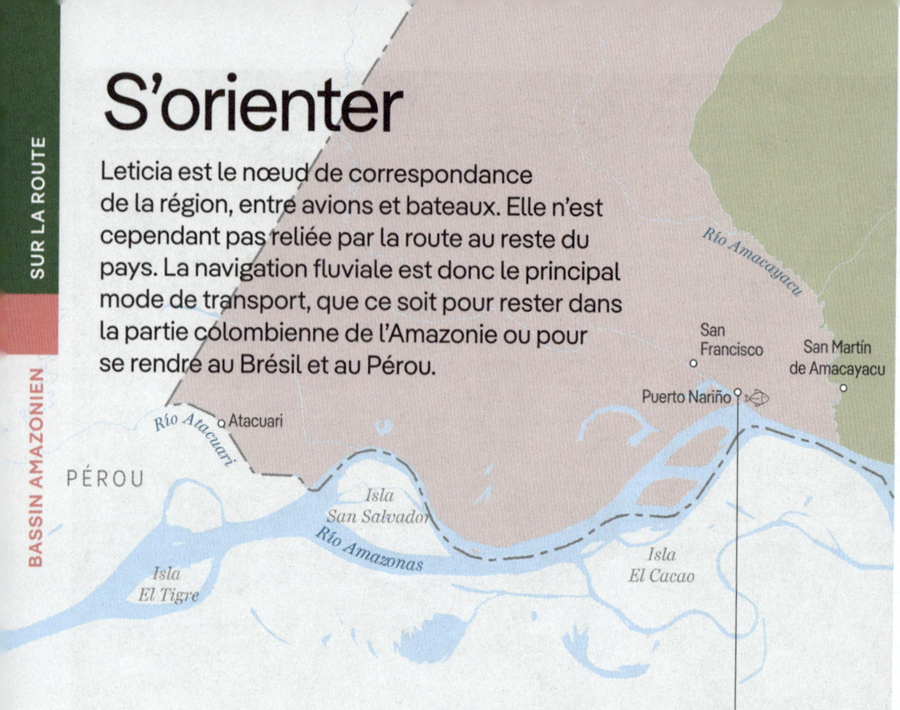

Puerto Nariño, p. 275

Étape incontournable d'une visite dans l'Amazonas colombien, ce village unique en son genre est réputé pour son ambiance détendue et son mode vie écologique et durable.

BATEAU

Trois bateaux quotidiens (départs à 8h, 10h et 13h de Leticia) font la navette entre Leticia et Puerto Nariño (départs à 7h30, 11h et 15h30), avec plusieurs escales en chemin. Mieux vaut prendre son billet au moins un jour à l'avance. Il y a aussi des traversées régulières entre Leticia et Santa Rosa, côté Pérou.

AUTO

Il n'existe quasiment aucune routes pour sortir de Leticia. Il n'est pas très utile de louer une voiture, car la ville est bien dotée en taxis, tuk-tuks et bus, à héler dans la rue ou à commander via votre hôtel. Le plus long trajet routier possible fait 11 km, entre Leticia et Tanimboca.

MARCHE

Le centre de Leticia se parcourt très bien à pied, si vous supportez la chaleur et les motards qui semblent croire que les rues et les trottoirs leur appartiennent. Puerto Nariño ne se visite qu'à pied. Voitures (et motos) en sont bannies, et c'est tant mieux !

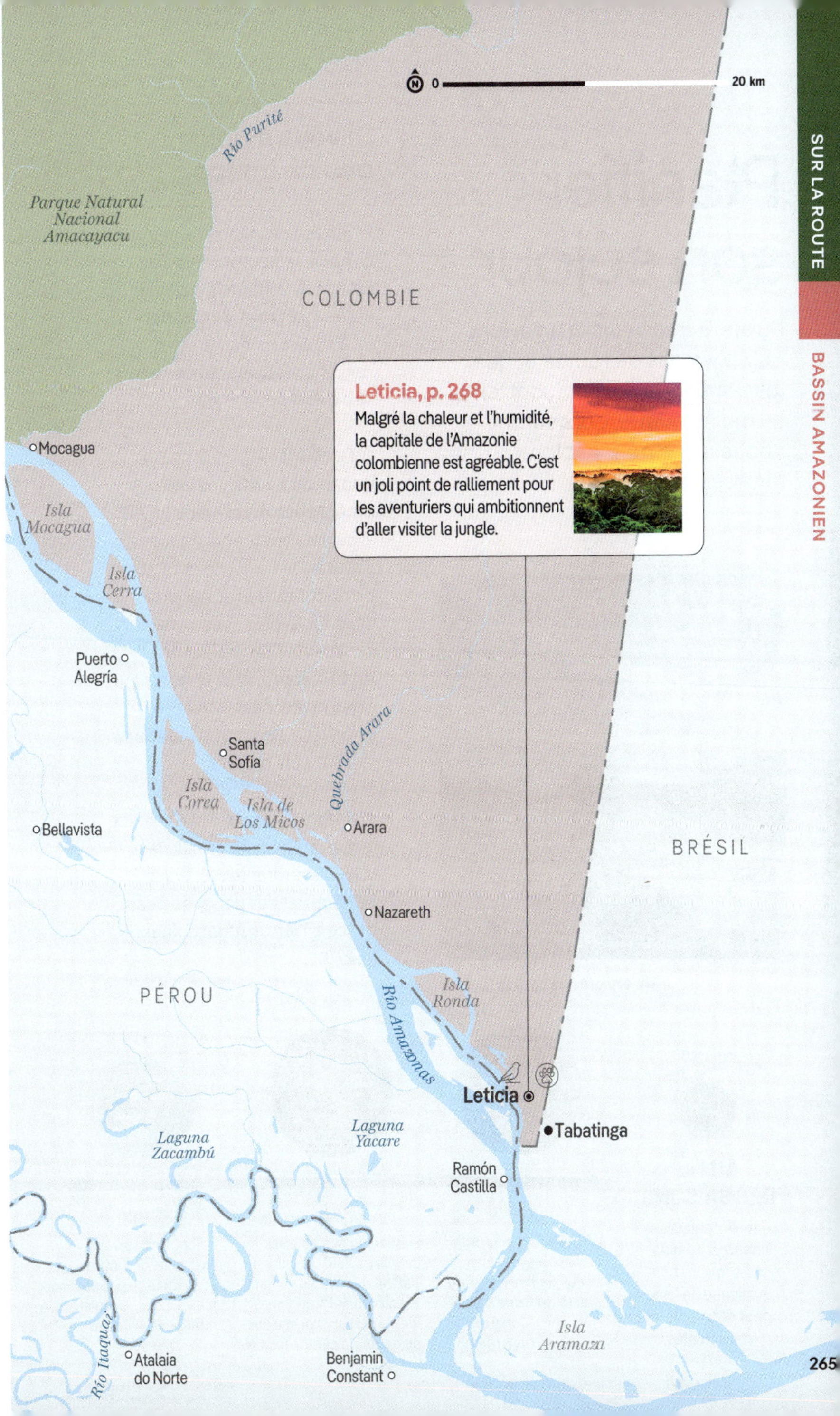
0
20 km
Río Purité
Parque Natural Nacional Amacayacu
COLOMBIE
Leticia, p. 268
Malgré la chaleur et l'humidité, la capitale de l'Amazonie colombienne est agréable. C'est un joli point de ralliement pour les aventuriers qui ambitionnent d'aller visiter la jungle.
Mocagua
Isla Mocagua
Isla Cerra
Puerto Alegría
Santa Sofía
Quebrada Arara
Isla Corea
Isla de Los Micos
Arara
Bellavista
BRÉSIL
Nazareth
PÉROU
Isla Ronda
Río Amazonas
Leticia
Tabatinga
Laguna Zacambú
Laguna Yacare
Ramón Castilla
Isla Aramaza
Río Itaquaí
Atalaia do Norte
Benjamin Constant

Planifier son séjour

Puisqu'il faut venir ici en avion, qu'il n'y a pas de routes et que les transports fluviaux sont lents, au moins quatre jours seront nécessaires pour explorer le bassin amazonien.

Rivière près de Leticia (p. 268)

Si vous avez peu de temps

- Après avoir débarqué et trouvé un hôtel, promenez-vous dans **Leticia** (p. 268), sans manquer d'aller au **Parque Santander** (p. 269) au coucher du soleil, voir les perroquets qui reviennent se percher pour la nuit.

- Le deuxième jour, consacrez la matinée à visiter le **Museo Etnográfico Amazónico** (p. 272), à fouiner dans les boutiques d'artisanat et à observer l'agitation des bords du fleuve. Après le déjeuner, sautez dans un tuk-tuk direction le **Parque Mundo Amazónico** (p. 270), le temps d'une randonnée instructive, suivie d'un petit tour à **Tabatinga** (p. 270), côté brésilien.

- Réservez auprès d'une agence locale une marche de nuit dans la jungle environnante, avant de déguster des poissons d'eau douce à **Tierras Amazónicas** (p. 270).

AU FIL DES SAISONS

Il fait toujours chaud et humide, mais la variation du niveau de l'eau peut conditionner vos activités.

FÉVRIER

Souvent un des mois les plus humides. L'eau du fleuve monte et inonde une partie de la jungle environnante.

MARS

Pendant la Semaine sainte, Leticia (p. 268) organise un festival du poisson, la **Feria Piscícola del Amazonas** : de nombreuses occasions de goûter la cuisine locale.

AVRIL

Rapprochez-vous de la cime des arbres, pendant la saison des pluies, pour observer faune et avifaune sauvages.

Un circuit classique de quatre jours

- Passez deux jours à Leticia pour vous habituer à la chaleur et à l'humidité, pendant lesquels vous intégrerez une sortie à la **Reserva Natural Tanimboca** (p. 271) et une première traversée en bateau jusqu'à **Santa Rosa** (p. 270), côté péruvien.

- Le troisième jour, embarquez de bonne heure pour **Puerto Nariño** (p. 275). Descendez dans un hôtel et longez le fleuve jusqu'au refuge **Alto del Águila** (p. 277) pour rencontrer les singes et les aigles.

- Le quatrième jour, rejoignez en bateau le **Lago Tarapoto** (p. 277) pour une partie de pêche et de baignade. Au retour, visitez le **Centro de Interpretación Natütama** (p. 277) et le **Mirador Nai-pata** (p. 277). Faites honneur aux glaces locales.

Immersion totale en Amazonie

- Prenez l'avion jusqu'à **Leticia** (p. 268). Comptez un jour ou deux pour vous acclimater et peaufiner vos déplacements. Plongez dans l'atmosphère animée des berges du fleuve, visitez les divers sites des environs et poussez jusqu'à **Tabatinga** (p. 270), la ville brésilienne limitrophe.

- Partez quatre jours en excursion sur le **Río Yavarí** (p. 274), à la frontière avec le Pérou et le Brésil, en logeant dans un plaisant lodge de jungle, dans la **Reserva Natural Zacambú** (p. 274). Au programme : baignades, pêche, randonnée dans la jungle et visite des communautés autochtones en compagnie d'un guide.

- Revenez à Leticia passer une nuit confortable au **Waira Suites Hotel** (p. 269) après avoir dîné dans son excellent restaurant.

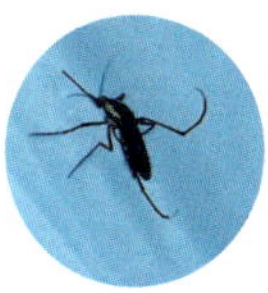

JUILLET

Le **Festival de la Confraternidad Amazónica** célèbre l'héritage culturel commun des habitants de la région des Tres Fronteras (p. 270).

AOÛT

Vous craignez les moustiques ? Ils remontent vers la cime des arbres en juillet et août.

OCTOBRE

Lors des mois les plus secs, les rivières sont moins navigableset tout n'est pas accessible en bateau. L'Amazone est au plus bas.

DÉCEMBRE

Le 7 décembre, Leticia fête le **Día de las Velitas** ("jour des petites bougies") : les rues se parent de petits cierges pour célébrer la Nativité.

LETICIA

Capitale du département de l'Amazonas, Leticia est la principale ville à des centaines de kilomètres à la ronde, et l'autoroute colombienne la plus proche se trouve à plus de 800 km. Campée sur la rive de l'imposant fleuve Amazone, au carrefour de la Colombie, du Brésil et du Pérou, elle a tout de l'avant-poste de pionniers. Ce qui ne l'empêche pas d'être animée, pleine de vrombissements de motos et d'une énergie urbaine brûlante et moite.

Malgré l'humidité écrasante et les moustiques féroces, Leticia est une étape plutôt agréable avant de partir à l'aventure. La plupart des visiteurs en font un tremplin vers la forêt pluviale, pour des sorties d'une journée et d'autres, plus ambitieuses, vers des lodges isolés dans la jungle ou à la rencontre de communautés autochtones vivant sur les abords du fleuve et de ses affluents. La ville compte quelques hôtels et restaurants corrects, une rive à l'aménagement rudimentaire et quelques parcs le long de l'unique route de la région, longue de 18 km et surnommée "Los Kilómetros".

Pour les infos pratiques, voir le Carnet d'adresses p. 278

À SAVOIR

Tabatinga, la jumelle brésilienne de Leticia, est plus délabrée et moins plaisante que sa voisine colombienne. Vous pouvez traverser la frontière librement, mais nous vous déconseillons de le faire le soir. Embauchez un chauffeur avec son tuk-tuk pour une brève "visite".

Parque Santander

Les perroquets du Parque Santander

LE SPECTACLE COMMENCE AU CRÉPUSCULE

La **place centrale** de Leticia résume bien la ville : bruyante, anarchique et un peu dépenaillée, mais aussi très attachante. Ses espaces verts sont parsemés de vieux arbres imposants, et des statues dédiées aux peuples indigènes surplombent un bassin en son centre. Autour, des enfants jouent au ballon, des vendeurs vantent leurs en-cas bon marché et des chauffeurs de tuk-tuks vous sollicitent.

Le meilleur moment pour aller sur la place est à la tombée du jour (généralement entre 17h et 17h30), quand des milliers de petits *pericos* viennent chercher refuge pour la nuit. Il s'agit de touis verts à ailes jaunes et au bec teinté de rouge. Le spectacle est extraordinaire. Ici, pas de chœurs de gentils pépiements, mais un vrai déluge aviaire qui assombrit le ciel et dont les cris virulents noient même la musique qui joue à plein volume dans les bars alentour. Pour avoir la meilleure vue, passez le pas de la petite **Iglesia Nuestra Señora de La Paz**, sur le côté est de la place. Moyennant un prix d'entrée modique, vous pourrez gravir l'étroit escalier en spirale de son clocher blanc jusqu'à un petit *mirador* (attention au vertige !) qui vous permettra d'admirer de haut la nuée de perroquets et, en toile de fond, avec un peu de chance, un spectaculaire coucher de soleil sur l'Amazone. Une expérience à ne pas manquer !

CIRCUITS GUIDÉS

La jungle se déploie bien avant d'atteindre le cours principal de l'Amazone : elle s'épanouit dès les abords de ses petits affluents. Plus on s'y enfonce, plus sont nombreuses les occasions d'observer la vie sauvage et de visiter des localités amérindiennes. Cela demande du temps et de l'argent, mais le jeu en vaut la chandelle, et Leticia compte de nombreuses agences et guides. Un circuit de 3 ou 4 jours offre un bon équilibre entre le tarif et les activités proposées. Mettez-vous toujours d'accord avant de partir sur le prix, les activités incluses et la durée du périple.

OÙ SE LOGER À LETICIA

Waira Suites Hotel
Hôtel confortable et climatisé, avec deux piscines, un restaurant correct et des chambres propres. **€€€**

Amazon B&B
Six *cabañas* et quatre chambres autour d'un splendide jardin tropical, tendues de hamacs sur leur petite terrasse close. **€€**

Hotel Anaconda
Grande piscine extérieure, petit-déjeuner américain, climatiseurs corrects. Chambres basiques mais propres. **€**

TRES FRONTERAS

On se repère facilement dans les rues de **Leticia**. La ville se tient sur une rive de l'Amazone, à la frontière avec le Brésil. De l'autre côté de cette frontière, **Tabatinga**, de même importance, dispose de son propre aéroport, ainsi que d'un port d'où partent des bateaux pour Manaus, en aval. On circule librement d'une ville à l'autre, ou, en face, vers l'île péruvienne de **Santa Rosa** d'où appareillent des bateaux pour Iquitos. Les voyageurs qui veulent aller plus loin au Brésil ou au Pérou doivent satisfaire aux formalités douanières.

Une présence militaire continue essaie de garantir la sécurité de Leticia, de Tabatinga et des environs, mais ne vous éloignez jamais seul au-delà des secteurs couverts par les guides locaux. Ne vous aventurez pas non plus seul la nuit aux abords de ces villes, où d'anciens narcotrafiquants, paramilitaires et cueilleurs de coca réinsérés tiennent des des maisons closes et des bars louches.

JEREMY PEMBREY/ALAMY STOCK PHOTO ©

Reserva Natural Tanimboca

Parque Mundo Amazónico

UN AVANT-GOÛT DE LA JUNGLE

Avec ses 29 ha, le **Parque Mundo Amazónico** (PMA), réserve environnementale s'étendan à 7 km de Leticia, permet au visiteur de se faire une idée des plantes, arbres et habitants de la jungle avant de partir en expédition. Il met davantage l'accent sur la théorie et la pédagogie que la réserve de Tanimboca, située un peu plus loin, qui se concentre sur les activités.

Le grand jardin botanique du PMA recèle la plus importante collection végétale de la région. On peut découvrir les quelque 700 espèces à travers quatre parcours thématiques, de 30 à 45 minutes chacun.

On peut ainsi visiter une portion de jungle, le jardin botanique, un village autochtone avec des maisons traditionnelles et un aquarium, où l'on peut apercevoir les poissons qui peuplent l'Amazone et ses affluents, tels que piranhas et pirarucus – ce qui est peu probable depuis un bateau.

Il est ainsi possible de combiner autant de parcours qu'on le souhaite, voire les quatre dans la journée – on vous proposera même un déjeuner, le cas échéant. Si vous ne parlez pas espagnol, appelez au préalable pour réserver un guide parlant l'anglais. Il est également envisageable de faire seul la balade dans la jungle. Le sentier de 2 km traverse une épaisse végétation où on se perdrait facilement s'il n'était pas balisé de croix jaunes.

Pour les lève-tôt : la visite guidée d'observation des oiseaux, qui démarre à 5h30 (on vous propose un petit-déjeuner), est très instructive et la diversité de la faune à plumes, étourdissante. Préparez-vous à apercevoir chouettes, colibris, perroquets et pics verts.

OÙ SE RESTAURER À LETICIA

Waira Suites Restaurant
Hôtel-restaurant élégant, climatisé, proposant une cuisine généreuse, internationale et régionale. **€€**

Tierras Amazónicas
Cuisine puisée dans les recettes indigènes. Spécialités de poissons et excellent *lomo saltado* péruvien. **€€**

El Santo Ángel
Carte variée et plaisante, musique live et tables en plein air, dans une ambiance vaguement germanique. **€€**

Le centre est situé au "km 7,7", sur Los Kilómetros, la route reliant Leticia à Tarapaca. On peut y accéder en taxi ou en bus, qui vous dépose à 700 m de l'entrée du parc.

Aventures dans la jungle à Tanimboca

CENTRE D'ACTIVITÉS AMAZONIEN

À 11 km de la ville, sur Los Kilómetros, la **Reserva Natural Tanimboca** est un centre d'activités en pleine jungle. Cette réserve au cœur de la forêt touffue offre davantage de divertissements et d'activités physiques que le Mundo Amazónico voisin.

On vous proposera de séjourner dans des lodges ou des *malokas*, des cabanes amazonniennes traditionnelles, perchées dans les arbres à 12 m de hauteur. Que vous passiez la nuit sur place ou non, vous pouvez faire un superbe circuit qui vous emmène à travers la canopée, via des cordes, des tyroliennes et un pont de corde, jusqu'à 35 m au-dessus du sol. Vous pourrez aussi profiter des sentiers aménagés, des sorties en kayak et d'un restaurant spécialisé dans le poisson grillé.

La préservation de l'écosystème est au cœur du projet de cette réserve privée. Les guides vous diront tout sur les singes, les serpents, les toucans et les grenouilles qui peuplent les lieux. La visite commentée de nuit vous permettra d'apercevoir les animaux nocturnes, tels que les tarentules (arachnophobes s'abstenir, bien évidemment).

La réserve gère sa propre **agence** (p. 278) ; une seconde agence, dans le centre de Leticia, à un pâté de maisons du Parque Santander, propose toutes sortes d'excursions, notamment de plusieurs jours le long de l'Amazone et de ses affluents.

DE BELLES EXCURSIONS D'UNE JOURNÉE

Reserva Natural Victoria Regia
Petite réserve où admirer la faune et les nénuphars géants, à 15 minutes de bateau de Leticia.

Santa Rosa
Faites un saut au Pérou en 10 minutes de traversée du fleuve en bateau pour déjeuner au Brisas del Amazonas.

Puerto Nariño
Si vous manquez de temps, ce fleuron de l'écotourisme peut se visiter en une journée.

Caminata Nocturna
Testez la marche de nuit à travers la jungle, aux abords de Leticia, pour découvrir des animaux nocturnes.

Comprendre la culture autochtone

MUSÉES ET VISITES DE VILLAGES

L'Amazonie colombienne dans son ensemble compte plus de 60 groupes ethniques. À Leticia, dont la population est dans une large part autochtone, les plus nombreux sont les Ticunas, mais il n'est pas rare de croiser des Tucanos, des Yaguas ou des Nukaks, entre autres. Plusieurs agences de la ville proposent des excursions lors desquelles vous seront fournies des informations sur la culture autochtone, et présentés des productions artisanales locales de qualité et des projets de protection de la faune. À cette occasion, vous pourrez aussi, bien sûr, rencontrer des habitants.

Avant de vous lancer sur les pistes à travers la jungle, effleurez la complexité de la culture amazo-

POUR ALLER PLUS LOIN

Tenter les excursions de plusieurs jours le long du **Río Yavarí** (p. 274) : en visitant les réserves les plus éloignées, vous pourrez rencontrer quelques-unes des tribus autochtones qui vivent, isolées, dans la forêt pluviale.

OÙ PRENDRE UN VERRE À LETICIA

Mossh Bar
Bar étonnamment tendance face au Parque Santander, où l'ambiance festive noie le criaillement des perroquets.

Barbacoas
Choix d'activités : parties de billard, bière sur le trottoir ou étude anthropologique des piliers de bars.

Cafe & Pub Vicpal
Le café *latte* est aussi bon qu'à Bogotá et, pour les gourmands, le gâteau à l'*arequipe* est excellent.

PAROLE D'EXPERT DE LETICIA

Antonio Cruz Pérez, fondateur d'Amazon Jungle Trips

Les choses à faire ? Découvrir la nature et faire des activités qui ont du sens et tissent un lien entre la jungle et les cultures autochtones. Explorer en profondeur les écosystèmes locaux. Observer les animaux dans leur habitat, y compris les *botos* et les alligators.

Le meilleur resto ? **Tierras Amazónicas**, un des restaurants les plus fréquentés de Leticia, propose une cuisine typique. Commandez du poisson – pirarucu, *gamitana*, tucunaré –, la spécialité de la maison, accompagné de légumes locaux, pour une expérience authentique.

Un conseil à ceux qui viennent pour la première fois ? Posez beaucoup de questions avant de choisir votre excursion. Les tarifs bas sont parfois synonymes de mauvaises expériences. Emportez une frontale, une cape de pluie et une gourde d'eau. Essayez de réduire au maximum vos déchets.

nienne au **Museo Etnográfico Amazónico** de Leticia, qui abrite une collection d'objets autochtones, modeste mais très bien pensée et judicieusement présentée. Le bâtiment rose vif du musée – dont l'entrée est gratuite – est situé dans la bibliothèque municipale. Au fil des vitrines, vous irez à la rencontre des *malokas* (longues maisons traditionnelles) et des *chagras* (parcelles cultivées), des instruments de musique, des tissus, des outils, des poteries, des armes, des masques et des costumes de cérémonie. C'est une bonne introduction aux peuples amazoniens, avec des notices en anglais.

En complément du musée, on trouvera une série d'objets, plus aléatoire et moins bien mise en valeur mais tout aussi intéressante, au fond de la plus importante boutique d'artisanat de la ville, la **Galería Arte Uirapuru**, à deux pâtés de maisons à l'est du quai. L'endroit, baptisé **Museo Alfonso Galindo**, baigne dans la pénombre et semble tout droit sorti d'un roman de Graham Greene. On peut y apprécier de l'artisanat ticuna et des artefacts religieux à côté de curiosités comme un *boto* (dauphin d'eau douce) naturalisé.

Nombre de villages sont facilement accessibles en bateau depuis Leticia, mais il vous faudra peut-être passer une ou plusieurs nuits en forêt. La **Reserva Natural Tucuchira** (reserva-tucuchira.com), proche du village ticuna de Santa Sofia, se situe à 30 km au nord-ouest de Leticia. Vous pouvez y dormir dans un lodge écoresponsable (ou chez l'habitant) et découvrir l'artisanat, la pêche, l'agriculture et la vie quotidienne dans la jungle.

Pour s'imprégner de culture amazonienne, direction **San Martín de Amacayacu**, un village ticuna plus éloigné, à la lisière du **Parque National Natural (PNN) Amacayacu**. Situé à 60 km au nord-ouest de Leticia et à 8 km à l'est de Puerto Nariño, il est accessible par un ferry quotidien au départ de Leticia. La **Casa Gregorio** (réservation obligatoire sur casagregoriolodge.com), lodge de bonne réputation tenu par des Néerlandais et des Ticunas, propose des hébergements simples et une véritable immersion dans le village, grâce à des randonnées dans la forêt tropicale, des ateliers d'artisanat et des sorties de pêche sur le Río Amacayacu.

ARTURO PEÑA ROMANO MEDINA/GETTY IMAGES ©

Femme ticuna

LES MEILLEURS LODGES DANS LA JUNGLE

Calanoa Amazonas
Un petit coin de paradis qui allie style et détente. Sept chambres dans des huttes au toit de chaume superbement décorées. **€€€**

Zacambú Rainforest Lodge
Dans la réserve naturelle Zacambú (p. 274). Logements simples, hamacs, et petites attentions bienvenues. **€€€**

Casa Gregorio
Un cabanon et cinq chambres dans cet hôtel familial, au cœur d'un village ticuna proche du PNN Amacayacu. **€€€**

Environs de Leticia

Leticia est une aiguille dans la botte de foin géante qu'est la jungle amazonienne. On pourrait explorer la région durant des semaines et n'en voir qu'une infime partie.

Pour les infos pratiques, voir le Carnet d'adresses p. 278

À SAVOIR

Le vaccin contre la fièvre jaune est recommandé, et même obligatoire si vous venez du Brésil. La malaria n'est pas à prendre à la légère non plus. Consultez votre médecin pour obtenir un traitement adapté.

Depuis les Tres Fronteras (p. 270) et Leticia, beaucoup d'excursions rayonnent vers le Pérou ou le Brésil. Si elles sont possibles à réaliser en une journée, 3 à 7 jours sont nécessaires pour une expérience réellement immersive. Certaines vous emmènent sur le Río Yavarí, affluent de l'Amazone aux méandres serrés qui marque la frontière entre le Pérou et le Brésil. Dans les deux réserves naturelles privées qui s'étendent dans la basse jungle du Yavarí, celle de Zacambú et celle de Palmarí, on trouvera des lodges simples proposant des activités telles que kayak, observation des oiseaux ou des dauphins d'eau douce, treks dans la jungle et visite de villages autochtones. On peut aussi suivre l'Amazone vers l'ouest et la haute jungle de la réserve naturelle de Tupana Arü Ü ou le parc national Amacayacu, tous deux en Colombie.

Maison ticuna, San Martín de Amacayacu

RESERVA NATURAL TUPANA ARÜ Ü

En progressant 3 km à pied dans la jungle depuis le hameau de La Libertad, à 1 heure de bateau de Leticia sur le bord de l'Amazone, vous entrerez dans la **réserve naturelle Tupana Arü Ü**. Cette zone de haute jungle, à 60 km au nord de Leticia, offre de très belles occasions de randonnées, d'observation des oiseaux, de sorties en canoë et de découverte des cultures autochtones. Les hébergements sont simples mais confortables, et les activités déjà organisées. Il faut réserver en passant par les experts d'**Amazon Jungle Trips**, à Leticia.

Scannez ce QR code pour réserver.

Randonnée près de Leticia

Au fil du Río Yavarí

LODGES DANS LA JUNGLE ET RÉSERVES NATURELLES

La **Reserva Natural Zacambú** est l'une des réserves les plus proches de Leticia (elle se trouve à 70 km en bateau), et l'une des plus aisément accessibles. Son lodge (p. 272) est situé sur la rive du Río Zacambú, affluent du Yavarí, côté péruvien. Cette forêt inondée abrite de multiples espèces de papillons – mais aussi de nombreux moustiques. Sa proximité avec des villages péruviens n'en fait pas une réserve idéale pour la faune, mais on peut tout de même y observer dauphins roses, piranhas et caïmans dans la rivière, ainsi qu'une grande variété d'oiseaux dans la végétation. Lodge et circuits sont tenus par **Amazon Jungle Trips**, à Leticia.

À 35 km en amont de Zacambú, la **Reserva Natural Palmarí**, sur la rive brésilienne du Río Yavarí, domine un large méandre où se rassemblent les dauphins gris et roses. C'est le seul lodge permettant d'observer les trois types d'écosystèmes amazoniens : la *terra firme* (non inondable), la *várzea* (périodiquement inondable) et l'*igapó* (inondé). Le lodge, rudimentaire, emploie de bons guides autochtones. Il propose un large choix de sorties en bateau et en kayak, et les plus belles randonnées de la région. C'est le meilleur endroit pour apercevoir des tapirs et, pour les plus chanceux, des jaguars.

TOUR-OPÉRATEURS SPÉCIALISTES DE LA JUNGLE

Amazon Jungle Trips
Parmi les plus fiables de Leticia, propriétaire de deux lodges en pleine jungle (amazonjungletrips.com.co).

Colombia Remote Adventures
Échanges culturels avec les Ticunas et aventures nature avec guides anglophones (colombiaremoteadventures.com).

Selvaventura
L'agence de Leticia propose sorties dans la jungle profonde et observation des écosystèmes inondés (selvaventura.co).

PUERTO NARIÑO

Preuve vivante que l'homme et la nature peuvent cohabiter harmonieusement, cette petite ville amazonienne à 75 km en amont de Leticia a fait de la vie au vert un véritable art de vivre. Les véhicules à moteur y sont interdits, on y recueille l'eau de pluie dans des citernes pour faire la lessive et jardiner, et une petite unité de purification de l'eau permet de se passer de bouteilles en plastique. L'électricité, disponible jusqu'à minuit uniquement, provient d'un générateur basse consommation. Chaque matin, des brigades citoyennes nettoient les rues paysagées. Le recyclage et le traitement des déchets organiques sont ici une seconde nature. Il n'y a ni ordures, ni graffitis, et la criminalité y est négligeable. Le contraste avec Leticia, sale et polluée, ne pourrait être plus grand.

La majorité des quelque 6 000 habitants de Puerto Nariño sont ticunas, cocomas ou yaguas. Et cette expérience d'un mode de vie durable a fait de l'écotourisme une importante source de revenus pour le village. Cet endroit paisible est idéal pour se détendre et rencontrer les habitants, aller admirer le superbe lac Tarapoto et ressentir l'essence de la biodiversité de l'Amazone.

Pour les infos pratiques, voir le Carnet d'adresses p. 278

À SAVOIR

Si l'on trouve quelques épiceries correctes, il n'y a en revanche ni banque ni DAB. Les cartes bancaires ne sont acceptées nulle part. Emportez suffisamment d'espèces si vous projetez des excursions dans la jungle : leur coût monte assez vite. Il y a un faible signal Wi-Fi devant l'office du tourisme.

Puerto Nariño

POURQUOI J'AIME PUERTO NARIÑO

Brendan Sainsbury, auteur

Quand vous voyagez, ce sont parfois les petites choses quotidiennes qui marquent le plus. À Puerto Nariño, j'aime les maisons de bois ornées de motifs indigènes, les statues originales aux poses amusantes, comme le gorille extraterrestre ou le serpent phallique qui enserre un dauphin rose. Le village est réputé pour son projet écologique et, après le désordre et le bruit de Leticia, il est rafraîchissant de voir les gens du coin vaquer à leurs occupations avec des brouettes plutôt qu'en voiture.

Le soir, je vais toujours dans un restaurant proche du fleuve, face au terrain de sport, où je peux assister à des matchs de football à cinq contre cinq d'un très bon niveau technique, tout en buvant une bière fraîche.

Visiter une ville sans voitures

UNE EXPÉRIENCE UNIQUE AU CŒUR DE LA JUNGLE

Parcouru par un petit réseau de trottoirs de brique rouge pentus, Puerto Nariño est par bonheur vide de toute circulation automobile à l'exception des deux seuls véhicules autorisés ici : le tracteur qui ramasse les déchets et l'ambulance qui fait la liaison avec les urgences de l'hôpital.

Il faut se rendre au bord du fleuve pour prendre le pouls du village : un terrain de sport couvert accueille des matchs de football et de basket le soir, et un marché matinal vend des fruits, du poisson et toutes sortes de bricoles.

L'*alcaldía* (hôtel de ville), un bâtiment d'un bleu distinctif, renferme la **Casa Museo Etnocultural**, un mini-musée gratuit exposant quelques objets produits par les populations autochtones. À côté, on trouve un utile **guichet d'informations touristiques** (avec plans et cartes) et, derrière, l'**unité de traitement de l'eau** où on peut remplir ses propres bouteilles. C'est aussi l'endroit où le Wi-Fi est le plus accessible (ou plutôt le moins inaccessible).

Pour profiter de la plus belle vue, prenez le chemin qui monte derrière le terrain de sport, passe devant quelques restaurants

OÙ SE RESTAURER À PUERTO NARIÑO

El Tigrillo
Lumineux et accueillant, on y déguste pizza et pasta, et d'excellents plats péruviens pour couronner le tout. **€€**

Las Margaritas
Toit de chaume et restaurant ouvert au déjeuner seulement pour un buffet colombien de bonne facture. **€€**

Restaurante Los Amazonicos
Sous ses airs de maison particulière, le petit-déjeuner y est plus que décent et roboratif. **€**

et une boutique d'artisanat branchée, et poursuit jusqu'au **Mirador Nai-pata**, tour de bois de trois étages du haut de laquelle on peut contempler tout le village, le fleuve et la jungle environnante ("*nai-pata*" signifie "maison dans les arbres" en ticuna). À son pied, vous trouverez dans la jolie boutique de glaces artisanales de quoi vous récompenser de vos efforts.

Revenez en faisant la boucle par l'est, passez devant l'église blanche et les statues d'oiseaux et d'autres bêtes sauvages disséminées çà et là pour arriver au **Centro de Interpretación Natütama**, situé face à une passerelle surélevée. L'endroit abrite un musée captivant où sont regroupées près de 100 sculptures de bois grandeur nature de la faune et de la flore amazoniennes, et qui propose des vidéos évoquant la situation catastrophique des dauphins roses d'eau douce et des lamantins.

Se baigner et pêcher au Lago Tarapoto

À LA RENCONTRE DES DAUPHINS ROSES

Parsemée de nénuphars géants, le **Lago Tarapoto**, à 10 km à l'ouest de Puerto Nariño, est une oasis paradisiaque en pleine jungle alimentée par le Río Amazonas, où évoluent *botos* (dauphins roses) et lamantins. Il serait dommage d'arriver ici sans pousser jusqu'au lac, au terme d'une excursion d'une demi-journée en *peque-peque* (pirogue à moteur) depuis Puerto Nariño. Gardez en tête que la présence des dauphins varie selon la saison : on aura bien plus d'occasions d'en voir à la saison des pluies, de janvier à mi-juin.

Il est également possible de se baigner dans ce lac aux eaux tièdes à certaines périodes de l'année, sous la supervision d'un guide : les petites sardines se contentent de mordiller, ce qui n'est pas le cas des piranhas... Vous aurez cependant peut-être la chance d'en pêcher un à la ligne.

Le lac fait partie d'une zone humide protégée, déclarée en 2017 d'importance internationale par la convention de Ramsar – traité pour la conservation et le développement durable des zones humides. Outre les dauphins et les lamantins, il abrite des loutres géantes et 136 espèces de poissons, dont le pirarucu, le plus gros poisson d'eau douce au monde. Les habitants de la réserve autochtone ticoya viennent y pêcher presque tous les jours.

Les petits sentiers de randonnée autour du lac offrent de brèves balades, dont une qui conduit à un *ceiba* (arbre) très vieux et très noueux. Le coucher de soleil sur l'eau est un spectacle incomparable.

Le trajet de 30 minutes depuis Puerto Nariño passe par un étroit chenal entouré d'une épaisse végétation, qui n'est pas sans rappeler une scène lugubre du film *Apocalypse Now*.

PRÉSERVATION DE L'ENVIRONNEMENT

Fondé en 1961 seulement, Puerto Nariño est fermement engagé dans la protection de l'environnement. C'est la première localité colombienne à avoir été classée ville de tourisme durable (elles sont aujourd'hui 27), et ses habitants, issus des 22 communautés autochtones locales, pratiquent encore la pêche artisanale et cultivent le maïs, le manioc et l'ananas sur des *chakras* (parcelles agricoles traditionnelles).

Une bonne partie de l'effort municipal a pour origine la **fondation Natütama** (fundacionnatutama.org), à but non lucratif, créée en 2005 par trois femmes, dont deux sont colombiennes. Tenue par des guides autochtones, Natütama intervient dans les écoles et auprès du public pour parler d'écologie, de biodiversité et de l'utilisation rationnelle des ressources. Elle a aussi lancé un programme de surveillance et de protection des tortues, des dauphins roses, des lamantins et des pirarucus.

OÙ SE LOGER À PUERTO NARIÑO

Waira Selva Hotel
L'hôtel le plus chic de la ville : 13 chambres confortables avec volets en bois et sdb modernes. Restaurant réservé aux clients. **€€**

Hotel Lomas del Paiyü
Hôtel fiable au charme brut de 22 chambres basiques à toit de tôle. Petit-déjeuner en chambre. **€**

Alto del Águila
En hauteur dans la jungle, huttes bancales et sanitaires communs, mais singes sympathiques et propriétaire plein de charisme. **€**

Carnet d'adresses

LETICIA

Iglesia Nuestra Señora de La Paz
Voir p. 269 (8-592-7140 ; 8h-17h lun-jeu, 9h-17h ven)

Galería Arte Uirapuru et Museo Alfonso Galindo
Voir p. 272 (C. 8 n°10-35 ; 9h-12h et 15h-18h lun-sam)

Museo Etnográfico Amazónico
Voir p. 272 (8-592-7213 ; banrepcultural.org/leticia ; Carr. 11 n°9-43 ; 8h30-18h lun-ven, 9h-13h sam)

Parque Mundo Amazónico
Voir p. 270 (321-472-4346, 322-284-0748, 312-3614-606 ; mundoamazonico.com ; Km 7,7 Vía Tarapacá ; circuits à partir de 90 000 COP, suppl. guide anglophone demi journée/journée 80 000/120 000 COP ; 8h-14h30)

Reserva Natural Tanimboca
Voir p. 271 (310-791-7470, 321-207-9909 ; tanimboca.org ; agence Carr. 10 n°11-69, réserve Km 11 Vía Tarapacá ; pass journée 140 000 COP, tyrolienne 75 000 COP, kayak 55 000 COP ; 8h-15h)

Amazon Jungle Trips
Voir p. 274 (321-426-7757 ; amazonjungletrips.com.co ; Carr. 6 n°6-21)

Colombia Remote Adventures
Voir p. 274 (312-511-5952 ; colombiaremoteadventures.com)

Tanimboca Tours
Voir p. 271 (310-791-7470 ; tanimboca.com ; Carr. 10 n°11-69)

MARCO/STOCK.ADOBE.COM ©

Brume sur l'Amazone

Selvaventura
Voir p. 274 (311-287-1307 ; selvaventura.co ; C. 8 n°8-70)

Amazon B&B
Voir p. 269 (320-403-6837, 310-777-2249 ; amazonbb.com ; C. 12 n°9-30)

Hotel Anaconda
Voir p. 269 (8-592-7891, 8-592-7274, 8-592-7119 ; hotelanaconda.com.co ; Carr. 11 n°7-34)

Waira Suites Hotel
Voir p. 269 (8-592-5946 ; wairahotel.com.co ; Carr. 10 n°7-36)

El Santo Ángel
Voir p. 270 (310-860-3227 ; facebook.com/elsantoangeld ; Carr. 10 n°11-119 ; 15h-23h30 mar-sam, jusqu'à 22h dim)

Tierras Amazónicas
Voir p. 270 (8-592-4748 ; facebook.com/RestauranteTierrasAmazonicas ; C. 8 n°7-50 ; 11h30-22h dim-ven, jusqu'à 22h30 sam)

Waira Suites Restaurant
Voir Waira Suites Hotel ci-dessus.

Barbacoas
Voir p. 271 (Carr. 10 n°8-28)

Cafe & Pub Vicpal
Voir p. 271 (321-976-1428 ; facebook.com/vicpal.Pub Coffee ; C. 8 n°7 ; 15h-23h)

Moosh Bar
Voir p. 271 (313-227-2028 ; facebook.com/barmossh ; C. 10 n°9 ; 17h-1h30 mar-jeu, 17h-3h30 ven-dim)

ENVIRONS DE LETICIA

Parque Nacional Natural (PNN) Amacayacu
Voir p. 272 (601-353-2400 ; parquesnacionales.gov.co ; 57 500 COP)

Reserva Natural Palmarí
Voir p. 274 (310-786-2770 ; palmari.org)

Reserva Natural Tucuchira
Voir p. 272 (316-737-5015 ; reserva-tucuchira.com ; Comunidad de Santa Sofía)

Reserva Natural Tupana Arü Ü
Voir p. 274 (321-426-7757 ; amazonjungletrips.com.co)

Reserva Natural Victoria Regia
Voir p. 271 (318-400-4920 , La Milagrosa ; 7h-17h30)

Reserva Natural Zacambú
Voir p. 274 (321-426-7757 ; amazonjungletrips.com.co)

Calanoa Amazonas
Voir p. 272 (350-316-7210 ; calanoaamazonas.com)

Casa Gregorio
Voir p. 272 (310-279-8147 ; casagregoriolodge.com ; San Martin de Amacayacu)

Zacambú Rainforest Lodge
Voir p. 272 (321-426-7757 ; amazonjungletrips.com.co)

Brisas del Amazonas
Voir p. 271 ((+51) 73-336-088 ; facebook.com/brisasdelamazonas ; Anexo Andrés Avelino Cáceres, Piura, Pérou ; 9h30-20h45)

Puerto Nariño (p. 275)

PUERTO NARIÑO

Casa Museo Etnocultural
Voir p. 276 (angle Carr. 7 et C. 5 ; entrée libre ; 8h-12h et 14h-17h lun-ven)

Centro de Interpretación Natütama
Voir p. 277 (312-427-5071 ; fundacionnatutama.org ; 10 000 COP ; 9h-17h mer-lun)

Mirador Nai-pata
Voir p. 277 (C. 4 ; tarif plein/réduit 5 000/3 000 COP ; 7h-18h lun-ven, 8h-17h sam-dim)

Alto del Águila
Voir p. 277 (311-502-8592, 314-201-3154 ; altodelaguila.wordpress.com)

Hotel Lomas del Paiyü
Voir p. 277 (313-268-4400, 313-871-1743 ; facebook.com/hotellomasdelpaiyu ; C. 7 n°2-26)

Waira Selva Hotel
Voir p. 277 (8-592-5946 ; wairahotel.com.co/waira-selva ; Carr. 10 n°7-36)

El Tigrillo
Voir p. 276 (314-767-3311 ; hospedajetigrillo.com ; C. 5 n°1-32)

Las Margaritas
Voir p. 276 (311-276-2407 ; C. 6 n°6-80 ; 12h-15h)

Restaurante Los Amazonicos
Voir p. 276 (321-452-1572 ; Carr. 1 n°5-66)

CARNET PRATIQUE

Ce chapitre présente toutes les informations pratiques essentielles dont vous aurez besoin pour voyager en Colombie.

Randonnée, Teyuna-Ciudad Perdida (p. 140)

Arriver en Colombie

Il est possible d'entrer en Colombie par voie aérienne, terrestre, fluviale et maritime. La majorité des visiteurs arrivent par avion via les grands aéroports à Bogotá, Medellín, Cartagena et Cali. L'aéroport international El Dorado, situé à 15 km du centre-ville de Bogotá, est le principal point d'entrée des voyageurs.

Entrer en Colombie

Tous les voyageurs doivent remplir le formulaire en ligne **Check-Mig** (déclaration de santé) 72 heures ou jusqu'à 1 heure avant l'arrivée ou le départ de Colombie (apps.migracioncolombia.gov.co/pre-registro). Valable 30 jours.

Visa

Les ressortissants de l'Union européenne et de l'espace Schengen, ainsi que les Canadiens, peuvent séjourner en Colombie jusqu'à 90 jours sans visa, sur présentation d'un passeport valide encore 6 mois après la date de retour et d'un billet aller-retour.

Carte SIM

La couverture réseau et de données est excellente en Colombie. Claro offre la plus grande couverture réseau, suivi par Tigo et Movistar. Des cartes SIM sont vendues dans les supérettes, notamment dans le terminal principal de l'aéroport.

Transfert aéroport

Taxi Imperial est la seule compagnie de taxis autorisée à l'aéroport de Bogotá. Vous pouvez aussi prendre la navette 16-14 gratuite Alimentador (bus vert) de TransMilenio jusqu'à la gare routière Portal Eldorado.

Transports des principaux aéroports internationaux vers le centre-ville

	Bogotá	Medellín	Cartagena	Cali
BUS	1 h 2 950 COP	1 h 13 000 COP	20 min 2 000 COP	30 min 7 000 COP
TAXI	45 min 35 000 COP	45 min 98 000 COP	15 min 15 400 COP	26 min 60 000 COP
UBER	45 min 22 000 COP	45 min 90 000 COP	15 min 13 400 COP	26 min 48 000 COP

APPLICATIONS VTC

Les applications de réservation de taxi comme Uber, Beat, Easy Taxi et Cabify fonctionnent dans les principales villes, mais elles sont surveillées de près par les compagnies de taxis traditionnelles. Uber a brièvement été interdit en Colombie pour violation des règles de la concurrence, mais la compagnie a repris ses activités en profitant d'une faille juridique. Passer par ces applications est plus sûr que de héler un taxi dans la rue : des passagers ont été victimes d'escroqueries, de vols ou d'enlèvements (voir Santé et sécurité, p. 291).

Avion

Aeropuerto Internacional El Dorado de Bogotá (eldorado.aero). Le plus grand aéroport international du pays, rénové depuis peu. Sa deuxième phase d'extension est en cours.
Aeropuerto José María Córdova (aeropuertorionegro.co). Dessert Medellín.
Aeropuerto Rafael Núñez (aeropuertocartagena.com.co). Dans Cartagena.
Aeropuerto Alfonso Bonilla Aragón (aerocali.com.co). Dessert Cali.

Depuis la France Seuls la compagnie Air France et son partenaire néerlandais KLM proposent des vols sans escale entre Paris et Bogotá (AR à partir de 930 €) pour une durée de vol d'environ 10 heures 30. Les autres vols comportent au moins une escale : Air Europa, Iberia et LATAM via Madrid, Lufthansa via Francfort. Des compagnies américaines, dont Delta, proposent aussi des vols avec escale aux États-Unis, mais attention, une autorisation ESTA est obligatoire en cas de transit par ce pays (et la correspondance peut être longue). Comptez à partir de 650 € pour un vol avec escale entre Paris et Bogotá.

La compagnie aérienne nationale est **Avianca** (avianca.com). C'est l'une des meilleures de la région tant au niveau du service que de la fiabilité.

Depuis la Belgique Au départ de Bruxelles, outre les compagnies citées ci-dessus, Avianca propose des vols avec escale pour Bogotá (via Londres) et Medellín (via Madrid). Comptez environ 14 heures 30 de vol en moyenne, escale comprise.
Depuis la Suisse Air France/KLM et Iberia desservent Bogotá avec une escale (respectivement via Paris-CDG/Amsterdam et Madrid), au départ de Zurich ou Genève.
Depuis le Canada Air Canada assure des vols directs à destination de Bogotá depuis Toronto (6 heures de vol) et Montréal (6 heures 15 de vol).

À SAVOIR
Pour entrer en Colombie, un billet retour est exigé, ce qu'appliquent rigoureusement les compagnies aériennes et les agences de voyages : aucune ne vous vendra un aller sans billet retour. À votre arrivée, cependant, il est fort possible qu'aucun agent d'immigration ne vous le demande.

Bateau

Il est possible de gagner le **Panama** par bateau depuis la Colombie en effectuant une croisère de plusieurs jours via les îles San Blas. De nombreux voiliers circulent entre les ports panaméens de Portobelo, El Porvenir ou Colón et Cartagena en Colombie. C'est une forme de voyage intercontinental très prisée, et l'itinéraire passe généralement par les belles îles San Blas. L'agence colombo-américaine **Blue Sailing** (bluesailing.net), basée à Cartagena, est une valeur sûre. Il est également possible d'effectuer le trajet de Bahía Solano (Chocó) à Jaqué au Panama (6-8 heures), mais les départs sont très occasionnels.

Voiture et moto

La Colombie est frontalière du Panama, du Pérou, du Brésil, du Venezuela et de l'Équateur, mais ne compte de liaisons routières qu'avec ces deux derniers.
Équateur Pratiquement tous les voyageurs passent par le poste-frontière de la route panaméricaine, entre Tulcán (Équateur) et Ipiales (Colombie).
Venezuela Le poste-frontière le plus emprunté est de loin celui entre San Antonio del Táchira (Venezuela) et Cúcuta (Colombie), sur la route principale Caracas-Bogotá. En raison de la crise politique au Venezuela, les passages de frontière avec la Colombie sont devenus irréguliers. La situation semble s'améliorer avec la réouverture de tous les postes-frontières en 2023, toutefois renseignez-vous sur la situation du moment avant d'envisager un déplacement.
Brésil et Pérou Le seul lieu de passage viable en arrivant de ces deux pays est Leticia. Située au sud-est de l'Amazonie colombienne, la ville est accessible par cargo mixte depuis Iquitos (Pérou) et Manaus (Brésil). Aucune route ne dessert Leticia : l'avion est le seul moyen de rallier d'autres régions de Colombie depuis cette ville-frontière (2-3 vols/jour depuis/vers Bogotá et Medellín). Des bateaux rapides rallient également Puerto Nariño chaque jour (2 heures de trajet ; voir p. 264).

Comment circuler

Le bus reste le moyen le plus courant et le moins cher de se déplacer en Colombie, mais les vols à bas coût permettent de réduire la durée des trajets pour un surcoût raisonnable.

BUDGET

Location de voiture
À partir de 180 000 COP/jour

Essence
Environ 2 600 COP/litre

Recharge électrique
Environ 10 000 COP/h

Location de vélo
À partir de 45 000 COP/jour

Colectivos

Les *colectivos* (minibus, vans ou taxis collectifs) sont un moyen bon marché de parcourir de petites distances. Ils ne circulent pas selon des horaires fixes : ils partent une fois pleins. Ils sont les plus prisés pour les courts trajets de moins de 4 heures.

Motos-taxis

Bien qu'illégales selon le ministère colombien des Transports, les motos-taxis sont très répandues dans les villes pauvres en transports en commun. Si vous n'avez d'autre choix, demandez un casque (*casco*) et fixez le prix avant de monter.

À SAVOIR

Des billets à prix réduit sont parfois proposés dans les gares routières. Demandez *¿Hay un descuento?*

PICO Y PLACA

Pour décongestionner les routes dans les grandes villes, la circulation des véhicules y est limitée certains jours de la semaine et à certaines heures en fonction du dernier numéro de leur plaque d'immatriculation. Ce système s'appelle Pico y Placa ("pic et plaque"). Si vous louez une voiture, demandez-en une avec une plaque qui n'entravera pas vos projets. Les restrictions varient selon les villes. Les véhicules électriques et hybrides n'y sont pas soumis. Les calendriers officiels du Pico y Placa sont disponibles en ligne afin que les conducteurs puissent planifier leurs déplacements en conséquence.

CODE DE LA ROUTE

30

La vitesse est limitée à 30-50 km/h dans les agglomérations, 90 km/h sur route et 120 km/h sur autoroute.

0,4

Le taux d'alcoolémie maximum autorisé est de 0,4 g/l. C'est l'un des plus stricts d'Amérique latine.

Vous pouvez conduire en Colombie avec votre permis de conduire.

CHIVAS

De vieilles *chivas* superbement décorées desservent les régions reculées de Colombie, souvent sur des pistes défoncées. Véritables œuvres d'art roulantes, ces camions entièrement décorés de motifs colorés et dotés de banquettes en bois à l'arrière, transportent passagers, marchandises et animaux, parfois jusque sur le toit. Aujourd'hui, les *chivas* ont pratiquement disparu des grandes routes, mais elles jouent encore un rôle important sur les routes secondaires entre les petites villes et les villages. On en dénombre encore quelques milliers, et c'est dans l'Antioquia, le Cauca, la Zona Cafetera, le Huila, le Nariño et sur la côte caraïbe que vous en verrez le plus.

Avion

Grâce à l'essor des compagnies à bas coût (Viva Air, Satena, Wingo, EasyFly, Ultra Air), les voyageurs profitent de vols intérieurs à prix compétitifs. L'avion réduit le temps de trajet mais pas l'empreinte carbone. Envisagez cette option si cela en vaut vraiment la peine ou si vous n'avez pas d'autre choix, notamment pour gagner Leticia, La Macarena ou Nuquí.

Bus

Les bus longue distance circulent d'un *terminal de transportes* à un autre, reliés aux transports locaux. Préférez les compagnies haut de gamme qui ne s'arrêtent pas en route et offrent plus d'espace pour les jambes, des toilettes et le Wi-Fi. Réserver n'est généralement pas nécessaire en dehors des vacances. Prenez un pull, une couverture et des bouchons d'oreilles pour les voyages de nuit.

Voiture

Pratique pour visiter les régions mal desservies par les transports en commun. On peut louer des voitures dans les grandes villes, mais, en général, ce n'est pas donné. De surcroît, la sécurité demeure incertaine dans les contrées rurales et isolées, ce qui fait croître le risque de vol et le prix des assurances. Dans les villes, la circulation est dense, chaotique et frénétique.

Train

Le réseau colombien de chemins de fer est en grande partie inutilisé, envahi par les mauvaises herbes, ou détérioré. Le seul train à bord duquel vous êtes susceptible de monter est le Turistren (turistren.com.co), qui circule le week-end de Bogotá à Zipaquirá.

Taxi

Les taxis sont bon marché, pratiques et omniprésents dans les grandes villes et les localités de taille moyenne. Bien que ce soit rare, il peut arriver de tomber sur un faux taxi. N'empruntez pas de taxi avec une deuxième personne déjà à bord. Il est toujours plus sûr d'appeler un taxi ou de passer par une application Smartphone, comme Uber, Beat, Easy Taxi et Cabify. En Colombie, les taxis officiels sont jaunes et doivent porter une plaque d'immatriculation.

Bateau

Vedette Des vedettes rapides assurent la liaison entre Turbo ou Necocli (option la plus populaire et la plus rapide ; maritimaelcaribe.com), dans le nord de l'Antioquia, et les localités caribéennes isolées de Capurganá et Sapzurro, et entre les villes de Bahía Solano et de Nuquí sur la côte pacifique. Le trajet peut être humide et mouvementé.

Cargo Des cargos desservent la côte pacifique. Le port de Buenaventura, près de Cali, est leur plaque tournante. Si vous avez du temps, vous pourrez voyager en couchette vers le nord et le sud, notamment vers Nuquí et Bahía Solano (24 heures de trajet). Renseignez-vous sur la situation en matière de sécurité à Buenaventura avant de vous y rendre.

Transport fluvial Avant l'arrivée des voies ferroviaires et des routes nationales, le transport fluvial était le principal moyen de déplacement dans ce pays montagneux. Devenu rare de nos jours, il reste le seul moyen de transport dans certaines parties de l'Amazonie, par exemple entre Leticia et Puerto Nariño. À Leticia, près de la berge, les **Transportes Fluviales** (☎8-592-6752 ; Muelle Turistico) vendent des billets. Les bateaux étant parfois bondés, mieux vaut acheter son billet tôt, ou la veille. Nous déconseillons le Río Atrato et le Río San Juan, dans le Chocó, en raison de la présence de groupes armés.

ÉTAT DES ROUTES

L'état des routes est satisfaisant sur les grands axes, dans les villes et dans les zones touristiques, mais varie considérablement ailleurs. Attention aux nids-de-poule, aux piétons et aux animaux qui empruntent les routes, aux camions et bus qui passent, et aux motos qui slaloment entre les véhicules, à plus forte raison à la nuit tombée.

Argent

MONNAIE : **PESO COLOMBIEN (COP)**

Cartes bancaires

Les cartes de crédit sont largement acceptées dans les hôtels, les restaurants milieu et haut de gamme et les grands centres commerciaux. Si l'on vous demande *¿Cuántas cuotas?* ("Combien de paiements ?"), répondez *una* ("un"). Les petits commerces qui acceptent les cartes facturent généralement un supplément pour couvrir les frais de transaction.

DAB

Les *cajeros automáticos*, répandus dans les villes mais rares dans les zones rurales, offrent de meilleurs taux que les bureaux de change (*casas de cambio*). Les DAB Banco de Bogotá/ATH et BBVA fonctionnent généralement sans problème avec les cartes bancaires étrangères. La plupart des banques limitent les retraits à 300 000 COP par transaction, mais certaines, dont Davivienda et Bancolombia, autorisent le double.

Pourboire

Portiers et femmes/valets de chambre
10 000-15 000 COP

Taxis Non obligatoire, mais il est courant d'arrondir aux 500 ou 1 000 COP supérieurs.

Restaurants 10%. Les serveurs doivent vous demander s'ils peuvent ajouter les frais de service à l'addition, mais, parfois, ils ne le font pas et l'ajoutent d'office.

COMBIEN COÛTE...

Une bouteille d'eau
2 500 COP

Un *tinto* (café)
2 000 COP

Un baume à lèvres
14 000 COP

Un tube de crème solaire
50 000 COP

BONS PLANS

TVA

Les résidents de l'UE peuvent réclamer le remboursement de la TVA pour les achats effectués en carte bancaire si le montant total est supérieur à 114 100 COP. Demandez une facture électronique pour chaque achat effectué et remplissez le formulaire de remboursement dans un bureau de douane DIAN ou à une borne Global Blue (aéroports de Bogotá, Cartagena et Antioquia) avant de passer les contrôles de sécurité. Soyez prêt à présenter votre passeport, les produits et les factures électroniques.

LE LIQUIDE EST ROI

Les espèces restent le moyen de paiement privilégié en Colombie, en particulier en dehors des grands centres urbains. Néanmoins, si vous essayez de régler une boisson dans un petit magasin avec un billet de 100 000 COP, on vous demandera probablement *¿Tiene más sencillo?* ("Vous avez de la monnaie ?"). Faites de la monnaie sur vos billets de 100 et de 50 dans les grandes chaînes d'alimentation, dans les centres commerciaux ou aux guichets des gares, et conservez petites coupures et pièces pour les petits commerces et les vendeurs de rue.

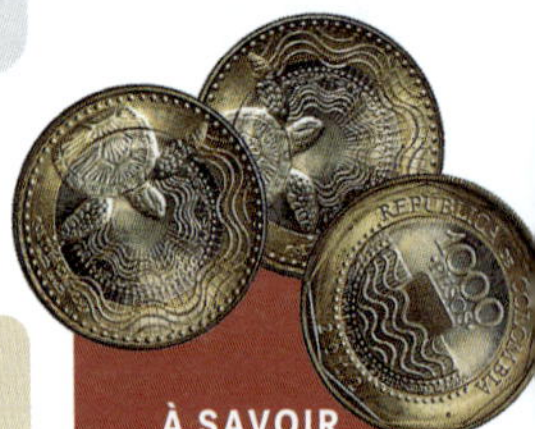

À SAVOIR

Lorsque vous utilisez votre carte dans un magasin ou à un DAB, choisissez – quand cela est possible – de vous faire débiter en pesos, pour bénéficier d'un meilleur taux de change.

DE HAUT EN BAS : SERDARCAN/GETTY IMAGES © ; YAROSLAFF/SHUTTERSTOCK ©

Souvenirs

On peut acheter une grande variété de souvenirs de qualité en Colombie, des objets artisanaux autochtones traditionnels aux pierres précieuses. Voici quelques-uns des plus appréciés et les endroits où les trouver.

Cocottes de La Chamba

Les artisans du village de La Chamba fabriquent des cocottes noires en terre cuite à base d'argile extraite le long du Río Magdalena, à environ 5 heures au sud-ouest de Bogotá.

Hamacs

San Jacinto de Bolívar, à 2 heures de Cartagena en bus, est le centre de production de hamacs des Zenús. Les Wayúus tissent des *chinchorros*, plus grands et plus élaborés, à La Guajira.

Barniz de Pasto

Pasto est réputée pour ses objets en bois peints (vases, plateaux et boîtes) selon une technique de décoration précolombienne qui recourt à une résine naturelle provenant de l'arbre mopa-mopa.

Sombrero vueltiao

On doit aux Zenús ce célèbre chapeau de paille peint, véritable symbole du pays, tissé à partir de roseaux naturels (canne flèche) des marais de la côte caraïbe. Tuchín en est le centre commerçant.

Bijoux en filigrane

Mompós, ville placée au bord d'une rivière, est connue pour ses bijoux en filigrane élaborés à partir de fins fils de métaux précieux, tradition qui associe méthodes autochtones et techniques arabes importées à l'époque coloniale. On y trouve nombre d'ateliers et de bijouteries.

Émeraudes

Les émeraudes colombiennes sont essentiellement extraites dans une série de villes minières de la crête orientale des Andes, dans le Boyacá. La plupart se retrouvent dans le "quartier des émeraudes" de Bogotá, situé entre la Carrera 6 et les Calles 12 et 13.

Mochilas

Hommes et femmes de tout le pays portent ces sacs à bandoulière tissés. Si ceux produits par les Arhuacos dans la Sierra Nevada de Santa Marta sont les plus recherchés, les versions colorées fabriquées par les Wayúus à La Guajira sont également prisées.

L'ASSEMBLÉE DES ARTISANS

Expoartesanías (expoartesanias.com), la plus grande foire artisanale de Colombie, rassemble quelque 000 artisans (entre autres créateurs de bijoux, vêtements, mobilier et jouets) au palais des congrès de Bogotá, Corferias, pendant deux semaines en décembre. L'événement est organisé par **Artesanías de Colombia** (artesaniasdecolombia.com.co), qui soutient et forme des petits commerçants, et propose leur travail dans ses boutiques de Bogotá et de Cartagena.

LE VRAI DU FAUX

Voici quelques moyens de distinguer les vraies émeraudes des imitations.

Couleur Les nuances de l'émeraude, plus ou moins foncées, vont du vert bleuté au vert pur.

Pureté À la loupe, on observe sur les émeraudes des vrilles évoquant celles de la vigne. Bulles ou disques peuvent trahir des matériaux synthétiques.

Éclat Les vraies émeraudes ne sont pas si brillantes et la lumière qui les traverse ne se réfracte pas en prisme arc-en-ciel.

État Si les bords sont usés ou la pierre ondulée, c'est une imitation.

Prix Si le prix est trop beau pour être vrai, ce n'est probablement pas une pierre naturelle.

Hébergement

Petits budgets

Étape bien établie sur la route des baroudeurs, la Colombie compte d'innombrables auberges de jeunesse proposant des lits superposés mais aussi de futuristes capsules, avec éclairage, ventilateurs, prises de courant, casiers et rideaux. Les prix, généralement entre 30 000 et 100 000 COP la nuit, comprennent souvent de petits plus, comme une cuisine commune, une piscine et des activités gratuites. La plupart des auberges de jeunesse bien implantées sont membres de la Colombian Hostels Association (colombianhostels.com.co).

Doux balancement

Les hamacs constituent une option pratique et économique, en particulier sur la côte caraïbe, où la brise marine fait office de climatisation naturelle. Les *rancherías* wayúus de La Guajira proposent aux voyageurs de grands hamacs traditionnels appelés *chinchorros*, suspendus dans des huttes ouvertes. Les prix commencent à 15 000 COP.

Bienvenue chez nous

Hosterías, *hospedajes*, *residencias* et *posadas* désignent généralement de petites auberges familiales ou maisons d'hôtes de type Bed & Breakfast. Sur les îles de San Andrés, Providencia et Santa Catalina, ainsi que dans certaines parties du Chocó, des habitants ont transformé leurs maisons en *posadas nativas*, ce qui leur permet à la fois de tirer un revenu du tourisme et de partager leur culture avec les visiteurs.

COMBIEN COÛTE UNE NUIT DANS...

un dortoir
50 000 COP

une *posada*
115 000 COP

un hôtel
230 000 COP

Camping

Pendant très longtemps, le camping était interdit en Colombie, mais l'accord de paix de 2016, qui a mis fin à 52 ans de guerre civile, a libéré quelques régions isolées du pays. S'il y a encore des zones sauvages à éviter, les campeurs apprécient zone caféière de l'Eje Cafetero, le Valle de Cocora, ainsi que les parcs nationaux Tayrona et Chingaza. On peut même camper sur le terrain d'une *finca*, où un petit-déjeuner chaud vous attend le lendemain matin.

Hébergements ruraux

Les *hoteles campestres* vous accueillent dans la campagne colombienne, parfois dans une *finca* de café ou une ferme laitière. C'est un bon choix si vous désirez échapper à l'agitation des villes et sortir des sentiers battus, mais il faut tenir compte du coût du transport. Pour une sélection des meilleures *fincas*, consultez colfincas.com (en espagnol).

SÉJOURS ÉCORESPONSABLES

Des hôtels bio urbains aux cabanes dans les arbres en Amazonie, les hôtels écoresponsables sont en plein essor en Colombie, où la législation gouvernementale soutient les efforts en matière de développement durable. Les meilleurs établissements, qu'ils soient économiques ou haut de gamme, proposent aux voyageurs une expérience mémorable en pleine nature, respectueuse de l'environnement et des communautés locales, auxquelles ils assurent un revenu. ACOTUR, l'association colombienne pour le tourisme responsable (acotur.co), a dressé une liste des entreprises de tourisme durable, même s'il est souvent difficile de savoir si leur engagement écologique est profond ou superficiel.

Avec des enfants

Les familles bénéficient d'un traitement spécial en Colombie, et ce, dès leur arrivée : une file d'attente leur est réservée pour passer l'immigration et la douane. Musées, parcs, restaurants ou encore paysages naturels variés qui offrent des aventures infinies pour toute la famille : où que vous alliez en Colombie, vous y trouverez de quoi occuper vos enfants.

Visites à prix réduit

Sur la plupart des sites d'intérêt, les enfants de moins de 12 ans bénéficient de réductions, allant parfois jusqu'à 50% du prix normal. Certains musées sont par ailleurs gratuits. Dans la capitale, la majorité des musées – il y en a une cinquantaine – ouvrent gratuitement ou à tarif réduit le dernier dimanche du mois. N'oubliez pas non plus de demander aux tour-opérateurs s'ils proposent des réductions enfants.

Pratique

- Hormis dans les centres commerciaux des grandes villes, les toilettes sont généralement exiguës même pour une personne. Les tables à langer sont rares.
- L'attitude à l'égard de l'allaitement en public change lentement. L'aéroport El Dorado de Bogotá a installé des cabines de lactation à différents endroits du terminal.
- La plupart des restaurants disposent d'au moins une chaise haute.

Se déplacer

Les enfants de moins de 3 ans voyagent gratuitement dans la plupart des bus. Les moins de 12 ans bénéficient de réductions sur les vols intérieurs et les bus longue distance. Selon la loi colombienne, les enfants de moins de 10 ans n'ont pas le droit de voyager sur le siège avant des véhicules.

Outil pratique

Grâce à l'application Rappi vous pouvez vous faire livrer non seulemet des plats cuisinés, mais aussi couches, antalgiques, provisions, vêtements et jouets. Cette application fonctionne actuellement à Bogotá, Medellín, Cali, Cartagena, Barranquilla et Bucaramanga.

NOTRE SÉLECTION

Ciclovía de Bogotá (p. 62)

Poussettes, vélos et trottinettes envahissent les rues.

San Cipriano (p. 225)

Une balade en moto-rail suivie d'une descente en *tubing*.

Snorkeling à San Andrés (p. 148)

Pour découvrir des poissons colorés et une statue sous-marine.

Parque Arví (p. 176)

Gagnez ce parc de montagne en survolant les quartiers de Medellín en Metrocable.

San Gil (p. 96)

La capitale colombienne des sports d'aventure fait le bonheur des plus grands.

AU RESTAURANT

En Colombie, où l'on va souvent au restaurant en famille, de nombreux établissements sont adaptés aux enfants. Le célèbre bar-restaurant Andrés Carne de Res (p. 67), connu pour son ambiance animée, sa décoration hallucinante et sa cuisine traditionnelle, propose maquillage, artisanat, ferme pédagogique et aire de jeux dans son établissement d'origine, à Chía, à 23 km au nord de Bogotá. Crepes & Waffles, El Corral, Frisby et Archy's sont des chaînes appréciées des familles. Ailleurs, on trouve parfois un menu enfants, de petites portions, des chaises hautes, et même des activités et des jeux. Le service pouvant être lent, emportez toujours des en-cas.

BOGDAN IONESCU/SHUTTERSTOCK ©

Santé et sécurité

La sécurité en Colombie s'améliore de façon exponentielle depuis les années 1980 et 1990, lorsque la guérilla et le trafic de drogue faisaient la une des journaux internationaux. Si des problèmes subsistent dans les coins reculés rarement visités par les touristes, les grandes régions touristiques couvertes par Lonely Planet sont globalement sûres.

Assurance

Il est conseillé de souscrire une police d'assurance qui vous couvrira en cas d'annulation ou d'interruption de votre voyage, de bagages perdus ou retardés, de vol et d'urgences médicales. Avant de le faire, vérifiez bien que vous ne bénéficiez pas déjà d'une assistance par votre carte de crédit, votre mutuelle ou votre assurance automobile. N'oubliez pas de prendre avec vous les documents relatifs à l'assurance ainsi que les numéros à appeler en cas d'urgence.

Quelle que soit votre couverture, vous devez souscrire une assurance accident dans les parcs nationaux de Colombie, non comprise dans le droit d'entrée.

Drogues

N'achetez et ne consommez pas de drogues en Colombie, où tout le monde a été affecté par le trafic de stupéfiants, directement ou indirectement. La forte demande de cocaïne dans le monde entier a enrichi les cartels et alimenté les déplacements et les effusions de sang à travers le pays. Contribuer à financer le conflit n'est pas seulement offensant pour la plupart des Colombiens, c'est aussi illégal et dangereux. L' augmentation du nombre de voyageurs venant en Colombie pour prendre de l'ayahuasca (ou *yagé* ; voir p. 291) est aussi préoccupante. Nous vous déconseillons fortement d'essayer cette préparation.

DAB

Soyez prudent lorsque vous utilisez un distributeur après la tombée de la nuit ; ne retirez pas d'argent dans une rue déserte. Il est plus sûr de retirer de l'argent à un distributeur installé dans un centre commercial ou une épicerie.

BAIGNADE

Drapeau vert	Baignade sans danger
Drapeau jaune	Attention, restez au bord de l'eau
Drapeau rouge	Danger, pas de baignade
Drapeau noir	Fermé, risque sanitaire
Drapeau blanc	Présence de méduses

Voyager en solo

Prenez les mêmes précautions qu'ailleurs. Renseignez-vous avant d'arriver, ne vous promenez pas seul·e dans des coins louches, commandez vos taxis via une application ou demandez à un hôtel, un restaurant ou un bar d'en appeler un pour vous, et donnez régulièrement des nouvelles à vos proches.

"NO DAR PAPAYA"

Cette expression colombienne, littéralement "ne pas donner de papaye", signifie "ne pas donner à quelqu'un l'occasion de profiter de vous", comme un rappel qu'il faut toujours faire preuve de bon sens. Essayez de ne pas vous faire remarquer, n'exhibez pas votre argent, votre Smartphone ou autres objets de valeur, et ne vous promenez pas seul·e la nuit.

Conflit armé

La signature, en 2016, d'un accord de paix entre le gouvernement colombien et les Forces armées révolutionnaires de Colombie (FARC), le plus grand groupe armé du pays, a marqué un grand pas vers la fin de la guerre civile qui sévit depuis longtemps dans le pays. Cependant, d'autres groupes armés, des organisations criminelles et des gangs locaux ont comblé le vide laissé par les FARC dans les régions reculées où l'État est absent. Des soldats dissidents des FARC opèrent dans certains secteurs et l'ELN (Armée de libération nationale) n'a pas encore déposé les armes. En juin 2023, un accord de cessez-le-feu de 6 mois a été signé entre l'ELN et l'État, sous l'impulsion de Gustavo Petro, premier président de gauche du pays et ex-guérillero.

Selon l'Observatoire des situations de déplacement interne, les départements d'Arauca, de Cauca, du Valle del Cauca et du Putumayo font partie des zones à éviter. Dans l'Arauca, la violence et les déplacements sont le résultat d'une trêve rompue entre l'ELN et les FARC, engagés dans des combats armés. Des civils et des militants sociaux ont été pris entre deux feux.

VOLS ET ATTAQUES À MAIN ARMÉE

Ne gardez qu'une liasse de petites coupures dans votre portefeuille, facilement accessible en cas d'agression, et cachez le reste ailleurs sur vous. En cas d'agression, ne résistez pas. Lorsque vous sortez le soir, n'emportez que les espèces dont vous avez besoin et une copie de votre passeport, et laissez tout le reste dans le coffre-fort de votre chambre.

Taxis

Il est arrivé que des criminels sans scrupule utilisent de faux taxis pour commettre des escroqueries, des vols, des viols et des “enlèvements express”. À Bogotá, ne hélez jamais un taxi dans la rue. Demandez plutôt qu'on vous en appelle un dans un hôtel ou un restaurant. Dans les grandes villes, Uber, Cabify, Beat et d'autres applications du genre fonctionnent bien et offrent des garanties de sécurité.

Criminalité

Bogotá, Medellín, Cali, Cartagena et Barranquilla affichent le nombre de morts violentes le plus élevé, tandis que Leticia, Mitú, Mocoa, Puerto Carreño, San Andrés, Tunja et Yopal ont le taux le plus faible. Si les étrangers sont plutôt victimes d'agressions et de vols à l'arraché, 2023 marque une recrudescence d'attaques à main armée à Bogotá, Palomino, Santa Marta, Medellín, Cartagena et Cali.

La drogue des voleurs

En Colombie, environ 50 000 personnes sont victimes de vols chaque année après avoir été droguées à la scopolamine, aussi appelée *burundanga* ou “souffle du diable”. Utilisée par les voleurs pour provoquer la soumission de leur victime, elle peut être incorporée à n'importe quel aliment ou boisson, ou soufflée en poudre au visage. Les criminels sévissent dans les boîtes de nuit, les bars et les restaurants, et via les applications de rencontre. Le principal effet est la perte de discernement, même si la victime reste consciente. Le voleur peut alors lui demander de donner tous ses objets de valeur, ce qu'elle fera docilement. Pire, des cas de viol ont été rapportés.

AYAHUASCA

L'ayahuasca, appelé *yagé* en Colombie, est un breuvage psychédélique sacré utilisé lors de cérémonies de purification spirituelle dans certaines cultures autochtones. Des touristes ont été blessés, sont tombés gravement malades, voire sont morts après en avoir consommé. Ces cérémonies, non réglementées, se déroulent souvent dans des régions isolées, sans accès aux autorités locales ou aux services d'urgence.

MAL DES MONTAGNES

Bogotá est la quatrième capitale la plus haute du monde et trois chaînes de montagnes s'élèvent encore plus haut en Colombie. À plus de 2 400 m d'altitude, les visiteurs peuvent souffrir de *soroche*, ou mal des montagnes, à cause du manque d'oxygène. Les symptômes légers tels que fatigue et maux de tête disparaissent d'eux-mêmes en quelques jours. Évitez les exercices physiques intensifs, buvez beaucoup de liquides (non alcoolisés) et prenez un médicament pour soulager les symptômes. En cas de symptômes plus graves, redescendez à une altitude plus basse et consultez un médecin.

Bogotá 2 600 m

PNN Los Nevados 3 903 m

PNN El Cocuy 4 500 m

Santé et sécurité *suite*

DANGEREUSES CRÉATURES

La Colombie possède son lot de bêtes redoutables. Bien que les rencontres mortelles soient rares, il y a toujours un risque que vos chemins se croisent, en particulier en pleine nature. Faites attention où vous mettez les mains lorsque vous escaladez des arbres ou des rochers, secouez les hamacs avant d'y monter et, le soir, placez vos chaussures à l'envers ou tendez une chaussette sur l'ouverture. Le matin, secouez vos vêtements et vos chaussures avant de les enfiler.

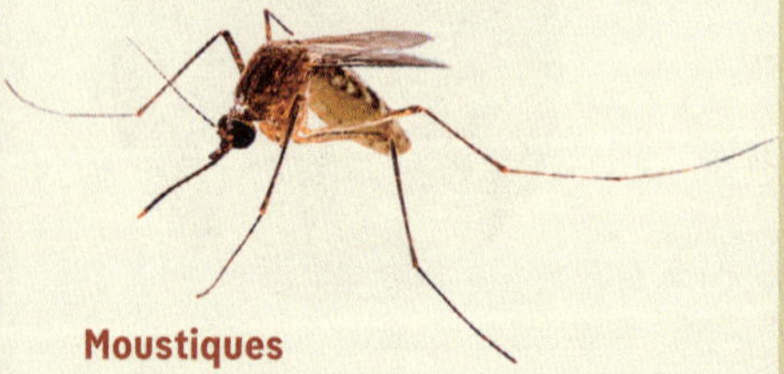

Moustiques

Pour limiter les risques de vous faire piquer par des moustiques porteurs de maladies comme la dengue, la fièvre jaune, le paludisme (traitement antipaludique conseillé pour l'Amazonie), le chikungunya ou le zika, portez des vêtements longs, appliquez un antimoustique contenant au moins 20% de picaridine ou 30% de DEET, et dormez sous des moustiquaires qu'on peut rentrer sous le matelas.

VACCINATIONS

Il est recommandé d'être à jour pour le Covid-19, la rougeole, la rubéole, l'hépatite A, la typhoïde et la fièvre jaune. Pour cette dernière, le vaccin doit être administré au moins 10 jours avant tout voyage dans les zones tropicales de basse altitude ; les compagnies aériennes et les parcs nationaux vous en demanderont la preuve. À l'aéroport de Bogotá, une clinique vaccine gratuitement contre la fièvre jaune.

Grenouille

Les dendrobates, petites grenouilles (2 à 6 cm) de couleur vive, peuvent tuer jusqu'à 20 personnes par simple contact avec leur peau.

Où : Chocó (côte pacifique)

Serpent

Le fer-de-lance, parfois appelé *equis*, est à l'origine de 60 à 70% des morsures de serpents dans les régions où ils vivent. La nécrose peut notamment conduire à l'amputation.

Où : jusqu'à 2 600 m d'altitude, Antioquia et Chocó

Scorpion

Sans traitement, le venin des *Centruroides noxius* et *suffusus* peut provoquer lésions musculaires, paralysie ou insuffisance cardiaque.

Où : partout, généralement en dehors des grandes villes

Araignée

La neurotoxine contenue dans le venin de l'araignée-banane est 20 fois plus puissante que celle de la veuve noire, qu'on trouve également en Colombie.

Où : Chocó, Amazonie, Orinoquía

Fourmi

Se faire piquer par une fourmi balle de fusil serait aussi douloureux que se faire tirer dessus.

Où : Amazonie, Chocó

Valle de Cocora (p. 201), Salento

L'ART DE... Visiter la région du café

La région du café s'étend sur huit zones le long des trois cordillères du pays, chacune ayant ses conditions de culture propres. La Zona Cafetera ("zone caféière"), également appelée Eje Cafetero ("axe du café"), est la destination la plus réputée où s'immerger dans l'héritage culturel de l'arabica. Mais, où que vous alliez en Colombie, vous ne serez jamais loin d'une exploitation de café, voire deux. Ce petit guide vous aidera à planifier vos visites.

Choisir une période

Si l'on peut visiter des exploitations de café toute l'année, la saison des récoltes offre le plus d'animation. Le café est principalement récolté entre octobre et janvier, mais une plus petite récolte, appelée *mitaca*, a lieu d'avril à juin. À ces périodes sont organisées de nombreuses fêtes et foires, dont certaines comprennent un *desfile de yipao*, défilé de jeeps colorées chargées de sacs de café en toile de jute, de bananes plantain et d'objets personnels de toutes sortes. On peut en voir à Calarcá fin juin et à Armenia à la mi-octobre.

Choisir un profil de saveur

Vous aimez le café aux notes profondes ? Optez alors pour des régions de plus basse altitude comme celles de Minca dans la Sierra Nevada, de Santa Marta (p. 139), ou de Barichara dans le Santander (p. 105). L'Antioquía, autour de Jardín (p. 184), et l'Eje Cafetero (p. 195) produisent un café plus doux et équilibré, avec un goût de noisette ou de chocolat. Si vous recherchez plus de complexité, une plus forte acidité et un arôme intense, gagnez les départements de Nariño, du Cauca et du Huíla. Cette région surnommée "nouveau triangle du café" représente un tiers de la production colombienne, comprenant les cafés de spécialité (d'excellence), mais elle est surtout connue des voyageurs pour son parc archéologique de San Agustín et son désert de Tatacoa.

Choisir une finca

Visitez l'une des nombreuses exploitations de café (*fincas*) pour humer l'arôme des cerises fraîches avant qu'elles ne soient séchées et torréfiées, découvrir le processus de culture et de récolte, puis déguster certains des meilleurs cafés pure origine sur le marché. De nombreuses *fincas* vous hébergent même sur place si vous souhaitez vous réveiller avec l'odeur du café.

PARLEZ-VOUS CAFÉ ?

Voici quelques termes qui vous aideront à commander un café comme un pro.

Tinto ou tintico Café filtre, très sucré, traditionnellement préparé avec des grains de qualité inférieure qui n'ont pas été retenus pour l'exportation internationale.

Perico Moitié café et moitié lait, mais, selon le contexte, le terme désigne aussi une espèce de perroquet ou la cocaïne.

Pintadito Un café noir avec un nuage de lait et une belle écume (café crème).

Carajillo Un café avec une dose d'alcool, tel que l'*aguardiente* ou le rhum.

Scannez ce QR-code pour consulter le site de l'office du tourisme colombien :

Voyage responsable

Voyage et changements climatiques

L'impact des voyages sur l'environnement est aujourd'hui bien connu, et impose de faire ce qui est en notre pouvoir pour le limiter. Lonely Planet invite tous les voyageurs à se renseigner sur l'empreinte carbone de leurs déplacements. Divers outils en ligne permettent de calculer les émissions de CO_2 générées par chaque trajet, notamment celui de l'Ademe. De nombreuses plateformes de réservation et compagnies aériennes proposent de compenser leurs émissions de gaz à effet de serre par une contribution financière à des projets respectueux de l'environnement, partout dans le monde. Chez Lonely Planet, nous continuons à compenser l'empreinte carbone de tous nos auteurs, tout en étant conscients que ce n'est qu'une solution partielle.

Scannez pour accéder au calculateur d'émissions de carbone de l'Ademe

Bénévolat

Il existe de nombreuses façons d'aider les communautés locales que vous côtoyez en Colombie. Des sites Internet internationaux comme **World Packers** (worldpackers.com) et **WWOOF** (wwoof.net) tiennent à jour des listes de possibilités de bénévolat. **Volunteers in Colombia** (volunteersincolombia.com) met en relation projets et bénévoles internationaux, tout en œuvrant dans le pays pour l'égalité des sexes et la réduction de la faim. **Techo** (techo.org), organisation basée au Chili, construit des maisons pour les personnes touchées par des catastrophes naturelles ou par l'extrême pauvreté. **Goals for Peace** (golesporlapaz.org), à Bucaramanga, s'occupe des jeunes en décrochement. **Proyecto Florecer** (proyectoflorecer.org) aide les femmes vulnérables de Medellín à briser le cycle de la pauvreté.

Hébergement durable

Doté d'installations de traitement des eaux en sous-sol ainsi que d'un toit végétalisé et de jardins verticaux dédiés à la culture bio, le **Biohotel Organic Suites** (biohotelcolombia.com) est une véritable bouffée d'air pur dans la jungle de béton de Bogotá.

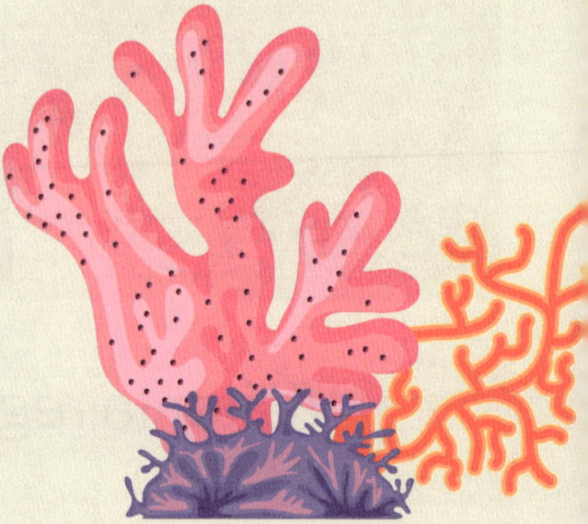

Plonger dans la réserve de biosphère Seaflower

Plantez des coraux lors d'une plongée dans la “mer aux sept couleurs” de San Andrés, intégrée à la réserve de biosphère Seaflower qui englobe l'archipel de San Andrés, Providencia et Santa Catalina. Changement climatique et tourisme de masse menacent les récifs coralliens de Colombie, mais des organisations comme **Blue Indigo Foundation** (instagram.com/blueindigofoundation) et **Corales de Paz** (coralesdepaz.org) prennent des mesures pour les restaurer. Réservez une sortie plongée auprès de **Paradis de Colors** (paradisdecolors.com), agence spécialisée dans le tourisme à faible impact.

Ecotours Boquilla (ecotoursboquilla.com) forme des pêcheurs traditionnels au métier de guide dans les mangroves côtières de Cartagena (voir p. 127).

Berracas de la 13 (facebook.com/berracas13) Ce restaurant emploie des femmes victimes de violences du quartier de la Comuna 13 de Medellín.

Aidez les bébés tortues à trouver le chemin de l'océan avec **Tortugas del Pacífico**, organisation qui protège les œufs de tortues et organise des "lâchers de tortues" à Bahía Solano. **Scannez ce QR-code pour en savoir plus**.

21

Classée au 21e rang de l'Indice mondial de durabilité d'Earth.org en 2020, la Colombie vise à atteindre la neutralité carbone d'ici à 2050 en luttant contre la déforestation, en améliorant l'efficacité énergétique et en créant des sources d'énergie renouvelable.

Les 550 km de pistes cyclables protégées de Bogotá permettent de réduire les émissions de CO_2 de 22 000 tonnes chaque année, contribuant à améliorer la qualité de l'air, à réduire les embouteillages et à encourager l'activité physique.

Découvrez le street art de Bogotá avec **Capital Graffiti Tours** (capitalgraffititours.com). Les pourboires permettent de financer de nouveaux projets en faveur des communautés sous-représentées.

Pagayer pour la paix

Descendez le Río Pato dans un étroit canyon avec d'anciens combattants des FARC qui ont échangé leurs armes contre des pagaies sur le chemin de leur réinsertion dans la société. Les excursions de 3 jours avec **Impulse Travel** (impulsetravel.co) soutiennent la construction de la paix.

Planter des arbres

Donde Juan B (valledelcocora.com.co) organise des rituels de plantation d'arbres pour attirer l'attention sur la situation critique des célèbres palmiers à cire du Valle de Cocora, les palmiers les plus hauts du monde, menacés par la déforestation et les changements climatiques.

SITES UTILES

tourismcares.org
Expériences culturelles uniques pour les voyageurs en Colombie.

parquesnacionales.gov.co
Informations sur les parcs nationaux et les zones protégées.

conservation.org.co
L'un des groupes de défense de l'environnement les plus influents de Colombie.

Manger, boire et sortir

Les repas

Desayuno (petit-déjeuner, 8h-10h). *Arepas*, soupes ou *tamales* et boisson chaude.

Almuerzo (déjeuner, midi). Commandez la *comida corriente*, menu composé d'un jus, d'une soupe, d'un plat de viande avec riz, haricots et salade, et d'un dessert.

Merienda (collation, 17h). Généralement du pain et du fromage avec un chocolat chaud ou du café.

Cena (dîner, 19h-22h). Repas léger ou carrément sauté.

Où se restaurer

Parilla Restaurant spécialisé dans l'*asado*, c'est-à-dire les steaks et autres viandes grillées.

Corrientazo Établissement qui propose des menus déjeuner à petits prix destinés aux employés des entreprises voisines.

Cocina casera Petit restaurant ou kiosque servant de la cuisine familiale.

Comedores Cuisines ouvertes avec quelques tabourets, généralement installées sur les marchés fréquentés.

Cafetería Établissement traditionnel où l'on vient discuter autour d'un *tinto*.

Panadería Boulangerie qui vend pain, biscuits et pâtisseries.

COMPRENDRE LA CARTE

A la plancha à la plancha
A la parilla grillé
Al ajillo à l'ail
Al horno au four
Al vapor à la vapeur
Amargo amer
Asado rôti
Carne viande, généralement du bœuf
Cerdo porc
Cerveza bière
Cremoso crémeux
Cubiertos couverts
Desmechada viande effilochée
Dulce doux
Entrada entrée ou amuse-bouche
Frito frit
Fuertes plats
Galleta biscuit
Guarnición garniture
Guisado mijoté ou braisé, ragoût
Helado glace
Hogao sauce créole aux tomates
Maduros bananes plantains mûres
Mariscos fruits de mer
Onces collations
Patacones bananes plantains vertes frites
Pericos œufs brouillés avec oignon et tomate
Pescado poisson
Picante épicé
Pollo poulet
Postre dessert
Relleno farci
Res bœuf
Salado salé
Sazón assaisonnement
Ternero veau
Tinto café filtre très sucré. Boisson culturelle, de partage, bue toute la journée.

L'ART DE... Soigner une gueule de bois à la colombienne

La Colombie est connue pour sa vie nocturne trépidante, qui commence tard et se poursuit jusqu'au petit matin. Si vous décidez de *rumbear* (sortir faire la fête), voici un truc local pour éviter la gueule de bois, ou *guayabo* (littéralement "goyavier"). Avant d'aller vous coucher, suivez la foule jusqu'à un *caldo parado* (parfois orthographié *parao* ; "arrêt soupe"), boui-boui généralement ouvert 24h/24 qui sert des bols de *caldo de costilla*, soupe de côte de bœuf garnie de pommes de terre, d'oignons et de coriandre qui mijote pendant des heures. Absorber ce liquide gras, que ceux qui ne jurent que par ses pouvoirs curatifs appellent *levantamuertos*, littéralement "ressuscite-morts", vous aidera à regagner les minéraux perdus au cours de votre soirée épique !

COMBIEN COÛTE…

Une *arepa*
5 000 COP

Une *bandeja paisa*
20 000 COP

Une pinte de bière
15 000 COP

Une *empanada*
2 000-5 000 COP

Un dîner au El Cielo, unique restaurant étoilé de Colombie
643 000 COP

Une glace
5-10 COP

Un *corrientazo* (menu déjeuner)
15 000 COP

L'ART DE…

Commander une *arepa*

Les *arepas*, galettes de maïs, font partie intégrante du régime alimentaire colombien, au même titre que la baguette pour les Français. Elles sont servies à chaque repas, parfois comme plat principal, frites, grillées ou cuites au four. Selon la variété de maïs utilisée et les ingrédients ajoutés à la pâte, elles peuvent être jaunes ou blanches, épaisses et moelleuses ou fines et croustillantes, sucrées ou salées. Au total, il en existe plus de 40 variétés, la plus simple comprenant seulement trois ingrédients : farine de maïs appelée *masarepa*, eau et sel.

Graines de discorde

La Colombie et le Venezuela se disputent la paternité de l'*arepa*, mais le maïs étant un ingrédient phare de la région depuis plus de 3 000 ans, la vérité dépasse les frontières géopolitiques.

Arepa blanca À base de farine de maïs blanc précuite appelée *masarepa blanca*.
Arepa de maíz À base de farine de maïs jaune précuite appelée *masarepa amarilla*.
Arepa de queso Avec du fromage dans la pâte, et garnie de fromage.
Arepa de choclo À base de maïs doux moulu ; parfois garnie de fromage.
Arepa de huevo *Arepa* de maïs jaune, frite, avec de l'œuf à l'intérieur (typique de la côte caraïbe).
Arepa rellena Coupée en deux et garnie – généreusement – comme un sandwich.
Arepa santandereana *Arepa* croustillante de la région du Santander ; contient du maïs jaune, du *chicharron* (poitrine de porc) et de la farine de manioc ou de yucca.

LES FRUITS DE COLOMBIE

La Colombie est une terre particulièrement féconde en matière de fruits. Il en existe tellement de variétés que vous pourriez en goûter une différente chaque jour pendant toute une année. Rien que la famille des fruits de la passion comprend plus de 170 variétés...

Vous goûterez pour la première fois à certains de ces fruits savoureux dans les jus fraîchement pressés proposés à presque tous les repas en Colombie. Dans la région caraïbe, le *jugo de corozo* est fait à partir du fruit rouge foncé d'un palmier qui pousse sur la côte. En Amazonie, vous tomberez peut-être sur l'*arazá*, fruit jaune doré acidulé de la famille des goyaves qui pousse dans les profondeurs de la forêt tropicale. Et à Cali, la *lulada* est une boisson populaire à base de *lulo*, fruit acidulé des Andes semblable à un agrume.

Vous trouverez d'autres variétés provenant de tout le pays sur les marchés locaux, en particulier dans les grandes villes. La Plaza de Mercado de Paloquemao (p. 59), à Bogotá, offre un immense choix de fruits prêts à consommer. Parmi ceux qui s'apprécient le mieux crus, citons le *zapote*, fruit sucré à la texture fibreuse semblable à celle de la mangue, le *feijoa*, fruit vert de forme ovoïde à la pulpe granuleuse et juteuse, et le *guanabana* (corossol), gros fruit vert épineux doux et acidulé.

Il peut être difficile de savoir quoi goûter, à moins de demander conseil. Un circuit culinaire local pourra vous aider à découvrir de nouvelles saveurs dont vous ne saurez plus vous passer.

Voyageurs LGBTQI+

En 2021, la Colombie s'est classée au 14e rang de l'indice Spartacus des pays les plus accueillants pour les voyageurs LGBTQI+. Même si des lois soutiennent le mariage homosexuel, l'adoption homoparentale et la lutte contre la discrimination, l'homophobie reste un problème. Bogotá, Medellín et Cartagena sont les villes les plus ouvertes, mais mieux vaut rester discret et prudent en dehors des zones touristiques.

Quartiers gay-friendly

Le quartier **Chapinero** de Bogotá compte tellement d'établissements LGBTQI+ qu'on l'appelle souvent "Chapigay". La plupart des bars et clubs se trouvent autour de la Carrera 9, entre les Calles 58 et 63. À Medellín, les meilleurs bars gays se trouvent à **El Poblado**, où séjournent la plupart des étrangers. Cartagena compte quelques bars LGBTQI+ dans la **vieille ville** et à **Getsemaní**. **Guía Gay Colombia** présente des listes détaillées d'adresses dans les principales villes.

Scannez ce QR-code pour les consulter.

BÉNÉVOLAT ET RÉSEAUX SÛRS

La **Mesa LGBT de Bogotá** (facebook.com/mesalgbti), coalition d'organisations et de militants LGBTQI+, organise chaque année l'Orgullo Gay de Bogotá. **Colombia Diversa** (colombiadiversa.org) et **Red Somos** (redsomos.org) proposent divers programmes et services pour la communauté LGBTQI+. Contactez-les en ligne pour connaître les possibilités de bénévolat.

CIRCUITS

Chic Tours (chictours.com.co/servicios/lgbti), basé à Bogotá, organise des excursions pour les voyageurs LGBTQI+, et **Out in Colombia** (outincolombia.com), tour-opérateur fondé à Medellín par Sam Castañeda Holdren, propose forfaits et circuits personnalisés axés sur la culture queer de Colombie.

Marches des fiertés

Fin juin ou début juillet, un kaléidoscope de couleurs envahit les rues de Bogotá à l'occasion de la plus grande Pride colombienne, **Orgullo Gay**. Le défilé du dimanche attire plus de 70 000 participants. Tout au long du mois de juin, l'**Antioquia Viva Diversa** de Medellín promeut la diversité à travers des événements culturels, culminant avec une marche des fiertés. Début août, la Pride officielle de Cartagena coïncide avec le festival **Rumours**, un festival de musique électro, concerts, événements artistiques à travers la ville.

EXUBÉRANCE CARIBÉENNE

Tout est permis lors des festivités du **carnaval de Barranquilla**, qui comprennent le couronnement de la reine et du roi gays. Une semaine avant la célébration principale se tient le populaire défilé **Gay Guacherna**. Vieux de plus de 40 ans, ce grand rendez-vous pré-carnaval, qui réunit des personnes de tous genres et de toutes orientations sexuelles pour promouvoir la tolérance, est l'un des plus anciens événements LGBTQI+ du pays.

Les clubs

Dansez toute la nuit au **Theatron** (portaltheatron.co), dans le quartier Chapinero de Bogotá. Ce lieu ouvert à tous propose des salles à thème, dont une réservée aux femmes, et des pistes de danse de différents styles musicaux.

ALEXANDER SPATARI/GETTY IMAGES ©

Voyage et handicap

Trottoirs défoncés, bâtiments sans rampes ni ascenseurs... La Colombie n'est pas une destination facile pour les personnes à mobilité réduite. Medellín est probablement la ville la plus adaptée, suivie de Bogotá, Bucaramanga et Cali. Malgré vos efforts pour éviter les obstacles, attendez-vous à quelques frustrations.

Plages accessibles

La Playa Azul, dans le quartier La Boquilla de Cartagena, fait partie des huit plages colombiennes certifiées Pavillon bleu, répondant donc aux normes d'accessibilité.

Scannez ce QR-code pour une carte des plages labellisées.

Aéroports

La plupart des aéroports proposent services et équipements spéciaux. Les Servicios Aeroportuarios Integrados de Bogotá fournissent par exemple des fauteuils roulants et une application qui vous aide à vous déplacer dans l'aéroport.

Hébergement

De nombreuses chaînes hôtelières aux installations modernes sont pourvues de chambres et de parties communes adaptées aux personnes en fauteuil roulant. Assurez-vous que l'établissement peut répondre à votre demande.

SITES UTILES

Club Viajero Colombia (*facebook.com/clubviajerocolombia*) aide à créer des circuits accessibles à tous et dispense des formations en langue des signes et braille à travers la Colombie.

Green Travel DMC (*greentraveldmc.com*), tour opérateur basé à Bogotá, propose circuits et transports accessibles en fauteuil roulant.

Medellín Convention & Visitors Bureau (*medellin.travel/turismo-accesible-e-incluyente*). Sensible à un tourisme accessible et inclusif, Medellín tient à jour une liste de circuits et de sites touristiques accessibles dans la ville.

TOURISME INTELLIGENT

Dans le Parques del Río de Medellín, le **Centro de Turismo Inteligente** (bureaumedellin.com) est adapté aux personnes à mobilité réduite et de petite taille, et dispose de cartes tactiles pour les malvoyants.

Sous la mer

À Cartagena, prenez un cours de plongée avec **Diving Planet** (divingplanet.org), qui a aidé plus de 300 personnes souffrant de handicap physique, dont beaucoup de victimes de restes d'engins explosifs de la guerre civile.

Circuit sans obstacles

Medellín Galería Tour (medellingaleria.com) propose une visite nocturne sans obstacles au cœur de Medellín et emploie des guides à mobilité réduite.

TRANSPORTS

Les bus **TransMilenio** de Bogotá et le **métro** de Medellín proposent des stations avec rampes, mais un espace sépare souvent le quai des portes d'entrée. Nous conseillons de prendre avec vous une rampe d'accès portable. Commandez un taxi accessible aux personnes en fauteuil roulant auprès de **Taxis Libres** (taxislibres.com.co).

San Felipe Birding (sanfelipebirding.com), à environ 30 minutes de Cali, propose le premier itinéraire d'écoute des oiseaux d'Amérique du Sud destiné aux visiteurs malvoyants, qui profitent d'un guide et d'une application diffusant de courts documents audio sur les espèces que l'on entend le plus souvent dans la région.

L'Amazone (p. 262)

Voyage responsable en Amazonie

La Colombie ne possède que 10% de la forêt amazonienne, mais celle-ci occupe plus d'un tiers de sa superficie. L'écotourisme joue un rôle important dans la protection de cette région du monde, en proie aux changements climatiques et à la déforestation. Voici quelques conseils pour que votre voyage ait le plus faible impact climatique possible.

Voyager hors saison

La fin de la saison sèche, de juin à novembre, est considérée comme une période creuse. À partir de septembre, on trouve plus facilement un hébergement de dernière minute et les prix sont généralement plus bas. Voyager à cette période permet de réduire la pression sur les infrastructures et de fournir des revenus aux économies locales qui dépendent du tourisme.

Choisir un hébergement écologique

On trouve des écolodges pour tous les budgets. En Amazonie, les meilleurs sont ceux qui entretiennent une relation symbiotique avec la communauté d'accueil, ont un faible impact sur l'environnement et nourrissent des liens profonds avec la nature et ses habitants. Privilégiez les établissements construits avec des matériaux locaux, qui récupèrent l'eau de pluie, proposent des repas à base de produits cultivés sur place et ne sont pas équipés de climatiseurs.

Soutenir le tourisme communautaire

Les interactions culturelles – apprendre à tresser des paniers, participer à une danse traditionnelle, découvrir les plantes médicinales avec un guérisseur – font partie des expériences les plus enrichissantes, et dépenser votre argent dans les villages autochtones contribue à réduire leur dépendance à l'égard de l'exploitation minière et forestière.

Contribuer à la protection des animaux

Évitez les tour-opérateurs qui vous garantissent des interactions avec les animaux et les activités qui impliquent des contacts physiques avec des animaux en captivité. Visitez le village de Mocagua, qui gère la **Fundación Maikúchiga**, centre de sauvetage et de réhabilitation des animaux capturés pour le commerce illégal d'espèces sauvages, et qui organise des excursions en immersion dans la forêt pour observer les primates et la faune locale.

L'AMAZONIE AUTREMENT

Le tourisme en Amazonie colombienne est axé sur Leticia (p. 268), mais d'autres destinations commencent à émerger.

Les Andes croisent l'Amazonie vers **Mocoa**, la capitale du Putumayo, où la cascade **Fin del Mundo** attend les randonneurs. Un bus vous y emmène depuis Pasto ou San Agustín.

Peintures rupestres et excursions en kayak dans la **Laguna Negra** attirent les visiteurs à **San José del Guaviare**, à 7 heures de bus de Bogotá.

Uniquement accessible en avion depuis Bogotá ou Villavicencio, **Inírida** est le point de départ d'un voyage en bateau vers les **Cerros de Mavecure**, trois monts chauves de granit noir.

Bon à savoir

HEURES D'OUVERTURE

Banques 9h-16h lun-ven, souvent avec fermeture de 11h30 à 14h ; certaines agences 9h-12h sam

Bars Environ 18h-minuit en semaine, jusqu'à 3-4h le week-end

Cafés 8h-22h

Clubs 21h-tard jeu-sam

Magasins 9h-17h lun-ven, 9h-12h ou 17h sam ; certains magasins ferment à l'heure du déjeuner

Restaurants Petit-déjeuner à partir de 8h, déjeuner à partir de 12h, dîner jusqu'à 21h-22h

Poids et mesures

La Colombie utilise le système international d'unités (SI) : les distances sont exprimées en unités métriques, le poids en kilogrammes et les températures en degrés Celsius. Cependant, le système impérial est parfois utilisé pour certains produits importés, par exemple la livre (*libra*) pour la viande, ou le gallon (*galón*) pour l'essence.

EN BREF

Fuseau horaire
UTC/GMT-5 (pas de changement d'heure été/hiver)

Indicatif du pays
57

Numéro d'urgence
123

Population
51 520 000 habitants

Cigarettes

Il est interdit de fumer dans les transports en commun et autres espaces fermés : bars, restaurants et lieux de travail.

Eau

L'eau du robinet est potable dans les villes mais pas dans les zones rurales.

Électricité 110 V/60 Hz

Type A
120 V/60 Hz

Type B
120 V/60 Hz

JOURS FÉRIÉS

Lorsque les dates marquées d'un astérisque ne tombent pas un lundi, le jour férié est décalé au lundi suivant pour faire un long week-end, ou *puente* (pont).

Año Nuevo (Nouvel An)
1er janvier

Los Reyes Magos (Épiphanie) 6 janvier*

Pascuas (Pâques)
Du jeudi au lundi de Pâques, en mars ou avril

Día del Trabajo (Fête du travail) 1er mai

Corpus Christi
mai/juin*

Día de la Independencia (fête de l'Indépendance)
20 juillet

La Asunción de Nuestra Señora (Assomption)
15 août*

Día de la Raza (découverte de l'Amérique) 12 octobre*

Todos los Santos (Toussaint)
1er novembre*

Inmaculada Concepción (Immaculée Conception)
8 décembre

Navidad (Noël)
25 décembre

Langue

Apprendre quelques phrases de base en espagnol, la langue nationale, est non seulement respectueux mais aussi essentiel, en particulier dans les zones rurales. Cela dit, la longue tradition d'accueil des touristes nord-américains a fait de l'anglais la seconde langue non officielle du pays.

Les essentiels

Bonjour. *Hola. o·la*
Au revoir. *Adiós. a·dyos*
Oui. *Sí. si*
Non. *No. no*
S'il vous plaît. *Por favor. por fa·bor*
Merci. *Gracias. gra·syas*
Excusez-moi. *Con permiso. kon per·mi·so*
Désolé. *Perdón. pèr·donn*
Comment vous appelez-vous ? *¿Cómo se llama usted? ko·mo sé ya·ma ou·sté*
Je m'appelle... *Me llamo... mé ya·mo...*
Parlez-vous français/anglais ? *¿Habla francés/inglés? a·bla frann cès/inn·glès*
Je ne comprends pas. *Yo no entiendo. Yo no ènn·tyènn·do*

Demander son chemin

Où est... ? *¿Dónde está...? donn·dé és·ta...*
C'est à quelle adresse ? *¿Cuál es la dirección? kwal ès la di·rék·syonn*
Pourriez-vous me l'écrire ? *¿Podría escribirlo? po·dri·a és·kri·bir·lo*
Pouvez-vous me montrer (sur la carte) ? *¿Me puede mostrar (en el mapa)? mé lo pwé·dé inn·di·kar (èn èl ma·pa)*

Panneaux

Abierto Ouvert
Cerrado Fermé
Entrada Entrée
Salida Sortie
Servicios/Baños Toilettes

Heures et dates

Quelle heure est-il ? *¿Qué hora es? ké o·ra ès*
Il est (10) heures. *Son (las diez). sonn (las dyès)*
Il est (une heure) et demie. *Es (la una) y media. ès (la ou·na) i mé·dya*
matin *mañana. ma·nya·na*
après-midi *tarde. tar·dé*
soir *noche. no·tché*
hier *ayer. a·yèr*
aujourd'hui *hoy. oy*
demain *mañana. ma·nya·na*

Urgences

À l'aide ! *¡Ayúdame! ah·you·da·mé*
Laissez-moi tranquille ! *¡Váyase! ba·ya·sé*
Je suis malade. *Estoy enfermo/a. (m/f) és·toy èn·fèr·mo/a*
Je suis perdu(e). *Estoy perdido/a. (m/f) és·toy pèr·di·do/a*
Appelez... ! *¡Llame a...! ya·mé a...*
un médecin *un doctor. oun dok·tor*
la police *la policía. la po·li·si·ya*

Au restaurant

Puis-je voir la carte, s'il vous plaît ? *¿Puedo ver la carta, por favor? pwé·do bèr èl mé·nou, por fa·bor*
Que me conseillez-vous ? *¿Qué me recomienda? ké mé ré·ko·myèn·da*
Santé ! *¡Salud! sa·lou*
C'était délicieux. *¡Estuvo delicioso! ès·tou·bo dé·li·syo·so*
L'addition, s'il vous plaît. *La cuenta, por favor. la kwèn·ta por fa·bor*

NOMBRES

1 **uno** *ou·no*
2 **dos** *dos*
3 **tres** *très*
4 **cuatro** *kwa·tro*
5 **cinco** *sinn·ko*
6 **seis** *sèys*
7 **siete** *syé·té*
8 **ocho** *o·tcho*
9 **nueve** *nwé·bé*
10 **diez** *dyès*

EMPRUNTS À L'ESPAGNOL
Ils sont nombreux. Entre autres, armada, aficionado, embargo, fiesta, patio...

SONS CARACTÉRISTIQUES

Rh correspond à une sorte de "r" raclé au fond de la gorge, *v* et *b* se prononcent comme notre "b" en français, et il ne faut pas hésiter à rouler les *r*.

Zozoter ou ne pas zozoter

En Colombie et dans d'autres pays d'Amérique latine, on ne "zozote" pas comme les Espagnols : le "s" se prononce comme en français.

Faux amis

Attention : certains mots espagnols ressemblent à des mots français mais ont un sens complètement différent ! Par exemple, *la jubilación* ne signifie pas "la jubilation", mais "la retraite" !

Où sont les @!*# ?

Les claviers espagnol et français étant un peu différents, vous aurez peut-être du mal à trouver certains symboles, notamment un symbole extrêmement utile à l'ère numérique : @, *la arroba* en espagnol.
Il n'est pas toujours indiqué et ne se trouve pas forcément là où vous en avez l'habitude. Essayez la touche F2, utilisez un code ALT ou demandez de l'aide :
Où se trouve le symbole @ ?
¿Dónde está la arroba?
donn·dé ès·ta la a·ro·ba

Variations régionales

L'espagnol latino-américain varie d'un pays à l'autre, la différence la plus notable portant sur les lettres *ll* et *y*, tantôt prononcées comme le "y" dans "yaourt", le "lli" dans "million", le "j" dans "majeur" ou le "ch" dans "achat" ; en Colombie, ces lettres sont aussi prononcées comme le "dj" dans "adjoint".

L'ESPAGNOL DANS LE MONDE

Influencé par le dialecte de l'Andalousie, dans le sud de l'Espagne, d'où sont partis les premiers conquistadors espagnols qui ont navigué jusqu'au Nouveau Monde, l'espagnol parlé en Colombie, et dans d'autres pays hispanophones d'Amérique latine, se différencie de la langue mère, le castillan.

COMPRENDRE LA COLOMBIE

Nos auteurs proposent une découverte des multiples facettes de la Colombie.

Défilé du carnaval, Popayán (p. 29)

UNE HISTOIRE DE LA COLOMBIE EN 15 LIEUX

De Bolívar à Escobar. De la Nouvelle-Grenade aux États-Unis de Colombie. De la violence et du terrorisme au réalisme magique. La Colombie est une entité en perpétuelle évolution dont le nom, la forme et le pouvoir en place varient au gré des aléas de l'histoire.

POUR UN OBSERVATEUR EXTÉRIEUR survolant les gros titres des journaux, l'histoire de la Colombie se lit comme le récit d'une guerre sans fin et d'épisodes meurtriers. Qu'il s'agisse des cruelles conquêtes coloniales, des luttes pour l'indépendance contre l'Espagne, de la guerre larvée entre paramilitaires et guérilleros des FARC (Forces armées révolutionnaires de Colombie) au XXe siècle, ou encore du chaos né du narcotrafic dans les années 1980 et 1990, le pays a toujours fait preuve d'une attirance malsaine pour la violence.

D'un point de vue historique, une partie du problème est né de la délimitation même de ce qu'était véritablement la Colombie. Au fil du temps, ses frontières se sont en effet déplacées, de façon aussi régulière que radicale. Les populations autochtones avaient tracé des délimitations tribales informelles. Les Espagnols organisèrent ensuite leurs territoires nouvellement acquis en royaumes et vice-royautés intégrant des parties des actuels Venezuela, Équateur, Panama et Pérou. Avec l'indépendance, le rêve de Bolívar d'une grande nation sud-américaine rivalisant avec les États-Unis connut une brève existence. Le pays ne se stabilisa dans sa forme actuelle qu'en 1903, avec la sécession du Panama, pour affronter, durant des décennies, de nombreux conflits internes autour de sa gouvernance, de l'idéologie politique et du contrôle des ressources.

Aujourd'hui, ses visiteurs sont chanceux : les choses ont radicalement changé en quelques années, et même si la Colombie rencontre toujours certains problèmes, elle n'a jamais été aussi sûre de toute son histoire.

1. San Agustín

DE MYSTÉRIEUSES SCULPTURES MÉGALITHIQUES

On sait très peu de choses sur San Agustín (p. 236), l'une des plus anciennes cultures précolombiennes du pays, bien qu'elle ait laissé derrière elle plus de 500 statues de pierre, dispersées sur une superficie de 50 km² dans les Andes colombiennes. Ce parc archéologique, constituant la plus grande nécropole d'Amérique du Sud, comprend des monuments minutieusement sculptés, aux formes anthropomorphes et animales. On pense qu'ils datent de 100 à 900 apr. J.-C., lorsque la civilisation était à son apogée. Peu de temps après, le site fut temporairement abandonné, avant qu'une autre culture autochtone moins sophistiquée s'y installe jusqu'aux environs de 1350. À l'arrivée des conquistadors, l'endroit était à nouveau inoccupé ; les statues furent redécouvertes par un moine espagnol dans les années 1750.

2. Ciudad Perdida

LES VESTIGES D'UNE CULTURE AUTOCHTONE

Fondée vers 700 apr. J.-C., Ciudad Perdida ("Cité perdue" ; p. 140), la ville tayrona enfouie dans la jungle de la Sierra Nevada de Santa Marta, connut son apogée entre les XIe et XIVe siècles. La civilisation tayrona fut la première culture autochtone avancée que les Espagnols rencontrèrent dans les Amériques, et c'est à son contact que ces derniers commencèrent à se passionner pour l'or local. Face à l'oppression croissante des conquérants, les Tayronas opposèrent une défense courageuse et acharnée, mais furent pratiquement anéantis avant la fin du XVIe siècle. Exténués par la guerre et la maladie, les survivants abandonnèrent leurs maisons et fuirent vers les montagnes. D'autres cités autrefois importantes, comme Ciudad Perdida, furent peu à peu reconquises par la jungle.

3. Santa Marta

POINT DE DÉPART À LA COLONISATION ESPAGNOLE

Les premiers explorateurs espagnols établirent plusieurs comptoirs de peu-plement éphémères le long de la côte caraïbe colombienne, mais il fallut attendre 1525 pour que Rodrigo de Bastidas pose les premières pierres de Santa Marta (p. 134), la plus ancienne colonie européenne du continent sud-américain parvenue jusqu'à nous. Bastidas choisit délibérément la côte comme base pour ses incursions dans le sud afin d'accéder à l'or convoité, prétendument abondant dans les territoires autochtones des Tayronas. Porte d'entrée vers les marais et les montagnes de l'intérieur, Santa Marta fut aussi le point de départ, en 1536, de l'expédition menée par Gonzalo Jiménez de Quesada en direction de la vallée de la Magdalena, où il fonda Santa Fe de Bogotá (Bogotá) deux ans plus tard.

Castillo de San Felipe de Barajas

4. Castillo de San Felipe de Barajas

LE BASTION INVINCIBLE DE CARTEGENA

Cartagena (Carthagène des Indes) fut fondée en 1533 par le conquistador Pedro de Heredia, sur le site du village amérindien de Calamari, et devint rapidement le principal port espagnol de la côte caraïbe. Par la suite, on y stocka les richesses extorquées à la population locale en attente d'exportation vers l'Espagne. La ville devint alors une cible de choix pour les flibustiers. Afin de la protéger, les Espagnols entreprirent dès 1586 l'édification des fortifications défensives et de tout un réseau de forts dominés par le *castillo* de San Felipe de Barajas (commencé en 1657). Cartagena devient ainsi la plus grande forteresse construite par les Espagnols dans l'ensemble de leurs colonies. Aujourd'hui encore, le *castillo* veille sur la magnifique cité, classée au patrimoine de l'humanité de l'Unesco.

5. Plazoleta del Chorro de Quevedo

BERCEAU D'UNE CAPITALE

La fontaine placée au centre de cette place (p. 52) marque l'emplacement où Bogotá aurait *peut-être* été fondée par Gonzalo Jiménez de Quesada en août 1538. Une autre théorie situe cet emplacement plutôt sur la Plaza de Bolívar. En l'absence de document, il est impossible de vérifier ces hypothèses. Nous savons en revanche que la Plazoleta del Chorro de Quevedo était déjà un lieu symbolique des Muiscas, qui y célébraient notamment des rites religieux. Plus récemment, cette place et son ambiance bohème ont servi de décor à plusieurs films.

6. Laguna de Guatavita

LE MYTHE DE L'ELDORADO

Dès leur arrivée en 1499, les conquistadors se lancèrent à la poursuite de l'or légendaire. Des histoires et quelques découvertes d'objets en or donnèrent ainsi naissance au mythe de l'Eldorado : il aurait existé dans la jungle un mystérieux royaume regorgeant de ce métal précieux, bordé, selon certaines versions, de montagnes d'or et d'émeraudes. Ces croyances prenaient source dans les mythes qui entouraient la Laguna de Guatavita (p. 73), le lac sacré des Muiscas, près de Bogotá. À partir des années 1550, les Espagnols déployèrent des efforts considérables dans l'espoir de déterrer de supposées richesses, allant même jusqu'à tenter vainement d'assécher le lac. Seuls quelques bijoux et objets furent extraits du limon. De nos jours, on peut visiter ce site écoresponsable qui met en avant la culture muisca.

7. Santa Cruz de Mompóx

UNE ANCIENNE LIAISON COMMERCIALE

Fondé en 1540 par Alonso de Heredia sur le bras oriental du Río Magdalena, Mompós (p. 131) était un important centre de commerce et un port actif par lequel transitaient toutes les marchandises en provenance de Cartagena, ensuite acheminées vers l'intérieur de la colonie via le fleuve. Cette ville un temps florissante frappait aussi la monnaie coloniale et se rendit célèbre pour ses orfèvres. En 1810, Mompós fut la première ville colom-bienne à se déclarer indépendante de l'Empire espagnol. Pendant la guerre qui s'ensuivit, elle se transforma en un important centre militaire. Simón Bolívar lui-même s'y rendit huit fois entre 1812 et 1830. On peut lire ses exploits immortalisés dans le roman de Gabriel García Márquez, *Le Général dans son labyrinthe*.

8. Museo de la Independencia – Casa del Florero

LE VASE DE LLORENTE

Le 20 juillet 1810, un groupe d'administrateurs créoles se rendit chez le négociant espagnol José Gonzáles Llorente, à Santa Fe de Bogotá (Bogotá ; p. 51), pour lui emprunter un vase (*florero*) en vue de la visite d'un commissaire royal. Le marchand espagnol refusa froidement, ce qui entraîna une rixe et le bris du vase. Cette querelle réveilla les griefs de la population créole (impôts, différends commerciaux, conflits de pouvoir) et finit par déclencher une rébellion nationale qui aboutit à la déclaration d'indépendance de la Colombie vis-à-vis de l'Espagne, le 20 juillet 1810 (déclaration d'indépendance de Santa Fe).

9. Casa del Primer Congreso de las Provincias Unidas

L'EXPÉRIENCE DE L'INDÉPENDANCE

Le 4 octobre 1812, les législateurs se réunirent dans la ville de Leyva (p. 86) pour y tenir le premier Congrès des éphémères Provinces-Unies de Nouvelle-Grenade et élire son premier président, Camilo Torres Tenorio. Malgré un optimisme prudent, la république naissante fut rapidement déchirée par des luttes politiques entre factions. Cette expérience d'indépendance, à laquelle l'histoire attribua le nom de Patria Boba ("patrie stupide"ou "naïve"), s'enlisa. Tirant avantage de la situation,

Jardin botanique de la Quinta de San Pedro Alejandrino

Laguna de Guatavita

les troupes espagnoles revinrent en 1815, envahirent le Venezuela et reconquirent les provinces colombiennes l'année suivante. Le chef militaire Simón Bolívar dut fuir en Jamaïque, où il reprit des forces dans la perspective d'un retour rapide.

10. Puente de Boyacá

UN PONT ASSEZ ÉLOIGNÉ

Le pont de Boyacá, qui se trouve à 15 km au sud de Tunja, est le site d'une des batailles les plus importantes de toute l'histoire moderne de la Colombie. C'est en effet ici que, le 7 août 1819, l'armée de Simón Bolívar, tout juste de retour après sa victoire au marais de Vargas, écrasa les troupes espagnoles et en captura plus de la moitié, scellant l'indépendance de la Colombie. Trois jours plus tard, Bolívar entrait triomphalement dans Bogotá. Même si plusieurs batailles de moindre importance suivirent, un congrès se réunit peu après la bataille de Boyacá et entérina l'indépendance de la République de Grande-Colombie, qui recouvrait les actuels Venezuela, Colombie et Panama, une nation qui resta unifiée jusqu'en 1831.

11. Quinta de San Pedro Alejandrino

LE DERNIER SOUFFLE DE BOLÍVAR

En 1828, Bolívar, qui exerçait une dictature sur la Grande-Colombie, alors jeune république hors de contrôle, rétablit les impopulaires taxes sur les ventes issues de l'époque coloniale. Peu après, il échappa à une tentative d'assassinat et abandonna la présidence. Partisan d'une république centralisée, Bolívar fut absent durant une grande partie de sa présidence, dont il laissa les rênes à son vice-président et rival, Francisco Santander. Ce fédéraliste dénigra Bolívar et ses ambitions de présidence à vie. Humilié, malade et abandonné de tous, le Libertador mourut en 1830 de la tuberculose à la Quinta de San Pedro Alejandrino (p. 135), une hacienda située près de Santa Marta.

12. Leticia

VELLÉITÉS SÉPARATISTES

Initialement péruvienne, Leticia (p. 268), aujourd'hui capitale de l'Amazonas, fut cédée à la Colombie en 1922, après la signature d'un accord controversé. Lequel ne fit pas long feu en raison de l'augmentation des droits de douane sur le sucre. En 1932, une petite force militaire péruvienne s'empara de Leticia avec le soutien de la population locale. Cet incident suscita un élan de patriotisme en Colombie et déclencha une courte guerre en pleine jungle entre les deux pays. Après de brèves batailles au cours desquelles furent déployés plus de 20 000 soldats, des canonnières, ainsi que des avions rudimentaires qui procédèrent à des bombardements, le conflit prit fin avec la mort du président péruvien, abattu dans un attentat en marge des combats. Son successeur dénonça le coup de force et, poussé par Société des Nations, restitua Leticia à la Colombie en 1933.

13. Le carrefour de Gaitán

UN ASSASSINAT LOURD DE CONSÉQUENCES

Le 9 avril 1948, le charismatique leader populiste du Parti libéral, Jorge Eliécer Gaitán, fut assassiné à l'angle de La Séptima et de l'avenue Jiménez de Quesada (p. 56), à Bogotá, ce qui déclencha la révolte nommée El Bogotazo. La ville fut partiellement détruite : 136 édifices furent incendiés et 2 500 personnes trouvèrent la mort pendant les troubles. Les libéraux prirent les armes dans tout le pays et les Colombiens se divisèrent en deux camps, chacun se méfiant de l'autre. On pense que ces "haines héréditaires" alimentèrent les attaques vengeresses et furent la cause des innombrables atrocités commises au cours de la décennie suivante, en particulier dans les zones rurales.

14. Le palais de justice

UN SIÈGE QUI CHOQUA LE PAYS

Le 6 novembre 1985, le M-19, un groupe de guérilla de gauche, s'empara du palais de justice de Bogotá (p. 55), exigeant que le président Belisario Betancur soit jugé pour avoir rompu un accord de paix de 1984. Un dramatique incendie ravagea le bâtiment où les guérilleros retenaient 350 personnes en otages, dont les 25 juges de la Cour suprême. Le palais fut repris par l'armée colombienne au cours d'un assaut d'une violence spectaculaire, qui fit 100 morts, parmi lesquels 11 juges et 5 leaders du M-19. Le palais de justice fut entièrement détruit par le feu. L'événement fut une tragédie nationale, qui alimenta de nombreuses théories conspirationnistes, notamment des rumeurs selon lesquelles il aurait été financé par les cartels de la drogue colombiens.

15. Medellín

LE JEU MORTEL D'ESCOBAR

L'industrie de la cocaïne connut un véritable boom au début des années 1980, lorsque le cartel de Medellín, dirigé par Pablo Escobar, devint la principale mafia colombienne. Ses chefs finirent par fonder leur propre parti politique, créèrent deux journaux et subventionnèrent de gigantesques travaux publics et chantiers de construction de logements sociaux. Pablo Escobar parvint même à attiser des velléités séparatistes dans la région de Medellín. En 1983, sa fortune personnelle était estimée à plus de 20 milliards de dollars, faisant de lui l'un des hommes les plus riches du monde. En 1992, il réussit à s'échapper de la luxueuse demeure où il était assigné à résidence, et il fallut une unité spéciale d'élite, forte de 1 500 hommes et financée par les États-Unis, ainsi qu'une traque de 499 jours pour le retrouver. Il fut abattu sur un toit de Medellín, lors de l'assaut final, en décembre 1993.

Pour plus d'informations sur Medellín, reportez-vous à la page 168.

Ciudad Perdida (p. 140)

À LA RENCONTRE DES COLOMBIENS

Célébrez la vie avec l'un des peuples les plus festifs du monde. Il y a de grandes chances que vous vous retrouviez à enchaîner quelques pas de danse. Manuel Rueda nous présente ses compatriotes.

POUR LES COLOMBIENS, une fête n'est pas une fête si on reste debout à discuter. Viendra toujours un moment où quelqu'un montera la musique à fond et poussera les meubles pour transformer le salon en piste de danse : sinon, à quoi bon se réunir ?

Dans un pays qui aime se divertir, toute occasion est bonne pour se déhancher, qu'il s'agisse d'un anniversaire, de Noël ou d'un match de *fútbol* – ce n'est pas un hasard si Shakira est une icône nationale.

Bien entendu, la façon de vivre et d'échanger diffère selon les régions. Dans les montagnes de Bogotá, les gens peuvent se montrer plus réservés s'ils ne vous connaissent pas bien, plus formels dans leur façon de s'adresser à vous. Les conversations sont plus décontractées sur la côte caraïbe, où l'on agrémente volontiers son récit de multiples onomatopées pour faire revivre des événements du passé.

En raison de sa géographie accidentée, la Colombie est plus décentralisée que d'autres pays sud-américains, et chaque région arbore fièrement son identité. À Medellín, les *paisas* aiment se présenter comme autonomes, capables de déployer autant d'énergie dans leur travail qu'à faire la noce. De leur côté, les Caleños (habitants de Cali) qualifient leur ville de "capitale mondiale de la salsa" et ont développé un style unique. Dans le Boyacá, on est fier de la valeur accordée au travail, comme l'incarnent les cyclistes professionnels de la région. Et dans le Santander, les gens mettent en avant leur franc-parler, voire leur tempérament.

Nation ethniquement variée, la Colombie combine depuis des siècles racines indigènes, africaines et espagnoles. De petites communautés originaires d'autres régions d'Europe, d'Asie de l'Est et du Moyen-Orient ont elles aussi trouvé leur place dans ce pays d'environ 50 millions d'habitants. Selon le recensement de 2018, près de 10% de la population du pays s'identifie comme noire et 5% comme indigène. La plupart des Colombiens se considèrent *mestizos*, d'ascendance européenne et indigène. Quant aux 1,4 million d'Amérindiens répartis en 87 groupes, ils forment encore des nations un peu en retrait de la société civile, souvent méconnues et dont l'intégration se fait lentement.

QUELQUES CHIFFRES

La Colombie compte environ 50 millions d'habitants. Selon le recensement de 2018, près de 10% de la population du pays s'identifie comme noire et 5% comme indigène. La plupart des Colombiens se considèrent *mestizos*, d'ascendance européenne et indigène.

Le recensement a aussi montré que la population colombienne vieillit, ceci en raison de la baisse du taux de fécondité et de l'allongement de l'espérance de vie. L'âge moyen est ainsi d'environ 32 ans et le nombre de naissances par femme est passé de 6 en 1960 à 1,7 aujourd'hui. Pour autant, si la taille et la structure des familles évoluent, on peut toujours croiser cette image d'Épinal lors des anniversaires, mariages ou fêtes en Colombie : une mère qui danse avec son bébé dans les bras.

Dans le sens des aiguilles d'une montre en partant de la gauche : homme avec un âne, Bogotá ; femmes de Palenque de San Basilio ; cultivateur de café ; femme misak, Silvia

JE SUIS COLOMBIEN MAIS JE NE SUIS PAS NÉ EN COLOMBIE

Mes parents ont quitté la Colombie après leurs études dans les années 1970 pour s'installer au Venezuela, où je suis né et ai grandi.

Comme eux, à la fin du XXe siècle, des millions de Colombiens ont émigré vers différents pays pour échapper à la violence, à la pauvreté ou à l'absence de perspectives. Nombre de leurs enfants possèdent aujourd'hui la double nationalité.

Avec l'amélioration de la situation en Colombie, la tendance des dernières décennies s'est inversée : on dénombre plus d'arrivées que de départs. Ainsi, plus de 2 millions de Vénézuéliens se sont installés ici depuis 5 ans pour fuir la crise politique et économique de leur pays.

Je suis arrivé à Bogotá en 2015. En tant que Vénézuelo-Colombien, je suis fier de mes deux pays. Lorsqu'ils s'affrontent sur un terrain de football, j'ai du mal à décider quelle équipe encourager. Mais mon cœur penche généralement du côté des maillots jaunes de la Colombie.

LA COLOMBIE AU CINÉMA : AU-DELÀ DES CLICHÉS

Si l'on en croit Hollywood, la Colombie est une terre de drogue et de violence. Mais les récits sur le pays sont en train de changer et sa propre industrie cinématographique est florissante.
Par Manuel Rueda.

LA COLOMBIE EST UN PAYS festif aux paysages naturels époustouflants et à la population diversifiée. Pourtant, pendant des décennies, elle a été dépeinte par Hollywood comme arriérée et brutale, infestée de trafiquants de drogue et de fonctionnaires corrompus.

Certes, on ne peut nier que la violence liée à la drogue est un problème majeur pour la Colombie et ses voisins, mais le portrait que brosse Hollywood du pays est devenu une épine dans le pied des Colombiens. Ils ne peuvent pas voyager à l'étranger sans que de nouvelles connaissances glissent des commentaires désobligeants sur la cocaïne, des remarques sur la série *Narcos*, ou des plaisanteries sur Pablo Escobar. Autant de propos qui les mettent mal à l'aise et les ramènent à une période traumatisante.

Ces stéréotypes négatifs s'estompent à mesure que le pays gagne en visibilité culturelle et que les représentations qu'en donne le cinéma se diversifient. La production cinématographique a récemment explosé en Colombie grâce à une législation favorable, et les plateformes de streaming, comme Netflix, font de plus en plus souvent appel à des réalisateurs, scénaristes et acteurs colombiens pour raconter leurs propres histoires. Il existe donc maintenant de nombreux films et séries à voir pour qui souhaite découvrir la Colombie grâce au 7e art.

Des débuts incertains

L'un des premiers films colombiens à avoir rencontré un écho international est *La Estrategia del Caracol* (*La Stratégie de l'escargot*), que je me rappelle avoir vu dans une salle de cinéma pleine à craquer au début des années 1990. La vie tranquille d'un vieil immeuble est menacée par le riche propriétaire, qui souhaite transformer les lieux en un centre culturel moderne. Les locataires, de tous âges et de tous milieux, trouvent un moyen original de conserver leur logement, tout en respectant l'avis d'expulsion. Un ton mi-comique mi dramatique et un scénario à la David contre Goliath permettent au film de toucher une corde sensible internationale. Primé lors de festivals en Espagne, il restera plusieurs mois à l'affiche dans les salles européennes.

Malgré ce succès, les années 1990, période de récession économique, marquent le déclin du cinéma colombien. De presque 10 films par an, le pays voit alors le nombre de ses productions tomber à 2 ou 3 à peine. Dans le même temps, les fonds publics destinés aux projets culturels diminuent, le gouvernement consacrant de plus en plus de moyens à la lutte contre les groupes rebelles et le narcobanditisme.

Les feuilletons nationaux marchent bien, en revanche, et les émissions télévisées financées par les revenus publicitaires constituent alors une échappatoire pour les Colombiens, confrontés à des temps difficiles.

Betty à la conquête du monde

En 1999, la Colombie produit l'un des feuilletons les plus regardés au monde : grâce à son humour et ses personnages attachants, *Yo soy Betty, la fea* touche un public international. Renversant la tendance mondiale selon laquelle les héroïnes du petit écran doivent être des femmes séduisantes, cette *telenovela* a pour protagoniste une économiste ringarde, portant lunettes et appareil dentaire, qui décroche un emploi dans une entreprise de mode et tombe amoureuse de son patron.

BETTY LA FEA TOUCHE LE PUBLIC DU MONDE ENTIER EN RENVERSANT LA TENDANCE MONDIALE SELON LAQUELLE LES HÉROÏNES DU PETIT ÉCRAN DOIVENT ÊTRE DES FEMMES SÉDUISANTES.

Grâce à ses valeurs et à son éthique professionnelle, Betty réussit dans la firme, prend confiance en elle et finit par être remarquée par son chef. Malgré un scénario pas toujours de très bon goût, *Betty la Fea* réhabilite l'image de l'employée dévouée qui travaille dur, tout en posant un regard critique sur le monde du travail.

Depuis sa création, le feuilleton a été diffusé dans plus de 100 pays et adapté dans 25 pays, dont les États-Unis, sous le titre *Ugly Betty,* et la France sous le titre *Le Destin de Lisa*.

Un regard sur les cartels

À la fin des années 2000, la Colombie sort de la pire période de violence liée à la drogue de son histoire. Romanciers et scénaristes du pays s'estiment suffisament en sécurité pour écrire des intrigues ayant pour cadre le narcotrafic, au point de créer un nouveau genre, la *narco novela*.

Encouragé par des chaînes de télévision, ravies de la fascination quelque peu morbide du public pour le mode de vie des narcotrafiquants, ce phénomène a donné lieu à des séries comme *Sin tetas no hay paraiso* (*Sans seins il n'y a pas de paradis*), où des femmes cherchent à pénétrer le monde d'opulence des trafiquants de drogue, et *Rosario Tijeras*, l'histoire d'une jeune fille qui devient tueuse à gages pour venger sa famille.

Le réalisateur colombien Victor Gaviria s'est efforcé, pour sa part, d'examiner plus sérieusement les conséquences de la drogue sur la société, notamment dans *Sumas y restas* (2004) sur les origines du narcotrafic à Medellín.

El Patron del mal, une série de 2012 sur la vie de Pablo Escobar, a été saluée par la critique pour le sérieux avec lequel elle documente l'ascension du trafiquant de cocaïne le plus célèbre au monde. Le rôle d'Escobar est joué par Andres Parra, l'un des acteurs les plus talentueux du pays.

Ci-dessus : Affiche de *Yo soy Betty, la fea*

La renaissance de l'industrie cinématographique

Pendant que les chaînes colombiennes continuent à produire des *telenovelas* à la pelle, le cinéma commence à se redresser grâce à un projet de loi de 2003. Celui-ci oblige les membres de l'industrie cinématographique, tels que les producteurs, les exploitants de salles et les distributeurs, à verser un pourcentage de leurs profits à un fonds administré par une société à but non lucratif, afin de financer de nouveaux films colombiens. Parmi les bénéficiaires se trouve le réalisateur Ciro Guerra, dont le film *El Abrazo de la serpiente* (*L'Étreinte du serpent*), de 2015, a été sélectionné aux Oscars dans la catégorie du meilleur film étranger. Le film suit les voyages en Amazonie de deux explorateurs à des époques différentes et jette un regard cru sur les conflits entre valeurs amérindiennes et occidentales.

Citons d'autres films remarquables, comme *Los Reyes del mundo* (2023), de Laura Maura, sur un groupe de jeunes marginaux de Medellín qui quittent la ville pour aller réclamer un lopin de terre légué à l'un d'eux. Ou encore *Paraíso Travel* (2008), de Simón Brand, l'histoire mouvementée d'un garçon qui se laisse convaincre par sa petite amie d'émigrer clandestinement aux États-Unis avant d'être abandonné sans explication dès leur arrivée à New York.

La loi du cinéma a également permis de financer des films produits ailleurs qu'à Medellín et Bogotá. C'est ainsi qu'ont pu voir le jour des films comme *El día de la cabra* (*Bad Lucky Goat*, 2017), de Samir Oliveros, une comédie tournée sur l'île de Providencia avec des acteurs parlant créole.

Hollywood s'invite en Colombie

Alors que la Colombie est devenue le troisième marché d'Amérique latine dans le secteur des médias et que de plus en plus de sociétés de production s'y installent, les services internationaux de streaming investissent également dans des histoires colombiennes.

Après le succès de *Narcos*, Netflix a produit en Colombie un flux constant de séries et de films en langue espagnole, destinés au marché latino-américain. Parmi les plus populaires se trouvent notamment le thriller politique *Distrito Salvaje* (*Wild District*, 2018), *Frontera verde* (*La Frontière verte*, 2019), une enquête sur de mystérieux meurtres dans la ville amazonienne de Leticia, et *El robo del siglo* (*Le Grand Braquage*, 2020). Ce dernier, inspiré de faits réels, relate l'attaque en 1994 d'une succursale de la banque centrale colombienne à Valledupar,

Les paysages de la région du café ont inspiré les réalisateurs d'*Encanto*

qui a contraint le gouvernement à invalider les centaines de milliers de pesos dérobés dans les coffres.

Au cours de la dernière décennie, les compagnies hollywoodiennes ont également investi la Colombie pour y tourner des films d'action : *Mile 22* dans les rues du quartier de La Candelaria, à Bogotá, *Gemini Man*, où Will Smith se lance à la poursuite de son clone maléfique à travers le quartier coloré de Getsemaní à Cartagena.

Si les studios hollywoodiens continuent à utiliser la Colombie comme cadre de films d'action ou de thrillers, certaines productions s'écartent de cette tendance. En 2006, le réalisateur britannique Mike Newell a choisi Cartagena pour tourner *Love in the Time of Cholera* (*L'Amour au temps du choléra*), adapté du roman éponyme de Gabriel García Márquez, datant de 1985. Il reconstitue la vie à Cartagena à la fin du XIXe siècle : on y voit ainsi la cathédrale, le théâtre Heredia, l'ancienne place de la douane et de nombreuses rues du centre historique de la ville.

Dernier studio américain à s'être inspiré de la Colombie : Disney, avec son dessin animé *Encanto : la fantastique famille Madrigal*, sorti en 2021, et son attachante héroïne Mirabel. Très apprécié dans le pays, il y a battu des records de fréquentation.

Histoires universelle et touche locale

Tirant parti de cet intérêt pour le pays, de jeunes réalisateurs colombiens s'associent à des producteurs étrangers pour mettre en scène des histoires universelles enracinées dans la culture nationale. Parmi les récentes coproductions portées à l'international, on peut citer *Amparo* (2021) de Simón Mesa Soto, un thriller où une mère célibataire dans la Medellín des années 1990 lutte pour éviter à son fils l'enrôlement dans l'armée, et *Rebelión* (2022) de José Luis Rugeles, un biopic sur le célèbre chanteur de salsa colombien Joe Arroyo.

Même si ces films sont encore peu diffusés dans les salles de cinéma colombiennes comparativement aux productions hollywoodiennes, le cinéma national s'est considérablement développé depuis *La Stratégie de l'escargot* (*La Estrategia del Caracol*). Avec plus de 50 films produits en 2022, ceux qui souhaitent découvrir la Colombie sur grand écran disposent d'un vaste choix de genres et d'histoires. Les cinéphiles peuvent se rendre à la Cinemateca de Bogotá : gérée par la municipalité, elle projette chaque semaine des films colombiens différents. Et en cherchant sur les plateformes de streaming, vous pourrez trouver un grand nombre des séries et films susmentionnés.

LA CICLOVÍA : LA RUE AUX CYCLISTES

Tous les dimanches, les plus grandes villes colombiennes ferment leurs rues principales aux véhicules motorisés et autorisent les cyclistes à s'en emparer. Par Brendan Sainsbury.

ONZE HEURES, un dimanche matin, à Bogotá. Un enfant, âgé d'à peine 10 ans, pédale bravement au milieu de la chaussée, ses parents lancés à sa poursuite. Dans la direction opposée, un adolescent athlétique file comme une flèche sur un vélo de course, une main sur le guidon, l'autre brandissant une *arepa* fraîchement grillée, tandis qu'un couple de seniors vigoureux grille un feu rouge sur un tandem, avant de se diriger vers le nord en direction de Chapinero.

Bienvenue à la Ciclovía, la célèbre fête hebdomadaire du vélo en Colombie, un événement devenu emblématique et qui a inspiré de nombreuses métropoles partout dans le monde, du Mexique à la Chine.

Une culture du vélo

Il suffit de se promener quelque temps sur les routes colombiennes pour s'apercevoir que le vélo est partie intégrante de la culture du pays. Des professionnels talentueux comme Egan Bernal (vainqueur du Tour de France en 2019) font régulièrement la une de la presse sportive, les routes de campagne sont prises d'assaut par de petits pelotons d'amateurs en lycra, et les grandes villes comme Bogotá et Medellín ferment leurs rues principales à la circulation motorisée chaque dimanche pour fêter la Ciclovía.

Si d'autres pays, comme les Pays-Bas, le Danemark ou la France, sont adeptes de la petite reine de façon plus manifeste, rares sont ceux, dont la culture du vélo est aussi enracinée que celle de la Colombie, et cela malgré des circonstances pourtant peu favorables.

La raison de cet engouement tient à la conjonction inattendue de trois facteurs : d'excellents terrains cyclables, des professionnels reconnus jouant le rôle de modèles et des militants avisés, s'efforçant inlassablement de faire avancer leur cause.

Les Colombiens brillent dans le cyclisme professionnel depuis le début des années 1980 : dès la première participation au Tour de France de l'équipe Café de Colombia, des grimpeurs acharnés comme Luis Herrera rendaient nerveux les coureurs européens les plus aguerris. Ayant grandi dans les départements montagneux du Boyacá et du Cundinamarca, où l'oxygène est rare, les cyclistes colombiens étaient habitués aux hautes altitudes, atout dont ils ont su profiter.

Un mouvement parti de la base

Les récents succès remportés au Tour de France ont ravivé un enthousiasme populaire en faveur du vélo né en 1974 à Bogotá, quand un groupe de 5 000 militants pro-vélo, emmené entre autres par un jeune étudiant en architecture, Jaime Ortiz Mariño, avait pris possession de 8 km de rues pour protester contre la prolifération automobile et la pollution. Bénéficiant d'une importante vague de soutien local, le mouvement gagna en popularité et, en 1976, la Ciclovía, telle qu'elle fut baptisée, reçut l'approbation officielle du maire de la ville.

Après ces débuts modestes, les dimanches sans voitures commencèrent à essaimer. Des militants et des élus clairvoyants travaillèrent ensemble pour transformer le rassemblement initial en une manifestation de grande ampleur, telle qu'on la connaît aujourd'hui, non seulement à Bogotá, mais également dans d'autres villes colombiennes. Pour une population bien trop habituée aux guerres de la drogue et aux enlèvements politiques, ces initiatives apparurent comme un îlot de répit dans un fleuve de violence et d'incertitude.

L'essor de la Ciclovía

Les premières années, la Ciclovía de Bogotá fut un événement de niche, n'occupant que 20 km de rues durant deux petites heures le dimanche matin. Progressivement, des maires pro-actifs, tel Enrique Peñalosa, fervent défenseur des transports en commun et cycliste convaincu, s'efforcèrent de faire bouger les lignes. Réussissant à obtenir parrainages et soutien social, ils purent former une petite armée de 2 000 volontaires appelée "BikeWatch" assurant chaque semaine la logistique (gestion de la foule, réparation des vélos, premiers secours) indispensable à un événement d'une telle ampleur.

Au début du XXIe siècle, la Ciclovía de Bogotá est devenue une institution de la vie culturelle de la ville, attirant plus de 1,7 million de personnes, soit 1/5e de sa population, et s'emparant chaque dimanche, entre 7h et 14h, de 127 km de rues de la capitale.

D'autres villes colombiennes sont entrées dans la danse. Cali a lancé une Ciclovía en 1983 et Medellín, malgré une situation sécuritaire déplorable, a suivi le mouvement en 1984. Plus modestes que celle de Bogotá, ces manifestations, désormais dans leur quatrième décennie, n'en attirent pas moins des dizaines de milliers de fidèles sur 70 km de route.

Une ambiance de festival

Aujourd'hui, la Ciclovía de Bogotá connaît un tel essor qu'elle prend des airs de fête hebdomadaire. Elle ne s'adresse pas, d'ailleurs, aux seuls cyclistes : au moins 30% des participants sont des joggeurs, des marcheurs, des adeptes du roller, des skateurs tirés par leurs chiens, et autres utilisateurs de moyens de transport non motorisés.

La manifestation principale accueille également de nombreux événements plus petits. À différents endroits dans les rues, on peut entendre des refrains musicaux prove-nant de la Recrovia, des cours de danse et de fitness gratuits mis en place en parallèle de la Ciclovia. Des estrades temporaires sont installées dans les parcs et les squares pour permettre aux citadins de participer à des cours de zumba, de fitness et de yoga, tandis que

Jour de Ciclovía, Bogotá

des groupes de musique et des spectacles de marionnettes tentent de se faire entendre dans le tintamarre ambiant. D'autres surprises, plus étranges et spontanées encore, attendent les flâneurs au cours de leur randonnée cycliste dominicale : un jongleur talentueux, un chanteur lyrique de rue, une troupe de danseurs en costume...

ALEJANDRO BERNAL/STOCK.ADOBE.COM

LA CONSÉQUENCE LA PLUS PROFONDE ET LA PLUS MÉCONNUE DE LA CICLOVÍA EST SANS DOUTE SON INFLUENCE MONDIALE.

En plus de promouvoir une meilleure santé et de lutter contre la pollution, la Ciclovía est un grand moment de partage de la culture, où l'on peut s'imprégner des nuances de la vie colombienne dans ce qu'elle a de plus coloré. De Cali à Bogotá, le temps d'une journée, on oublie les frontières entre quartiers, et l'ensemble des participants partagent les mêmes espaces, sans distinction de classe sociale, de profession ou d'appartenance politique. Dans un pays à l'histoire marquée par la violence politique et des gangs, ces moments mettent en lumière une face plus pacifique et égalitaire de l'identité nationale.

Un tel engouement nécessite une organisation au cordeau. Sur chaque site, des moyens gigantesques sont mis en œuvre dès les premières heures du dimanche matin. À 7h, tout est prêt, qu'il s'agisse des tentes d'informations jaunes, des vendeurs de nourriture ou de la signalisation officielle redirigeant la circulation.

Difficile de ne pas être impressionné par le spectacle. Des équipes chargées de la circulation surveillent les carrefours délicats ; des stations de réparation de vélos sont installées le long des rues les plus fréquentées ; de jeunes enfants en plein apprentissage du vélo contournent maladroitement des obstacles sur des portions de routes au trafic habituellement dense. Évitant que des Egan Bernal en herbe soient tentés d'atteindre des vitesses dignes du Tour de France, des chicanes temporaires, faites à partir de bornes de signalisation, permettent de ralentir et de profiter du spectacle.

Après avoir participé à plusieurs Ciclovías, on commence à acquérir une compréhension plus profonde de la psyché nationale. On s'aperçoit alors qu'au-delà de la réputation de la Colombie en matière de drogue et de criminalité, il existe une place pour le divertissement et la légèreté, et que bouillonnent sous la surface des aspirations à plus de progressisme et d'exemplarité.

De plus en plus de pistes cyclables

En dehors de la Ciclovía, la culture du vélo de la Colombie peut être difficile à percevoir. À première vue, la circulation dans Bogotá semble aussi dense et anarchique que dans n'importe quelle autre ville d'Amérique du Sud : un essaim bruyant de voitures inflexibles, de taxis klaxonnant et de motos. Pourtant, il existe une organisation dans ce chaos. Après un ou deux jours d'observation, les règles du jeu commencent à se dessiner. Bogotá possède 590 km de *ciclorutas* (pistes cyclables), soit le réseau cyclable le plus étendu d'Amérique du Sud, et leur fréquentation est importante. Comme on le découvre rapidement lors d'une première visite, il convient d'être aussi attentif aux vélos qu'aux voitures dans les rues de Colombie.

La Ciclovía n'est pas une initiative isolée. Elle s'inscrit dans un projet plus vaste, international, appelé initiatives "Open Streets", dont le but est d'aider les communautés locales à réclamer des environnements urbains plus sains. Ce programme se développe en lien avec les transports en commun : la flotte de bus

 Ci-dessus : piste cyclable, Bogotá

articulés de Bogotá, mise en circulation au début des années 2000, emprunte des voies dédiées. Les réseaux de bus et de vélos sont conçus de telle façon qu'ils peuvent fonctionner simultanément et offrir une alternative sûre, économique et efficace à la voiture.

La culture du vélo continue de gagner du terrain. Pendant la pandémie, la maire de Bogotá, Claudia López, a allongé le réseau de *ciclorutas* de 84 km et, pour la première fois, les déplacements à vélo ont représenté plus de 10% de l'ensemble des déplacements dans la ville.

Un mouvement mondial

La conséquence la plus profonde et la plus méconnue de la Ciclovía est sans doute son influence mondiale. Plusieurs villes dans le monde ont en effet repris l'événement avec plus ou moins de succès au cours des dernières années, sans toutefois égaler celui de Bogotá en termes de taille ou de fréquence. Reproduite de Guadalajara à Jakarta et d'Ottawa à Santiago du Chili, la Ciclovía est aujourd'hui l'une des grandes réussites colombiennes en matière d'exportation.

Et ce n'est pas qu'une affaire de cyclisme. Cette grande fête du vélo touche également à de nombreux aspects de la vie sociale : la pollution, la santé, la communauté, les problèmes dus au stress, la sécurité routière et les relations familiales sont tous concernés. Au fil des décennies, elle est devenue un élément fondamental de la vie de la capitale. À Bogotá, des générations entières ont grandi avec la Ciclovía. Elle fait désormais partie de la culture locale, comme les déjeuners dominicaux ou la présence à la messe.

N'oublions pas qu'il fallut de nombreuses luttes et d'audacieuses initiatives politiques pour faire reculer l'usage de la voiture. C'est un processus au long cours, auquel les habitants des grandes villes de Colombie prennent part avec enthousiasme, malgré les obstacles. Aujourd'hui, Bogotá n'est peut-être pas la plus belle ville au monde, mais, en matière de culture cycliste progressiste, elle est tout à fait révolutionnaire !

LE VALLENATO : UN GENRE MUSICAL AUX MILLE HISTOIRES

Le vallenato est l'un des genres musicaux les plus emblématiques de la Colombie. Par Laura Watilo Blake.

IL SUFFIT D'UN TRAJET EN TAXI ou en bus à l'arrivée en Colombie pour faire connaissance avec le riche patrimoine musical du pays. Il n'est pas rare, en effet, que les chauffeurs mettent la radio à fond, emplissant le véhicule et ses alentours immédiats de flots de musique, aux styles et aux rythmes variés. Si certains genres, comme le reggaeton, le hip-hop et la salsa, ont été importés, beaucoup d'autres sont nés dans le pays. Parmi eux, la cumbia et sa variante, le vallenato, deux types de musiques folkloriques issus de la côte caraïbe.

Depuis quelques années, le vallenato joué à l'accordéon, notamment, est devenu source de fierté pour de nombreux Colombiens, grâce à des artistes de renommée internationale, comme Carlos Vives et Juan Fernando Fonseca, qui ont contribué à le faire apprécier au-delà de son cercle traditionnel d'amateurs, d'origine rurale. Boudé par l'élite urbaine à ses débuts, il aurait pu être supplanté par des musiques latines plus populaires ; au lieu de cela, il est entré dans la légende. À tel point qu'en 2015, le vallenato a été inscrit sur la liste du patrimoine culturel immatériel de l'Unesco.

Ce style musical peut ne pas plaire à tout le monde, bien sûr, mais si vous ne l'avez pas entendu des milliers de fois à la radio ou en soirée dansante, c'est que vous n'êtes jamais allé en Colombie.

Qu'est-ce que le vallenato?

La Colombie est souvent appelée le "pays aux mille rythmes" en raison de la diversité de ses traditions musicales, dont les racines remontent aux peuples autochtones préhispaniques. L'arrivée des Européens, et des esclaves africains dans leur sillage, donna lieu à un mélange de styles musicaux aux couleurs d'une population multiethnique.

Le vallenato – ultime produit de la fusion de ces cultures au fil du temps – s'est développé dans la région de Valledupar, sur les plaines brûlantes du nord-est de la Colombie qu'entourent les montagnes enneigées de la zone côtière. Signifiant littéralement "né dans la vallée", le vallenato constituait un divertissement important pour les éleveurs de bétail de la région, qui avaient l'habitude de se réunir pour chanter. Ce style musical, qui a évolué au cours du temps, se caractérise aujourd'hui par une mélodie aiguë jouée à l'accordéon, accompagnée d'un tambour basse africain, la caja, et de la guacharaca, un instrument à friction d'origine tayrona sur lequel on frotte un peigne metallique.

Les quatre principaux styles ou "airs" sont : le *son*, le *paseo*, le *merengue* et la *puya*. Le plus lent, le *son*, accompagne volontiers des paroles mélancoliques et des harmonies influencées par le blues. Le *paseo*, avec son tempo variable, est le plus protéiforme. Le *merengue* est un style rapide, adapté à la danse, aux rythmes syncopés et aux mélodies accrocheuses. Plus rapide et beaucoup plus agressive, la *puya* se caractérise par un rythme énergique et de puissantes percussions. Elle est souvent accompagnée d'instruments traditionnels, comme l'accordéon, la guitare et les maracas. Le tempo, l'instrumentation et l'atmosphère générale des morceaux permettent ainsi de faire la différence entre ces quatre rythmes du vallenato.

KIKE CALVO/GETTY IMAGES ©

LA PARTICULARITÉ DU VALLENATO VIENT DE SES CHANSONS AUX PAROLES REMPLIES D'HISTOIRES TIRÉES DE LA VIE QUOTIDIENNE ET SOUVENT BOURRÉES D'HUMOUR, D'ESPRIT ET D'ÉMOTION.

L'art de raconter des histoires

La particularité du vallenato vient de ses chansons aux paroles remplies d'histoires tirées de la vie quotidienne et souvent bourrées d'humour, d'esprit et d'émotion. Rappelons les mots de Harlan Howard, l'un des grands noms de la musique country américaine : "La musique country, c'est trois accords et la vérité." Le vallenato n'est pas différent à cet égard. Les textes parlent d'amour, de perte, d'amitié, de la famille ou de la nature, et sont truffés d'observations pertinentes sur l'actualité et les problèmes sociaux. Les chansons souvent interactives permettent de faire participer les autres musiciens et le public.

Leur façon de raconter des histoires s'inspire des traditions orales des conteurs d'Afrique de l'Ouest et des *juglares* espagnols (ménestrels ambulants), qui allaient de ville en ville pour diffuser nouvelles et ragots juteux par le biais de chansons – bien avant l'avènement de la radio. Ils avaient pour instruments des flûtes gaitas, des guacharacas, des tambours et des guitares, jusqu'à l'arrivée au XIXe siècle sur le littoral colombien de l'accordéon allemand. Sa polyvalence musicale et sa portabilité en ont fait l'instrument qui allait caractériser le son du vallenato.

La légende de Francisco El Hombre

L'une des histoires les plus répandues à propos des origines du vallenato est celle de Francisco "El Hombre", l'un des plus grands *juglares* de son temps. Né au sein d'une communauté rurale près de Valledupar, il commença à jouer de l'accordéon dès sa jeunesse. Son style et sa technique uniques conquirent les habitants de toute la région.

La légende raconte que, alors que le musicien se déplaçait à dos d'âne d'un village à un autre dans La Guajira, le diable aurait tenté de le défier en duel musical. Le démon promit à Francisco lui accorder tout ce qu'il désirait s'il gagnait, alors que, dans le cas contraire, lui, le diable, prendrait son âme. Défi accepté ! La confrontation fut intense, chaque musicien essayant de surpasser l'autre, mais Francisco réussit à égaler le jeu du diable, note pour note. Finalement, il sortit vainqueur de cette confrontation acharnée en jouant le *Credo* à rebours, une mélodie

Ci-dessus : le musicien de vallenato Wilber Mendoza

si extraordinaire que le soleil et la lune en furent chamboulés. Le diable, furieux et honteux, disparut dans les montagnes.

Tout mythe est un mélange de fiction et de réalité, un ingrédient essentiel également dans le travail littéraire de l'écrivain colombien Gabriel García Márquez, qui a qualifié son roman *Cent ans de solitude* de "vallenato de 400 pages". Francisco "El Hombre" y fait même une apparition sous les traits d'un "vieux globe-trotteur de près de 200 ans", qui passe souvent par Macondo.

Ayant grandi sur le littoral, García Márquez était un grand amateur de ce style musical. En 1982, il invita des musiciens de vallenato lors de sa réception du prix Nobel de littérature, tandis qu'en 1968, il aida son ami le musicien Rafael Escalona à lancer un festival dédié à ce genre. Cette manifestation se tient depuis lors chaque année durant quatre jours au mois d'avril à Valledupar.

Duels des temps modernes

Le Festival de la Leyenda Vallenata rassemble des accordéonistes talentueux venus de tout le pays et du monde entier pour se disputer le titre de "roi des rois" au cours du plus épique des concours d'accordéons actuels. Plus de 60 000 personnes affluent pour assister à ces joutes entre musiciens aux doigts agiles, qui tentent de s'attirer les faveurs du public grâce à des mélodies toutes plus complexes et captivantes les unes que les autres.

Autre type de compétition musicale, la *piquería* (littéralement, "s'empoigner comme dans un combat de coqs") fait partie intégrante de la tradition du vallenato : elle a lieu non seulement lors du festival, mais aussi au cours de *parrandas* (fêtes) et d'événements culturels dans toute la région. Le but est d'*echar vainas* ("lancer des insultes") au concurrent à travers les paroles des chansons. Les mots peuvent être aussi vifs que les notes de musique, les couplets sarcastiques étant destinés à se moquer de l'adversaire. Le rôle de juge est dévolu au public, qui applaudit et danse sur la musique de son accordéoniste préféré. La *piquería* n'est pas sans rappeler les *trovas* organisées dans la région colombienne d'Antioquia, ainsi que les *battles* de rap issues de la tradition américaine du hip-hop.

L'une des chansons de vallenato les plus célèbres du genre, *La Gota Fría* (*La Goutte froide*) raconte une *piquería* entre deux accordéonistes de renom au début du XXe siècle : Emiliano Zuleta, originaire de La Guajira, et Lorenzo Morales, du département voisin de Cesár. Dans cette chanson, enregistrée à l'origine en 1938, Zuleta, railleur, lance à Morales qu'il n'est pas aussi virtuose que lui. Plus la compétition avance, plus ce dernier se montre incapable de suivre le rythme de son concurrent. À la fin, couvert de sueur froide (d'où le titre de la chanson), il commet une erreur et perd le concours.

En 1993, après avoir joué dans *Escalona*, une série télévisée colombienne sur la vie de Rafael Escalona, le chanteur colombien Carlos Vives a lancé une reprise de cette chanson, où les éléments de vallenato se mêlent à la musique rock. En outre, le succès de la série a à la fois propulsé l'acteur vers la célébrité et permis au vallenato d'élargir son audience.

Pèlerinage musical

Aujourd'hui, Valledupar est la Mecque des amateurs de vallenato, comme le sont Nashville pour la country ou Vienne pour la musique classique et l'opéra. Des maisons ont été transformées en musées consacrés

Main d'accordéoniste

aux stars du vallenato, à sa tradition et à sa culture. Il existe également un musée de l'accordéon. À Valledupar se trouve ainsi la Casa Beto Murgas Museo del Acordeón qui porte le nom d'un célèbre accordéoniste. Les visiteurs peuvent découvrir les différents types d'accordéons et la façon dont on en joue. Le musée propose également des ateliers et des concerts donnés par des accordéonistes et d'autres musiciens traditionnels.

Le Festival de la Leyenda Vallenata n'est pas la seule occasion d'assister à des concerts. Des *piquerías* et des spectacles ont lieu tout au long de l'année, notamment sur le littoral, en plus de la grande compétition de Valledupar. Ils se tiennent dans des bars et des clubs locaux, ou dans les kiosques à musique des squares urbains. L'excitation grandit à mesure que la foule se rassemble pour écouter les musiciens. L'artiste actionne les soufflets de son instrument et le son caractéristique de l'accordéon s'élève. Les morceaux présentés, mêlés au bavardage, créent une atmosphère vivante et joyeuse.

Alors, si votre bus ou votre taxi à l'ambiance sonore un peu forte vous conduit dans la région caraïbe, laissez-vous emportez par le vallenato. Que vous soyez ou non un fan, vous apprécierez l'énergie et le talent des musiciens. Vous vous surprendrez même peut-être à chanter les louanges de ce genre si populaire.

A-C INDEX

INDEX

Référence des cartes **en gras**

INDEX H-M

Référence des cartes **en gras**

Référence des cartes **en gras**

S

T

"Après une nuit passée à la belle étoile dans un *chinchorro*, hamac tissé par les Wayúus, il reste une longue route cabossée jusqu'à Punta Gallinas (p. 146), où un phare marque le point le plus septentrional de l'Amérique du Sud."

LAURA WATILO BLAKE

"Sur la côte pacifique (p. 245), on peut se reposer sur des plages de sable noir après une rude randonnée dans la forêt pluviale, où l'on aura peut-être croisé serpents, singes et dendrobates aux couleurs vives."

MANUEL RUEDA

À GAUCHE : LAURA WATILO BLAKE /LONELY PLANET © ; À DROITE : VACLAV SEBEK/SHUTTERSTOCK ©

À PROPOS DE CET OUVRAGE

Cette 4e édition française du guide *Colombie* est une traduction-adaptation de la 10e édition du guide *Colombia* (en anglais), écrit par Alex Egerton, Manuel Rueda, Brendan Sainsbury et Laura Watilo Blake.

Traduction Giuseppe Ardiri, Louise Cabannes, Vincent Guilluy et Catherine Le Palud

Direction éditoriale Dominique Bovet

Responsable prépresse Jean-Noël Doan

Coordination éditoriale Juliette Stephens

Maquette Gudrun Fricke

Cartographie Eduardo Yanès-Blanch

Couverture Laure Wilmot et Laurent Briard

Remerciements à Laurent Palet pour sa relecture attentive et à Marion Gautier pour les enrichissements apportés au texte. Un merci particulier à Stéphanie Rian pour son efficacité à toute épreuve, ainsi qu'à toute l'équipe du bureau de Paris. Enfin, merci à Luan Angel et Nigel Longuet à Londres, et Jean-Pierre Masclef à Melbourne.

En Voyage Éditions | un département édi8

Colombie

4e édition

Traduit et adapté de l'ouvrage *Colombia, 10th edition, May 2023*

92 avenue de France - 75013 Paris

Photographes © comme indiqué 2023

Dépôt légal Octobre 2023

ISBN 978-2-38492-236-9

Imprimé par ESTIMPRIM, Autechaux, France

Réimpression 02, Janvier 2025